Apple Pro Training Series

파이널 컷 프로 X 10.4

Professional Post-Production

Brendan Boykin 지음

차경환·홍지연 옮김

Apple
Certified

Apple Pro Training Series: 파이널 컷 프로 X 10.4 한글판
Brendan Boykin 지음, 차경환·홍지연 옮김

본서 및 다운로드의 이미지는 해당 소유자가 별도로 저작권을 보유합니다. 자세한 내용은 서문을 참조하십시오.

초판 발행 2019년 1월 18일
ㅣ 원저자 Brendan Boykin ㅣ 번역자 차경환·홍지연 ㅣ 표지·내지 편집 배영미 ㅣ 발행인 전호환
ㅣ 주소 부산광역시 금정구 부산대학로63번길 2(장전동) ㅣ 전화 (051) 510−1932 ㅣ 전송 (051) 512−7812
ㅣ 홈페이지 press.pusan.ac.kr ㅣ 등록 제카 11-2 1992. 9. 10. ㅣ 정가 45,000원

ISBN 978-89-7316-605-3   13000

이 도서의 국립중앙도서관 출판예정도서목록(CIP)은 서지정보유통지원시스템 홈페이지(http://seoji.nl.go.kr)와 국가자료공동목록시스템(http://www.nl.go.kr/kolisnet)에서 이용하실 수 있습니다.
(CIP제어번호: CIP2019000673)

목차 미리보기

첨단영상교육센터는 체계적인 미디어 교육이 이루어질 수 있도록 각종 커리큘럼을 연구하고,
미디어 환경이 가능한 잠재력을 공학, 철학, 예술로 어떻게 융합되어 인간에게 잘 전달될 수 있을지에
관심을 갖고 있습니다. 참여하시는 분의 성장이 우리의 목적이며, 강의실 교육 뿐만 아니라
라이브 교육으로 전세계 어디에서든지 최고 수준의 교육서비스를 받을수 있도록 준비합니다.

이에 첨단영상교육센터에서 진행되는 FCPX와 Motion과정에 한하여 수강할인코드를 발급해 드립니다.
최초 1회만 사용가능(중복 사용 불가) 합니다. (기간 2019년 12월 31일까지 사용가능)

| 카카오톡 문의 : 첨단영상

| 수강신청 : 첨단영상교육센터 (www.aistc.com)

* 수강할인코드

목차

Lesson 1
시작하기

편집이라함은 이야기를 전하는 것이다. 때로는 엄청난 양의 비디오와 오디오 클립을 선택하고 이것을 다시 조합해서, 관객을 교육하거나, 열광시키기도 하고, 동기부여와 감동을 주도록 응축된 경험을 제공한다. Final Cut Pro X는 비디오 편집의 이러한 근본적인 사실을 바탕으로, 여러분에게 단순한 장비 기술자가 아닌 스토리텔러로서 편집에 접근할 수 있는 풍부한 워크플로우를 제공한다. 이 교재의 목표는 이러한 창조적인 워크플로우를 통해 처음부터 끝까지 완전한 스토리텔링 프로젝트를 구조화하고 다듬을 수 있도록 안내하는 것이다. 여러분은 이 과정에서 Final Cut Pro를 사용하여 높은 품질의 편집 결과물을 만드는 기술을 배울 것이다.

편집을 처음 시작하는 분들이 만약 다른 편집 시스템에서 기술적인 좌절감을 경험한 적이 있다면, 이제 Final Cut Pro가 여러분의 스토리를 잘 전달하도록 도와줄 것이다.

만약 여러분이 능숙한 편집자라면, Final Cut Pro의 혁신적인 Magnetic Timeline 2와 같은 독특한 기능을 사용해서 창의적 편집에 활기를 불어넣을 수 있다. Magnetic Timeline 2로 여러분의 스토리를 실험하고 복잡한 편집 변경을 하다 보면, 개별 클립과 각각의 연결 등의 미세한 조정을 할 필요가 없어진다.

학습 목표

▶ 실습 미디어 파일 다운로드 및 준비하기

▶ 파이널 컷 프로 기본 워크플로우 이해하기

Final Cut Pro X에 오신 것을 환영합니다.

유산으로부터 배우다

오프라인 디지털 편집이 전통적인 splice-and-tape 기술을 혁신한 것처럼, 파이널컷 프로는 디지털 편집 분야를 한 차원 높은 수준으로 끌어올리는 것을 목표로 한다. 최첨단 프로그래밍인 Final Cut Pro는 놀라운 성과를 실현하기 위해 64비트 아키텍처와 CPU 및 GPU의 모든 사이클을 사용한다. iMac Pro와 결합된 Final Cut Pro는 편집 워크플로우를 전문적이고 획기적으로 가속한다.

편집하는 도구의 관점에서도 기술적인 작업에만 빠져들기보다는 하나의 창의적인 선택이 그다음 창의적인 단계로 자연스럽게 이끌어가는 경험을 가지도록 파이널 컷 프로가 그 토대를 제공한다. 파이널 컷 프로의 강력한 편집 능력뿐만 아니라, 오늘날 디지털 세상에서 증가하는 미디어를 편집자가 유연하게 대응할 수 있도록 돕는 유연한 메타 데이터 도구가 통합되어 있다. 편집이 완료되면, 클라이언트 또는 시청자가 필요로 하는 형식이나 플랫폼에 최종 프로젝트를 배포할 수 있다. 그 결과로 모든 편집자가 최고 품질의 소프트웨어와 하드웨어를 사용하여 자신의 스토리를 만들고 공유할 수 있도록 기존의 장애물을 제거하는 미래 지향적인 응용 프로그램인 Final Cut Pro가 탄생했다.

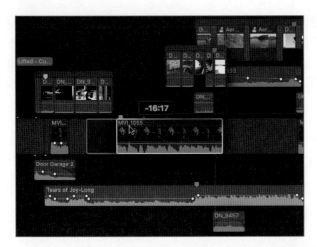

프라이머리 스토리 클립과 동기화된 모든 클립은 Magnetic Timeline 2에서 클립 충돌 없이 함께 움직인다.

Reference 1.1
교재 사용법

이 책은 다양한 방법으로 이용할 수 있다. 전자책은 다음과 같은 더 향상된 내용을 담고 있을 것이다.

▶ 용어해설(Glossary): 단어를 클릭하거나 누르면 용어해설을 통해 용어의 정의를 검토할 수 있다.

▶ 키보드 단축키: 단축키(Command-Z와 같은)를 클릭/터치하면 Appendix A로 이동한다. Appendix A에는 단축키에 지정할 수 있는 300개가 넘는 요약 목록이 있다.

▶ 링크: 링크를 클릭/터치하면 내외부 상호 참조 정보 소스를 볼 수 있다.

NOTE ▶ 다양한 전자책 포맷과 플랫폼 사이의 기술적 차이 때문에 몇몇 디지털 기능은 실행이 안 될 수도 있다.

1.1-A 연습하기

이 책의 Lesson 1에서 Lesson 8까지는 연습 문제가 구성되어있다. 각 Lesson의 연습 문제 (Lesson 1의 연습 문제 1.1.1부터 시작)를 완료한 후에, 그다음 Lesson의 연습으로 이동하자.

1.1-B Checkpoint로 진행 상황 확인하기

각 Lesson의 학습과 주요 연습이 끝나면 Checkpoint를 참조하자. 이 Checkpoint는 필자가 완성한 연습물로, 여러분의 연습물과 비교할 수 있다. 다운로드 및 사용에 대한 자세한 내용은 Appendix C를 참조하자.

Exercise 1.1.1
소스 미디어 파일 다운로드하기

본 교재와 함께 사용할 소스 미디어 파일은 http://newidisk.pusan.ac.kr(id:FCP_X_10.4, pw:lesson) 사이트에서 다운로드 할 수 있다.

Exercise 1.1.2
소스 미디어 파일 준비하기

zip 파일을 다운로드한 후에는 접근 권한이 있는 폴더에 파일을 둔다. 예를 들면, 바탕화면, 홈 폴더, 동영상 폴더 등이다. 만약 외장 하드를 사용한다면, 볼륨이 HFS+와 같은 지원 형식으로 설정되어 있고, 볼륨에 대한 읽기 및 쓰기 권한이 있으며, 볼륨이 빠른 저장소(예: 7200 RPM 하드 디스크 또는 최소 10GB의 사용 가능한 저장 공간이 있는 SSD)에 있는지 확인한다.

1 Dock에서 Finder 아이콘을 클릭하여 Finder 창을 연다.

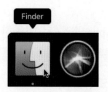

Finder는 Mac 컴퓨터의 파일 시스템을 탐색하는 응용 프로그램이다.

2 다운로드한 미디어를 저장할 위치를 선택한다.

모든 비디오 제작은 미디어 파일을 수집하는 것으로부터 시작한다. 여러분은 이미 미디어 파일을 다운로드함으로써 이 과정을 시작했다. 앞으로 이 파일들을 사용할 것이므로 미디어 폴더에 잘 모아두고 정리한다.

미디어 폴더를 어느 곳에 만들어야 할 지 잘 모르겠다면, 교육용으로 사용하기 좋은 폴더 위치는 바탕화면이다. 만약 현재 iCloud 드라이브에 Desktop과 Documents 폴더를 저장한다면, 반드시 Movies 폴더와 같은 로컬 폴더를 선택해야 한다.

3 Finder 창에서 바탕화면 등의 선택한 저장 위치로 이동한다.

4 File 〉 New Folder를 선택한다.

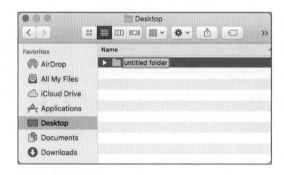

새로운 이름 없는 폴더가 하이라이트된 상태로 만들어지며, 이름을 변경할 준비가 되어 있다.

5 FCP X Media를 입력하고, Return을 누른다.

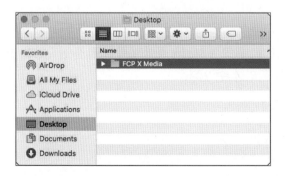

다운로드 파일을 저장할 준비가 된 FCP X Media 폴더가 나타난다. 미디어 파일을 새로 생성된 FCP X Media 폴더로 드래그할 수 있도록 두 번째 Finder 창을 연다.

6   File 〉 New Finder Window을 선택한다.

두 번째 Finder 창이 나타난다.

7   Go 〉 Downloads를 선택한다.

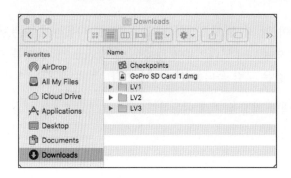

두 번째 Finder 창에 Downloads 폴더 내용이 표시된다.

8   보기에 편리하도록 바탕화면에 두 개의 창을 나란히 배치한다.

9   Downloads 폴더에서 해당 파일/폴더(Checkpoints, GoPro SD Card 1.dmg, LV1, LV2, LV3)를 FCP X Media 폴더로 드래그한다.

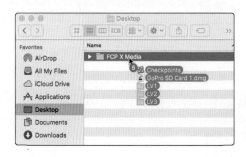 

파일을 FCP X Media 폴더로 이동한 후, FCP X Media 폴더 왼쪽의 펼침 삼각형을 클릭하고 폴더의 내용을 보면 그 이동을 확인할 수 있다.

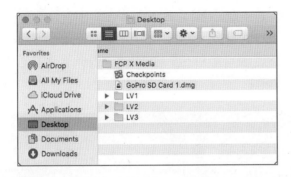

NOTE ▶ 만약 .zip 확장자로 끝나는 파일 또는 폴더가 있다면 더블 클릭하여 압축을 푼다.

10 Finder 창을 둘 다 닫는다.

앞으로 교재 전반에 걸친 연습 문제는 FCP X Media 폴더와 그 내용물을 참조할 것이다. 따라서 폴더를 저장한 위치를 꼭 기억해야 한다.

Reference 1.2
작업과 워크플로우 소개하기

모든 책에는 스토리가 필요하다. 이 책에서는 H5 Productions 및 Ripple Training이라는 두 제작사가 항공 촬영에 관한 비디오를 위해 사운드 바이트(sound bite)와 B-roll을 녹화했다. H5 Productions의 대표이자 헬리콥터 조종사인 Mitch Kelldorf는 비행과 영화에 대한 그의 열정으로 여러분이 약 2분여짜리 짤막한 장면을 사용하는 것에 동의했다.

이 책의 Lesson 4까지는 수많은 Final Cut Pro 편집자가 하는 것과 같은 실제 워크플로우대로 첫 번째 버전인 "러프 컷(rough cut)"을 편집할 것이다. Lesson 4를 마무리하면서 여러분은 그 러프 컷을 "클라이언트에게 보여주기"로 내보낼 것이다.

Lesson 4에서 완성된 러프컷

Lesson 5부터는 클라이언트의 제안된 변경 사항을 작업하고 추가 자료를 삽입할 것이다. 추가 편집으로 러프 컷을 보다 정교하게 표현한 다음, 타이틀, 효과, 스피드 변경을 추가하는 멋진 작업으로 넘어갈 수 있다. 마지막으로, 오디오 믹스를 세밀하게 조정한 후에 프로젝트 내보내기를 위한 공유 옵션을 살펴볼 것이다.

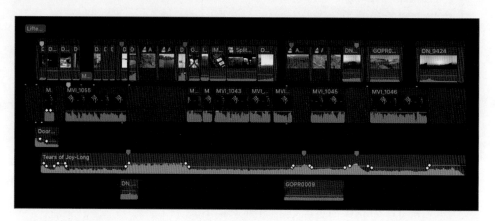

Lesson 8에서 완성된 최종 편집

Lesson 10에서는 편집 워크플로우를 교체하거나 보완하는데 사용할 수 있는 "서브 워크플로우"에는 HD-DSLR 설정에서 자주 사용되는 듀얼 시스템 설정에 기록된 클립을 동기화하기, 멀티 카메라 시나리오에 기록된 클립 편집하기 등의 기법이 있다.

1.2-A 워크플로우 학습하기

Final Cut Pro 편집 워크플로우를 크게 본다면 임포트하기, 편집하기, 공유하기의 세 단계로 볼 수 있다.

소스 미디어 파일은 임포트(ingest 또는 transfer라고도 함) 단계를 거치면서 클립으로 처리된다. 그다음 해당 클립이 저장되고, 편집 단계를 위한 구성이 이루어진다.

이벤트 내에서 클립 구성하기

Final Cut Pro의 편집 단계에서는 마술이 펼쳐진다. 이 단계는 클립을 최고의 소재로 트리밍하고, 그래픽을 추가하고, 오디오 믹싱하는 여러 개의 서브 워크플로우로 구성된다.

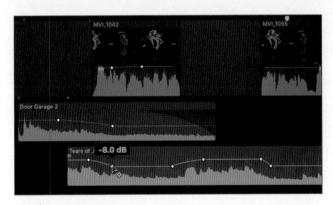

오디오 키프레임 조정하기

공유 단계에서는 완성된 편집 프로젝트를 준비하여 다양한 온라인 호스트 또는 클라이언트에게 배포하며 다양한 장치에서 재생하고 최종 보관한다.

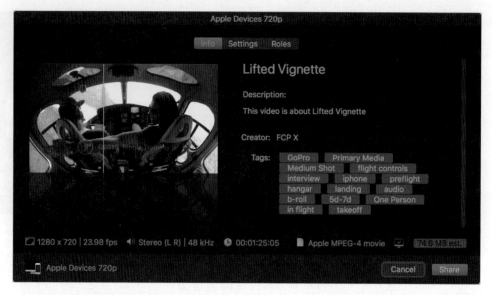

Export를 위한 메타 데이터 입력하기

이것이 바로 여러분의 스토리를 제작할 수 있는 고급 수준의 Final Cut Pro 워크플로우다. 여러분은 본 교재를 통해 다양한 툴, 기법, 버튼, 키보드 단축키를 배울 것이며, 편집 워크플로우 작업 내내 이러한 기능들을 반복해서 사용할 것이다.

따라서 편집을 시작하려면, Command-Z라는 키보드 단축키를 기억하자. 버튼을 클릭하거나를 눌러서 예상했던 결과를 얻지 못하면 Command-Z를 누르면 된다. 그런 다음 다시 시도하라. 실험을 두려워하지 마라. Final Cut Pro는 여러분의 모든 편집 옵션과 창의력을 충분히 탐험할 수 있도록 만들어져있다.

레슨 돌아보기

1. Final Cut Pro의 세 가지 제작 워크플로우 단계를 설명한다.

2. 소스 미디어 파일을 저장할 장치 권장사항을 설명한다.

3. 미디어 저장 장치의 볼륨 형식 및 접근 권장 사항을 설명한다.

정답

1. Import(임포트): 스토리의 소스 미디어 파일을 수집 및 저장하고 해당 소스 파일을 나타내는 클립을 정리하는 과정이다. Edit(편집): 클립을 조합하고 트리밍하며 효과를 내어 스토리를 전달하는 창의적인 과정이다. Share(공유): 완성된 이야기를 다양한 유통 플랫폼과 형식으로 출력하는 내보내기 과정이다.

2. 미디어 파일은 7200 RPM 이상의 하드 디스크나 SSD와 같은 고속 저장 장치에 저장해야 한다.

3. 미디어 저장소 볼륨은 HFS+와 같은 형식이 지원되어야 하며, 읽기와 쓰기가 가능해야 한다.

Lesson 2
미디어 임포트하기

Final Cut Pro에서는 워크플로우의 임포트 단계에서 이미 편집 작업이 준비된다. 편집 프로세스를 시작할 때 미디어 관리 (media management)와 클립 구성에 시간을 할애하면 후반 편집 단계에서 큰 도움이 된다. 이번 임포트 단계에서는 미디어 파일을 프로젝트에 사용할 클립으로 응용 프로그램에 가져오는 방법을 배울 것이다. 그러나 임포트 단계를 시작하기 전에 여러분은 먼저 Final Cut Pro의 클립 구성 구조에 익숙해져야 한다.

Reference 2.1
클립, 이벤트, 라이브러리 이해하기

Mac의 운영 체제인 mac OS는 콘텐츠를 저장, 조작, 구성, 공유하기 위해 하드디스크와 같은 저장소 볼륨의 중첩된 폴더를 컨테이너로 사용한다.

학습 목표

▶ 클립, 이벤트, 라이브러리 컨테이너 정의하기

▶ 라이브러리로 임포트된 미디어 파일과 외부 미디어 파일의 차이점 이해하기

▶ 카메라 아카이브 만들기

▶ 미디어 임포트와 Finder로 파일을 가져오기

파일은 볼륨에 저장된 폴더 안에 있다.

13

이와 마찬가지로 Final Cut Pro는 특수 클립, 이벤트, 라이브러리 컨테이너를 사용해서 미디어를 저장하고 구성한다.

클립은 라이브러리에 저장된 이벤트 안에 있다.

2.1-A 클립 컨테이너

여러분은 이전 강의에서 다운로드한 소스 미디어 파일을 Final Cut Pro로 임포트하여 편집할 것이다. 임포트 단계에서는 Final Cut Pro에 각 소스 미디어 파일을 나타내는 클립을 생성한다. 클립의 내용은 저마다 다양하다. 어떤 것은 오디오와 비디오 콘텐츠가 함께 있고, 또 어떤 것은 비디오 또는 오디오만 있다. 간단히 말하면 각 클립을 컨테이너로 생각하면 된다. 비디오 파일을 편집하려면 파일을 Final Cut Pro로 임포트해야 한다. Final Cut Pro는 파일의 콘텐츠를 클립 컨테이너에 배치한다.

클립 컨테이너는 소스 미디어 파일을 참조한다.

2.1-B 이벤트 컨테이너

Final Cut Pro 내의 클립은 이벤트라고 하는 더 큰 컨테이너로 관리된다. 이벤트에는 아주 다양한 종류의 클립이 있는데, 그중에서도 하나 이상의 공통 요소가 있는 클립이 가장 최적화되어 관리된다.

그 공통 요소는 인터뷰, 영화 장면, 스톡 푸티지일 수 있다. 이벤트 컨테이너에는 다양한 클립이나 좁은 의미의 클립이 포함될 수 있다. 이벤트 컨테이너의 특성을 정의하는 것은 여러분에게 달려 있다.

이벤트 컨테이너에는 다양한 클립 컨테이너가 있다.

▶ **이벤트에 들어가야 할 것은 무엇인가?**

이벤트에는 여러분이 선택한 클립을 저장할 수 있다. 어떤 편집자는 이벤트를 하나 만들어서 그 이벤트에 클립을 몽땅 넣는데, 이렇게 한다면 나중에 "금 캐기"처럼 클립을 캐내는 수고를 해야 한다. 또 다른 편집자는 날짜, 카메라 카드, 영화 장면, 다큐멘터리의 하위 주제 등으로 클립을 그룹화하여 여러 이벤트에 각각 저장한다. 여러분은 이벤트를 원하는 대로 다양한 옵션의 조합으로 나타낼 수 있다.

여러분은 이벤트를 정리하기에 앞서서 Final Cut Pro의 이벤트가 가상 저장소 컨테이너라는 점을 명심해야 한다. 편집할 콘텐츠를 신속하게 찾기 위해서 이벤트 내의 클립을 이동하고 재구성할 수 있다. 파일을 임포트하고 해당 이벤트에서 관리해보면 Final Cut Pro 미디어 관리의 강력함을 느낄 수 있을 것이다. 이벤트는 더 큰 라이브러리 컨테이너와 연결되어 소스 미디어 파일이 저장되는 가상 및 실제의 위치를 정한다.

2.1-C 라이브러리 컨테이너

라이브러리는 Final Cut Pro에서 가장 큰 콘텐츠 컨테이너다. 라이브러리를 사용하면 이벤트와 수천 개의 클립을 묶어서 프로젝트를 강력하면서도 단순하게 관리할 수 있다. 라이브러리를 사용하면 하나 또는 여러 프로젝트를 다른 편집자나 작업 동료에게 손쉽게 전달할 수 있다. 프로젝트를 편집하려면 최소한 하나의 라이브러리를 열어야 하는데, 원하는 만큼 많은 라이브러리를 동시에 열 수도 있다.

라이브러리 컨테이너는 이벤트를 한데 묶는다.

Lesson 9에서는 클립, 이벤트, 라이브러리에 적용되는 미디어 관리 설정과 툴에 대해 자세히 살펴볼 것이다. 이러한 툴을 사용하면 Final Cut Pro 내에서 소스 파일을 이동, 복사, 구성할 수 있다. 지금부터는 클립 임포트를 시작하면서 Primary Media 관리 설정을 사용할 때 Final Cut Pro가 미디어를 처리하는 방법에 대해 살펴보자.

Exercise 2.1.1
라이브러리 생성하기

편집할 모든 클립은 이벤트 안에 있고, 이벤트는 라이브러리 안에 있다. 따라서 미디어를 임포트하기 전에 라이브러리를 먼저 만들어야 한다. 라이브러리는 접근과 지원이 가능한 모든 로컬 또는 네트워크 볼륨에 저장할 수 있다.

1 Dock 또는 응용 프로그램 폴더에서 Final Cut Pro 아이콘을 클릭하여 실행한다.

Final Cut Pro를 처음으로 열어본다면, "What's New in Final Cut Pro X" 창이 나타날 것이다.

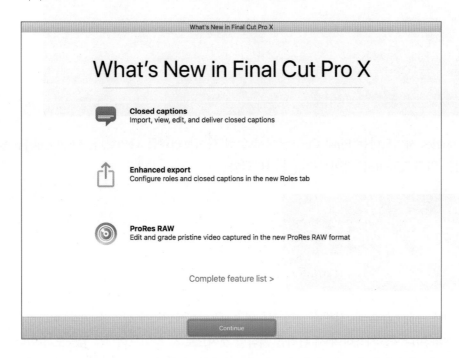

이 창에는 Final Cut Pro의 최신 업데이트에 새로 추가된 기능이 나타난다. 본 교재에서는 새로운 기능과 기타 기능을 몇 가지 살펴볼 것이다. Final Cut Pro 기능에 대한 모든 추가 정보는 Final Cut Pro X 도움말 웹 페이지에서 확인할 수 있다.

2 Continue를 클릭한다.

Final Cut Pro 메인 창이 나타나면서 편집할 준비가 된다.

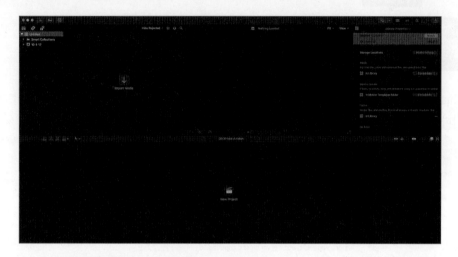

Libraries 사이드바는 Final Cut Pro에서 열린 라이브러리를 나열한다. Final Cut Pro를 처음 열면 "Untitled" 라이브러리가 나타난다.

이전에 Final Cut Pro를 실행한 적이 있으면, 다른 라이브러리가 생길 수 있다. 여러분은 본 교재의 미디어를 사용하여 새 편집을 시작할 것이므로 새 라이브러리를 만들도록 한다.

NOTE ▶ 이전 버전의 Final Cut Pro X를 사용했다면, 기존 라이브러리를 업데이트 할지 묻는 대화창이 나타날 수 있다. 지금은 업데이트하지 않는 것으로 선택해도 된다. 업데이트 여부는 본 교재의 연습 문제 실습에 영향을 미치지 않는다.

3 File 〉 New 〉 Library를 선택한다.

라이브러리를 저장할 위치를 묻는 Save 대화창이 나타난다. 라이브러리 컨테이너는 지원
이 되는 모든 저장 장치(이상적으로는 고속 로컬이나 네트워크 볼륨)에 저장할 수 있다.

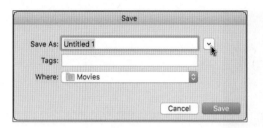

4   Finder 옵션을 표시하려면 Save As 필드 옆의 펼침 삼각형을 클릭한다. FCP X Media 폴
더를 저장한 같은 위치를 탐색한다.

NOTE ▶   Lesson 1에서는 권장 위치(외부 볼륨, Movies 폴더, 바탕화면) 중 한 곳에
만든 FCP X Media라는 새 폴더에 미디어를 다운로드하고 이동했다.

5   Save As 필드에 Lifted를 입력하고, Save를 클릭한다.

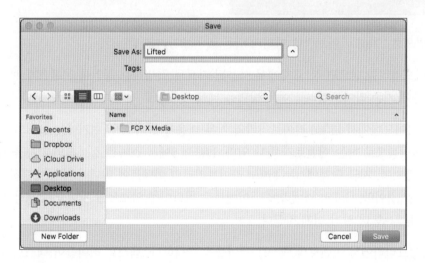

왼쪽의 Libraries 사이드바에는 Lifted라는 새로운 라이브러리가 나타나는데, 여기에는
현재 날짜의 이벤트가 자동으로 생성된다. 또한, Final Cut Pro를 처음 열 때 생성된 라
이브러리가 하나 있는데, 이것을 비롯한 여러 다른 라이브러리를 닫아서 콘텐츠를 보호
해보자.

6   원하지 않는 라이브러리를 Control-클릭(또는 마우스 오른쪽 클릭)하고 바로 가기 메뉴
    에서 Close Library를 선택한다.

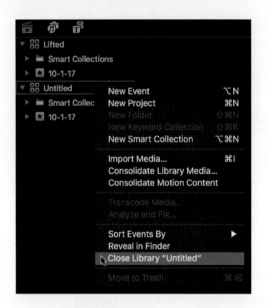

7   같은 방법으로 Lifted 라이브러리 이외의 다른 라이브러리를 닫는다.

    기존 라이브러리를 닫으면 본 교재에서 사용된 자료로 작업하는 동안에 콘텐츠가 보호
    된다. 나중에 기존 라이브러리를 여는 방법을 배울 것이므로 걱정하지 않아도 된다.

    Libraries 사이드바에서 Lifted 라이브러리의 기본 내용을 살펴보자. 여기에는 폴더와 현
    재 날짜를 이름으로 하는 이벤트가 하나 있다. Lesson 3에서 스마트 컬렉션의 기능을 자
    세히 배우겠지만, 지금 단계에서는 Lifted 라이브러리의 이벤트에 미디어 파일 로딩하는
    것에 집중할 것이다. GoPro 카메라에서 이벤트로 미디어를 임포트할 것이므로 해당 이
    벤트의 이름을 좀 더 알기 쉽게 바꾼다.

8   Lifted 라이브러리에서 이벤트의 텍스트 레이블을 클릭한다. 텍스트 레이블이 텍스트 입
    력 필드로 전환되면, GoPro를 입력하고 Return을 누른다.

이벤트 이름이 바뀌었다. 여러분은 이제 새 라이브러리를 만들었고, 소스 미디어 파일을 클립으로 받을 수 있는 이벤트도 준비가 됐다.

Exercise 2.1.2
카메라 소스 파일 임포트 준비하기

이 연습에서는 Lesson 1에서 다운로드한 SD 카드를 사용할 것이다. 이 복사본은 실제 카메라 SD 카드를 사용하는 것과 같은 상황을 시뮬레이션한다.

1   Command-H를 눌러 Final Cut Pro를 숨기고 바탕화면으로 돌아간다.

2   Lesson 1에서 생성한 FCP X Media 폴더를 찾는다.

3   FCP X Media 폴더에서 GoPro SD Card 1.dmg 파일을 더블 클릭한다.

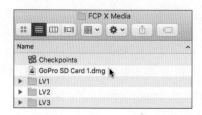

잠시 후, 이동식 볼륨 아이콘이 바탕화면에 나타난다. 이 소프트웨어 카드는 컴퓨터에 연결된 실제 카메라 카드를 시뮬레이션한다.

NOTE ▶   카드를 삽입할 때 다른 응용 프로그램이 열리면 Command-Q를 눌러 응용 프로그램을 종료한다.

4   Final Cut Pro로 돌아가려면 Dock 아이콘을 클릭한다.

Final Cut Pro는 바탕화면에 있다. 시스템 구성에 따라 Media Import 창이 이미 열려있을 수도 있다.

5 Media Import가 자동으로 열리지 않으면, Media Import 버튼을 클릭한다.

미디어를 임포트하기에 앞서서 먼저 Media Import의 인터페이스를 살펴보자.

Reference 2.2
미디어 임포트 창 사용하기

Media Import 창은 소스 미디어 파일을 Final Cut Pro로 가져오는 통합 인터페이스다. Media Import 창은 소스 미디어 파일이 있는 위치를 알려주고, 라이브러리의 이벤트 안에서 해당 클립이 어떻게 표시될지를 목록으로 보여준다. 이제 여러분은 이러한 클립들을 하나의 프로젝트로 편집하여 후반 작업 워크플로우를 시작할 수 있다.

Final Cut Pro는 기술적인 방해요소를 최소화하여 신속하게 편집할 수 있도록 설계되었다. Media Import 창에는 네 개의 창(Sidebar, Viewer, Browser, Import options)이 있다.

▶ Sidebar: 왼쪽에 위치하며, 사용 가능한 장치(카메라, 볼륨, 즐겨찾기)를 임포트 소스로 나열한다.

▶ Viewer: 선택한 소스 미디어 파일을 하단의 Browser에서 미리 볼 수 있다.

▶ Browser: 사이드바에서 선택한 장치에서 임포트할 수 있는 소스 미디어 파일을 보여준다.

▶ Import options: 임포트하면서 클립과 소스 미디어 파일의 가상 및 실제 위치를 지정하고, 트랜스코딩 및 분석 옵션을 지정할 수 있다.

사이드바는 Media Import 창을 열 때 맨 먼저 나타난다. 여기에는 Final Cut Pro 호환 장치 목록이 포함되어 있다.

사이드바에서 장치를 선택하면, 장치의 미디어 파일이 아래쪽 Browser 창에 표시된다. 여기에는 필름 스트립 보기와 목록 보기가 있다.

목록 보기로 전환

필름 스트립 보기로 전환

NOTE ▶ 사용 가능한 보기 옵션은 선택한 장치 유형에 따라 다르다.

Browser에 나타나는 소스 미디어 파일은 Viewer에서 미리 보고 임포트할 준비가 됐다. 더 추가하고 설정할 필요가 없다. Final Cut Pro가 파일에 접근해서 미리 보기 할 수 있으면, 여러분은 그것을 임포트할 수 있다.

임포트할 미디어 파일을 선택한 후에는 임포트 옵션을 살펴보자. Final Cut Pro의 미디어 관리 기능을 사용하면 임포트할 클립이 저장될 위치를 알 수 있다. 단 몇 번의 클릭만으로도 강력한 사용자 구성 옵션에 접근할 수 있다.

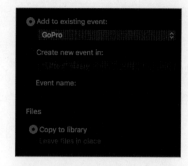

라이브러리 이벤트를 선택하여 실제로 클립을 관리하고 파일을 저장하는 미디어 관리 옵션을 구성한다.

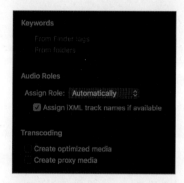

임포트하는 동안 적용할 메타 데이터와 트랜스코딩 옵션을 선택한다.

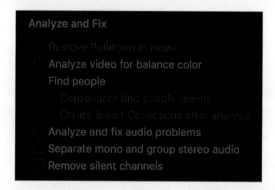

클립 분석과 복구 옵션을 선택한다.

임포트 옵션을 설정하고 나면, Final Cut Pro는 소스 미디어 파일을 메인 윈도우의 Browser 에 클립으로 나타내어 편집할 준비를 한다. Final Cut Pro의 64비트 아키텍처와 mac OS가 만 나면 4K 화질로 임포트를 하는 동안 즉각적인 클립 편집이 가능하다. 이제 same-day editing 은 잊자, 바야흐로 same-hour editing이다.(역주:당일 받은 소스로 당일 편집이 완료되는 것 을 넘어, 곧바로 편집해서 곧바로 출력이 가능하다는 의미)

> **Codec? Frame Rate? Aspect?**
>
> "US Letter"이 8.5×11인치의 용지를 뜻하는 것과 마찬가지로, 위의 용어들은 미디어 파일의 형태 속성을 의미한다. Codec은 프레임에 적용된 압축률, Frame Rate은 초당 프레임 수, Aspect는 정사각형 또는 직사각형의 픽셀 크기를 말한다.

Exercise 2.2.1
카메라 아카이브 생성하기

임포트하기 전에 매우 중요한 과정이 있다. 소스 미디어를 백업하자. Create Archive 명령을 사용하면 응용 프로그램 내에서 소스 미디어 장치를 복제할 수 있다. 여러분은 몇몇 편집 워 크플로우에서 소스 미디어 파일을 응용 프로그램 외부에 백업할 수도 있지만, Create Archive 의 목적은 만약을 대비해서 원본 소스 미디어 파일의 백업을 확보하는 것이다.

1   목록의 Cameras 섹션에서 GOPRO1 카메라 카드를 선택한다.

Browser 영역에 카드의 콘텐츠가 나타난다. 미디어 파일을 미리 보기 전에 백업을 해야 한다.

2   사이드바에서 Create Archive 버튼을 클릭한다.

새 아카이브의 이름을 지정하고 저장 위치를 선택하라는 대화창이 나타난다. 의미 있는 아카이브 이름을 정한다. 아카이브의 이름은 클라이언트, 장면, 프로젝트 이름, 프로젝트 번호 또는 나중에 다른 아카이브와 구별하는 데 도움이 되는 메타 데이터의 조합 등으로 만들 수 있다.

3   이 연습에서는 파일을 GoPro SD 카드 1의 헬리콥터 샷이라고 설명하기 위해 Heli Shots-GoPro라고 입력한다.

4   펼침 삼각형 버튼을 클릭하여 나머지 Finder 옵션을 표시한다.

쉽게 접근하기 위해 왼쪽의 즐겨찾기에 카메라 아카이브를 추가할 수 있다. 지금은 이 옵션을 선택하지 않은 상태로 둔다.

5   FCP X Media 폴더로 이동하고, New Folder 버튼을 클릭한다.

6   새 폴더 이름으로 Lifted Archives을 입력한다. New Folder 대화창에서 Create를 클릭한다. 이전 대화창에서도 Create를 클릭한다.

사이드바에 있는 GOPRO1 카드 옆에 타이머가 나타난다. 아카이빙이 완료되기 전에 임포트 과정을 진행할 수 있다.

▶ **카메라 아카이브를 왜 만들어야합니까?**

Final Cut Pro는 다양한 카메라 형식의 소스 파일을 임포트한다. 가장 효율적인 임포트 프로세스를 위해 Media Import 창은 소스 카메라의 메타 데이터를 사용한다. 메타 데이터는 카메라 메모리 카드의 여러 파일에 저장되거나 미디어 파일에 내장되어 있다. Finder에서 소스 파일을 보면 외부 파일 중 일부는 숨겨져 있다. 따라서 카드에서 컴퓨터로 소스 파일을 드래그하면, 관련된 모든 메타 데이터가 복사되지 않는다. 어떤 경우에는 Media Import 창에서 소스 파일을 전혀 인식하지 못기도 한다. 따라서 가장 좋은 방법은 Create Archive 기능으로 카메라 메모리 카드를 복제하는 것이다. 카메라에서 파일을 드래그하는 대신에 아카이브를 생성하면, 카메라 메타 데이터 및 볼륨 구조가 유지되고, Final Cut Pro에서 소스 형식을 인식할 수 있다.

▶ **카메라 아카이브는 어디에 저장해야합니까?**

클립이 포함된 라이브러리는 Macintosh HD 볼륨과는 물리적으로 분리된 미디어 볼륨에 저장되어야 한다. 가장 이상적으로는 protected RAID 볼륨이 최선이다. RAID는 하드웨어 또는 소프트웨어에 의해 결합된 디스크 그룹으로 단일 볼륨으로서 디스크를 제공한다. RAID는 데이터 중복성 또는 대역폭 성능 또는 둘의 조합을 제공하도록 구성된다. 만약, 미디어 볼륨이 유일한 보조 볼륨이라고 가정해보자. 미디어 볼륨에 카메라 아카이브를 저장하면 모든 것을 하나의 볼륨에 유지하므로 프로젝트를 통합 편집을 진행하는 데 도움이 된다. 그러나 편집 프로젝트의 모든 부분을 하나의 비보호(non-RAID) 볼륨으로 유지하면 단일 장애점(SPOF, single point of failure; 시스템 구성 요소 중에서, 동작하지 않으면 전체 시스템이 중단되는 요소)이 생긴다. 따라서 가장 좋은 방법은 라이브러리와 별도의 보호 볼륨에 카메라 아카이브를 저장하는 것이다.

Reference 2.3
카메라에서 소스 미디어 임포트하기

Media Import 창은 카메라의 소스 미디어 파일에 접근한다. 그러나 아카이브를 생성하는 것은 라이브러리에 파일을 임포트하는 것과 다르다. 아카이브는 단순히 원본 콘텐츠의 백업일 뿐이다. 지금부터는 Final Cut Pro에서 사용할 미디어 파일을 클립으로 라이브러리 이벤트에 가져올 것이다.

여러분은 먼저 필름 스트립으로 나타난 각 미디어 파일을 검색하는 방법을 배울 것이다. 마우스나 트랙 패드가 Final Cut Pro를 검색할 수 있는 유일하고 가장 빠른 방법이 아니다. 지금부터 배우는 기술은 나머지 응용 프로그램과 전체 편집 워크플로우에 적용된다. 또한 Final Cut Pro를 보다 효율적으로 사용하는 데 도움이 될 것이다.

▶ **Command Editor**

Final Cut Pro에는 Command Editor(Final Cut Pro 〉 Commands 〉 Customize)로 지정할 수 있는 300개 이상의 사용자 설정 키보드 명령이 있다..

Command Editor 사용에 대한 자세한 내용은 Appendix A의 "키보드 단축키 지정하기" 부분을 참조하자.

Exercise 2.3.1
필름 스트립 Preview에서 검색하기

1인 편집자는 소스 미디어 파일을 정리하느라고 많은 시간을 쓸 수 있다. 키보드 명령으로 해당 자료를 이동하면 한 번에 몇 초를 절약할 수 있다. 비록 작은 몇 초도 모이면 몇 시간 이 될 수 있다.

1   시뮬레이트된 SD 카드를 사용한다. 사이드바 상단의 Cameras에서 GOPRO1을 선택한다.

Browser 창의 오른쪽 아래에서 소스 파일의 디스플레이 보기(필름스트립 또는 목록)를 전환할 수 있다. 스키밍 기능을 알아보기 위해 필름스트립 보기부터 살펴보자.

2   Filmstrip View 버튼을 클릭한다.

복제된 SD 카드의 소스 미디어 파일은 섬네일로 표시되므로, 파일의 내용을 빨리 훑어 볼 수 있다.

3   미디어를 훑어보기 위해 포인터를 파일의 섬네일 좌우로 움직여본다.

파일 내용의 미리 보기는 섬네일과 섬네일 위의 Viewer 창에 나타난다. 오디오 트랙이 파일에 포함되어있는 경우 미리 보기에서 오디오 트랙을 재생한다. 실시간으로 파일을 재생할 수도 있다.

4   포인터를 섬네일 위에 놓고 섬네일을 클릭한 다음 스페이스 바를 누른다. 스페이스 바를 누르면 실시간 파일 미리 보기가 시작된다. 스페이스 바를 다시 누르면 미리 보기가 일시 중지된다.

5   스페이스 바를 다시 눌러 재생을 일시 중지한 다음, 포인터를 섬네일로 이동한다.

섬네일에는 스키머(skimmer)와 재생이 중단된 재생 헤드(playhead) 표시가 나타난다. 여러분은 이 두 가지 표시가 나중에 클립을 미리 보고 편집하는데 어떻게 영향을 미치는지 배울 것이다.

여러분은 클립의 내용을 빠르게 미리 보기 위해 어떻게 클립을 훑어보는지 살펴보았다.

길이가 긴 파일이라면 실시간 재생은 너무 느리고 스키밍은 너무 빠를 수 있다. 키보드 단축키를 사용하면 정확한 재생 조절이 가능하다. 재생을 위한 키보드 단축키로는 J, K, L이 있다.

6   GOPR0003의 시작 부분을 훑어본 후에 L을 눌러 재생을 시작한다.

클립이 정상 속도로 순방향 재생된다.

7   K를 눌러 일시 중지한 다음 J를 눌러 파일을 역방향으로 재생한다.

8   J를 다시 누른다.

재생 헤드는 정상 속도의 두 배로 역방향으로 이동한다. J를 매번 누를 때마다 속도가 증가하며, 최대 6회까지 누를 수 있다. L을 눌러 순방향 재생 속도를 높일 수 있다.

9   L을 몇 번 누른다. 파일이 순방향으로 재생되고 나오고, 누를 때마다 속도가 더 빨라진다. K를 눌러 일시 중지한다.

2.3.1-A 필름스트립 보기 확장

필름스트립 보기의 기본은 섬네일을 표시하는 것이다. 그러나 더 긴 파일을 검토할 때에는 더 정밀하게 제어할 수 있도록 확장된 필름스트립 미리 보기에 섬네일을 열 수도 있다.

1 Media Import 창에서 Clip Appearance 버튼을 클릭한다.

스톱워치 아이콘과 관련 슬라이더 컨트롤을 사용하여 시간을 변경할 수 있다. 오른쪽의 시간 표기는 각 필름 프레임의 재생 시간의 길이를 나타낸다. 가장 왼쪽 값인 All은 각 소스 미디어 파일을 하나의 프레임으로 본다. 즉, 소스 파일의 모든 프레임은 파일당 하나의 프레임으로 표시된다.

2 시간이 1초로 설정될 때까지 슬라이더를 드래그한다.

이제 필름스트립의 각 프레임은 소스 미디어의 1초를 나타낸다.

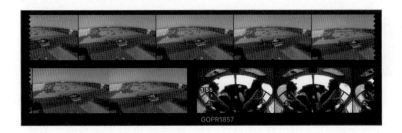

NOTE ▶ 파일이 프레임 라인을 넘어서 확장되면, 라인의 가장자리가 찢어진 톱니 자국처럼 보인다. 파일의 필름스트립은 다음 라인에 계속된다는 의미이다.

3 슬라이더를 All이 나타날 때까지 왼쪽으로 드래그해서 Browser를 파일 당 하나의 프레임으로 표시한다.

Exercise 2.3.2
카메라 카드에서 파일 임포트하기

Final Cut Pro의 임포트 방법을 살펴보자. 헬리콥터 B-roll을 추가 촬영한 GoPro 카메라에서 미디어 파일을 가져온다. 그다음 파일럿과의 인터뷰와 대량의 B-roll이 든 파일을 임포트한다.

1 사이드바의 GOPRO1 SD 카드를 선택한 상태에서 Browser의 파일 섬네일 외부에 있는 빈 회색 영역을 클릭한다. 파일을 선택하지 않으면 Import All 버튼이 표시된다.

모든 소스 미디어 파일을 이벤트 클립으로 임포트하려면 Import All 버튼을 클릭한다. 또는 별로 좋지 않은 장면을 무시하고 특정 미디어 파일만 가져올 수 있다.

2 GOPR0003 섬네일을 선택한다.

섬네일은 파일이 선택되었음을 표시하는 노란색 테두리로 강조된다. Import Selected 버튼을 클릭하여 이 파일을 즉시 가져올 수 있다. 하지만 그보다 먼저 선택해야 할 파일이 더 많다.

3 GOPR0006 섬네일을 클릭한다.

GOPR0006이 선택되면, GOPR0003이 선택 해제된다. macOS에서 여러 항목을 선택하려면 Shift나 Command 보조키를 누르고 있어야 한다.

4 다시 GOPR0003을 Command-클릭하여 두 파일을 모두 선택한다.

Command-클릭하면 개별적이거나 인접하지 않은 파일을 선택할 수 있지만, GOPR0003을 Shift-클릭하면 GOPR0005도 선택된다. 여러분이 편집할 Lifted 프로젝트의 경우, 여섯 개의 GoPro 파일을 모두 임포트할 것이다.

5 Media Import 창의 Browser에서 빈 회색 영역을 클릭하여 모든 파일의 선택을 해제한다.

GOPRO1 SD 카드의 모든 파일을 Final Cut Pro에 임포트했다. 이제 마지막 창인 Import Options을 살펴보자.

▶ 카메라 파일 내에서 구간(range) 임포트하기

여러분은 때로 미디어 파일의 한 섹션만 필요할 수도 있다. 이러한 섹션을 구간 선택(range selection) 또는 구간(range)이라고 한다. 이를 통해 소스 미디어 파일의 원하는 부분만 가져올 수 있다. 필름스트립 미리 보기에서 단일 구간을 설정하는 방법은 다양하다.

▶ 스키머 또는 재생 헤드를 원하는 프레임에 놓고, I를 눌러 시작점을 표시한다. 원하는 최종 프레임을 따라 큐를 지정하고 O를 눌러 끝점을 표시한다.

▶ 마우스 포인터를 원하는 시작점 위에 놓은 다음 원하는 끝점으로 드래그한다. 드래그하면 시간 정보가 표시된다.

소스 미디어 파일에는 여러 섹션에서 사용 가능한 미디어가 있다. 추가적인 구간 선택 방법을 사용하면 파일 내에서 둘 이상의 구간을 표시하고 임포트할 수 있다.

▶ 스키머나 재생 헤드를 파일 내에서 그다음으로 원하는 구간의 시작점에 둔다. Command-Shift-I를 눌러 추가 시작점을 표시한다. 원하는 최종 프레임 다음에 큐를 추가하고 Command-Shift-O를 눌러 추가 구간의 끝점을 표시한다.

▶ 원하는 시작점 위로 마우스 포인터를 가져가서 원하는 끝점까지 Command-드래그한다. 드래그하면 시간 정보가 표시된다.

NOTE ▶ 카메라/비디오 파일 형식에 따라 파일 내의 구간 선택이 안 될 수도 있다.

카메라 파일 내에서 Ranges 임포트 하기 계속

구간을 표시하려면 미디어 파일에서 소스 타임 코드를 확인하는 것이 필요하다. 스키머 위로 나타나는 Skimmer Info 창은 파일 이름과 소스 타임 코드를 보여준다. Skimmer Info 창의 표시/숨기기 상태는 View 〉 Browser 메뉴나 Control-Y를 눌러서 전환할 수 있다.

한 파일 내에서 구간을 하나 또는 둘 이상을 표시해서 하나의 구간 또는 전체 파일을 임포트하기로 결정했다면, 그 구간을 지울 수 있다.

▶   선택한 하나의 구간을 지우려면 Option-X를 누른다.

▶   모든 구간을 지우려면 파일의 구간을 선택해서 X를 누른다.

Reference 2.4
미디어 임포트 옵션 선택하기

Media Import Options 창은 Final Cut Pro 클립과 미디어 관리에서 중요한 세 부분을 안내한다.

▶   인터페이스 내 클립의 가상 저장소 위치

▶   접근 가능한 볼륨에 있는 해당 클립 소스 미디어 파일의 실제 저장 위치

▶   사용 가능한 트랜스코딩과 분석 자동화

2.4-A 가상 저장소 선택하기

Import Options의 맨 위의 섹션은 Final Cut Pro 내의 클립 구성을 정의한다. 소스 미디어 파일은 편집을 위해 이벤트 클립으로 접근할 수 있어야 한다. 이제부터 소개할 옵션을 사용하면 기존 이벤트에 클립을 추가하거나 클립에 대한 새 이벤트를 만들 수 있다. 먼저 "Add to existing event" 옵션을 살펴보자.

"Add to existing event"를 선택하면, 오픈 라이브러리에서 사용할 수 있는 이벤트 목록이 팝업 메뉴에 나타난다. 어떤 라이브러리 내부에 있는 어떤 이벤트에도 클립을 넣을 수 있다.

"Create new event in"을 선택하면 이벤트를 저장할 라이브러리를 선택하라는 팝업 메뉴와 마찬가지로 이름 필드가 활성화된다. 이름을 짓는 방법은 전적으로 여러분에게 달려 있다. 이벤트의 이름은 클라이언트의 이름, 현재의 편집 프로젝트, 원본 미디어의 바코드 번호처럼 간단해도 된다.

이 섹션은 임포트된 클립이 라이브러리의 어떤 이벤트에 포함될지를 정한다. 이것은 Final Cut Pro에서 편집할 클립을 구성하도록 가상의 저장소를 지정하는 것이다. 이제 클립의 소스 미디어 파일이 실제로 저장되는 위치를 살펴보자.

2.4-B 물리적 저장 장치 선택

일단, Final Cut Pro 라이브러리에 관한 기본적인 두 가지 사실을 기억하자.

▶ 라이브러리는 소스 미디어 파일을 저장하는 물리적인 컨테이너일 수 있다.

▶ 라이브러리는 라이브러리 외부에 저장된 소스 미디어 파일을 참조하는 가상의 컨테이너일 수도 있다.

Final Cut Pro의 클립은 라이브러리 내부에 실제로 저장된 소스 미디어 파일을 나타낼 수도 있고, 라이브러리와 별도의 위치에 저장된 소스 미디어 파일을 가리키는 링크를 나타낼 수도 있다. 미디어 파일의 위치는 관리 미디어(managed media) 또는 외부 미디어(external media) 중 하나를 선택하면 결정된다.

관리 미디어는 단일 사용자, 모바일 편집기, 아카이빙의 경우에 가장 간단한 방법이다. Final Cut Pro는 임포트한 미디어 파일을 선택한 라이브러리에 복사하도록 지시한다. 앞서 라이브러리를 만들었기 때문에, 라이브러리와 미디어가 저장되고 관리되는 볼륨의 위치는 이미 정해졌다.

관리 미디어는 사용이 쉽지만, 워크플로우 내의 미디어를 관리하기 위한 최상의 방법은 외부 미디어를 사용하는 것이다. 외부적으로 참조되는 미디어를 사용하는 경우, 소스 파일은 Final Cut Pro 라이브러리 외부에 저장된다. 소스 미디어 파일을 여러 사용자나 응용 프로그램 간에 공유하는 워크플로우의 경우라면 외부 미디어 관리를 사용하는 것이 좋다. 왜냐하면 여러 편집자가 다른 워크플로우를 방해하지 않고 소스 미디어 파일에 접근할 수 있기 때문이다. 외부 미디어를 사용하면 라이브러리를 가볍게 유지하므로 동일한 미디어 저장소의 접근 권한이 있는 다른 사용자에게 라이브러리를 전달할 때 더 빠르고 쉽게 공유할 수 있다.

카메라 카드가 아닌 볼륨에서 소스 미디어 파일을 임포트하는 경우에는 두 번째 미디어 저장 옵션인 "Leave files in place"를 사용할 수 있다. "Edit in place"라고도 하는데, 제안 내용을 그대로 정확히 수행한다. 임포트하는 동안 어떤 소스 미디어 파일을 복사하거나 이동하지 않고, 파일을 라이브러리 바깥의 외부 미디어로 남겨둔다.

> **NOTE** ▶ 내부 관리 및 외부 참조 미디어에 관한 자세한 내용은 Lesson 9의 "라이브러리 관리하기"를 참조하자.

2.4-C 키워드 생성 및 오디오 롤 지정하기

사전 편집 방식에 따라 Finder에서 미디어 파일을 구성하느라 상당한 시간을 소비할 수도 있다. Media Import 옵션에는 이 구성을 강화하는 두 가지 방법이 있다. 또한 iXML을 제공하는 프로덕션 오디오를 사용하는 것도 시간을 절약할 수 있는 방법이다.

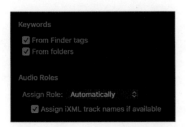

▶ Finder 태그에서: 해당 클립에 지정된 macOS 태그에 따라 Keyword Collections에 클립을 만들고 지정한다.

▶ 폴더에서: 키워드를 사용해서 이벤트 내의 Finder 레벨에서 기존 폴더 구조를 복사한다.

▶ iXML할당: 트랙 메타 데이터를 기반으로 오디오 트랙에 롤을 지정한다.

2.4-D 트랜스 코드 및 분석 옵션 사용하기

더 많은 Media Import 옵션은 Transcoding 영역에서 사용할 수 있다. 트랜스 코드 옵션 중 하나 또는 둘 다를 선택하면 클립에 대한 소스 미디어 파일이 추가로 생성된다.

▶ 최적화된 미디어 생성: 소스 파일의 Apple ProRes 422 버전을 생성한다. 이는 컴포지팅, 다중 효과, 로딩 과정 축소 등에 최적화된 미디어를 만든다.

▶ 프락시 미디어 생성: 오디오가 포함된 소스 파일의 Apple ProRes 422(Proxy) 버전을 생성한다. 이는 볼륨에 소스 파일을 더 많이 저장할 수 있도록 압축되어 처리가 쉬운 코덱이다.

분석 옵션을 선택하면 이벤트 내에서의 클립 정렬을 자동화하고, 클립을 분석하여 클립의 특정 기술 측면을 식별하고, 감지된 오디오 에러를 비파괴 수정할 수 있다.

NOTE ▶ 워크플로우의 편집 단계에서 하나 이상의 클립에 트랜스코딩 및 분석 옵션을 적용할 수 있다.

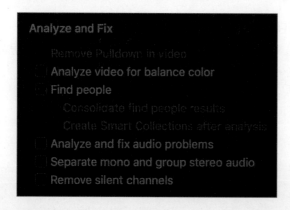

▶ Remove Pulldown in video: 특정 프레임 파일 형식으로 기록된 소스 미디어 파일에 적용된다.

▶ Analyze video for balance color: 한 번의 클릭으로 클립 전체에 걸친 평균의 neutralizing 보정을 만든다.

▶ Find people: 장면의 구성 및 얼굴을 탐지하는 클립을 분석한다.

▶ Consolidate find people results: 클립의 2분 분량을 기준으로 "Find people"의 평균 결과를 낸다.

▶ Create Smart Collections after analysis: "Find people"의 분석 결과를 dynamic collection 으로 모은다.

▶ Analyze and fix audio problems: ground-loop hum이나 배경 울림음과 같은 심각한 오 디오 문제를 비파괴 수정한다.

▶ Separate mono and group stereo audio: 소스 오디오 채널이 결합하거나 분리되는 방식 을 정한다.

Keywords 카테고리 등의 Clip-sorting 옵션은 기존 또는 새로 생성된 메타 데이터에 의존한 다. Lesson 3의 "클립 조직하고 관리하기"에서 메타 데이터에 대해 더 자세히 배울 것이다.

Exercise 2.4.1
미디어 임포트 옵션 적용하기

Media Import 옵션에 익숙해졌다면, 이제 카메라 클립을 임포트해보자. Exercise 2.1.1에서 이 편집 프로젝트에 대한 라이브러리와 이벤트를 만들었다. 이제 소스 미디어 파일을 클립 으로 추가한다.

1   "Add to existing event" 팝업 메뉴에서 Lifted 라이브러리의 GoPro 이벤트를 선택한다.

이는 임포트 과정에서 GoPro 이벤트에 클립을 만들어 해당 소스 미디어 파일을 나타낸 다. 이제 Final Cut Pro가 소스 미디어를 저장하는 위치를 볼 수 있다.

2   "Copy to library"를 선택한다.

이러한 소스 미디어 파일은 Lifted 라이브러리 내의 관리 미디어 파일이 된다. 또 그 소스 미디어 파일은 SD 카드에서 Lifted 라이브러리에 저장된 GoPro 이벤트로 복사된다. 이것은 관리 미디어 파일이기 때문에, 여러분은 저장 공간이 충분한 볼륨에 라이브러리를 두었는지 확인만 하면 된다.

3   다른 트랜스 코드, 키워드, 분석 옵션의 선택을 해제한다. Import All을 클릭한다.

NOTE ▶ Media Import Options 창은 이 임포트 연습을 위해 Reference 2.2에서 선택했던 설정과 일치해야 한다.

이 과정에서 미디어 파일을 자동화 툴로 분석할 필요는 없다. 앞에서 설명한 트랜스 코드 옵션과 마찬가지로 언제든지 클립을 만들 수 있기 때문이다. 임포트 동안 분석을 하는 것은 편집자의 선택 사항이다.

임포트를 시작할 때 다음 사항을 확인하자.

▶ 임포트가 진행될 때 미디어 임포트 창이 자동으로 닫힌다.

▶ 작은 초시계가 있는 클립이 Browser에 나타났다가 클립이 임포트된 후에 사라진다.

▶ 새로 임포트된 클립을 스키밍하고 편집할 수 있다.

임포트 과정이 끝나면, 디스플레이에 알림이 표시된다.

4   Eject 버튼을 클릭해서 알림을 해제하고, 연습에서 사용된 시뮬레이션 SD 카드를 꺼낸다.

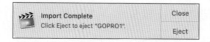

Reference 2.5
볼륨에서 파일 임포트하기

다른 사람과 공동 작업을 하다보면, 볼륨 또는 이메일/FTP에 있는 파일을 임포트할 때가 있을 것이다(미디어가 포함된 원래 카메라 카드에 접근하는 것이 아니라). 또 클라우드를 통해 공유되는 최신 뉴스 클립을 받기도 할 것이다. 다른 임포트 파일과 마찬가지로 수신된 파일은 Final Cut Pro에서 읽고 재생할 수 있는 형식이어야 한다.

NOTE ▶ 지원되는 파일 형식에 대한 최신 정보는 이 책의 Appendix B 및 Apple Final Cut Pro 지원 웹 페이지의 Supported Formats 섹션을 참조하자.

볼륨 프로세스의 임포트는 SD 카드에서 콘텐츠를 임포트하는 것과 매우 비슷하다.

▶ 볼륨을 장착한다.

▶ Final Cut Pro에서 Media Import 버튼을 클릭한다.

▶ Media Import의 왼쪽 사이드바에서 소스 장치를 선택한다.

▶ Browser에서 원하는 파일을 검색한다.

▶ 임포트할 파일을 선택한다.

▶ Media Import Options의 프로세스는 추가 미디어 저장 옵션을 사용할 때와 동일하다.

볼륨과 카메라 임포트의 차이는 Browser 창에서 확인할 수 있다. 볼륨에서 임포트를 하면 기본적으로 파일을 목록 보기로 표시한다.

2.5-A 파일 정리하기

SD 카드에서 콘텐츠를 임포트할 때 선택할 수 있는 옵션은 "Copy files"가 유일했다. Final Cut Pro에서는 미디어 파일을 SD 카드에서 연결된 장치로 복사해야 한다. 이는 아주 합리적이다. 파일을 복사하지 않고 카메라 카드를 꺼내면 결과 클립이 오프라인 상태가 될것이다. Final Cut Pro의 클립은 방금 추출된 SD 카드의 소스 미디어 파일을 계속 참조하기 때문에 오프라인 상태가 발생할 수도 있다.

Final Cut Pro에서 오프라인 미디어 파일이 나타나는 모습

장치에서 소스 미디어 파일을 임포트할 때, Final Cut Pro에서는 해당 소스 파일을 복사하거나 또는 복사하지 않을지에 대한 옵션이 있다. 가령, 편집을 끝내기 전에 돌려줘야 하는 볼륨에 소스 미디어 파일이 저장되어있다면, 여러분은 그 소스 미디어 파일을 복사할 것이다. 여러분의 프로젝트를 갖고 다닐 수 있도록 공유 저장 장치에서 이동식 장치로 미디어를 임포트하는 것도 좋은 복사 방법이다.

두 번째 옵션인 "Leave files in place"는 소스 파일을 복사하지 않는다. 단순히 현재 위치에서 소스 파일을 참조한다. 이 외부 미디어 옵션은 다중 사용자의 공유 저장 환경에서 매우 유용하다. 서버에 중복 복사본을 만들지 않고, 같은 작업 그룹 내의 다른 편집자와 같은 소스 미디어 파일을 사용할 수 있다.

미디어 관리 옵션 내 약간의 차이점을 제외하면, 볼륨에서 임포트하는 작업은 카메라에서 임포트하는 것만큼이나 쉽다.

> ### ▶ Symlinks 사용하기
>
> 외부 미디어를 사용하면 소스 미디어 파일은 라이브러리에 복사되지 않는다. 대신에 외부에 저장된 소스 미디어 파일을 참조하는 라이브러리 안에 symlinks(가상 파일)가 만들어진다. 외부 위치는 접근 가능한 볼륨이 있는 곳이면 어디든 될 수 있다. 외부 미디어 파일을 사용하는 것은 다중 사용자 환경의 편집자에게 최상의 선택이다.

Exercise 2.5.1
볼륨에서 기존 파일 임포트하기

이번 연습에서는 Final Cut Pro 외부에서 처리 및 구성된 파일(비네트에 필요한 소스 B-roll과 sound bite 파일)을 임포트할 것이다. 이 파일들은 소스 카메라 메모리 카드에서 복사하여 수동으로 정리되었다. 이번 연습은 매우 일반적인 임포트 과정인 파일, 아카이브 푸티지, shared media의 임포팅을 살펴볼 것이다.

1   Media Import 버튼을 클릭하거나 Command-I를 누른다.

Media Import 창이 열린다. 다운로드한 파일에서 임포트할 것이다.

2   사이드바에서 Lesson 1에서 생성했던 FCP X Media 폴더의 위치로 이동한다.

이 위치는 외부 볼륨, Documents 폴더, 바탕화면 중에 하나다. 필요한 미디어는 FCP X Media 폴더에 있다. 사이드바에서 홈 폴더를 선택하는 방법도 있다.

3   FCP X Media 폴더를 더블 클릭해서 열고, LV1/LV Import 폴더를 찾는다. 그리고 LV Import 폴더를 열어 해당 내용과 해당 하위 폴더의 내용을 표시한다.

미디어 파일이 폴더별로 정렬되었다. Final Cut Pro의 이러한 구성은 활용하기에 편리하다.

4   LV Import 폴더를 선택한다.

이제 임포트 옵션을 일부 설정해야 한다.

5   Import Options 창의 상단에서 "Create new event in"을 선택하고, 팝업 메뉴에서 Lifted 라이브러리를 선택한다. 이벤트의 이름으로 Primary Media를 입력한다.

여러분이 원하는 대로 이벤트와 라이브러리를 설정해서 미디어를 구성할 수 있다는 점을 기억하라. 이전의 임포트와 달리, 이번에는 외부 미디어를 참조할 것이다. 여러분은 미디어 파일이 있는 볼륨에 지속적으로 접근할 수 있으므로 소스 미디어를 복사할 필요가 없다.

6   Files 카테고리에서 "Leave files in place"를 선택한다.

이전의 임포트 방법과 다른 점은 미디어 파일의 폴더를 임포트한다는 것이다. Final Cut Pro는 키워드를 사용해서 Finder 폴더 구조의 메타 데이터를 임포트할 수 있다. 키워드는 클립에 적용된 메타 데이터의 징표다. 나중에 키워드로 특정 또는 관련성이 있는(또는 관련성이 없는) 클립을 빠르게 정렬하고 찾을 수 있다. 이 기능은 라이브러리에 수백 또는 수천 개의 클립이 있을 때 매우 편리하다.

NOTE ▶ mac OS 태그로 키워드를 생성하는 방법은 Lesson 5에서 다룬다.

7 Keywords 카테고리에서 "From folders"를 선택하고, "Find Finder tags"를 선택 해제한다.

NOTE ▶ 키워드는 임포트를 위해 폴더를 선택한 경우에만 적용한다. 폴더에서 선택한 파일을 임포트하면 키워드가 적용되지 않는다.

8 다른 모든 트랜스 코드 및 분석 옵션의 선택을 해제한 후에 Import Selected를 클릭한다.

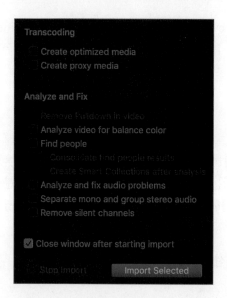

Media Import 창이 닫히고, Lifted 라이브러리에 새 이벤트가 나타난다.

NOTE ▶ 원한다면 클립이 성공적으로 임포트 되었음을 알리는 알림을 해제한다.

9 Primary Media 이벤트 옆의 펼침 삼각형을 클릭하여 내용을 표시한다.

선택한 폴더와 그 안의 폴더가 키워드로 변환되었다. "From folders" 임포트 옵션을 선택
하면 Finder 폴더 구조가 이벤트로 복사된다.

NOTE ▶ Lesson 3에서는 다른 메타 데이터 기술을 비롯한 키워드 사용에 대해 더 배
워볼 것이다.

▶ **Finder 또는 기타 응용 프로그램에서 드래그하기**

Final Cut Pro 이벤트는 Finder 또는 기타 응용 프로그램에서 직접 드래그한 파일을
허용한다. 하지만 이 경우에는 미디어 임포트 옵션을 다루는 법을 알아야 한다. 임포
트 환경 설정은 파일을 Final Cut Pro로 직접 드래그할 때 managed media와 external
media 상태, 트랜스 코딩, 분석 옵션과 같은 문제를 제어한다.

임포트 환경 설정은 Final Cut Pro 〉 Preferences 메뉴에서 찾을 수 있다.

Finder 또는 기타 응용 프로그램에서 드래그하기 계속

이제 임포트 환경 설정 목록이 익숙할 것이다. 항목을 라이브러리의 이벤트로 드래그하는 것은 임포트 작업으로 이해되므로, 이러한 임포트 옵션은 세부 정보를 관리한다. Media Import Options 창의 상단 섹션이 빠져 있는 것에 유의하자. 라이브러리와 이벤트는 Libraries 사이드바에서 드래그한 항목으로 정해진다.

포인터는 미디어 저장 옵션 중 어떤 것이 활성인지 식별하고 해당 옵션을 무시할 수 있다.

▶ 항목을 이벤트 또는 이벤트 내의 Keyword Collection, Browser로 드래그하고, "Copy to library storage location" 옵션을 선택하면 포인터 안에 원 안에 플러스 기호가 표시된다.

▶ 항목을 이벤트, Keyword Collection, Browser로 드래그하고 "Leave in place" 옵션을 선택하면 포인터에 훅 화살표가 표시된다.

▶ 포인터가 복사본을 가리키면, 포인터를 무시할 수 있고 마우스 버튼을 놓기 전에 Command-Option을 누른 상태에서 "Leave in place" 임포트를 수행할 수 있다.

▶ 포인터가 "Leave in place" 임포트를 가리키면, 마우스 버튼을 놓기 전에 Option를 눌러서 복사 임포트를 수행할 수 있다.

Final Cut Pro로 소스 미디어 파일을 가져 왔다. 이제 여러분은 Final Cut Pro로 미디어를 가져오기 위해 라이브러리와 이벤트를 만들 수 있다는 것을 알게 되었다. 임포트한 파일을 사용해서 바로 편집을 시작할 수 있지만, 결과 클립은 수없이 늘어나서 정리가 안 될 수 있다. Lesson 3에서는 가져온 클립을 정리해서 특정 클립을 빨리 불러올 수 있다.

레슨 돌아보기

1. 클립, 이벤트, 라이브러리 중 가장 큰 미디어 컨테이너는 무엇인가?

2. 클립 및 프로젝트를 이벤트로 분류할 수 있는 구성 기준을 설명해보자.

3. 카메라 미디어 파일을 백업하는 명령의 이름과 특징을 설명해보자.

4. 카메라 아카이브는 어디에 저장해야 하는가?

5. Media Import 창에서 사용할 수 있는 2개의 보기는 무엇이며, 언제 사용할 수 있는가?

6. 각 파일을 단일 섬네일로 보려면 필름스트립 보기의 Zoom 슬라이더를 어떻게 설정해야 하는가?

7. 클립 내에서 다중 구간을 선택할 수 있는 키보드 단축키 또는 스키밍 키는 무엇인가?

8. Media Import Options 창에서 미디어 파일을 관리(managed) 또는 외부(external)로 설정하는 섹션은 다음 둘 중에 무엇인가?

A

B

9. 다음의 빈칸을 채우시오.

"Create optimized media" 옵션을 선택하면, Final Cut Pro X는 임포트할 미디어를 _____ 코덱으로 트랜스 코드한다.

10. Finder에서 이벤트로 파일을 드래그할 때, 파일을 라이브러리로 복사(또는 복사하지 않음) 옵션을 설정하는 곳은 어디인가?

11. 그룹화된 소스 미디어 파일을 여러 개의 폴더에 가져오려고 한다. 이벤트 안에 폴더 구조를 복제하려면, 어떤 Media Import 옵션을 반드시 선택해야 하는가?

정답

1. 가장 큰 미디어 컨테이너는 라이브러리이다.

2. 여러분이 선택하는 것이 곧 기준이 된다. 영화 장면, 뉴스 잡지 쇼의 일부분, 웹 에피소드, 스톡 푸티지, SD 카드의 raw 미디어, 프로젝트의 모든 버전 등이다. 이벤트는 raw 미디어 및 프로젝트처럼 전체적으로 아우르거나 개별적으로 구분할 수 있는 유연한 저장 컨테이너다.

3. Create Archive 명령은 소스 미디어 파일과 폴더 구조 및 메타 데이터를 보존하고, 소스 미디어 장치의 복제본을 만든다.

4. 카메라 아카이브는 어디에나 저장할 수 있다. 그러나 단일 장애점(SPOF)으로 인해 전체 편집 작업이 중단될 가능성을 낮추려면, 편집에 사용하는 미디어 저장 볼륨과 따로 분리된 볼륨에 카메라 아카이브를 저장한다.

5. 필름스트립 보기 및 목록 보기. 이 두 가지는 인식된 카메라 카드 파일에서 가져올 때 사용할 수 있다. 그렇지 않으면 Media Import 창의 Browser에서 목록 보기만 사용할 수 있다.

6. All로 설정해야 한다. 설정은 클립의 각 섬네일이 나타내는 시간 길이를 정한다.

7. Command-Shift-I와 Command-Shift-O이다. 클립을 스키밍하면서 Command를 누르고 있으면 추가 구간이 표시된다.

8. B. "Copy to library"는 managed media를 만든다. "Leave files in place"는 외부 참조 미디어를 만든다.

9. Apple ProRes 422

10. Final Cut Pro 〉 Preferences에서 Import를 선택한다.

11. From folders

Lesson 3
클립 조직하고 관리하기

Final Cut Pro X와 macOS의 64비트 아키텍처를 사용하면, 임포트 과정이 완료되기도 전에 편집을 시작할 수 있다. 내부 관리 미디어를 선택하든 외부 참조 미디어를 선택하든, Final Cut Pro는 현재 저장 위치에 있는 소스 파일을 참조하여 작업을 시작한다. 복사를 선택하면 Final Cut Pro는 임포트할 때 복사된 버전으로 자동 전환한다. 여러분은 이미 Final Cut Pro가 Libraries 사이드바에 몇 개의 클립을 구성해 놓았다는 사실을 눈치챘다. 그러나 편집자들은 사전 편집을 좀 더 해야 한다. 이때 작업의 효율성을 극대화하기 위해 클립을 잘 정리해야 한다. 클립을 찾느라 시간을 쓰면 편집 리듬이 깨지고 스토리텔링의 추진력이 끊긴다.

Final Cut Pro의 메타 데이터 기반은 효율적이고 창의적인 편집의 핵심이다. 이번 레슨에서는 응용 프로그램 내에서 클립을 조직화할 가능성을 배워본다. 이러한 추가 사전 편집 단계는 여러분과 여러분의 이야기를 펼치는 데 큰 도움이 될 것이다.

학습 목표

▶ 클립 및 클립 구간에 키워드 적용하기

▶ 키워드로 클립 검색 및 필터링하기

▶ 클립에 노트와 등급 추가하기

▶ Smart Collections 생성하기

▶ 클립 내의 인물과 샷 구성 인식하기

▶ Role을 이해하고 지정하기

Reference 3.1
Libraries Sidebar, Browser, Viewer 소개하기

앞서 Lesson 2에서 라이브러리 내부의 이벤트에 미디어를 가져왔다. 이벤트 내의 클립으로 표시되는 소스 미디어 파일은 라이브러리에 내부적으로 관리(internally managed) 또는 외부적으로 참조(externally referenced) 저장될 수 있음을 배웠다.내부 관리 미디어든 외부 참조 미디어든 간에, 여러분은 응용 프로그램 외부의 Finder보다는 Final Cut Pro 인터페이스 내의 클립을 이용하는 것에 집중해야 한다. Final Cut Pro에는 클립과 클립의 저장 위치를 앱에서 완전히 관리할 수 있는 툴이 포함되어있어서, 실제 편집 작업에 집중할 수 있다. 효율적인 편집 워크플로우는 적절한 창의적 순간에 올바른 클립에 접근하는 것에 달려있다. 진흙속의 진주를 발견하는 것처럼 적절한 클립을 가려내도록 전체 인터페이스의 상단부분은 단순하게 정리되며 Libraries 사이드바, Browser, Viewer의 3가지 중요한 인터페이스 구획으로 되어있다.

Libraries 사이드바에서는 오픈 라이브러리와 이에 관련된 이벤트를 찾을 수 있다. Final Cut Pro는 클립을 가져오고 분석 도구를 몇 가지 적용한 후, 같은 메타 데이터를 공유하는 클립의 컬렉션과 함께 각 클립에 대한 메타 데이터를 작성한다. 여러분은 이 메타 데이터를 활용해서 개인 편집 워크플로우에 맞게 클립을 분석하고 그룹화할 수 있다.

이러한 컬렉션 컨테이너는 여러분이 클립 콘텐츠의 구간을 훑어보고, 선택하고, 표시하는 곳인 Browser에 콘텐츠를 표시한다. Browser에는 컬렉션 내에서 클립을 분류하고 구성할 수 있는 강력한 기능이 포함되어 있다. 여러분은 나중에 저장할 복잡한 컬렉션을 만드는 데에도 Browser를 사용할 수 있다.

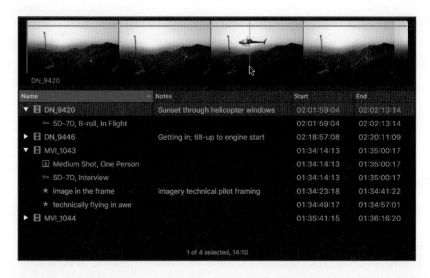

여러분의 이야기는 Viewer에서 비로소 살아 움직이게 된다. Viewer에서 무엇을 보고 들었는가에 따라 메타 데이터 논쟁을 하게 될 것이다. 여러분이 Browser에서 클립을 훑어볼 때, Viewer에서는 클립의 내용을 동영상의 형태로 보여준다. J K L을 누르면 결과가 Viewer에 표시된다. Final Cut Pro에서는 Viewer를 보기 영역이 큰 두 번째 모니터로 레이아웃을 바꿀 수 있다. 또한 macOS 및 Apple TV의 기능을 워크플로우에 통합해서 Viewer의 디스플레이를 더 큰 디스플레이로 무선 푸시할 수 있다.

여러분은 메타 데이터와 클립을 향상시키기 위해, 이 세 개의 영역을 모두 활용할 것이다. 이 것은 파일 이름이나 추가 정보의 몇 가지 칼럼으로 수많은 클립 정보를 넣는 전통적인 방식 보다 빠른 방법으로, 파이널 컷 프로는 편집시 소스를 조직적으로 관리하는 Organizing 단계 가 없더라도 메타 데이터를 기초로 한 완성된 프로젝트를 찾을 수 있고, 추적할 수 있고, 공 유할 수 있는 것은 편집 도구 역사상 큰 토약인 점을 명심하기 바란다.

Reference 3.2
키워드 사용하기

클립에 적용된 키워드는 클립 검색 시간을 줄이고 스토리텔링 과정의 속도를 높인다. 여러 분이 정한 키워드는 광범위한 콘텐츠를 찾을 수 있도록 상당히 일반적일 가능성이 높다. 사 실, 한 개의 클립을 설명하기 위한 매우 섬세한 키워드는 낭비일 수 있다. 이런 경우에는 간 단한 클립 이름이 키워드를 적용하기에 바람직할 수 있다.

전체 클립 또는 클립 내의 특정 구간에만 키워드를 적용할 수 있다. 포인터 또는 키보드 단축 키를 사용해서 클립의 선택 영역을 표시하여 구간을 만든다. 클립 내용이 헬기 이륙으로 시 작되어 헬리콥터 착륙으로 끝난다면, 단일 클립에 3개의 키워드를 적용할 수 있다.

▶ Helicopter(헬리콥터): 전체 클립에 적용

▶ Helicopter(헬리콥터): 전체 클립에 적용

▶ Landing(착륙): 클립 끝부분에 적용

여러분이 원하는 만큼의 키워드를 클립에 적용할 수 있다. 키워드를 적용하면, 키워드 구간 이 겹칠 수 있다. 이렇게 하면 미디어 관리로 인한 고통 없이 엄청난 양의 정렬 및 검색 기능 을 사용할 수 있다. 키워드는 전통적인 하위 클립이 아니며, 중첩된 클립도 아니다. 무엇보 다도 다른 애플리케이션처럼 클립을 복제하는 것이 아니다. Final Cut Pro는 이러한 키워드 를 하나의 소스 미디어 파일에 연결한다. 또한, 아무리 클립의 콘텐츠를 조각조각 분할하고 키워드로 세분화하더라도 편집하는 동안에는 항상 전체 소스 미디어 파일에 접근할 수 있다.

키워드를 수동으로 적용하면 파란색 필름스트립이 클립의 필름스트립 상단에 나타난다.

클립의 펼침 삼각형을 클릭해서 클립의 세부 정보가 표시되면, 키워드도 목록 보기에서 나타난다.

목록 보기에서 클립 아래에 표시된 키워드를 선택하거나, 클립의 필름스트립 상단에 있는 파란색 줄을 클릭하여 키워드 기반의 선택 항목을 신속하게 만들 수 있다.

분석 키워드(analysis keyword)는 임포트하는 동안 선택한 분석 옵션에 따라 클립에 추가된다. Import Options 및 Import 환경 설정에서 임포트하는 동안 이러한 분석 도구를 사용할 수 있다. 그러나 나중에 편집 워크플로우에서 구체적으로 분석을 요청할 수 있다.

수동 또는 자동 생성 여부와 관계없이 키워드는 Libraries 사이드바에 저장된 Keyword Collections에 클립을 정리한다. Keyword Collections는 동일한 키워드를 가진 클립 또는 클립 구간을 표시하는 가상의 폴더다. 여러분은 다음의 연습에서 키워드 작업이 효율적인 편집을 위해 메타 데이터의 힘을 활용하는 거대한 단계라는 것을 알게 될 것이다.

Exercise 3.2.1
클립에 키워드 적용하기

여러분은 Lesson 2에서 볼륨으로부터 소스 미디어 파일의 폴더를 임포트했다. 임포트하는 동안 해당 폴더와 하위 폴더에 있는 키워드를 기반으로 키워드가 클립에 지정된다. 그 결과로 Final Cut Pro가 키워드를 클립에 지정할 때, Lifted 라이브러리는 추가 항목과 함께 표시된다. 키워드를 살펴보고 자신만의 키워드를 만드는 방법을 배워보자.

1 Libraries 사이드바에서 Lifted 라이브러리의 Primary Media 이벤트를 선택한다.

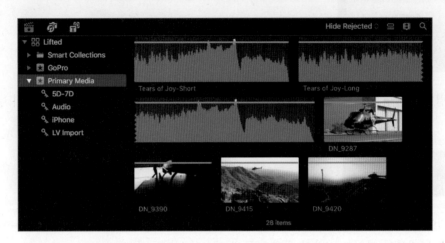

선택한 이벤트와 관련된 클립이 나타난다.

2 Browser에서 Filmstrip View 버튼을 클릭한다.

3 이 연습과 똑같은 클립 순서를 보려면, Clip Appearance 및 Filtering 팝업 메뉴에서
Group By 〉 None and Sort By 〉 Name을 선택한다.

Group을 선택하면 하위 그룹이 없는 이벤트 클립이 표시되는 반면,
Sort를 선택하면 이벤트 클립이 알파벳순으로 나타난다.

4   Zoom 슬라이더를 All로 드래그한다.

Zoom 슬라이더를 All로 조정하면 클립마다 섬네일이 하나씩 표시된다.

5   Browser 하단에서 두 가지 형식 중 하나로 나타나는 노테이션 텍스트를 확인한다.

클립을 선택하면, 노테이션 텍스트에 이벤트의 모든 클립에서 선택한 클립 수와 시간이 표시된다.

클립을 선택하지 않으면, 노테이션 텍스트에 이벤트의 총 클립 수가 표시된다.

이 텍스트는 선택한 라이브러리 항목의 전체 콘텐츠를 나타낸다. 여러분은 지금 총 28개의 클립 중에서 하나의 클립을 선택했을 것이다. 그리고 하나 이상 선택한 클립의 총 재생 시간이 표시되었을 것이다. 28개의 클립을 다 보려면 Browser의 디스플레이 옵션을 약간 변경해야 한다.

6   Clip Appearance와 Filtering을 클릭하고, 팝업 메뉴에서 Waveforms의 선택을 해제한다.

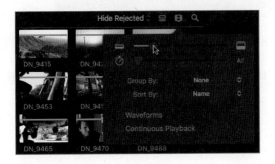

7　Clip Height 슬라이더를 왼쪽으로 드래그해서 섬네일 높이를 줄인다. 클립 이름이 보이고 섬네일의 내용을 알아볼 수 있는 최소 높이로 섬네일을 축소한다.

8　더 많은 클립을 보려면 Browser와 Viewer 사이의 구분선을 오른쪽으로 드래그한다.

Libraries 사이드바를 숨기면 클립을 더 많이 볼 수 있다.

9　Browser에서 "Show or hide the Libraries sidebar" 버튼을 클릭한다.

이제 공간이 더 많이 생겼다. 하지만 이 연습을 위해서는 Libraries 사이드바가 필요하다.

10　"Show or hide the Libraries sidebar" 버튼을 클릭해서 Lifted 라이브러리의 콘텐츠를 표시한다.

▶ **워크스페이스**

Browser와 Viewer의 크기를 조정하고 사이드바를 표시했다면, 이 사용자 설정 배열을 워크스페이스로 저장할 수 있다. 사용자 정의 워크스페이스는 다른 데스크톱, 휴대용 기기, 개별 사용자에게 전송할 수 있다.

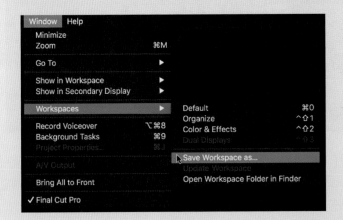

Final Cut Pro에는 특정 작업 중에 인터페이스 방해를 제거하기 위해 사전 설정된 워크스페이스가 있다. 예를 들어, Organize 워크스페이스는 Timeline을 숨겨서 Browser와 Viewer에 화면 공간을 더 많이 준다. 툴바에서 "Show or hide the Browser"와 "Show or hide the Timeline" 버튼을 클릭하여 워크스페이스를 변경하지 않고도 Browser와 Timeline 보기 사이에서 신속하게 전환할 수 있다.

3.2.1-A 하나 이상의 클립에 키워드 추가하기

Primary Media 이벤트에는 28개의 클립이 포함되어 있으며, 이벤트 내에 나열된 Keyword Collections에는 해당 이벤트 클립의 하위 그룹이 포함되어 있다. Final Cut Pro는 Lesson 2에서 임포트한 폴더를 기반으로 이 컬렉션을 만들었다. 이 컬렉션도 유용하지만, 더 자세한 하위분류를 위해 추가 컬렉션을 만들어야 한다.

1 Libraries 사이드바에서 5D-7D Keyword Collection을 선택하고 그 콘텐츠를 확인한다.

Browser에는 5D-7D 키워드와 연관된 23개의 클립이 나타난다. 여기에는 B-roll과 인터뷰 클립이 섞여 있다. Lesson 4에서 사용할 인터뷰 클립을 빠르게 찾으려면 이것에 해당하는 Keyword Collection을 만들어야 한다.

2 5D-7D Keyword Collection에서 H5 Productions의 소유자이자 조종사인 Mitch의 첫 번째 촬영 사운드 바이트를 클릭 선택한다.

3 남아있는 사운드 바이트 클립을 선택하려면, Shift-클릭과 Command-클릭을 조합하여 Mitch의 사운드 바이트를 모두 선택한다.

선택한 여섯 개 클립의 총 재생 시간이 2분 47초를 넘는다는 정보가 Browser 하단에 표시된다.

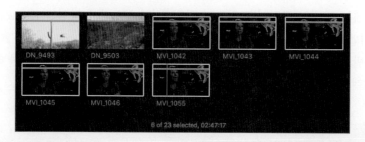

이러한 클립을 별도의 Keyword Collection으로 그룹화하려면 Keyword Editor에서 키워드를 정한다.

4 툴바에서 Keyword Editor 버튼을 클릭한다.

Keyword Editor HUD(heads-up display)가 열린다.

Keyword Editor에는 이미 5D-7D와 LV Import라는 두 가지 키워드 토큰이 있다. 즉, 이 것은 Final Cut Pro 내 메타 데이터의 힘을 증명한다. 원하는 만큼의 키워드를 클립에 적용할 수 있는 것이다. 결과적으로 클립을 볼륨에 실제로 복제할 필요 없이 하나의 클립이 여러 Keyword Collections에 나타난다. 이 기능을 확인하려면 사운드 바이트에 키워드를 추가로 적용하면 된다.

5 Keyword Editor에서 Interview를 입력하고 Return을 누른다.

Keyword Editor에 Interview 토큰이 표시될 뿐만 아니라, Primary Media 이벤트에 컬렉션도 추가되었다.

6 Libraries 사이드바에서, 새로 작성한 Interview Keyword Collection을 선택한다.

Browser에는 Interview 키워드에 지정된 여섯 개의 클립이 나타난다. 나중에 Lesson 4에서 편집을 시작하면 Interview Keyword Collection이 이러한 사운드 바이트를 위한 장소가 될 것이다.

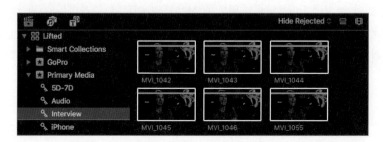

7 Primary Media 이벤트에서 다른 Keyword Collections를 검색해보자. 다음을 찾아보라.

▶ 각 Keyword Collection 내 클립의 수

▶ 각 Keyword Collection에 나타나는 클립

3.2.1-B 키워드 제거하기

LV Import Keyword Collection에 28개의 클립이 모두 포함되어 있다는 것을 눈치챘는가? 이 Keyword Collection은 이벤트 그 자체를 선택하는 것과 같다. 같은 파일은 필요 없으므로 28개의 모든 클립에서 키워드 LV Import를 제거한다. 다행히 일일이 클립을 하나씩 작업하지 않아도 된다.

1 Primary Media 이벤트에서 LV Import Keyword Collection을 Control-클릭한다.

2 바로 가기 메뉴에서 Delete Keyword Collection을 선택하거나 Command-Delete를 누른다.

Keyword Collection이 제거되었다. 그러나 클립은 이벤트와 다른 컬렉션에 그대로 남아 있다. 키워드를 자유롭게 클립에 추가하는 것처럼 키워드를 자유롭게 삭제할 수도 있다.

3.2.1-C Keyword Collection에 클립 추가하기

다음의 연습은 앞서 했던 것처럼 Interview 키워드를 사운드 바이트에 추가하는 것과 같다. 그러나 이번 연습에서는 먼저 Keyword Collection을 만든 다음, 클립을 Keyword Collection으로 드래그해서 키워드를 정할 것이다.

1 Libraries 사이드바에서 Primary Media 이벤트를 Control-클릭하고 바로 가기 메뉴에서
   New Keyword Collection을 선택한다.

무제의 Keyword Collection이 생성된다.

NOTE ▶ 바로 가기 메뉴에 Cut과 Copy와 같은 다른 명령이 있다면, 텍스트 대신 이
벤트의 별 아이콘을 Control-클릭한다.

2 컬렉션의 이름을 지정하려면 B-roll을 입력하고 Return을 누른다.

물론, Keyword Collection은 현재 비어 있다. 이 컬렉션에 클립을 추가하고 B-roll 키워
드를 지정하려면 클립을 컬렉션으로 드래그하는 것이 가장 간단하다.

3 이벤트에서 5D-7D Keyword Collection을 선택한다.

4 5D-7D Keyword Collection에서 첫 번째 B-roll 클립을 클릭한 다음 마지막 B-roll 클립
   을 Shift-클릭한다.

여러분은 이제 Mitch의 인터뷰를 제외한 컬렉션의 모든 클립을 선택했다.

5 선택한 클립을 Libraries 사이드바의 B-roll Keyword Collection으로 드래그한다. B-roll Keyword Collection이 하이라이트로 강조되면 마우스 버튼을 놓는다.

6 B-roll Keyword Collection을 선택하여 클립에 B-roll 키워드가 적용됐는지 확인한다.

17개의 클립은 소스 미디어 파일을 하나도 복제하지 않고 두 컬렉션에 나타난다. 이제 B-roll, Interview, 5D-7D 카메라 유형의 키워드로 클립을 검색할 수 있다. 여러분은 나중에 용어를 다양하게 사용하여 복잡한 검색을 하는 방법을 배울 것이다.

3.2.1-D 단축키를 사용하여 키워드 추가하기

Final Cut Pro에서는 비슷한 결과를 얻는 방법이 다양하다. 이번 연습에서는 Keyword Editor 의 단축키 조합을 사용해서 더 많은 키워드를 클립에 적용할 것이다.

1 Keyword Editor HUD에서 Keyword Shortcuts 펼침 삼각형을 클릭한다.

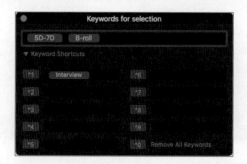

키워드 단축키는 이미 다른 것으로 채워져 있을 수도 있다. 괜찮다. 키워드 단축키 설정을 진행하기 전에 모두 삭제할 것이다. 기존의 키워드 또는 컬렉션을 변경하지 않고 언제든지 단축키를 삭제할 수 있다. 그러나 상단의 필드에 있는 키워드를 수정하면 이전의 클립 지정이 변경된다.

2   기존의 단축키를 전부 삭제하려면, 각 키워드 단축키 필드의 내용을 삭제한다. 단축키 필드에 있는 토큰을 클릭하고 Delete를 누른다.

앞의 그림을 예로 들면, Control-1(^1) 버튼의 오른쪽에 있는 interview 토큰을 클릭 선택하고 Delete를 누른다.

NOTE ▶ Control-0(^0) 버튼을 클릭하거나 단축키를 누르지 않도록 주의한다. 현재 클립에 지정된 키워드가 지워지기 때문이다.

3   Control-1(^1)부터 차례로 다음의 키워드를 입력한다.

- ▶   Control-1 *B-roll*
- ▶   Control-2 *Hangar*
- ▶   Control-3 *Preflight*
- ▶   Control-4 *Takeoff*
- ▶   Control-5 *In Flight*
- ▶   Control-6 *Landing*
- ▶   Control-7 *Flight Controls*

이제 Keyword Shortcuts는 다음과 같다.

새로운 단축키를 사용하면 관련 키워드를 하나 또는 여러 개의 클립에 빠르게 적용할 수 있다.

4   Libraries 사이드바의 5D-7D 컬렉션에서 DN_9390, DN_9446, DN_9452를 선택한다.

이것은 B-roll 클립이자, 사전 비행하는 내용의 클립이기도 하다. 키보드 단축키를 사용해서 Preflight 키워드를 적용할 수 있다.

5   Keyword Editor HUD에서 Control-3을 누르거나 단축키 버튼(^3)을 클릭해서 이 B-roll 클립들에 Preflight 키워드를 태그한다.

이제 키워드에 Preflight가 포함된다. 처음 Preflight 키워드를 적용했기 때문에 Primary Media 이벤트 아래의 Libraries 사이드바에 Preflight Keyword Collection이 나타난다.

6   아래의 표를 참고하여 Keyword Collection을 사용하여 클립에 키워드를 지정해보자.

NOTE ▶ 원하지 않거나 실수로 클립에 적용된 키워드를 제거하려면 Keyword Editor HUD의 상단 필드에서 해당 키워드의 토큰을 선택하고 Delete를 누른다.

Keyword Collection: 5D-7D

Clip	Hangar	Preflight	In Flight	Flight Controls
DN_9287		X		
DN_9390	X	X		
DN_9415			X	
DN_9420			X	
DN_9424			X	
DN_9446		X		
DN_9452		X		
DN_9453		X		X

Keyword Collection: 5D-7D (continued)

Clip	Hangar	Preflight	In Flight	Flight Controls
DN_9454		X		X
DN_9455		X		
DN_9457		X		
DN_9463		X		
DN_9465	X	X		
DN_9470	X	X		
DN_9488	X	X		
DN_9493			X	
DN_9503			X	

이제 여러분은 5D-7D 클립 23개에 키워드를 추가했다. 아직 iPhone의 키워드가 필요한 클립이 세 개 남았다.

7 Primary Media 이벤트에서 iPhone Keyword Collection을 선택한다. 아래의 표를 참고해서 컬렉션 내 세 개의 iPhone 클립에 키워드를 지정한다.

Keyword Collection: iPhone

Clip	Hangar	Preflight	In Flight	Flight Controls
IMG_6476			X	X
IMG_6486			X	
IMG_6493			X	X

이는 Primary Media 이벤트의 클립 대부분을 다룬다. 그러나 기억하라, 여러분은 GoPro 클립을 GoPro 이벤트로 임포트했다. 이러한 클립의 경우, 여러분은 두 개의 키워드를 더 사용할 것이다. 그 키워드는 Keyword Editor에서 수동으로 추가하거나 키워드 단축키로 만들 수 있다.

8 Libraries 사이드바에서 GoPro 이벤트를 선택한다. 아래의 표를 참고해서 컬렉션 내의 클립에 키워드를 지정한다.

Event: GoPro

Clip	Runup	Hover	Takeoff	In Flight	Landing
GOPR0005		X	X		
GOPR0006	X	X	X		
GOPR0009					X
GOPR1857				X	
GOPR3310			X	X	

클립에 키워드를 많이 지정하기는 매우 쉽다. 원하는 만큼의 키워드를 지정할 수 있다. 하지만 꼭 키워드를 많이 추가하는 것이 효율적이라고 볼 수는 없다. 각 편집 작업마다 필요한 키워드의 성격은 다양하기 때문이다. Final Cut Pro를 사용하면 가장 유용한 키워드를 결정할 수 있다.

Exercise 3.2.2
구간에 키워드 적용하기

앞서 Exercise 3.2.1에서 키워드를 클립에 적용해보았다. 키워드는 클립의 전체 길이에 제한받지 않는다. 키워드는 클립 내의 구간에도 적용될 수 있다. 클립의 구간을 자세히 설명하기 위해서 필요한 만큼의 키워드를 겹쳐도 된다.

1 Libraries 사이드바에서 B-roll Keyword Collection을 선택한다.

2 DN_9287 클립을 선택하고 그 내용을 검토한다.

> **NOTE ▶** 이후 레슨에서는 작업에 필요한 색 보정을 다룬다.

이 클립에는 두 개의 구간이 가능하다. 램프에 있는 헬리콥터와 이륙하는 헬리콥터. 여러분은 키워드를 사용해서 이 두 구간을 식별할 것이다. 이륙 부분부터 시작해보자.

3   DN_9287 클립을 보면서 헬리콥터가 이륙하기 직전의 지점을 찾는다. 그 지점에서 카메라가 약간 움직이는 것을 볼 수 있을 것이다.

4   스키머를 이륙 직전에 놓고 I를 누른다.

I를 누르면 구간 시작(range start)을 설정한다. 구간 시작을 설정하면 클립의 마지막 프레임에서 구간 끝이 자동으로 설정된다. 클립의 이륙 부분이 클립의 끝까지 계속되므로 이 구간을 그대로 사용할 수 있다. 이 구간을 Takeoff 키워드로 저장한다. 우리는 앞서 Takeoff를 의미하는 Control-4를 비롯해서 여러 키워드에 대한 키보드 단축키를 만들었다.

5   Press Control-4 to assign the Takeoff keyword to the selected range.

6   Libraries 사이드바에서 Takeoff Keyword Collection을 선택한 다음 DN_9287 클립을 스키밍한다.

키워드는 표시된 구간에 지정되며, Primary Media 이벤트의 Takeoff Keyword Collection에 저장된다. 클립의 "sitting on the ramp" 부분이 보이지 않는다. 여러분은 Browser에서 약 12초 정도의 이륙 장면 또는 선택된 Keyword Collection과 일치하는 하위 클립을 볼 수 있다.

NOTE ▶ Browser에서 볼 수 있는 클립 내용의 양은 나중에 배우게 될 몇 가지 설정에 따라 달라진다. 첫 번째 설정인 선택된 Keyword Collection에는 모든 클립, 클립 내의 구간, 클립이 모두 표시되지 않을 수 있다.

7   B-roll Keyword Collection을 선택해서 DN_9287 클립의 전체 길이를 확인한다.

이제 이 클립의 시작 부분에 "on the ramp" 내용의 구간과 키워드를 표시한다. 클립의 현재 구간 선택을 제거하고 시작한다.

8 DN_9287에서 이륙 구간을 선택한 상태에서 X를 눌러서 전체 클립을 표시한다.

클립을 표시하면 사용 가능한 클립의 전체 길이에서 시작점과 끝점이 설정된다. 시작점이 클립 시작 부분에 설정되었으므로 이제 끝점을 설정해야 한다.

9 클립 DN_9287에서 헬리콥터가 이륙하기 직전으로 스키밍한다. O를 눌러서 구간 끝점을 설정한다.

구간 선택은 약 18초로, 이는 Browser 하단에 표시된다. 이 램프 구간을 키워드로 지정한다.

10 Keyword Editor에서 Ramp를 입력하고 Return을 누른다.

이전 연습에서 키워드 5D-7D, B-roll, Preflight는 이 전체 클립에 지정되었다. 하지만 Keyword Editor HUD에는 보이지 않는 것을 눈치 챘는가? 클립 구간으로 작업할 때, 다른 구간에 적용된 키워드 또는 클립의 전체 재생 시간은 Keyword Editor에 표시되지 않는다. 그러나 클립의 모든 키워드를 항상 표시하는 방법이 있다.

3.2.2-A 목록 보기에서 키워드 보기

클립을 구간에 제한 두지 않는 컬렉션이나 이벤트를 보면, 클립에 적용된 모든 키워드가 목록 보기에 나타난다.

1 Libraries 사이드바에서 Primary Media 이벤트를 선택하면 모든 이벤트의 클립과 지정된 키워드를 볼 수 있다.

2   Browser를 목록 모드로 전환한다. 클립 DN_9287의 펼침 삼각형을 클릭한다.

일부 키워드는 같은 행에 있는데, 이는 해당 키워드가 같은 클립의 콘텐츠에 있다는 뜻이다. 오른쪽에서 시작과 끝점을 확인할 수 있다.

적용된 키워드의 시작점과 끝점 값을 주의 깊게 살펴보자. 적용된 키워드를 목록에서 여러 개 볼 수 있지만, 반드시 모든 클립의 소스 미디어를 볼 필요는 없다.

3   Ramp Keyword Collection을 선택한다. 클립 아래에 나열된 "5D-7D, B-roll, Preflight" 키워드 행을 선택한다. 필름스트립을 스키밍하여 이륙 장면이 보이지 않는지 확인한다.

4   DN_9287 행과 키워드 행의 각 시작점 및 끝점을 비교한다.

구간이 다르다. 클립의 시작점과 끝점이 Ramp 키워드의 구간과 같다.

5   Libraries 사이드바에서 B-roll Keyword Collection을 선택하고, Browser에서 DN_9287 클립을 다시 스키밍한다.

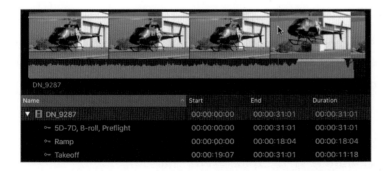

클립에서 소스 자료의 전체 길이를 모두 훑어봤다. 클립의 시작점과 끝점을 살펴보면 이 것이 B-roll 키워드와 같다는 것을 알 수 있다.

이번 연습이 Final Cut Pro에서 사소한 것이라는 느낌이 들 수도 있지만, 다음 연습을 수 행하기 전에 반드시 이해해야 할 중요한 개념이다. 편집을 시작하면 하위 클립에 제한이 없다. 그러나 하위 클립의 내용으로 인해 적용되는 키워드, 메타 데이터, 활성 Keyword Collection은 제한된다.

두 개의 키워드 Ramp와 Takeoff를 다른 클립에 적용해야 한다. 같은 작업이 클립 DN_9463에 나타난다. DN_9463은 헬리콥터가 램프(Ramp)에 있다가 이륙(Takeoff)하는 장면이다.

6 DN_9463 내에 두 개의 키워드 Ramp와 Takeoff를 적용하여 두 개의 적절한 구간을 만 든다.

▶ **빡빡하게? 느슨하게?**

Final Cut Pro에서 하위 클립을 만들 때 시작점이나 끝점을 정확하게 설정하려고 걱 정할 필요가 없다. 편집에서 하위 클립을 사용하면, 원본 클립이 나타내는 모든 소 스 자료에 접근할 수 있다. 프로젝트 클립의 길이 내에서는 "하위 클립 제한"이 없다.

Exercise 3.2.3
클립에 노트 추가하기

키워드는 훌륭한 기능이다. 하지만 앞에서 언급했듯이 둘 이상의 클립을 참조하는 Keyword Collections를 만들려면 키워드를 의도적으로 일반적인 방법으로 사용해야 한다. 클립의 내 용을 설명하는 세부 정보를 Notes 필드를 사용하여 클립의 메타 데이터에 추가할 수 있다. Notes 필드는 Browser의 목록 보기와 Info에서 접근할 수 있다.

1 Libraries 사이드바에서 B-roll Keyword Collection을 선택한다.
Lesson 2에서 B-roll 키워드로 태그를 지정한 클립을 보자.

B-roll 클립에 설명 텍스트가 있다면 유용할 것이다. 이러한 텍스트는 검색할 수 있으므 로, 여러분은 수백 개의 클립부터 편집에 필요한 단일 클립까지 이벤트를 필터링할 수 있다.

2 Browser를 목록 보기로 전환한 다음 DN_9390을 찾는다.

3 클립을 스키밍해서 콘텐츠를 검토한다.

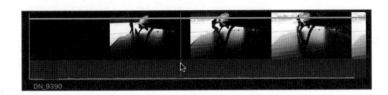

이 클립은 격납고 문이 닫혀있는 검은색 장면으로 시작한다. 조종사 Mitch가 비행 준비를 하기 위해 헬리콥터로 걸어가면서 문이 열린다. 클립에 추가할 내용이 많다. 클립의 Notes 필드에 짧은 설명을 추가해 보자.

4 목록 보기에서 목록의 오른쪽으로 스크롤 하여 Notes 열을 찾는다.

이 열을 반복해서 사용할 것이므로, Name 열에 더 가깝게 배치해도 된다.

5 Notes 열을 Name 열과 더 가까운 위치로 드래그한다.

이제 시각적으로 클립과 그 구간을 해당 노트와 페어링할 수 있다. Final Cut Pro에서는 전체 클립뿐만 아니라 클립의 키워드 구간에도 노트를 적용할 수 있다.

6 Notes 열과 DN_9390행의 교차 부분을 클릭하여 텍스트 포인터를 표시한다.

7 텍스트 필드에 "Hangar door opens; Mitch enters L crossing R to preflight camera"를 입력한 다음 Return을 누른다.

입력한 텍스트를 모두 볼 수 없다면, Notes 열의 오른쪽 가장자리를 오른쪽으로 드래그
해서 열 너비를 확장할 수 있다. 또는 Info 인스펙터를 열어서 선택한 Browser 클립에 대
한 세부 정보를 검토하고 수정할 수 있다.

3.2.3-A Info Inspector보기

Apple의 응용 프로그램과 마찬가지로 Inspector 또는 Info 창에는 클립의 세부 정보가 표시
된다. 그리고 이러한 세부 정보에는 편집하는 동안 클립에 대해 알고 싶거나 알아야 할 것
이상이 포함되어 있다. 이 경우에 Info 인스펙터는 적용한 메모를 검토할 수 있는 대체 텍스
트 필드를 제공한다.

1   Browser에서 DN_9390이 선택된 것을 확인한다.

2   Inspector 버튼(슬라이더 컨트롤 아이콘)을 클릭하여 Inspector를 연다.

Inspector는 하위 창에 정보를 표시한다. 이는 Inspector 상단의 버튼을 통해 접근할 수 있
다.

3   Info 버튼을 클릭해서 Info 인스펙터를 연다.

선택한 클립의 기본 정보와 세부 정보를 볼 수 있다. 여기에는 이름과 일부 형식 정보가
있다. Name 필드 아래에는 이전에 입력한 메모를 검토할 수 있는 Notes 필드가 있다. 이
필드를 사용해서 클립에 대한 새로운 정보를 수정하거나 입력할 수 있다.

4   Notes 필드를 변경하고 "Hangar door opens; Mitch L-R; camera preflight"를 읽는다. 다
음 텍스트 필드로 진행하는 동안 Tab을 눌러서 노트 메타 데이터를 업데이트한다.

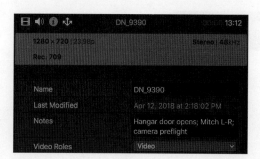

5   여러분은 노트 메타 데이터를 입력하는 두 가지 방법을 배웠다. 이제 그중 하나를 사용해서 다음과 같이 클립 메타 데이터를 입력할 수 있다.

▶   **DN_9420**: *Sunset through helicopter windows*

▶   **DN_9424**: *Flying into the sunset*

▶   **DN_9446**: *Getting in; tilt-up to engine start*

▶   **DN_9452**: *CU engine start*

▶   **DN_9453**: *Pan/tilt Mitch and instrument panel*

▶   **DN_9454**: *Flipping switches; pushing buttons*

▶   **DN_9455**: *High angle (HA) Mitch getting in helicopter*

▶   **DN_9457**: *HA helicopter starting; great start up SFX*

이처럼 메모는 사용자가 원하는 대로 일반적 또는 세부적으로 작성할 수 있다.

> ▶   **클립 구간에 Notes 사용하기**
>
> 전체 클립에 노트를 적용해보았다. 그러나 클립 구간에도 노트를 적용할 수 있다는 것을 기억하자. 또한 노트는 인터뷰 메모 또는 해당 클립 내의 인터뷰의 텍스트 전문을 입력하는 용도로도 쓸 수 있다.

Reference 3.3
등급 지정하기

여러분은 키워드와 노트만 있으면 충분하다고 생각할지도 모른다. 그러나 Final Cut Pro에는 클립을 더욱 체계적으로 관리하기 위해 더 많은 메타 데이터 도구가 포함되어있다. 이러한 도구 중 하나가 등급 지정하기(rating system)다.

녹색 라인은 즐겨 찾는 구간을 나타낸다.

등급은 Favorites, Unrated, Rejected 세 가지로 구분된다. 이것은 다른 메타 데이터 도구 또는 독립형 시스템과 함께 사용할 수 있다. 개념은 간단하다. 이벤트의 모든 클립은 Unrated로 시작한다. Browser에서 클립을 검토할 때, 클립을 Favorite, Rejected, Unrated로 평가할 수 있다. 또한, 키워드를 추가할 때처럼 클립 내에서도 구간의 등급을 매길 수 있다. 어떤 편집자는 키워드가 아닌 등급을 사용한다. 또 다른 편집자는 키워드와 등급 지정하기 두 가지 기능을 섞어서 편집에 필요한 정확한 클립을 찾는 복잡한 검색을 하기도 한다.

다큐멘터리 편집자는 수 시간 또는 수일간의 인터뷰를 수작업으로 선별, 분류, 제작해서 이야기의 뼈대를 만든다. 인터뷰를 선별하려면 사용할만한 사운드 바이트를 표시해야 한다. 잠재적 스토리텔링의 힘을 가진 사운드 바이트를 표시하는 절차를 일컬어 pulling selects라고 한다. pulling selects는 적절한 사운드 바이트를 찾아서 곧바로 프로젝트 또는 타임라인에서 편집하는 것을 가리켰다. 이러한 스타일의 편집은 Final Cut Pro에서 가능하긴 하지만, 우리는 그 과정 사이에서 다른 작업 단계를 살펴볼 것이다. Final Cut Pro의 스키밍, 피치 보정, 등급 지정하기와 같은 기능은 시간 소모적인 과정을 빠르고 효율적으로 해낸다.

Exercise 3.3.1
등급 적용하기

Exercise 2.5에서 여러분은 인터뷰 클립을 임포트했다. 다른 임포트 미디어와 마찬가지로 쓸만한 또는 쓸모없는 콘텐츠가 모두 포함되어있다. 이번 연습에서는 등급 시스템을 사용해서 인터뷰 클립을 축소하고 검색 가능한 사운드 바이트 그룹을 만들 것이다.

1   Lifted 라이브러리의 Primary Media 이벤트에서 Interview Keyword Collection을 선택한다.

Browser에 인터뷰 클립이 나타난다. 이 인터뷰 클립은 원래 더 길고 계속 이어지지만 본 교재의 의도에 맞게 파일 크기를 편집했다. 비록 클립을 약간 손질했지만, 여러분이 제거 작업을 해야 하는 부분이 여전히 포함되어 있다.

▶ **현장에서의 인터뷰 중단**

파일 기반 카메라 기술을 사용하면 녹화를 즉시 시작하고 중지할 수 있다. 영화 및 영상 촬영기사들은 장면을 적절하게 촬영하는 카메라를 가리켜 "speed"라는 용어를 여전히 사용하고 있지만, 디지털카메라는 촬영이 시작되는 순간부터 장면을 촬영한다. 만약 사전 녹화 설정을 사용하면, 녹화가 시작되기 몇 초 전에 녹화를 시작한다. 이러한 즉각적인 응답을 고려해보면, 인터뷰 답변 사이에 간격을 두는 것이 편집 워크플로우에 도움이 될 수 있다. 카메라의 Record 버튼을 빠르게 두 번 누르면 각 인터뷰 질문과 답변이 자동으로 클립에 적용된다. 이 간단한 사전 편집 프로세스를 사용하면 손쉽게 편집을 시작할 수 있다.

NOTE ▶ 다른 변경 사항과 마찬가지로, 이 방법을 먼저 처음부터 끝까지 테스트해본 후에 프로젝트에서 사용하는 것이 좋다.

2   Browser를 목록 보기로 설정한다.

이 과정에서 클립의 메타 데이터에 접근해야 한다.

3   클립 목록이 오름차순으로 알파벳순으로 정렬될 때까지 Name 열 헤더를 클릭한다.

4   Browser에서 MVI_1042를 선택한다.

클립의 필름스트립이 나타나면 클립을 스키밍하고, 표시(mark)하고, 등급을 지정할 수 있다.

5 재생 헤드가 이미 클립의 시작 부분에 표시되어있다. 스페이스 바 또는 L을 눌러서 처음부터 클립을 재생한다.

   이 클립은 Mitch의 멋진 대사인 "Flying is something I've had a passion for since I was a little kid."로 시작한다.

6 Mitch가 "Flying is"라고 말하기 직전에 재생 헤드를 놓는다.

   왼쪽 화살표를 누르면 재생 헤드가 한 번에 한 프레임씩 뒤로 이동한다. 오른쪽 화살표를 누르면 재생 헤드가 한 번에 한 프레임씩 앞으로 이동한다. 이 중 하나를 길게 누르면 클립을 1/3 속도로 앞뒤로 재생할 수 있다.

7 프레임 단위로 검색하려면 왼쪽 화살표와 오른쪽 화살표를 누른다.

   왼쪽 화살표를 누르면 재생 헤드가 한 번에 한 프레임씩 뒤로 이동한다. 오른쪽 화살표를 누르면 재생 헤드가 한 번에 한 프레임씩 앞으로 이동한다. 이 중 하나를 길게 누르면 클립을 1/3 속도로 앞뒤로 재생할 수 있다.

   선택 영역의 시작점을 설정한다. 이 지점은 현재 정확할 필요는 없지만, 나중에 편집할 때 약간 주의해야 한다. Mitch가 눈을 뜨고 입을 다물고 있는 프레임을 찾는다.

8 재생 헤드가 원하는 시작점에 놓이면 I를 누른다. 시작점은 01:31:15:20 타임 코드에 있어야 한다.

▶ **타임 코드로 편집하기**

타임 코드는 감독이나 제작자가 편집에 필요한 특정 자료의 위치를 말할 수 있는 미디어 주소 또는 좌표 시스템이다. 앞서 타임 코드 01:31:15:20은 MVI_1042의 정확한 시작점을 알려준다. 클립을 스키밍하거나 재생할 때 타임 코드 디스플레이는 클립 내의 스키머 또는 재생 헤드의 위치를 나타낸다.

> ▶ 01:31:15:20

타임 코드 디스플레이는 위 프레임의 주소를 1시간 31분 15초 20프레임으로 표시한다. 이 숫자는 카메라가 기록하고, 특정 프레임에 국한된다. 참고용 텍스트에는 시작점과 끝점의 타임 코드가 포함되어 있다. 구간 시작의 타임 코드가 디스플레이에 나타날 때까지 Browser 클립 내에서 스키밍한다. I를 눌러 시작점을 설정한다. Browser 클립을 다시 스키밍해서 구간 끝 타임 코드를 찾는다. O를 눌러 끝점을 설정한다. 요즘 시대의 프로젝트에서 여러분은 스스로 감독, 프로듀서, 편집자로서 활동할 수 있다. 클립을 시작하고 종료하는 정확한 순간은 전적으로 여러분에게 달려 있다.

이제 끝점을 찾아보자. Mitch는 "a little kid"로 문장을 끝낸다. 하지만 곧바로 다음 말을 시작한다. 선택 영역을 표시하는데 정밀한 프레임이 요구되지는 않지만, 다음 단계로 넘어가기 전에 잠깐 클립을 살펴보자.

9   스페이스 바를 눌러서 재생을 시작한다. Mitch가 "kid"라고 말한 후와 그다음 문장 사이에 스페이스 바를 다시 눌러서 재생 헤드를 멈춘다.

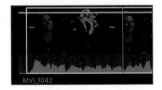

여기서 프레임을 일시 중지했다. 불필요한 오디오를 피하고자 적어도 "조용한" 프레임의 최소한 한 프레임 전에 재생 헤드를 둔다. 재생 헤드 다음의 프레임을 잘라낸다.

10 재생 헤드를 정했으면, O를 눌러서 구간의 끝점을 표시한다. 끝점은 01:31:18:19로 표시 되어야 한다.

여러분은 표시한 구간을 검토해보고 싶을 수 있다. L 또는 스페이스 바를 누르면 선택 영역 안팎의 클립이 재생된다. 다른 키보드 단축키를 사용하면 표시된 구간만 재생할 수 있다.

11 슬래시(/)를 눌러서 선택한 구간을 재생한다.

구간을 조정하려면 원하는 프레임으로 이동한 다음 I 또는 O를 눌러서 새로운 지점을 설 정할 수 있다. 또는 구간의 가장자리를 새 프레임으로 드래그할 수 있다.

새 구간이 표시되면, 이제 이 선택 항목은 편집할 준비가 된다. 등급 시스템의 즐겨찾기 는 바로 이럴 때 쓰는 것이며, 키만 간단히 누르면 된다.

12 F를 눌러서 표시된 구간을 즐겨찾기로 설정한다.

구간 내 클립의 필름스트립 상단에 녹색 라인이 나타나기 때문에 Favorite로 확인할 수 있다. 또한 목록 보기에 새 메타 데이터가 추가된 것을 확인할 수 있다.

13 목록 보기에서 MVI_1042 옆의 펼침 삼각형을 클릭하여 클립의 태그를 표시한다.

새 태그인 Favorite가 Final Cut Pro에서 자동으로 적용된 키워드 아래에 있는 목록에 나 타난다. Notes 필드를 사용해서 나중에 검색할 수 있도록 주제어를 추가한다.

14 Favorite 행과 Notes 열의 교차 부분에 있는 텍스트 필드를 클릭한 다음 passion when kid
를 입력한다. Return을 누른다.

구간을 확인했으면, 다음 클립인 MVI_1043으로 넘어간다.

NOTE ▶ Notes와 Start 사이의 열 헤더 구분선을 오른쪽으로 드래그해서 Notes 열에
추가 공간을 준다.

15 목록의 MVI_1043이 선택된 상태에서 "One thing that is interesting."의 시작점을 찾는다.

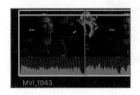

Mitch는 여기에서 "uhhh"라고 뜸을 들인다. 지금은 그대로 둔다. Skimmer와 더불어 J K
L 키 및 왼쪽 및 오른쪽 화살표를 사용해서 원하는 시작점을 찾을 수 있다.

16 Mitch가 말하기 전에 재생 헤드를 "Uhhh. One thing,"에 둔다. I를 눌러서 01:34:23:18에
구간의 시작점을 표시한다.

17 Mitch가 "Frame of what we're shooting. So…"라고 말한 후에 끝점을 둔다.

Mitch가 다음 문장을 빠르게 이어가기 때문에 이 작업은 약간 까다롭다. 그러나 지금은
"So"를 남겨둔다.

18 O를 눌러서 01:34:41:21에 끝점을 표시한 다음, 슬래시를 눌러서 선택 사항을 검토한다.
이 사운드 바이트를 즐겨찾기로 등급을 지정하려면 F를 누른다.

19 이 즐겨찾기의 Notes 열에 imagery technical pilot framing을 입력한다.

이 클립 끝부분에 또 다른 사운드 바이트가 있다. 이것도 즐겨찾기로 표시해보자.

20 Mitch가 01:34:49:17에서 "As I'm technically"라고 말하기 전의 시작점을 찾아 표시한다.

21 Mitch가 01:34:57:00에서 "experiencing. So..."라고 말한 후의 끝점을 찾아 표시한다.

22 F를 눌러서 이 구간을 즐겨찾기로 표시한다.

이 즐겨찾기에 노트를 적용하고 나머지 사운드 바이트를 표시하기 전에, 여러분은 등급을 제거하는 방법과 같은 추가적인 등급의 기능을 이해해야 한다.

▶ **즐겨찾기를 항상 즐겨 찾을 수 없다.**

어떤 편집자는 사용한 사운드 바이트를 꼭 즐겨찾기로 남길 필요는 없다고 본다. Favorite 태그는 강한 표시의 색인이기 때문이다. 또 다른 편집자들은 Favorite 등급을 지정하는 과정이 실제 즐겨찾기 순위와는 거리가 먼 결과를 산출한다고 본다. 실제 워크플로우 분석에 따르면, 즐겨찾기를 사용해서 클립을 선택하는 방식과 기존의 선택 방식의 결과는 일반적으로 클립 수가 같다. 기존의 선택 방식은 타임라인에서 클립이 삭제되면 더 방법이 없다. 반면, 즐겨찾기 클립은 타임라인에서 쉽게 제거할 수 있으며, 나중에 불러올 수 있도록 즐겨찾기로 남겨둘 수 있다.

3.3.1-A Favorite 등급 취소하기

즐겨찾기를 어떻게 지울 것인가? 여러분은 등급을 취소할 수 있다. 모든 클립은 처음에 등급이 지정되지 않은 상태로 임포트 된다. 이 기본 등급은 나중에 정렬 및 필터링을 할 때 유용할 수 있다. 실제로 연습해보자.

1   Libraries 사이드바에서 GoPro 이벤트를 선택한다.

2   Browser에서 GOPR1857 클립을 선택하고, F를 눌러서 이 클립을 즐겨찾기로 추가한다.

즐겨찾기 녹색 라인이 필름스트립의 상단에 나타난다.

이 즐겨찾기 등급을 제거하려면, U를 눌러서 클립 등급을 풀면 된다. 하지만 구간의 등급 취소에 대해 좀 더 자세히 살펴보자. 클립 전체를 즐겨찾기로 평가했지만, 클립의 뒷부분에는 iPhone과 iPad를 가지고 있는 사람들이 등장하는 불필요한 콘텐츠가 있다. 그 불필요한 부분에 대해서 등급을 풀어보자.

3   I 키와 O를 사용해서 iPhone과 iPad 사용자가 장면에 등장하는 구간을 설정한다. 구간의 시작점은 37:21 전후에서 시작하여 클립의 끝까지 계속되어야 한다.

4   U를 눌러서 해당 구간의 등급을 풀어준다.

이 구간에서 녹색 라인이 제거된다.

3.3.1-B 클립 거부하기

어쩌면 클립 내용의 일부를 아예 사용할 수 없는 것으로 더 강력하게 표시하고 싶을 수도 있다. Rejected 등급은 이때 필요한 항목이며, Delete 키에 지정되어 있다. 혹시나 겁내지 말자. 여러분은 클립이나 소스 미디어 파일을 삭제하는 것이 아니라, 그냥 보기에서 숨기는 것이다.

NOTE ▶   Delete 키는 백스페이스키 또는 "big Delete" 키라고도 한다. 이 책에서 Delete 키는 일반 또는 확장 키보드의 작은 Forward Delete를 말하는 것이 아니다.

1 GOPR1857의 등급 제거 구간을 선택하고 Delete를 누른다.

거부된 구간은 뷰에서 숨겨졌다.

2 GOPR1857의 끝부분을 스키밍해보면 iPhone과 iPad 부분이 사라진 것을 알 수 있다.

Browser는 기본값으로 클립의 거부된 부분을 숨겼다. 모든 등급을 표시하도록 Browser 를 다시 구성해보자.

3 필터 팝업 메뉴에서 All Clips을 선택한다.

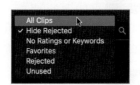

방금 거부한 구간이 필름스트립 상단에 빨간색 줄무늬로 다시 나타난다. 또한 목록 보기 에서 GOPR1857 클립에 거부된 구간이 있음을 알 수 있다.

4 In the Browser's list view, click the **GOPR1857** clip's listing.

만약, 여러분이 마음을 바꿔서 그 거부한 부분의 등급을 바꾸려면 어떡해야 할까? 먼저, 이전에 표시한 구간을 선택해야 한다. 이를 위해 등급 목록을 참고한다.

5 GOPR1857의 목록 보기에서 Rejected 등급을 선택한다.

필름스트립 구간은 Rejected 등급 길이만큼 표시된다. 또는 클립의 필름스트립에서 빨간 색 줄무늬를 클릭하면 Rejected 구간이 선택된다.

6   U를 눌러서 클립에서 이 구간의 등급을 제거한다.

목록 보기에서 Rejected 구간이 제거되었다.

이전 단계에서 보았듯이, 클립이나 클립 구간을 거부해도 클립이 삭제되지 않는다. 거부 된 구간의 등급을 취소할 수 있기 때문이다. Delete를 누르는 것은 단순히 Rejected 등급 을 지정하는 것이다. Rejected 클립/구간을 필터링하도록 설정하면, 시각적으로 산만함 을 없애기 때문에 스토리 찾기에 집중할 수 있다.

Exercise 3.3.2
즐겨찾기 사용자 설정하기

Notes 필드에 메타 데이터를 추가하는 것 이외에도, 여러분이 만든 각 하위 클립에 즐겨찾 기 텍스트 태그를 바꿀 수도 있다. 이 변경 사항은 클립 이름에 영향을 주지 않는다. 이것은 Final Cut Pro 내 메타 데이터의 변경일 뿐이다.

1   Interview Keyword Collection의 목록 보기에서 클립 MVI_1043의 Favorite 태그를 찾는 다.

이미 여러분은 Favorite 구간을 두 개 표시했다. 이제 두 즐겨찾기의 메타 데이터를 수정 할 것이다.

2   첫 번째 리스트 된 "Favorite" 텍스트를 클릭한다.

NOTE ▶   태그의 첫 번째 문자를 클릭하면 편집할 필드가 선택된다.

3   텍스트 필드에 "image in the frame"를 입력하고 Return을 누른다.

4   두 번째 리스트된 "Favorite" 텍스트를 "technically flying in awe"으로 바꾼다.

이처럼 사용자 설정 클립 메타 데이터를 더 많이 추가하면 편집 작업에 성과를 낼 수 있다.

3.3.2-A 메타 데이터 더 추가하기

이제 남아있는 인터뷰 메타 데이터를 사용자 설정할 차례다. 다음 표에는 각 사운드 바이트에 적용해야 하는 즐겨찾기 구간의 시작점과 끝점이 나와 있다. 또한, 각 즐겨찾기에 적용할 메모를 찾을 수 있다. 원한다면, 각 하위 클립의 Favorite 태그를 사용자 정의할 수도 있다. 이 연습을 완료하려면 목록 또는 필름스트립 보기 또는 Inspector를 사용한다.

1   Primary Media 이벤트에서 Interview Keyword Collection을 선택한다.

2   다음 표에 나열된 클립에 Favorite 구간을 표시한다.

Keyword Collection: Interview

Clip	Start	End	Notes
MVI_1044	Start of clip	opener for me 01:35:48:00	new discovery
MVI_1045	Every time we maybe 01:36:33:16	see or capture 01:36:43:06	crest reveal don't know capture
MVI_1046	At the end of the day 01:37:51:00	adventure I went on 01:38:06:21	wow look what I saw
MVI_1055	The love of flight 01:42:49:03	uh, so (end of clip)	really the passion is

▶ **타임 코드 붙여넣기**

협업 환경에서 여러분은 로그(log) 또는 선택 시트(select sheet)를 제공하는 제작자, 기자, 고객, 조수 등과 함께 작업한다. 이 시트는 클립을 이름과 타임 코드별로 클립 내용에 대한 간략한 설명을 목록으로 나열한다. 인터뷰 클립의 경우, 이 로그에는 음성 메모 또는 인터뷰 대상자의 오디오 전체가 포함될 수 있다. 로그에서 사운드 바이트를 선택하면, 로그에 메모를 더 추가하거나 원하는 사운드 바이트를 각각 나타내는 별도의 로그를 만들 수 있다. 사운드 바이트 로그 항목에는 파일 이름, 오디오의 in-cue, 각 사운드 바이트의 시작 관련 타임 코드가 포함된다. 종종 "IC"로 약칭되는 in-cue 입력란은 주어진 타임 코드에서 소리가 나기 시작하는 동안 들리는 2~3개의 단어 또는 음성을 말한다. 각 사운드 바이트 로그 항목에는 out-cue 또는 "OC"도 포함된다.

Final Cut Pro를 사용하면 타임 코드 데이터를 복사/붙여넣기 해서 앱 내에서 기록된 메타 데이터를 효율적이고 정확하게 재작성할 수 있다. 소스 텍스트 문서에서 복사 단축키인 Command-C를 사용해서 타임 코드 항목을 복사한다. Final Cut Pro Browser에서 대상 클립을 선택하고, Viewer 아래의 타임 코드 디스플레이를 클릭한 다음 붙여넣기 키보드 단축키 Command-V를 누른다. Browser 클립은 재생 헤드의 타임 코드를 지정한다. 그런 다음 I 또는 O를 눌러서 적절한 시작점과 끝점을 설정할 수 있다.

타임 코드를 복사/붙여넣기 하려는 경우, 앞의 표는 Lesson 1에서 다운로드한 폴더에서 사용할 수 있다. 파일 위치는 FCP X Media 〉 LV3 〉 Exercise 3.3.2-A Table 1.pdf다. 복사/붙여넣기 작업을 위하여 각 즐겨찾기의 Notes 항목도 포함되어 있다.

Reference 3.4
검색, 분류, 필터

클립에 정보를 추가하기 위해 키워드, 등급, 노트 또는 이 세 가지 조합을 사용하고 있다면, 여러분은 이미 Final Cut Pro의 진가를 이해하고 있다. 수년 동안 편집자들은 클립의 파일 이름에 가능한 한 많은 메타 데이터를 담느라 꽤 골치가 아팠다. Final Cut Pro를 사용하면 편집하는 동안에 클립의 이름이 실제로 그다지 중요하지 않을 수 있다.

검색, 분류, 필터 기능을 사용하면 카메라 메타 데이터, Final Cut Pro 메타 데이터, 사용자가 추가한 메타 데이터를 기반으로 신속하게 클립을 찾을 수 있다. 각 메타 데이터 유형의 몇 가지 예를 살펴보자.

Camera	Final Cut Pro	User
Frame rate	People detection	Ratings
Frame size	Shot detection	Notes
Recording date	Analysis keywords	Keywords

3.4-A 클립 분류하기

Filter 팝업 메뉴를 사용하면 클립을 빠르게 분류할 수 있다.

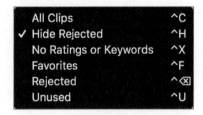

▶ All Clips: 선택한 라이브러리, 이벤트, 컬렉션의 모든 클립을 표시한다.

▶ Hide Rejected: 즐겨찾기 또는 등급이 지정되지 않은 클립만 표시한다.

▶ No Ratings or Keywords: 등급이 지정되지 않았거나 키워드가 없는 클립을 표시한다.

▶ Favorites: 즐겨찾기로 등급이 지정된 클립만 표시한다.

▶ Rejected: 거부된 클립만 표시한다.

▶ Unused: 열려있는 프로젝트에서 사용되지 않은 클립을 표시한다.

Filter 팝업 메뉴는 기본적으로 Hide Rejected로 설정된다. 이 설정을 사용하면 사용할 수 없는 콘텐츠는 숨기고 좋은 콘텐츠만 계속 표시해둘 수 있다. 모든 편집 프로젝트는 최상의 B-roll과 사운드 바이트를 찾기 위한 다양한 방법이 필요하다. 이를 위하여 사용할 수 없는 Rejected 콘텐츠를 제거하는 일부터 시작할 수 있다. 또는 이번에 배운 대로 인터뷰 클립에 키워드를 입력한 다음, 그 사운드 바이트를 즐겨찾기로 등급을 지정할 수도 있다. 어느 방법을 선택하든 최상의 클립을 선택할 수 있다.

3.4-B 메타 데이터 검색하기

Browser의 검색 필드에서 돋보기를 사용하여 기본 텍스트를 검색할 수 있다.

이 필드에 입력된 텍스트는 다음의 메타 데이터 필드를 검색한다.

▶   Clip name

▶   Notes

▶   Reel

▶   Scene

▶   Take

▶   Markers

3.4-C 필터 적용하기

그러나 검색 필드에는 더 많은 것이 있다. Add Rule(+) 버튼을 클릭하여 검색 필드 오른쪽
에 있는 Filter HUD 버튼을 클릭하면 검색 기준을 추가로 설정할 수 있다. 다음은 이 HUD
에서 사용할 수 있는 규칙 카테고리 및 기준이다.

▶   Text: 이전 섹션의 "Searching Metadata"을 참조한다.

▶   Ratings: 즐겨찾기 또는 거부된 클립을 표시한다.

▶   Media: 오디오와 비디오, 오디오 또는 비디오만, 스틸 이미지가 포함된 클립을 표시한다.

▶   Type: auditions, synchronized, compound, multicam, layered graphic, projects 항목을
      표시한다.

▶ Used Media: 열려있는 프로젝트에서 사용한 클립과 사용하지 않은 클립을 모두 표시한다.

▶ Keywords: 선택한 키워드의 일부 또는 전부를 포함하거나 하나도 포함하지 않는 클립을 표시한다.

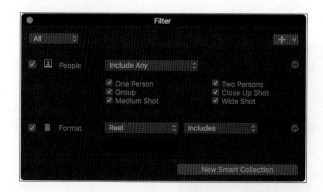

▶ People: 선택한 분석 키워드 일부 또는 전부를 포함하는 클립을 표시한다.

▶ Format: Reel, Scene, Take, Audio Output Channels(number), Frame Size, Video Frame Rate, Audio Sample Rate, Camera Name, Camera Angle 필드와 일치하는 텍스트가 포함된 클립을 표시한다.

▶ Date: 특정 날짜 또는 날짜 범위 내에서 콘텐츠를 만들었거나 임포트한 클립을 표시한다.

▶ Roles: 정한 롤에 따라 클립을 표시한다.

필터 규칙의 대부분은 설정 기준에 대해 역 또는 부정 검색(포함하지 않음, 포함하지 않음 등)을 할 수 있다. 또한, Filter 창 자체에 두 가지 설정 규칙이 있다. 왼쪽 위의 팝업 메뉴에서 All 또는 Any를 선택할 수 있다.

▶ All: 클립이 모든 활성 조건을 충족해야 결과로 표시된다.

▶ Any: 클립이 조건 중 하나와 일치하면 결과로 표시된다.

NOTE ▶ 메뉴를 Any로 설정하면 일반적으로 All로 필터링하는 것보다 더 많은 결과를 얻을 수 있다.

3.4-D Smart Collections 만들기

정적인 Keyword Collections와 달리 Smart Collections는 동적인 컬렉션이다. Keyword Collections는 여러 개의 클립에 같은 키워드를 수동으로 추가하는 경우에만 수집되는 반면, Smart Collections는 설정한 모든 기준 또는 일부 기준을 충족하는 클립을 자동으로 수집한다.

예를 들어, 분석 키워드를 적용할 때, Final Cut Pro는 해당 콘텐츠를 분석해서 클립에 키워드를 추가한다. 그런 다음 Final Cut Pro는 Smart Collections를 만들어서 분석 결과를 구성한다. 이 자동화는 기본적으로 해제되어 있지만, 워크플로우 중 언제든지 활성화할 수 있다.

Smart Collections는 이벤트 또는 라이브러리 수준에서 자동 구성을 위해 만들어진다. 이벤트에 임포트된 새 클립은 일치하는 기준에 맞게 이벤트의 Smart Collections에 자동으로 나타난다. 이러한 자동화는 이벤트 구성에 걸리는 시간과 노력을 줄여준다. 템플릿 라이브러리 또는 이벤트를 통해 에디터는 빈 이벤트에 Smart Collections를 미리 설정하여 시간을 절약할 수 있다.

창 오른쪽 아래의 New Smart Collection을 통해 Filter 창의 강력함과 효율성을 맛볼 수 있다.

New Smart Collection 버튼을 클릭하면, Filter HUD의 검색 매개 변수를 저장한 Smart Collection이 생성된다.

이 컬렉션은 Libraries 사이드바에 나타난다. 라이브러리의 Smart Collection 아이콘을 더블 클릭하여 컬렉션의 기준을 변경할 수 있다.

새로운 각 라이브러리에는 Smart Collections의 프리셋 폴더가 포함되어 있다. 라이브러리 내의 모든 이벤트 클립은 일치하는 기준에 따라 라이브러리의 Smart Collections에 자동으로 나타난다.

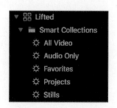

New Library Smart Collection 버튼을 클릭하여 라이브러리 Smart Collection을 추가로 만들 수 있다. 이 버튼은 선택한 라이브러리를 검색할 때 Filter 창에 나타난다.

Exercise 3.4.1
이벤트 필터링하기

이제 등급, 키워드, 노트를 일부 클립에 적용했으므로 편집할 준비가 거의 다 됐다. 그러나 수천 개의 클립 중에 선호하는 사운드 바이트와 보석 같은 B-roll을 찾기 위해서는 클립 메타 데이터를 검색, 분류, 필터 작업을 해야 하므로 아직 준비가 완전히 다 된 것은 아니다.

1   Libraries 사이드바에서 Primary Media 이벤트를 선택한다.

　　편집에 필요한 클립(특히, 비행 컨트롤의 iPhone 클립)을 Filter HUD 도구를 사용해서 0으로 만든다.

2   Browser의 Filter 팝업 메뉴에서 All Clips을 선택한다.

3   Browser에서 돋보기를 클릭하여 검색 필드와 Filter HUD 버튼을 표시한다. Filter HUD 버튼을 클릭한다.

4   Filter HUD에서 Add Rule(+) 버튼을 클릭하고, Browser의 콘텐츠를 보면서 Keywords를 정한다.

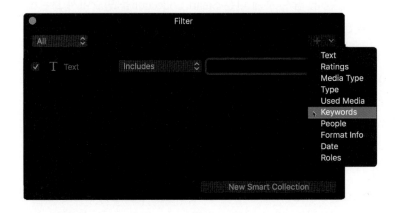

　　이 규칙은 "Display all clips containing any of the keywords selected below(아래 선택한 키워드 중 한 가지라도 포함된 클립을 모두 나타낸다)."로 해석될 수 있다. 매개 변수 하나를 변경하면 어떤 일이 발생하는지 살펴보자.

5   Filter HUD에서 Keywords 팝업 메뉴를 Include All로 변경한다.

선택한 모든 키워드 기준에 맞는 클립이 없으므로 모든 Browser 클립이 사라진다.

6   Flight Controls와 iPhone 키워드를 제외한 모든 체크 상자의 선택을 취소한다.

검색 결과, Flight Controls와 iPhone에 해당하는 두 개의 클립이 나타난다. 이제 여러분은 두 Keyword Collections의 내용을 필터링하는 검색을 만들었다. 이 검색을 Smart Collection으로 저장하려면, New Smart Collection 버튼을 클릭하고 이벤트에서 Smart Collection의 이름을 지정한다. 잠시 후에 다른 Smart Collection을 만들어서 보관할 것이므로, 이 검색은 컬렉션으로 저장하지 않아도 된다

Reference 3.4에 나타난 메타 데이터 유형, 필터, 규칙의 목록을 다시 살펴본다. 이러한 항목의 조합을 사용하면 매우 복잡한 검색을 만들어내서 이벤트나 라이브러리를 신속하게 검색할 수 있다. 또 해당 클립과 관련된 메타 데이터를 기반으로 필요한 클립을 찾을 수 있다. 메타 데이터가 콘텐츠로 클립을 식별하면 클립 이름을 기억할 필요가 없다.

3.4.1-A 미아 클립 찾기

이렇게 훌륭한 Keyword Collections를 만들어 놓으면, 필요한 클립을 간단하게 찾을 수 있다. 그러나 이때 간단한 문제도 발생한다. 바로 미아 클립(Orphaned Clips)이라고 하는 Keyword Collections 사이에서 놓치는 클립 문제다.

1   X를 클릭해서 검색 필드를 지운다.

2   Libraries 사이드바에서 Lifted 라이브러리를 선택한다.

3   Filter 팝업 메뉴에서 "No Ratings or Keywords"을 선택한다.

Browser에 GOPR0003 클립이 나타난다. 이것은 이전에 임포트한 GoPro 클립 중 하나
다. 이륙 부분에 키워드를 표시하면, 이 클립은 더 이상 미아 클립이 아니다.

4   이륙하며 나가는 구간을 마크한다.

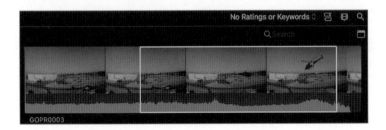

5   각각의 이벤트의 컬렉션으로 선택된 구간을 드래그하여 GoPro의 Takeoff Keyword Col-
lection으로 드래그 엔 드롭한다.

NOTE ▶   선택 구간을 GoPro 이벤트의 Takeoff Keyword Collection으로 드래그한다.

이제 Browser에 클립이 두 개 있다. 이 두 개의 클립은 방금 키워드로 지정한 구간의 앞뒤에 남은 미디어를 나타낸다. 필터 팝업 메뉴가 여전히 "No Ratings or Keywords"로 설정되어 있기 때문에 이 클립들이 보인다. 이 클립의 가장 좋은 콘텐츠를 키워드로 지정했기 때문에 Filter 팝업 메뉴를 변경해서 남은 클립들을 무시할 수 있다.

6 Filter 팝업 메뉴에서 Hide Rejected를 선택한다.

▶ **라이브러리 간 복사(Inter-Library Copying) 사용하기**

이미 배웠듯이, 여러 컬렉션에 소스 미디어 파일을 놓아둘 때 이 파일을 복제할 필요가 없다. 그 컬렉션이 같은 라이브러리 내에 있는 경우에도 마찬가지다. 그러나 한 라이브러리의 이벤트에서 다른 라이브러리의 이벤트로 Browser 클립을 드래그하면, 몇 가지 추가 옵션이 있는 미디어 관리 대화창이 나타난다.

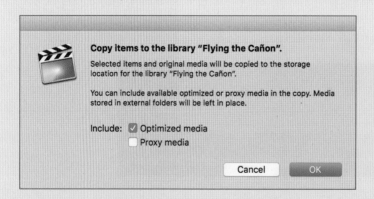

Lesson 9에서 미디어 관리 옵션에 대해 자세히 배울 것이다.

Exercise 3.4.2
스마트 컬렉션으로 작업하기

여러분은 Final Cut Pro의 검색, 정렬, 필터 기능을 통해 추후 편집에 참고할 수 있는 복잡한 검색을 저장할 수 있다. 그러나 검색을 컬렉션으로 저장하는 것이 끝이 아니다. 저장된 검색 컬렉션은 이벤트 또는 라이브러리에 있는 컬렉션의 검색 기준과 일치하는 모든 클립을 자동으로 포함한다. 이것이 Smart Collections다.

이 작업을 보려면 Primary Media 이벤트의 Audio Keyword Collection의 콘텐츠를 Lifted 라이브러리의 Audio Only Smart Collection과 비교해본다. 그리고 사운드 효과를 임포트하여 두 컬렉션을 검토한다.

1 필름스트립 보기로 전환해서 Lifted 라이브러리의 Audio Only Smart Collection의 내용을 검토한다.

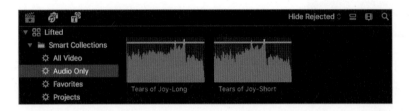

컬렉션은 현재 두 개의 음악 클립을 참조한다. 이제 Keyword Collection으로 이동한다.

2 Primary Media 이벤트에서 Audio Keyword Collection의 콘텐츠를 검토한다.

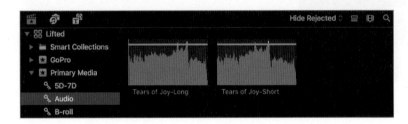

현재 두 컬렉션 모두 같은 두 개의 클립을 참조하고 있다. 이제 추가 오디오 파일을 임포트한다.

3 Libraries 사이드바에서 Primary Media 이벤트를 선택한다.

4 툴바의 왼쪽에서 Media Import 버튼을 클릭한다.

5 Media Import 창에서 이전에 다운로드한 FCP X Media 폴더로 이동한다.

6 FCP X Media 폴더에서 LV1 〉 LV SFX 폴더로 이동한 다음, Helicopter Start Idle Takeoff 오디오 파일을 선택한다.

7 다른 모든 키워드, 코드 변환, 분석 옵션이 선택 해제된 상태에서 다음 그림과 같이 Import Options 창을 설정한다. Import Selected를 클릭한다.

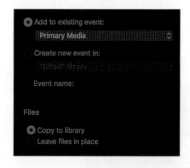

결과를 즉시 확인할 수 있다.

8 Audio Keyword Collection과 Audio Only Smart Collection을 차례로 클릭하면서 Browser 에서 그 차이점을 주목한다.

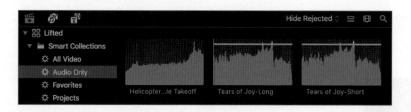

NOTE ▶ 3단계를 생략하고 Audio Keyword Collection을 선택된 채로 임포트를 한다 면, 8단계에서 두 컬렉션의 내용에는 변화가 없다.

임포트한 오디오 전용 사운드 효과 클립은 Audio Only Smart Collection에 자동으로 배 치되었다. 따라서 사전 사후 계획을 세워서 광범위한 메타 데이터를 기반으로 클립을 자 동 수집하는 일련의 Smart Collection을 라이브러리 템플릿에 만들 수 있다.

Exercise 3.4.3
라이브러리 전체의 Smart Collection 생성하기

Smart Collection을 만들면 편집 후반에 성과를 낼 수 있다. 편집 마감 시간이 다가오면 편집자는 편집된 프로젝트에서 현재 사용되지 않았고 버려지지 않은 클립을 얼른 찾아야 한다. 이러한 클립을 찾는 방법은 여러 가지가 있지만, Library Smart Collection을 만들면 해당 기준을 충족하는 클립을 빨리 찾아서 편집할 수 있다.

1   Lifted 라이브러리를 선택하고 돋보기 아이콘을 클릭해서 검색 필드로 전환한 다음 Filter HUD 필터 버튼을 클릭한다.

   Filter HUD가 나타난다. 마지막으로 "what B-roll hasn't been used yet(아직 B-roll이 사용되지 않은 것)"을 검색한다.

2   Add Rule(+) 팝업 메뉴에서 Used Media를 선택한다.

3   팝업 메뉴에서 Unused을 선택한다.

   결과를 스크롤하면서 HUD에 기준을 몇 가지 추가하면 놀라운 결과를 보게 된다.

   GoPro와 Primary Media 이벤트의 결과가 나타나는데, 이 클립들은 현재 편집 프로젝트에서 사용되지 않은 것이다. Mitch의 인터뷰 클립은 이 결과에 포함된다. 이 클립이 검색에서 나타나지 않게 해보자.

4   Filter HUD가 열린 상태에서, Keywords 규칙을 필터 기준에 추가한다.

   기본적으로 이 Keywords 규칙은 'include all' 모드로 설정된다. 규칙을 하나 또는 두 개의 키워드로 제한하자.

5 Keywords 규칙에서 일괄 선택 팝업 메뉴를 Uncheck All로 설정한다.

6 그다음 Interview 키워드만 선택한다.

이제 Mitch의 인터뷰 클립만 Browser에서 볼 수 있다. 여러분은 이 선택과 반대되는 것을 원할 수도 있다.

7 Filter HUD에서 Keywords 팝업 메뉴를 Does Not Include Any로 변경한다.

Mitch의 인터뷰 클립은 결과에서 제거된다. 결과는 B-roll에 가깝지만, 세 개의 오디오 전용 클립이 결과에 표시된다.

8 Keywords 규칙에서 Audio 키워드를 선택한다.

2개의 음악 클립만 제거되었으므로 여러분이 원하는 결과를 정확하게 얻지 못했다. 나머지 음향 효과에는 Audio 키워드가 지정되지 않았다. 다른 기준 규칙을 추가해서 나머지 사운드 효과와 임포트된 오디오 클립을 제거한다.

9 Filter HUD에서 Media Type 규칙을 추가하고, 팝업 메뉴에서 Media 규칙을 "Is Not Audio Only"로 설정한다.

NOTE ▶ 미디어 규칙을 보려면 Filter HUD에서 스크롤을 내려야 한다.

모든 클립이 B-roll로 키워드 된 것은 아니지만, 이제 B-roll로 분류되는 라이브러리의 모든 이벤트를 대상으로 하는 스마트 검색 기능이 만들어졌다. 선별 옵션과 함께 사용하면, 결과를 즐겨찾기로 좁히거나 사용하지 않는 B-roll의 거부된 부분을 숨길 수 있다. 클립이 프로젝트로 편집되면, 이 검색에서 사용되지 않은 미디어의 양이 줄어든다.

10 New Library Smart Collection 버튼을 클릭해서 이 검색을 저장한다.

Libraries 사이드바에서 컬렉션은 Untitled로 나타난다.

11 새 컬렉션의 이름을 Unused B-roll로 변경하고, Return을 누른다.

라이브러리의 모든 미디어를 대상으로 복잡한 검색을 하면 사용 가능한 메타 데이터를 활용할 수 있다. 클립의 이름을 바꾸거나, 복제하거나, 옮기지 않아도 된다. 새 클립은 컬렉션의 필터 기준과 일치하는 것으로 임포트 되어 자동으로 컬렉션에 배치된다.

Exercise 3.4.4
인물과 샷 구성 인식하기

몇몇 분석 도구는 자체적인 Smart Collections를 만들 수 있다. 그중 하나는 Find People이다. 이것은 워크플로우 중에 언제든지 적용할 수 있다. 이번 연습에서는 비록 그 결과가 좀 뻔하게 나타나긴 하지만, 이 도구는 아주 정교하다고 할 수 있다. 이번 연습의 목표는 기존 클립의 분석 도구에 어떻게 접근하는지, Find People 분석을 실행할 때 발생할 수 있는 결과를 이해하는 것이다.

이 연습에서는 Find People 분석을 할 것이다. 여러분이 알아두어야 할 것은 "Create Smart Collections after analysis" 옵션을 선택해야 한다는 것이다. Create Smart Collections 옵션을 선택하지 않으면, 결과는 자동으로 나타나지 않는다.

1   Primary Media 이벤트에서 Interview Keyword Collection을 선택한 다음 필요에 따라 목록 보기로 전환한다.

2   Browser에서 클립 MVI_1042~MVI_1055를 선택한다.

3   선택한 클립 중 아무것이나 하나를 Control-클릭한 상태에서 바로 가기 메뉴의 "Analyze and Fix"을 선택한다.

매우 친숙한 옵션 대화창이 나타난다.

4   "Analyze and Fix" 대화창에서 "Find people"와 "Create Smart Collections after analysis"를 둘 다 선택하고 OK를 클릭한다.

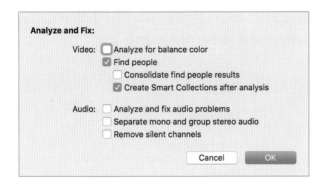

분석 등의 백그라운드 작업이 진행되는 동안 툴바의 왼쪽에 진행 상황이 나타난다.

진행을 보여주는 Background Tasks 표시기를 클릭하면 더 많은 정보를 볼 수 있다.

5   툴바에서 Background Tasks 버튼을 클릭한다.

Background Tasks HUD에는 Final Cut Pro가 이면에서 수행하는 작업에 대한 자세한 내용이 나와 있다.

분석이 진행되면, Primary Media 이벤트에 People 폴더가 나타난다.

6   펼침 삼각형을 클릭해서 People 폴더의 콘텐츠를 표시한다.

선택 클립의 분석을 통해 Final Cut Pro는 클립이 한 명만 있는 미디엄 샷이라는 것을 확인했다. Find People로 분석이 가능한 결과 목록은 다음과 같다.

Framing	People
Close Up Shot	One Person
Medium Shot	Two Persons
Wide Shot	Group

이러한 분석 키워드는 특히 마감 기한을 앞둔 상태에서 시간을 상당히 절약할 수 있다. 5D에 녹화된 격납고에서 헬리콥터 옆에 서 있는 인터뷰 대상자의 단일 와이드 샷인 B-roll 클립이 하나 더 필요하다고 가정해보자. 사용자, 카메라, Final Cut Pro로 적용한 메타 데이터 덕분에 쉽게 찾을 수 있다. Final Cut Pro의 이러한 최적의 기능 덕분에, 여러분은 클립보다 스토리에 대해 더 집중할 수 있다.

Reference 3.5
Roles

롤(Role)은 더 강력한 메타 데이터 컨트롤이다. 롤은 클립의 오디오/비주얼 콘텐츠를 정의하는 Media Roles 또는 시청자에게 클립의 오디오 콘텐츠를 시각적으로 정의하는 Caption Roles로 분류된다. Caption Roles에 대해서는 Lesson 8에서 배울 것이다. 지금은 Media Roles를 살펴보자.

Media Roles를 사용하면 편집 프로젝트 내에서 그룹화(grouping)를 할 수 있다. 롤을 사용해서 타임라인 재생을 수정하고, 타임라인 안에서 유사한 클립을 구성하며, 내보내기의 줄기(stems)를 만들 수 있다. 기본 언어 오디오와 같은 항목을 하나의 롤로, 2차 언어 오디오를 다른 롤로 통합할 수 있다. 그다음 두 번의 클릭만으로 하나는 오디션을 하고 다른 하나는 비활성화할 수 있다.

> **NOTE ▶** 키워드와 마찬가지로, Media Roles는 워크플로우에 일찍 추가할수록 더 큰 장점이 있다.

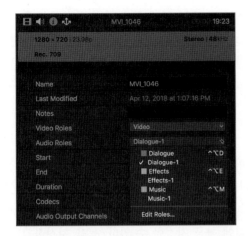

Media Roles에는 Video와 Audio라는 두 가지 유형이 있다. 일부 기본 롤은 여러분을 위해 이미 모든 라이브러리에 만들어져있다. Role Editor에서 각 롤의 색상 코딩을 조정하거나 롤과 서브 롤을 이 목록에 추가할 수 있다.

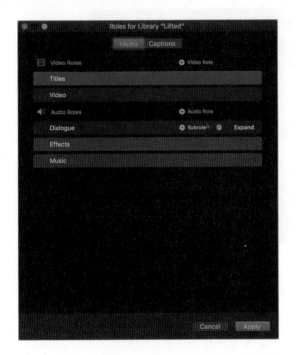

서브 롤은 클립에 지정된 롤의 전문화된 하위 설정이다. 각 롤에는 기본 서브 롤이 있다. 이러한 기본 서브 롤을 활용하거나 추가하고, 사용자 설정된 이름을 지정할 수 있다.

예를 들어, Dialogue 롤 아래에 1차 배포 언어와 2차 배포 언어에 대한 각각의 서브 롤을 만들 수 있다. 그런 다음 완성된 편집을 배포할 준비가 되면 1차 시청자용 오디오에서 다른 시청자용 대체 오디오 트랙으로 신속하게 전환할 수 있다.

Exercise 3.5.1
Assigning Roles

Browser 클립에 지정된 롤은 편집에 영향을 끼친다. 예를 들어, 소리에 집중해야 하는 경우에 롤은 모든 사운드 바이트 오디오를 비활성화 설정할 수 있어서 편집에 도움이 된다. 체크 상자 하나를 선택 해제하면, 필요한 믹스-마이너스(mix-minus)를 얻는다. Browser에서나 편집 과정에서, 클립 또는 일괄 선택한 클립에 롤을 지정할 수 있다. 롤을 지정하기 전에 먼저 그것을 어떻게 만드는지 알아보자.

1   Modify 〉 Edit Roles을 선택해서 Role Editor를 연다.

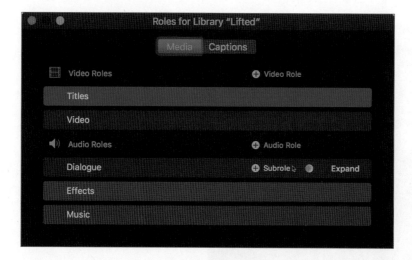

이 편집 프로젝트에서는 Video, Titles, Dialogue, Music, Effects 롤을 사용한다. 편집하는 동안 카메라의 온보드 마이크로 녹음된 자연스러운 주변 사운드를 분리하는데, 이러한 "nat" 오디오 클립은 사실감을 더하고, 보는 사람이 시각적으로 빠져들게 하는 데 도움이 된다. nat는 나중에 추가하는 사운드 효과와 별도로 처리한다.

2   Role Editor에서 Add Audio Role(+) 버튼을 클릭하여 오디오 롤을 추가한다.

새 롤이 나타나면, 새 이름을 준비한다.

3   롤 이름을 Natural Sound로 변경하고, Return을 누른다. Apply를 클릭한다.

Natural Sound 롤은 자동으로 "Natural Sound-1"이라는 서브 롤을 받아서 사용할 준비가 되었다. 클립 일괄에 롤을 설정할 방법은 다양하다. 메뉴 명령으로 시작해보자.

4   Libraries 사이드바에서 Lifted 라이브러리의 Audio Only Smart Collection을 선택한다.

5   Browser 목록 보기에서 Helicopter 사운드 효과를 선택한다. 사운드 효과이기 때문에 클립에 Effects 롤을 지정한다.

6   Modify 〉 Assign Audio Roles 〉 Effects를 선택한다.

NOTE ▶ Modify 메뉴로 가는 도중에 클립을 스키밍하면 사운드 효과가 선택 해제되어 Effects 메뉴 항목이 어둡게 된다.

클립에 롤이 지정되었는지 보려면 Inspector를 확인한다.

7   Inspector 버튼을 클릭하거나 Command-4를 눌러서 Inspector를 연다.

8   Info 버튼을 클릭해서 Info 인스펙터를 연다.

Info 인스펙터는 선택한 클립의 몇 가지 기본 메타 데이터를 보여준다.

9   Audio Roles 팝업 메뉴가 Effects-1로 설정되어 있는지 확인한다.

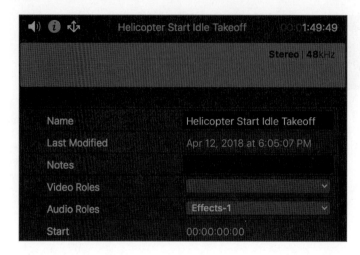

여러분은 Effects 롤을 지정했지만, Final Cut Pro는 자동으로 기본 Effects 서브 롤, Effects-1을 지정한다.

3.5.1-A 추가 롤 지정하기

이제 추가 롤을 지정할 준비가 되었다. Info 인스펙터를 열어두면, 롤을 지정할 수 있고 Inspector에서 그 지정을 확인할 수 있다.

1   Audio Only Smart Collection에서 Tears of Joy-Long과 Tears of Joy-Short라는 두 가지 음악 클립을 선택한다.

Info 인스펙터의 상단 부분에서 두 개의 항목이 검사되고 있음을 확인할 수 있다. 오디오 롤은 현재 Dialogue-1로 설정되어 있다.

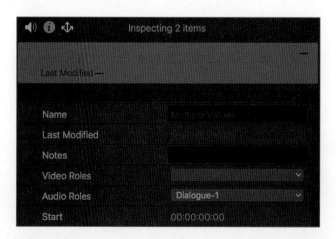

2 Inspector의 Audio Roles 팝업 메뉴에서 Music-1 서브 롤을 선택하여 Music 롤에 클립 두 개를 지정한다.

음악 클립의 경우, 클립들은 오디오 전용이기 때문에 하나의 롤만을 필요로 한다. Video 와 Audio 롤이 지정된 B-roll 클립을 살펴보자.

3 Libraries 사이드바에서 Unused B-roll 컬렉션을 선택한다. 이 컬렉션에는 두 이벤트의 클립이 포함되어 있다.

4 Browser에서 하나의 클립을 선택한 다음, Command-A를 눌러서 모든 B-roll 클립을 선택한다.

Inspector는 여러분이 이제 여러 개의 클립을 수정하려고 한다는 것을 인식한다. 선택한 모든 클립은 자동으로 Video의 Video Role을 부여받는다. 하지만 Audio Role은 Dia-logue-1로 설정되었다.

5 Info 인스펙터의 팝업 메뉴에서 Natural Sound-1 서브 롤을 선택하여 원하는 오디오 롤을 선택한 클립에 지정한다.

잠깐 메타 데이터를 세부적으로 살펴보자. 여러분은 모든 B-roll 클립을 선택했으므로, B-roll Video 서브 롤을 작성하고 지정할 수 있다.

6 Info 인스펙터의 Video Roles 팝업 메뉴에서 Edit Roles를 선택하여 Roles Editor를 연다.

Video 롤에 서브 롤을 추가한다.

7 Video 롤 위에 포인터를 놓은 상태에서 Subrole Add 버튼을 클릭한다.

8 서브 롤 B-roll의 이름을 변경하고 Return을 누른다. Apply을 클릭하여 창을 닫는다.

9 선택된 Browser 클립에 새로운 Video 서브 롤을 지정하려면, Inspector의 Video Roles 팝업 메뉴에서 B-roll을 선택한다.

인터뷰 클립을 확인하기 위해 롤을 한 번 더 지정한다. 이것을 일괄로 처리해보자.

10 Primary Media 이벤트 아래의 Libraries 사이드바에서 Interview 컬렉션을 선택한다.

11 Browser에서 인터뷰 클립 중 하나를 선택한 다음 Command-A를 눌러 컬렉션의 모든 클립을 선택한다.

12 Info 인스펙터에서 Video 및 Dialogue-1이 선택되어 있는지 확인한다.

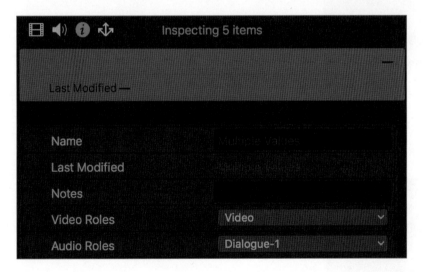

여러분은 메타 데이터를 클립에 성공적으로 지정했다. Lesson 4에서는 해당 메타 데이터를 사용해서 편집을 시작한다.

▶ 더욱 많은 메타 데이터

Keywords, Ratings, Roles를 사용하여 메타 데이터를 배웠다면, 이는 단지 시작일 뿐
이다. 만약 여러분이 숙련된 편집자라면, Smart Collections를 만들 때 Format rule에
서 Reel, Scene, Take와 같은 정보를 사용할 수 있다는 사실을 눈치챘을 것이다. 그
러나 하나의 클립에 대한 메타 데이터는 어떻게 찾을 수 있을까? 이 데이터를 숨기는
앱은 어디에 있을까? Inspector다. 구체적으로는 Info 인스펙터다.

Info 인스펙터는 하나 이상 클립의 메타 데이터의 사용자 정의 목록을 제공한다.
Metadata Views 팝업 메뉴는 메타 데이터의 짧은 목록을 보여주는 Basic 보기에서 시
작한다. Metadata Views를 Extended 또는 다른 보기로 변경하면 메타 데이터로 가득
한 인스펙터가 나타난다.

더욱 많은 메타 데이터 *계속*

또 Edit Metadata View 옵션을 사용하면 기존 보기를 사용자 설정할 수 있을 뿐만 아니라, 여러분의 고유한 메타 데이터 보기와 자체 메타 데이터 필드를 만들 수 있다.

Info 인스펙터의 Settings Metadata View에서는 클립 해석 메타 데이터에 접근할 수 있다. 여기에서 알파 채널과 로그 처리 옵션 등을 찾을 수 있다.

Inspector는 편집하는 동안 열어둘 수 있다. Browser에서 다른 클립을 선택하거나 프로젝트 편집 중에 클립의 재생 헤드를 멈추면, Inspector는 해당 클립의 메타 데이터를 자동으로 표시한다.

레슨 돌아보기

1. 키워드를 클립에 적용할 때, 키워드가 중복될 수 있는가?

2. 클립에 노트를 추가하려면 어느 Inspector를 사용해야 하는가?

3. 모든 클립은 어떤 등급으로 시작되는가?

4. Browser에 Rejected 클립 구간이 나타나지 않도록 하는 기본 필터 설정은 무엇인가?

5. 라이브러리로 임포트한 클립을 찾으려고 한다. 어떻게 찾을 수 있는가?

6. 키워드 조합을 사용해서 이벤트를 검색하려면 어떤 절차가 필요한가?

7. 기존 Smart Collection의 기준 규칙을 수정하려면 어떻게 해야 하는가?

8. 워크플로우의 어느 시점에서 클립에 롤을 지정할 수 있는가?

정답

1. 예

2. Info 인스펙터

3. Unrated

4. Hide Rejected

5. Libraries 사이드바에서 Library를 선택한다. Filter 팝업 메뉴에서 All Clips을 선택한다. Browser의 검색 필드를 지운다.

6. 검색 필드에서 돋보기를 클릭하고 Filter HUD의 Keywords 기준 규칙을 사용하여 키워드 조합을 검색할 수 있다.

7. Libraries 사이드바에서 Smart Collection을 더블 클릭한다.

8. 워크플로우에서 언제든지 클립에 롤을 지정할 수 있다. 그러나 임포트 직후에 클립에 지정된 롤은 편집 워크플로우에 걸쳐 클립과 함께 이뤄진다.

Lesson 4
1차 편집본 만들기

임포트와 구성을 마친 후에 스토리 요소는 라이브러리에 클립으로 저장된다. 이로써 편집할 준비를 마쳤다. 이 후반 작업 워크플로우의 편집은 라이브러리 클립에서 프로젝트 또는 타임라인으로 스토리를 다듬는 과정이다.

1차 편집본 또는 러프 컷(rough cut) 작업에는 후반 워크플로우 나머지 작업의 일부 또는 대부분이 포함된다. 타이밍, 간격, 간결성을 신경 써서 다듬고, 여기에 음악 요소를 추가할 수 있다. 그리고 그 프로젝트를 클라이언트 또는 제작자 승인을 위해 Final Cut Pro에서 공유한다.

여러분은 Lifted 프로젝트를 사용해서 후반 워크플로우를 시작할 준비가 되었다. 이번 레슨에서는 인터뷰 사운드 바이트와 헬리콥터 B-roll을 조합해서 스토리를 구성할 것이다. 편집을 다듬어서 불필요한 콘텐츠를 제거하고, 음악 클립을 추가할 것이다. 끝으로 여러분은 이 프로젝트의 1차 편집본을 Mac, PC, 스마트 폰, 태블릿에서 재생할 수 있는 파일로 내보낼 것이다.

Reference 4.1
프로젝트 이해하기

편집 단계는 타임라인 기반의 연속 배열 클립으로 구성되어 스토리를 전달한다. 프로젝트는 스토리의 기술적인 깊이에 따라 타임라인이 간단해지거나 복잡해진다.

Lesson 4에서 완성된 프로젝트

프로젝트는 라이브러리에 있는 각각의 이벤트 안에 저장된다. 우리의 강력한 Final Cut Pro 에서는 쇼, 클라이언트, 동영상을 위한 모든 클립, 이벤트, 프로젝트를 더욱더 편리하게 로 드/언로드하고 전송할 수 있다.

이벤트에는 필요한 만큼의 프로젝트를 담을 수 있다. 예를 들어, 뉴스 편집자는 VO(voiceover), 패키지, 티저에 대한 세 개의 프로젝트가 필요할 수 있다. 다큐멘터리 편집자는 10~30개의 프로젝트를 사용해서 세그먼트별 편집, 다양한 비디오 보도 자료 제작, 온라인 티저 게시 등 실행 시간과 콘텐츠 기반으로 하는 다양한 버전의 다큐멘터리를 만들 수 있다.

여러분의 Lifted 라이브러리에는 이미 두 개의 클립 이벤트가 있다. 편집해보자.

Exercise 4.1.1
프로젝트 생성하기

1차본 편집을 시작하려면, 프로젝트를 만들어야 한다. 몇 번만 클릭하면 시작 프로젝트가 생긴다.

1   Lifted 라이브러리에서 Primary Media 이벤트를 Control-클릭(또는 마우스 오른쪽 클릭) 하고 바로 가기 메뉴에서 New Project를 선택한다.

Project Properties 대화창이 열리고 기본 자동 설정이 나타난다.

Project Name:	Lifted Vignette
In Event:	Primary Media
Starting Timecode:	00:00:00:00
Video:	Set based on first video clip properties
Audio and Rendering:	Stereo, 48kHz, ProRes 422

Use Custom Settings   Cancel   OK

NOTE ▶ 대화창에 사용자 설정이 열리면 Use Automatic Settings 버튼을 클릭한다.

2　Project Name에 Lifted Vignette를 입력한다.

3　In Event 팝업 메뉴를 클릭한다.

In Event에서는 작성중인 프로젝트를 저장할 이벤트를 지정한다. 팝업 메뉴에는 열려 있는 라이브러리에서 사용할 수 있는 이벤트가 표시된다.

4　In Event 팝업 메뉴가 Primary Media로 설정되어 있는지 확인하고 OK를 클릭한다.

프로젝트가 생성되어 Primary Media 이벤트에 저장된다.

5　Lifted 라이브러리에서 Primary Media 이벤트를 선택하고 목록 보기로 전환한다.

프로젝트가 Browser 상단에 나타난다.

6　프로젝트를 더블 클릭하여 타임라인에서 연다.

프로젝트가 타임라인에서 열림

NOTE ▶ 자동 및 수동 프로젝트 설정에 대한 자세한 내용은 Lesson 10을 참조하자.

> **워크스페이스 변경하기**

타임라인은 프로젝트가 편집되는 곳으로, 일반적으로 인터페이스의 아래쪽 절반을 차지한다. 타임라인이 나타나지 않는다면, 몇 가지 인터페이스 설정을 확인해봐야 한다.

▶ "Show or hide the Timeline" 버튼이 활성화되어 있는지 확인한다.

▶ 이전에 다른 워크스페이스를 선택했다면, Window 〉 Workspaces 메뉴에서 기본 워크스페이스를 재설정한다.

Reference 4.2
프라이머리 스토리라인 정의하기

Final Cut Pro의 모든 프로젝트는 프라이머리 스토리라인을 기반으로 하며, 타임라인에서 어두운 줄무늬로 나타난다. 프라이머리 스토리라인에는 프로젝트를 움직이는 클립이 포함되어 있다. 다큐멘터리의 경우, 사운드 바이트와 내레이터의 VO의 조합으로 프라이머리 스토리라인을 구성할 수 있다. 몽타주로 시작하는 프로젝트의 경우, 스토리라인에 음악 인트로를 배치한 다음에 진행자를 두는 것이 좋다. 프라이머리 스토리라인은 콘텐츠에 따라 유연해진다.

기본적으로 스토리라인의 클립들은 상호 작용을 하는데 이러한 끌어당김(attraction) 및 밀어내기(repulsion)는 자석의 성질과 매우 유사하다.

Browser에서 새 클립을 프로젝트의 맨 오른쪽으로 드래그하면, 해당 클립이 프라이머리 스토리라인의 끝부분에 "자석처럼" 붙는다.

클립을 프로젝트 끝으로 드래그한다.

클립을 프로젝트에 이어붙인다.

클립을 기존의 두 클립 사이로 드래그하면, 새로운 클립을 삽입할 수 있을 정도로 기존 클립을 멀리 밀어낸다.

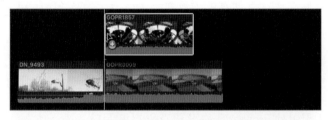

클립을 프로젝트로 드래그해서 두 스토리라인 클립 사이에 삽입한다.

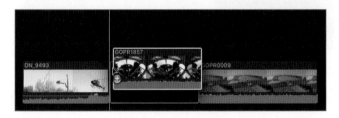

클립을 스토리라인 클립에 배치하면 클립이 들어갈 간격이 생긴다.

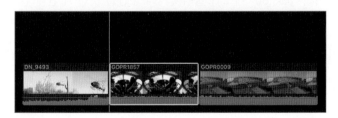

클립이 스토리라인 클립 사이에 끼워졌다.

이 끌어당김(attraction) 및 밀어내기(repulsion)는 스토리라인의 기본 개념이다. 클립을 추가하거나, 클립을 이동해서 순서를 변경하거나, 클립을 제거하면 스토리라인에서는 남은 클립을 서로 자석처럼 붙여서 연속적으로 재생한다.

이러한 개념을 알면 첫 번째 편집을 시작할 수 있다.

Exercise 4.2.1
프라이머리 스토리라인에 이어붙이기

첫 번째 클립을 Lifted Vignette 프로젝트로 편집할 준비가 되었다. 이 프로젝트는 사운드 바이트 중심이기 때문에, 사운드 바이트를 프라이머리 스토리라인으로 편집한다. Browser에서 최대한 많은 클립과 노트를 볼 수 있도록 먼저 인터페이스를 변경한다.

1 Browser에서 목록 보기를 선택한다.

2 Primary Media 이벤트에서 Interview 컬렉션을 선택하고, Hide Libraries 사이드바 버튼을 클릭한다.

3 타임라인 구분선을 아래로 끌어서 Browser에 수직 공간을 더 만든다.

영역 구분선을 드래그해서 구분선 상하 영역을 수직으로 확장하거나 축소할 수 있다.

Mitch가 비행에 대한 열정을 이야기한 인터뷰를 사운드 바이트로 쓸 것이다. 여러분은 이것을 즐겨찾기 등급으로 지정하고, notes 필드에 "passion"이라는 단어를 입력한다. 목록 보기에서 각 클립을 열어서 "passion" 메모와 즐겨찾기의 등급을 찾는 대신에 검색 필드를 사용한다.

4 Browser에서 돋보기 아이콘을 클릭한 다음, 검색 필드에 passion을 입력한다.

입력과 동시에 Browser는 일치하는 결과(MVI_1042와 MVI_1055)를 바로 업데이트한다.

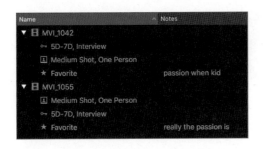

NOTE ▶ 만약 클립의 이름만 나타난다면, 각 이름 옆의 펼침 삼각형을 클릭해서 추가 메타 데이터를 확인한다.

5   Browser에서 MVI_1042를 선택하고 클립을 스키밍해서 녹색으로 표시된 즐겨찾기를 확인한다.

클립을 스키밍해보면 오디오 피치가 정정된 것을 볼 수 있다. 이로써 클립의 콘텐츠를 청각적으로 명확하게 유지하면서 다양한 속도로 클립의 내용을 빠르게 검토할 수 있다.

NOTE ▶ 스페이스 바, J, K, L, /(슬래시) 키와 같은 탐색 컨트롤을 눌러서 선택한 즐겨찾기를 검토할 수도 있다.

검색 결과에 "passion"이 태그된 두 번째 클립이 나타난다.

6   Browser에서 MVI_1055를 재생하고 콘텐츠를 확인한다.

나중에 편집에서 약간 트리밍(trimming)을 하면, 사운드 바이트가 모두 스토리라인에 연결된다. 처음 두 사운드 바이트로 프로젝트에서 편집해보자.

7   Browser에서 MVI_1042 아래 "passion when kid" 노트가 있는 즐겨찾기를 선택한다.

8   Append 버튼을 클릭하거나 E를 눌러서 이 클립 선택을 프로젝트에 추가한다.

클립의 선택 구간을 프라이머리 스토리라인으로 편집할 수 있다. E는 "End"를 의미한다. 현재 스키머 또는 재생 헤드가 프로젝트의 어느 위치에 있든 관계없이 E를 누르면 클립을 스토리라인의 마지막으로 배치해서 신속하게 편집할 수 있다.

현재 재생 헤드는 MVI_1042의 끝에 있다. 재생 헤드는 여러분이 프로젝트에서 편집하여 이어붙인 클립의 끝으로 이동한다. 이러한 재생 헤드의 기본 속성은 여러분의 다음 편집을 예상할 수 있다. 그러나 이때 다음 이어붙이기 편집(append edit) 이전으로 재생 헤드를 움직이면 어떻게 될까? 한 번 살펴보자.

9   MVI_1042 위의 빈 회색 영역을 클릭하여 재생 헤드를 왼쪽으로 이동한다.

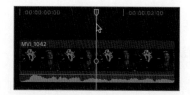

재생 헤드가 MVI_1042 위에 놓인 것을 Viewer에서 볼 수 있다. 다음 클립에서는 MVI_1042 중간에 재생 헤드를 놓은 채로 이어붙이기 편집을 수행하고 그 결과를 관찰할 것이다.

NOTE ▶ 디스플레이 해상도에 따라 클립이 인터페이스 왼쪽으로 밀려나고 작게 표시될 수 있다. 앞 단계에서 재생 헤드를 옮기기 위해 클릭한 다음, Shift-Z를 눌러서 프로젝트를 타임라인에 맞춘다. 또는 Timeline's Clip Appearance 팝업에서 Zoom 슬라이더를 드래그하여 줌 설정을 변경할 수 있다.

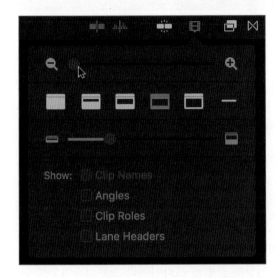

10 Browser로 돌아가서 MVI_1042 아래의 Used 항목을 확인한다.

▼ 🗄 MVI_1042		01:31:15:14	01:31:25:21
⚬ 5D-7D, Interview		01:31:15:14	01:31:25:21
🗔 Medium Shot, One Person		01:31:15:14	01:31:25:21
★ Favorite	passion when kid	01:31:15:20	01:31:18:20
✓ Used		01:31:15:20	01:31:18:20

Used 목록은 열려있는 프로젝트에서 사용된 클립의 선택을 나타낸다. 그것은 해당 클립의 유일한 즐겨찾기였으므로 다음 편집을 위해 다음 클립으로 이동한다.

11 MVI_1055 클립에서 "really the passion is" 즐겨찾기를 선택한다. E를 눌러서 이 클립을 스토리라인의 마지막에 이어붙인다.

▼ 🗄 MVI_1055	
🗔 Medium Shot, One Person	
⚬ 5D-7D, Interview	
★ Favorite	really the passion is

Browser에서 선택한 클립

프라이머리 스토리라인에 추가된 클립

신속한 과정이었다. 클립은 MVI_1042의 바로 뒤에 있는 스토리라인의 끝에 편집되었다. 재생 헤드의 위치는 추가 수정에 영향을 미치지 않았다. 여러분은 사운드 바이트를 이제 두 개 편집했지만, 아직 더 많이 남아있다. 한 번에 한 편집 방식으로 계속 진행할 수도 있지만, Final Cut Pro에서는 약간 더 빠른 편집 방법을 사용할 수 있다.

NOTE ▶ 이전 편집으로 인해 MVI_1042 클립이 타임라인에 표시되지 않는 경우, 줌 설정을 변경해야 한다. 타임라인에서 한 번 클릭하고, Shift-Z를 누르거나 Timeline's Clip Appearance 팝업에서 Zoom 컨트롤을 조정한다.

4.2.1-A 프라이머리 스토리라인에 일괄로 이어붙이기 편집하기

이어붙이기 기능을 사용하면 한 번에 둘 이상의 클립을 프라이머리 스토리라인으로 편집할 수 있다. 1차 편집본 작업을 진행하면서 여러분은 Browser에서 다음 사용할 클립을 찾는다. 이어붙이기를 사용하면 한 번의 편집으로 몇 개의 다음 클립을 Browser와 스토리보드에 남길 수 있다. 이 일괄 편집 기술은 한 번에 여러 클립을 편집할 수 있는 빠르고 간단한 방법이다.

1 Browser에서 필름스트립 보기로 전환한다.

앞서 검색된 두 개의 클립이 나타난다. 나머지 사운드 바이트를 표시하려면 검색 필드를 지워야 한다.

2 검색 필드의 Reset 버튼(X)을 클릭하여 이전 검색을 지운다.

Interview 컬렉션의 나머지 클립이 나타난다. 한 번에 추가할 여러 사운드 바이트를 선택할 수 있다. 클립을 선택하는 순서는 프로젝트에 편집되는 순서가 된다.

3 Clip Appearance's Clip Height 슬라이더를 변경하여 필름스트립의 크기를 늘릴 수 있다.

4 필름스트립 보기에서 MVI_1043의 첫 번째 녹색 구간을 클릭한다.

이전에 표시한 즐겨찾기는 녹색 줄무늬로 나타나므로 즐겨찾기 구간을 빠르게 선택할 수 있다.

5 MVI_1043의 첫 번째 즐겨찾기를 선택한다. 이전에 즐겨찾기로 표시한 클립 MVI_1046, MVI_1045, MVI_1044을 순서대로 Command-클릭하여 추가한다.

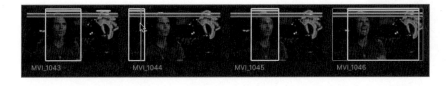

6 E를 눌러 이어붙이기 편집을 한다.

클립은 Browser에서 선택한 것과 같은 순서로 프로젝트 끝에 나타난다.

7   타임라인에서 전체 프로젝트를 보려면 타임라인 회색 영역을 한 번 클릭하고 Shift-Z를
     누른다.

> **Final Cut Pro에서 클립을 넣을 위치는 어떻게 알 수 있는가?**
>
> 여러분이 편집 경험이 있다면, 트랙을 지정하거나 재생 헤드를 배치하거나 시작점
> 을 설정하여 편집할 필요가 없다는 사실을 눈치챘을 수도 있다. 이어붙이기 편집 기
> 능(append edit)은 과거의 덮어쓰기 편집(overwrite edit)으로부터 발전해나가는 효율
> 적인 편집이다.

4.2.1-B 프로젝트 재생하기

여러분은 프로젝트를 재생하기 위해 Home을 눌러서 타임라인 시작 부분에 재생 헤드를 둘
수 있다. 하지만 Apple 무선 키보드와 노트북에는 Home에 레이블이 지정되지 않는다.

1   타임라인이 활성화된 상태에서 Home 또는 Fn-왼쪽 화살표를 눌러서 Home 누르기를 시
     뮬레이션한다.

이제 재생 헤드가 프로젝트의 시작 부분에 놓인다.

2   스페이스 바를 눌러서 재생을 시작한다.

재생 헤드가 프로젝트 끝까지 가면 재생이 중지된다.

NOTE ▶ 루프 재생이 활성화된 경우(View 〉 Playback 〉 Loop Playback을 선택하여),
프로젝트가 자동으로 중지되지 않는다. 수동으로 재생을 중지할 때까지 반복된다.

Exercise 4.2.2
프라이머리 스토리라인에서 클립 재배열하기

이제 여러분의 스토리라인을 좀 더 완벽하게 만들 수 있는 순서로 정렬해야 한다. 스토리라인에서 작업하면 이러한 변경이 매우 쉽다. 클립을 타임라인의 새 위치로 드래그하고, 그 결과를 미리 보기 위해 일시 중지한 다음 마우스 버튼을 놓는다.

1 프로젝트에서 네 번째 클립인 MVI_1046을 선택한다.

클립을 미리 보려면 재생 헤드가 이 클립 위에 있어야 한다. 현재 재생 헤드가 프로젝트의 끝부분에 있다. 재생을 시작할 때 스키머가 보이면, 스키머가 재생 헤드를 재배치하기 때문에 여러분이 재생 헤드를 움직일 필요가 없다.

2 마우스 포인터를 살짝 움직여서 스키머가 활성 상태인지 확인한다.

스키머는 재생 헤드와 마찬가지로 타임라인 창을 가로질러 세로로 확장된다. 그러나 스키머에는 재생 헤드와 같은 마커가 없다.

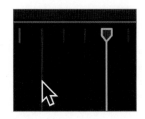

스키머(왼쪽)와 재생 헤드(오른쪽)

3 MVI_1046의 시작 부분으로 마우스를 움직여서 스키머를 둔다. 클립을 재생하려면 스페이스 바를 누른다.

재생 헤드가 스키머의 위치로 재배치되고 클립이 재생된다. MVI_1046은 Mitch가 "At the end of the day"라고 말하면서 시작한다. 스토리라인의 끝에 배치해야 할 내용이다.

4 스토리라인의 끝으로 MVI_1046을 드래그하되, 마우스 버튼을 놓지 않는다.

5 MVI_1044 다음의 기본 클립보드에 파란색 클립 상자가 나타나도록 클립을 배치한다. 마우스 버튼을 놓는다.

MVI_1046은 스토리라인의 마지막 클립으로 편집된다.

단어, 구, 음절 일부가 클립에 남아 있다. Mitch의 말을 너무 일찍 끊은 것일 수도 있지만 괜찮다. 이번 레슨의 뒷부분에서 문제가 있는 프레임을 다듬을 것이다. 지금은 스토리라인에서 다른 클립을 움직여본다.

6 프로젝트 끝에서 두 번째 클립인 MVI_1044를 찾는다. MVI_1043과 MVI_1045 사이로 클립을 드래그한다.

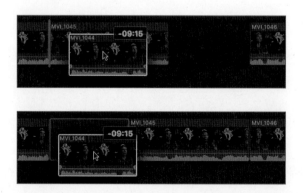

두 클립 사이에 MVI_1044를 드래그하면 삽입 막대가 나타난다. 클립을 그 위치에 계속 누르고 있으면, MVI_1045가 오른쪽으로 밀려나서 MVI_1044가 자리에 들어갈 수 있다. 마그네틱 스토리라인으로 신속하게 재구성 편집을 할 수 있다.

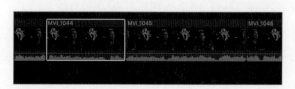

NOTE ▶ 클립을 드래그하면 타임라인 내 클립 위치의 델타(시간의 변화) 또는 타이밍 변경이 클립 위에 표시된다. 이러한 연습을 할 때, 델타 값은 선택한 클립 구간의 차이로 인해 책에서 지정된 값과 다를 수 있다.

▶ **Checkpoint 4.2.2**

Checkpoint 검토에 대한 자세한 내용은 Appendix C를 참조한다.

Reference 4.3
프라이머리 스토리라인에서 클립 수정하기

스토리라인의 흐름을 검토할 때, 클립을 추가하면 스토리의 갭을 채울 수 있다. 사운드 바이트의 시작 또는 끝부분에서 약간의 단어나 소리로 인해 방해가 될 수 있다. 이러한 문제는 마그네틱 스토리라인 덕분에 해결할 수 있다.

여러분이 했던 이어붙이기 편집은 선택한 Browser 클립이나 클립을 스토리라인의 끝에 추가했다. 때로는 이어붙이기 편집된 스토리 클립 사이에 클립이 있어야할 경우도 있다. Exercise 4.2.2에서 프라이머리 스토리라인의 클립 순서를 재배열할 때 MVI_1043과 MVI_1045 사이에 MVI_1044를 끼웠다. 이 절차를 공식적으로 인서트(insert) 편집이라고 한다. Browser 클립은 두 개의 스토리 클립 사이에 삽입하거나 편집할 수 있으므로 기존 스토리라인의 중간에 추가 콘텐츠를 배치할 수 있다.

스토리라인 클립이 정리된 후에 스토리 흐름을 향상하려면 콘텐츠를 기획해야 할 수도 있다. 트리밍 도구를 사용하면, 클립 내에 추가로 숨, 소리, 단어, 움직임을 제거하거나 추가할 수 있다. Final Cut Pro에는 여러 가지 트리밍 도구가 있다. 이번 레슨에서 다루는 기본 트림 도구는 리플(ripple)이다.

리플을 사용하면 원하는 경우 프레임별로 프레임에서 미디어를 제거할 수 있다. 또한 리플을 사용하면 미디어를 프로젝트 클립에 삽입할 수 있다.

스토리라인 편집에서 인서트 또는 리플 편집을 하는 경우, 스토리라인의 인접 클립이 서로 붙는다. 클립을 제거하면 그다음의 클립이 앞으로 이동하여 앞의 클립에 연결된다. 다른 클립 사이에 클립을 삽입하면 그다음의 클립이 오른쪽으로 이동하여 공간을 만든다.

Exercise 4.3.1
인서트 편집 수행하기

여러분이 MVI_1044를 새 위치로 드래그했던 것이 인서트 편집이다. 새 클립의 오른쪽 클립이 오른쪽으로 미끄러져서 공간을 확보했고, 왼쪽의 클립은 그 위치를 유지했다. 앞서 여러분은 다른 사운드 바이트를 프로젝트에 추가해야 하는 선택 항목으로 표시했다. 이번 연습에서는 그 클립을 프로젝트로 드래그하지 않고 인서트할 것이다.

1   1 Browser에서 필름스트립 보기로 전환한 다음 Interview Keyword Collection에서 "awe"을 검색한다.

MVI_1043이 검색되었다. 필름스트립은 클립 내 두 개의 즐겨찾기 구간을 표시한다.

2   Browser에서(두 번째 녹색 줄무늬를 클릭해서) MVI_1043의 두 번째 즐겨찾기를 선택한다.

여러분이 사용하는 디스플레이 해상도에 따라 오디오를 알아들을 수 있는 속도로 클립을 스키밍하기가 어려울 수 있다. 확대 줌을 해서 필름스트립을 확장하면 클립을 스키밍하는데 도움이 된다.

3 Clip Appearance 팝업에서 줌 눈금이 5초가 될 때까지 Zoom 슬라이더를 오른쪽으로 드래그한다.

4 MVI_1043에서 두 번째 즐겨찾기를 다시 스키밍한다.

이 눈금 설정에서, 필름스트립의 각 섬네일은 5초의 소스 미디어를 나타낸다. 이번에 여러분은 피치가 보정된 오디오를 듣고 사운드 바이트를 식별할 수 있다. 행의 왼쪽 끝에 찢어진 모서리가 있음을 알 수 있다. 이는 이전 섬네일의 클립 연속성을 나타낸다. 클립의 시작과 끝은 필름스트립에 직선 가장자리로 표시된다.

5 클립의 필름스트립에서 두 번째 즐겨찾기 구간이 선택되었는지 확인한다.

다음으로, 재생 헤드를 원하는 위치로 옮겨서 스토리라인에서 이 클립의 위치를 선택한다.

6 타임라인에서 MVI_1043과 MVI_1044 사이를 스키밍한다.

프레임 정확도가 있는 두 클립 사이에서 MVI_1043을 편집해야 한다. 두 클립 사이의 편집점에 재생 헤드를 정확하게 배치하려면 스냅핑(snapping)을 켠다.

타임라인의 오른쪽 위에서 Skimming, Audio Skimming, Audio Soloing, Snapping 버튼을 찾는다.

7   Snapping 버튼을 클릭하여 켜거나 N를 누른다.

8   클립과 프로젝트 내의 편집점을 스키밍한다.

스키머가 편집점으로 점프하는 것을 주목하자. 인서트 편집을 준비하려면 재생 헤드를 원하는 편집점에 큐에 놓는다.

9   스키머를 MVI_1043과 MVI_1044 사이의 편집점에 스냅한 다음 여기를 클릭하여 재생 헤드의 큐를 지정한다.

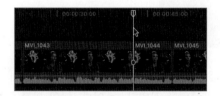

NOTE ▶ 편집점은 오른쪽 클립(시작 클립)의 시작 프레임과 왼쪽 클립(끝 클립)의 끝 프레임의 사이가 아니다. 재생 헤드가 시작 프레임에 있음을 시각적으로 식별하기 위해 클립에 "시작 브래킷(start bracket)"이 놓인다.

"L" 브래킷은 이 프레임이 시작점임을 나타낸다.

10 Browser에서 MVI_1043의 두 번째 구간이 계속 선택되어 있는지 확인한다.

11 타임라인 툴바에서 Insert 편집 버튼을 클릭하거나 W를 누른다.

MVI_1043의 두 번째 선택은 두 개의 스토리라인 클립 사이의 프로젝트에 배치되며, 누락된 사운드 바이트가 스토리라인의 한 부분이 된다.

Exercise 4.3.2
프라이머리 스토리라인 리플링하기

Lesson 3에서 선택한 사운드 바이트를 적용했을 때, 여러분은 일부 관계없는 콘텐츠를 포함했다.(여러분이 즐겨찾기에 그 콘텐츠를 남긴 이유는 이 연습에서 분명해질 것이다.) 그러나 일상적인 편집에서는 이야기를 더 간결하게 만들기 위해 다듬거나, 이야기를 늘이기 위해 이야기를 덧붙인다. 이제 여러분은 리플 트림을 사용해서 추가 콘텐츠를 제거하는 방법과 다시 콘텐츠를 삽입하는 방법을 배울 것이다.

NOTE ▶ Final Cut Pro는 상황에 따라 작업을 유연하게 할 수 있다. Trim 도구를 활성화하지 않아도 된다. Select 도구는 필요할 때 자동으로 Trim 도구의 리플 기능으로 전환한다.

1   프로젝트의 두 번째 클립인 MVI_1055의 끝에 스키머를 둔다. 이 클립의 끝부분을 재생하여 Mitch의 말을 확인한다.

"Uh, so"라는 부분에 트리밍이 필요하다. 이에 따라 "Whole new look"이라고 말한 부분 이후에 새로운 끝점이 생길 것이다.

이 클립을 트리밍하기 전에 편집을 확대해서 더 정밀하게 도구를 사용할 수 있다.

2   스키머 또는 재생 헤드가 MVI_1055의 끝점을 둘러싸고 있는 상태에서 Command-=(등호)를 눌러서 타임라인을 확대한다.

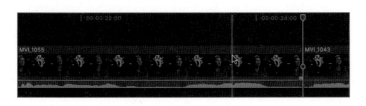

줌을 하면, 섬네일과 파형이 확장되어 트림해야 하는 위치가 표시된다. 클립의 끝부분에 "uhh, so" 대사가 파형이 높아지면서 표시된다. Mitch가 망설이는 이 부분을 제거해야 한다. 또한, Mitch는 앞 문장에서 "look"이라는 단어를 끝내면서 숨을 쉰다. 오디오 파형을 검사하면 "look"에서 "k"를 말한 후에 파형이 낮아지는 것을 볼 수 있다. "k" 다음에 재생 헤드를 놓고, 리플 기능을 사용하여 숨과 "uhh, so" 부분을 제거한다.

3 Mitch가 "look"의 "k"라고 말한 후에, MVI_1055 끝부분에서 "uhh, so"라고 말하고 숨을 쉰다. 그 사이에 재생 헤드를 놓아 새로운 끝점을 만든다.

재생 헤드를 정확하게 설정하려면 J K L 키와 왼쪽 및 오른쪽 화살표를 누른다. 재생 헤드를 원하는 트림 지점에 배치하면 스냅핑으로 정확히 편집할 수 있다. 기본 Select 도구를 사용하여 이 리플 작업을 한다. 이 도구는 타임라인에서의 위치에 따라 기능을 자동으로 바꾼다.

4 타임라인의 Tool 팝업 메뉴에서 Select 도구가 선택되어 있는지 확인하거나 A를 누른다.

5 타임라인에서 마우스 포인터를 클립의 끝점 위에 놓는다.

6 클릭하지 않고 두 클립의 편집점 사이에서 편집점을 가로질러 마우스 포인터를 좌우로 천천히 움직인다.

마우스 포인터가 편집의 한 쪽에서 다른 쪽으로 이동할 때 포인터 아이콘이 어떻게 바뀌는지 확인한다. 바뀌는 아이콘은 Select 도구가 자동으로 리플 트림 도구가 된다는 것을 나타낸다.

리플 트림 아이콘에는 트리밍할 클립을 가리키는 작은 필름이 있다. MVI_1055의 끝점을 변경하려면 필름스트립이 클립 왼쪽을 가리켜야 한다.

7 리플 트림의 필름스트립이 왼쪽을 가리키는 상태에서 클립의 끝이 재생 헤드에 붙을 때까지 드래그한다.

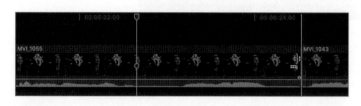

전

편집점을 왼쪽으로 드래그한 후. 재생 헤드에 붙는다.

8 타임라인의 이 구간을 재생해서 완료한 편집을 검토한다.

클립의 끝점을 간단하게 변경해서 불필요한 내용을 제거할 수 있다. 또한 리플 트림은 제거된 콘텐츠를 채우기 위해 타임라인의 그다음 클립들을 모두 이동시켰다. 이제 이 클립의 시작 부분을 잘라보자.

9 프로젝트에서 빠르게 왼쪽으로 스크롤해서 MVI_1055의 시작점으로 이동하려면 위쪽 화살표를 한 번 누르거나, 필요한 경우 두 번 누른다. Command--(마이너스)를 눌러서 타임라인 보기에서 조금 축소할 수도 있다.

위쪽 화살표를 누르면 프로젝트의 이전 편집점에 재생 헤드가 놓인다.반대로 아래쪽 화살표를 누르면 재생 헤드가 다음 편집에 놓인다.

10 MVI_1055의 시작 부분을 재생해서 Mitch가 "And really the passion"이라고 말하기 전의 새로운 시작점을 확인한다.

Mitch가 말하는 "of film"와 "And really" 사이에 재생 헤드를 놓자. 참고로 인터뷰 대상자가 눈을 뜨고 입을 닫거나 거의 닫은 채로 나타나는 편집 프레임을 찾는 것이 이상적이다. 이 클립에서는 Mitch가 "film"이라는 단어를 마칠 때, 이와 같은 프레임을 찾을 수 있다.

11 새 시작점 위치 00:00:05:01에 재생 헤드를 두고 Select 도구를 클립의 현재 시작점 위에 놓는다.

이번에는 리플 트림 포인터의 필름스트립이 MVI_1055의 오른쪽을 가리킬 것이다.

12 MVI_1055의 시작점을 드래그해서 재생 헤드에 맞춘다.

시작점을 리플 트림하면 왼쪽 클립이 움직이는 것처럼 보일 수 있다. 그러나 클립은 0:00에서 시작하기 때문에 움직이지 않았다. MVI_1055 시작 부분에서 콘텐츠를 트리밍하면, 클립 시간이 짧아지고 그다음의 클립이 영향을 받아서 타임라인 타임 코드가 이동한다.

4.3.2-A 키보드를 사용하여 끝점을 리플하기

때로 마우스 또는 트랙패드는 System Preferences를 변경하지 않고도 트림을 할 수 있을 정도로 미세한 조정을 하지 않는다. 하지만 다행히도 키보드 단축키를 사용하면 더욱 정밀하게 작업할 수 있다.

1   Command--(마이너스)를 한두 번 눌러서 타임라인 보기에서 줌 아웃한다. 두 번째 MVI_1043 클립의 끝점을 찾는다. Mitch가 불필요한 "so"를 말하기 전에 재생 헤드를 타임 코드 00:00:45:16에 놓는다.

Mitch는 단어와 문장을 함께 시작하는데 이 점 때문에 편집이 더 어려워진다. 이 클립을 트림하려면 키보드 단축키를 사용한다.

2   필름스트립 아이콘을 왼쪽으로 향하게 하고 두 번째 MVI_1043 클립의 끝점을 선택한다.

끝점을 선택한 상태에서 키보드 단축키를 사용하여 한 번에 한 프레임씩 클립을 트리밍할 수 있다. 재생 헤드 위치의 타임 코드를 확인한다. 이 트림 편집에서 편집점을 드래그하는 동안, 재생 헤드는 고정된 상태로 유지되는 것이 아니라 트리밍 중인 지점으로 점프한다. 즉, Viewer 아래에 표시된 타임 코드를 모니터링하면서 키보드로 포인트를 트리밍하면 이 편집을 정확하게 트리밍할 수 있다.

3   타임 코드가 00:00:45:16으로 표시될 때까지 ,(쉼표)를 여러 번 눌러서 리플 트림하고 프레임별로 콘텐츠를 제거한다.

4   필요하다면 .(마침표)를 여러 번 눌러서 콘텐츠를 프레임 단위로 삽입한다.

5   편집점 바로 앞까지 스키밍하고, 프로젝트를 재생하여 결과를 확인한다.

"so"라는 말은 제거했는데, "experiencing"의 끝을 잘라내지 않았는가? 사운드 바이트의 설정에 따라 10개 정도의 프레임을 제거해야 할 수도 있다. 이 트림 편집을 시도해보자.

> ▶ **키보드를 더 많이, 마우스는 더 적게**
>
> 다음의 키보드 단축키를 사용하면 마우스를 자주 사용하지 않아도 된다.
>
> ▶ 위쪽 화살표 또는 아래쪽 화살표를 누르면 재생 헤드가 트리밍할 편집점으로 이동한다.
>
> ▶ [(왼쪽 브래킷)을 누르면 클립의 끝점을 왼쪽으로 선택한다.](오른쪽 브래킷)를 누르면 클립의 시작점을 오른쪽으로 선택한다.
>
> ▶ ,(쉼표)를 누르면 선택구간을 한 프레임씩 왼쪽으로 밀고 .(마침표)를 누르면 한 프레임만큼 오른쪽으로 민다.
>
> ▶ Shift-?(물음표)는 재생 헤드를 2초 뒤로 위치시킨다. 편집을 재생하여 2초를 뛰어넘는다.

6 불필요한 클립 콘텐츠를 제거해서 프로젝트를 진행한다. 클립의 시작 또는 끝부분에서 "so" 또는 "uhh"과 같은 것을 비롯한 숨을 제거해야 한다. 작업이 끝나면 프로젝트는 다음 표와 같아야 한다.

Lifted Vignette Edit in Progress

Clip	Project timecode	Start dialogue	End dialogue
MVI_1042	00:00:00:00	Flying is	a little kid
MVI_1055	00:00:03:00	And really the	whole new look
MVI_1043	00:00:20:08	One thing that	what we're shooting
MVI_1043	00:00:37:15	As I'm technically	what we're experiencing
MVI_1044	00:00:44:13	You know it's	opener for me
MVI_1045	00:00:50:23	Every time we may be	see or capture
MVI_1046	00:01:00:14	At the end of the day	adventure I went on

NOTE ▶ 일부 편집에서 클릭 또는 팝 소리가 약간 들릴 수 있다. 본 레슨의 뒷부분에서 이러한 오류를 해결하는 방법을 배울 것이다.

Lifted Vignette 영상이 만들어지고 있다.

> **Checkpoint 4.3.2**
>
> Checkpoint 검토에 대한 자세한 내용은 Appendix C를 참조한다

Reference 4.4
프라이머리 스토리라인 타이밍 설정하기

프로젝트의 모든 편집은 프라이머리 스토리라인을 기반으로 한다. 지금까지의 관심사는 선택한 사운드 바이트를 프로젝트에 배치하고, 그것이 스토리 구조에 반영되도록 구성하는 것이었다. 이제 구조는 설정되었으므로, 다음은 타이밍(timing)과 페이싱(pacing) 조정 작업을 해야 한다. 사운드 바이트는 우박처럼 시청자에게 마구 떨어지는 것이 아니라 일상의 대화처럼 흐르게 해야 한다.

사운드 바이트의 속도를 조정하는 페이싱의 첫 번째 기법은 타임라인의 빈 클립 컨테이너인 갭 클립을 활용하는 것이다. 갭 클립은 B-roll 콘텐츠, 일정을 잡기 힘든 인터뷰의 클립, 늦은 배송의 촬영 클립과 같은 추가 자료가 올 때까지 플레이스홀더(placeholder)로 적용될 수 있다. 갭 클립은 스토리 흐름을 향상하는 공백, 일시 중지, 호흡으로도 사용된다.

사운드 바이트를 페이싱하는 두 번째 기법은 클립 또는 전체 클립의 세그먼트를 제거하는 것이다. Blade 도구는 클립을 분할하여 프로젝트에서 하나 이상의 클립 구간을 제거한다. 클립을 블레이드할 때마다 through edit이 생성된다.

Through edit은 클립을 물리적으로 두 개의 클립으로 나누지 않고 클립을 세그먼트로 표시한다. 클립을 두 번 블레이드 한다면, 두 개의 Through edit로 세 개의 세그먼트에 표시하는 것이다. 실수로 다른 프레임을 블레이드 했다면, 이 세그먼트를 다시 결합할 수 있다. 이것을 Join through edit이라고 한다.

다음 두 가지 방법 중 하나를 사용해서 세그먼트를 삭제할 수 있다. Delete를 누르면 리플이 삭제된다. 선택한 클립 세그먼트가 제거되고, 그 옆의 클립이 왼쪽으로 이동하여 삭제된 세그먼트의 타임라인 위치를 차지한다.

원하지 않는 콘텐츠를 Blade하여 분할한다.

제거할 세그먼트를 선택한다.

Delete를 눌러서 리플을 삭제한다.

두 번째 삭제 방법은 갭 편집을 사용하는 것이다. Shift-Delete를 누르면 선택한 세그먼트가 제거되고 갭이 타임라인의 이전 위치에 남는다. 결과적으로 다음 클립은 리플되지 않고 빈 공간으로 유지된다. 이 편집을 리프트 편집(lift edit)이라고도 한다.

원하지 않는 콘텐츠를 Blade하여 분할한다.

제거할 세그먼트를 선택한다.

Shift-Delete를 눌러서 세그먼트를 갭 클립으로 교체한다.

Exercise 4.4.1
갭 클립 삽입하기

현재 프로젝트의 사운드 바이트는 매우 빈틈이 없게 배열되어 있다. 이 숨 막힐 듯한 흐름으로부터 스토리텔링을 조금 완화하도록 일부 클립을 분리한다.

1 위쪽 화살표 또는 아래쪽 화살표를 눌러서 재생 헤드를 MVI_1042와 MVI_1055 사이에 놓는다.

갭 클립을 여기에 놓으면 Mitch에게 호흡을 줄 수 있다. 시각적인 중단에 대해 걱정하지 않아도 된다. 나중에 추가할 B-roll 클립으로 해결할 수 있다.

2 갭 클립을 삽입하려면 Edit 〉 Insert Generator 〉 Gap을 선택하거나 Option-W를 누른다.

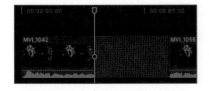

재생 헤드가 놓인 위치의 두 클립 사이에 3초 클립이 삽입된다. 3초는 이 편집에 사용하기에는 너무 길 수도 있다. 그렇다면 다른 클립과 마찬가지로 갭 클립을 리플 트림해서 길이를 조정할 수 있다.

3 갭 클립의 끝점 위로 마우스 포인터를 가져간다. 리플 트림의 필름스트립이 왼쪽을 가리키고 있는지 확인한 다음 끝점을 왼쪽으로 드래그한다.

드래그하면 클립의 새로운 길이와 델타(드래그하는 동안 바뀐 시간의 양)가 편집에 나타난다.

4 갭 클립을 새로운 1초 길이로 자른다. 그러면 길이에서 2초가 제거된다.

5 갭 클립 바로 앞까지 스키밍하고 재생해서 편집을 검토한다.

나쁘지 않다. 이 부분은 청중들이 Mitch의 말에 대한 여러 가지 상황을 이해할 수 있게 해준다. 다음 편집에서도 이것을 반복해보자.

6 아래쪽 화살표를 눌러서 재생 헤드를 다음 편집으로 이동한다.

재생 헤드가 MVI_1055와 MVI_1043 사이로 이동한다.

Mitch는 MVI_1043에서 더 자세한 정보를 제공하므로, 이 클립 앞에 더 긴 간격을 두면 시청자의 관심을 이 사운드 바이트로 옮길 수 있다.

7 재생 헤드를 놓아둔 상태에서 Option-W를 눌러서 3초 길이의 갭 클립을 삽입한다.

8 편집 내용을 확인한다.

이제 두 사운드 바이트 사이에 침묵이 생겼다. MVI_1055의 시작과 끝에서 Mitch가 호흡하는 것을 볼 수 있다. 여러분은 이미 그것을 제거했는가?

9 필요하다면 갭 클립 주변의 끝점 또는 시작점을 조정하여 트림한 클립을 정리한다.

여러분은 제거해야 할 몇 음절이나 호흡을 들을 것이다. 또는 너무 많이 트림을 한 부분도 들을 것이다. 여러분이 Mitch의 장면을 자르기 전에, Mitch는 "look"에서 "k"를 발음할 여유를 가지는가? upcut를 피하기 위해서는 프레임을 한두 개 정도 다시 추가해야 할 수도 있다.

이 갭 클립은 설정한 길이로 유지되지 않는다. 여러분이 계속해서 스토리를 만들어 내거나 떼어내면서 변화할 수 있다.

Exercise 4.4.2
블레이딩과 삭제하기

Blade 도구를 사용하면 클립을 더 작은 섹션으로 빠르게 쪼개서 다른 위치로 이동하거나 스토리에서 완전히 제거할 수 있다. MVI_1043의 첫 번째 예에서는 Mitch의 인터뷰에서 일부 일시 중지된 부분을 제거하여 타이트한 편집을 할 수 있다.

1 프로젝트를 실행한다. 첫 번째 MVI_1043에서 Mitch가 "And filming at the same time,(breath) uhhm"라고 말하는 촬영 지점을 찾는다. 이 부분은 클립에서 약 4초 정도 소요된다.

2   호흡을 하고나서 "uhhm"를 하기 전의 타임 코드 00:00:28:16에 재생 헤드를 둔다.

여기서 클립을 두 조각으로 블레이드 한다. 그리고서 "uhhm" 다음의 클립을 다시 블레이드한다. 이 사운드 전후의 좋은 콘텐츠로부터 분리하기 위함이다.

3   Tools 팝업 메뉴에서 Blade 도구를 선택하거나 B를 누른다.

4   스냅핑(snapping)을 켜고 Blade 도구를 MVI_1043 클립 위로 움직인다. 재생 헤드에 붙을 때까지 재생 헤드 쪽으로 움직인다.

5   Blade 도구가 재생 헤드에 붙은 상태다. 이 프레임에서 클립을 분할하기 위해 클릭한다.

Select 도구를 사용하면서도 Blade 도구를 선택할 수 있다. Select 도구로 전환하여 "uhhm"의 반대편을 블레이드한다.

6   A를 눌러서 Select 도구를 선택한다.

키보드 단축키는 Select 도구의 내장 블레이드를 활성화한다. 블레이드는 스키머 또는 재생 헤드에서 클립을 자른다. 작업의 정밀도를 위해 재생 헤드를 전진시킨 다음 Select 도구의 블레이드 명령을 활성화한다.

7   오른쪽 화살표 키와 왼쪽 화살표를 눌러서 Mitch가 "uhhm"이라고 한 후에 "you're"라는
    시작하는 타임 코드 00:00:29:13에 재생 헤드를 놓는다.

8   마우스를 움직이지 않고 Command-B를 눌러서 재생 헤드에서 클립을 자른다.

이제 단일 클립이 세 개의 세그먼트가 된다. 중간 세그먼트를 제거해야 한다.

클립 삭제에는 두 가지 유형이 있음을 기억하자. 이 두 가지를 사용해서 둘 사이의 차이
를 확인해보자.

9   가운데 클립 세그먼트를 선택하고 Shift-Delete를 누른다.

전

후

클립 세그먼트가 갭 클립으로 교체된다. 갭 클립은 스토리라인 클립에서 자기 위치의 오
른쪽을 잠갔다. 따라서 타임라인에서 클립이 밀리지 않는다.

10 Command-Z를 눌러서 이전 편집을 취소한다.

11 "uhhm"클립 세그먼트를 다시 선택하고 Delete를 누른다.

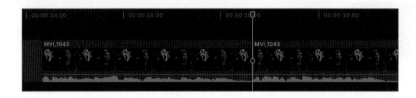

세그먼트가 제거되고 그다음 클립이 왼쪽으로 밀려와서 교체된다.

12 편집을 재생하고 결과를 들어본다.

새로운 두 번째 MVI_1043은 첫 번째 단어가 약간 잘렸거나 여전히 "uhh"가 약간 남아 있는 것처럼 들릴 수 있다. 또 혹시 첫 번째 MVI_1043의 끝부분에서 숨소리가 산만하지 않은가? 아니면 호흡이 자연스럽게 두 번째 MVI_1043 클립으로 연결되는가?

13 앞서 배운 리플 트림 기법을 사용해서 인접한 오디오의 전환을 부드럽게 만들어보자.

클립의 첫 부분 또는 끝부분의 호흡을 제거하고 싶을 수 있다. 또한 시작 클립인 두 번째 클립의 시작점에 프레임을 삽입하거나 제거하고 싶을 수 있다. 리플 트림을 복습하려면 이번 레슨의 '키보드를 사용하여 끝점을 리플하기' 부분을 참조한다.

시각적으로 이 편집은 점프 컷이다. 점프 컷은 유사하지만 일치하지 않은 내용이 편집점에서 공간과 시간을 초월한 것처럼 보이는 것이다. 잠시 후에 추가할 B-roll은 이러한 문제를 숨길 수 있다.

▶ **Checkpoint 4.4.2**

Checkpoints 검토에 대한 자세한 내용은 Appendix C를 참조하자.

Exercise 4.4.3
Through 편집 붙이기

이전 연습에서는 Blade와 Select 도구를 사용해서 클립을 세그먼트로 나눴다. 이 결과로 오류를 수정하거나 클립을 새로 분할할 때 수정 작업을 쉽게 할 수 있다.

1 프로젝트에서 MVI_1044를 찾고 Command-=(등호)를 눌러서 확대한다.

2 Tools 팝업 메뉴에서 Blade 도구를 선택하거나 B를 누른다.

3 Mitch가 "New"라고 말한 바로 다음 클립의 끝부분으로 스키밍한다. 그리고 일시 중지한다.

일시 중지는 파형에서 "골짜기(valley)" 부분으로 명확히 표시된다.

4 파형의 골짜기 부분을 클릭해서 클립을 블레이드하고 Through edit을 만든다.

Through edit 편집점이 점선으로 나타난다. 우리는 이 클립을 정말로 분리할 것은 아니다. Through edit을 다시 결합할 것이다.

5 A를 눌러서 Select 도구를 선택한다.

6 이 상태에서 through edit 편집점(점선)을 클릭하여 선택한다.

Through edit의 한 쪽만 Select 도구가 활성화된 상태로 선택된다. 괜찮다.

7   Delete를 누른다.

Through edit 편집점이 제거되고 두 세그먼트가 하나의 클립으로 다시 결합한다.

Exercise 4.4.4
사운드 바이트 편집 다듬기

B-roll과 음악을 사용하는 단계로 진행하기 전에 "technically flying in awe" 부분을 사운드 바이트의 콘텐츠와 페이싱을 조정해서 다듬어 보자.

현재 두 번째 MVI_1043은 "shooting" 단어로 끝나는데, 이것은 그다음 클립으로 부드럽게 이어지지 않는다. 이는 타임라인의 대략 40초 지점에서 발생한다.

이전에, Mitch가 "so"라고 말하는 부분을 트림했다. 그것을 다음 사운드 바이트에 섞는 방법으로 여기에서 사용할 수 있다.

1   두 번째 MVI_1043의 끝에서 필름스트립이 왼쪽으로 향한 채로 리플 트림이 나타나도록 스키머를 배치한다.

2   두 번째 MVI_1043의 끝점을 오른쪽으로 리플하여, 대략 11프레임의 콘텐츠가 삽입되도록 한다.

3 편집을 확인한다.

이야기의 흐름이 좋아졌다.

세 번째 MVI_1043의 끝부분은 사운드를 자연스럽게 마무리하기가 약간 어려울 것이다.
문장 중간에서 사운드 바이트를 잘라냈기 때문이다. 클립의 현재 끝점은 "experiencing"에
있다. 조금 더 일찍 끝점을 트림해서 엔딩을 다르게 마무리해보자.

4 세 번째 MVI_1043의 끝점을 대략 1초 왼쪽으로 리플한다.

Mitch가 "filming"이라고 말한 후 클립이 끝나야 하며, 제거해야 할 추가 클립이 한두 개
남을 것이다.

5 끝점을 선택한 상태에서 쉼표(,)와 마침표(.)를 눌러서 프레임별로 트리밍한 다음 편집점
을 미세 조정한다.

이 트림 편집은 끝점에 맞는 프레임을 찾느라 시간이 약간 걸릴 수 있다. 이 프레임은
"filming"의 "g"에 있게 될 것이다. 편집점을 미세 조정하기 위해 반복 작업을 하는 것은
편집에서 늘 있는 일이다. 몇 개의 단어나 음절을 제거하기 위해 계속 반복하여 프레임
마다 조정해야 한다.

NOTE ▶ Shift-?를 눌러서 편집 내용을 확인한다. 그런 다음 ,(쉼표) 또는 .(마침표)
를 눌러서 편집 내용을 미리 또는 나중에 편집할 수 있다.

MVI_1044와 MVI_1045는 타이밍을 맞추기 위해 지금은 스토리에서 제외시킨다.

6 두 클립을 모두 선택하고 Shift-Delete를 눌러서 두 클립을 갭 클립으로 교체한다.

7 갭 클립을 3초 길이로 트림한다.

트림을 하면 사운드의 자연스러운 공간이 생기고 Mitch가 다음 사운드 바이트로 이어지기 전에 음악 소리가 커진다.

이러한 편집 작업을 통해 프로젝트의 사운드 바이트 토대를 구축했다. 편집한 스토리를 확인한다.

Lifted Vignette의 사운드 바이트 기반의 프라이머리 스토리라인

> **Checkpoint 4.4.4**
>
> Checkpoint 검토에 대한 자세한 내용은 Appendix C를 참조한다.

Reference 4.5
프라이머리 스토리라인 위에서 편집하기

프라이머리 스토리라인으로 프로젝트에 대한 콘텐츠 토대, 타이밍, 페이싱을 설정했다. 이제 그 사운드 바이트에 어떤 내용이 오가는지 살펴볼 시간이다. 이 단계에서는 B-roll 클립을 프라이머리 스토리라인 위에 놓고 편집하여 프로젝트에 연결할 것이다.

B-roll 편집을 하면, 편집 접근이 프라이머리 스토리라인 위의 "레인(lane)"으로 공간이 바뀐다. 프라이머리 스토리라인 외부 레인에 있는 클립은 프라이머리 스토리라인에 수직으로 다시 연결된다. 그리하여 이 프로젝트에서 사운드 바이트와 B-roll 사이의 관계가 동기화된다. Mitch가 "helicopter"라고 말하면, 시청자는 헬리콥터를 보게 되는 것이다.

이 연결은 프라이머리 스토리라인에서 리플 편집을 하더라도 클립을 동기화된 상태로 유지한다. 프로젝트에서 사운드 바이트의 타이밍을 이동시키는 업스트림 리플(upstream ripple)은 해당 사운드 바이트에 연결된 B-roll 클립 또한 이동시킨다. 이 연결은 연결된 클립을 동일한 양만큼 이동하여 동기화를 유지한다. 처음 연결을 설정하고 나면 Final Cut Pro가 그 연결을 계속 유지하므로, 여러분은 스토리 편집의 나머지 부분에 신경을 더 쓸 수 있다.

다음 연습에서는 B-roll 클립을 이미 편집한 사운드 바이트 기반의 프라이머리 스토리라인에 연결할 것이다. 그리고 연결된 클립(connected clips)을 트리밍하고, 그 특유의 트리밍 방식을 살펴볼 것이다.

Exercise 4.5.1
연결된 B-roll 추가하기 및 다듬기

B-roll은 편집자의 친구다. B-roll 클립은 컷어웨이(cutaways)라고도 하는데, 프라이머리 스토리라인의 불연속성을 부드럽게 만들 수 있다. 이 프로젝트에서는 점프 컷을 숨기고 사운드 바이트에 적용된 오디오 편집을 부드럽게 해줄 것이다. 나아가, 좋은 B-roll 콘텐츠는 또한 멋진 자연의 소리, nats(자연스러운 사운드 오디오)를 포함할 수 있다. 편집자는 nats를 사용하여 "filming"이라는 단어가 있는 것과 같은 타이트한 오디오 편집을 처리할 수 있다.

먼저 인터페이스를 재설정하고 이전에 적용한 키워드를 검색하여 격납고 문을 여는 B-roll
을 재빨리 찾는다.

NOTE ▶ 우리는 프로젝트의 처음부터 시작하여 B-roll 콘텐츠를 추가하는 방식으로
계속 훈련을 진행할 것이다. 그러나 여러분은 프로젝트 내 어느 곳에든 B-roll을 추가
하여 워크플로우를 시작할 수 있다.

1 Window 〉 Workspaces 메뉴에서 Default Workspace을 선택하여 인터페이스를 재설정하
   거나, Command-0을 누른다.

2 Lifted 라이브러리의 Primary Media 이벤트에서 Hangar Keyword Collection을 선택한다.

   모든 격납고 클립을 확인하려면, Browser의 정렬 및 필터링 옵션을 다시 확인한다.

3 Browser의 팝업 메뉴에서 Hide Rejected를 선택한 다음 검색 필드에 조건이 없는지 확인
   한다.

4 Browser의 Clip Appearance 팝업 메뉴에서 Zoom 컨트롤을 All로, Group By를 None으로,
   Sort By을 Name으로 설정한다.

환경 설정이 제대로 되었다면, 격납고 문을 여는 첫 번째 클립을 검색한다.

5 Lifted 라이브러리에서 4개의 클립에 Hangar Keyword Collection이 선택되어 나타나는지 확인한다.

여러분이 원하는 첫 번째 클립은 DN_9390이다.

6 콘텐츠에 익숙해지도록 클립을 스키밍한다.

이 클립은 격납고 문이 열리기 전의 어둠 속에서 시작된다. Mitch가 헬리콥터를 사전 비행을 하기 위해 왼쪽에서 걸어 들어와서 중앙으로 향한다. 클립의 길이는 현재 13초다. 프라이머리 스토리라인에 연결하기 전에 클립을 트림한다.

7 DN_9390에서 감독이 "Action"이라고 말한 후 I를 눌러서 시작점을 표시한다. 시작점은 1:50:43:00이어야 한다.

8 Mitch가 카메라를 검사하려고 내려간 후에 O를 눌러 끝점을 표시한다. 끝점은 1:50:49:06 이어야 한다.

프로젝트에서 클립은 편집할 준비가 되었다.

9   Lifted Vignette 프로젝트에서 타임라인 시작 부분에 재생 헤드를 놓는다.

재생 헤드를 놓아두면 격납고 클립이 타임라인에서 시간적으로 어디에 속하는지 알 수 있다. 이 경우는 프로젝트의 첫 번째 장면이기 때문에 해당 위치를 쉽게 찾을 수 있다.

격납고 클립을 보면서 Mitch가 말하는 것을 들을 수 있도록 편집한다. 위에 있는 레인에 비디오 클립을 연결해서 이 작업을 수행할 수 있다.

10 툴바에서 Connect 버튼을 클릭하거나 Q를 누른다.

NOTE ▶ Connect 버튼이 흐릿하게 비활성화되어 있으면, Browser 클립을 다시 선택 한다.

격납고 클립은 첫 번째 사운드 바이트 위의 레인에 쌓인다. 편집 결과를 확인하자.

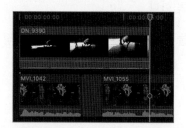

11 재생 헤드를 프로젝트 시작 부분에 배치하고 타임라인을 재생한다.

Mitch의 사운드 바이트를 듣는 동안, 여러분은 격납고를 보면서 격납고 모터 소리를 듣 게 된다. 비디오 계층 구조 규칙에 따르면, 클립의 모든 오디오 콘텐츠가 믹싱 되고 재생 되는 동안에 상위 레인에 있는 비디오가 나타난다.

> **다양한 색상의 클립**
>
> Lesson 3에서 Browser 클립에 적용했던 롤을 기억하는가? 각 롤 및 서브 롤에는 타임라인의 클립을 색으로 표현하는 사용자 설정 색상이 지정된다.
>
> 본 교재의 예제를 연습해보면, 프로젝트 내에서 각 클립의 롤, 특히 오디오 롤이 시각적으로 명확해진다. 오디오가 딸린 비디오 클립은 지정된 오디오 롤에 따라 색조가 지정된다. Lesson 6에서는 롤의 영향력에 대해 더 배워볼 것이다.

4.5.1-A 두 번째 B-roll 클립 연결하기

보시다시피 DN_9390 클립은 두 번째 사운드 바이트 위로 확장된다. 이제는 괜찮다. 프로젝트에 추가할 다음 B-roll 클립을 살펴보자.

1 Browser에서 DN_9465를 스키밍한다.

이 클립에서 Mitch는 오른쪽에서 격납고로 들어가고, 헬리콥터에 접근하고, 카메라를 검사하려고 무릎을 꿇는다. Mitch가 격납고의 반대쪽에서 들어가더라도 Mitch가 카메라를 검사하려고 무릎을 꿇을 때 시작점을 설정할 수 있다. 아니면 이 클립을 헬리콥터에 접근하는 이전의 Mitch의 장면과 일치시킬 수도 있다.

2 Browser에서 Mitch가 무릎을 꿇고 카메라를 검사하기 시작하는 2:37:33:17에 시작점을 표시한다.

이제 이 클립을 이전 편집과 일치시킬 수 있는 타임라인 지점을 찾아야 한다.

3   Mitch가 헬리콥터 카메라에 무릎을 꿇기 시작하는 00:00:05:07에 프로젝트 재생 헤드를
    DN_9390 위로 놓는다.

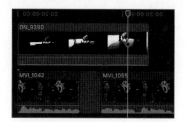

4   연결 편집(connect edit)을 하려면 Connect 버튼을 클릭하거나 Q를 누른다.

두 번째 B-roll 클립은 이전 편집 위의 더 높은 레인에 쌓인다. 연결된 두 개의 클립이 서
로 영향을 주면 Final Cut Pro는 클립 중 하나를 다른 레인으로 이동시켜서 "클립 충돌"
을 자동으로 막는다. 연결 지점의 두 번째 B-roll 클립이 잘린다.

5   DN_9390의 중간으로 돌아가서 편집을 검토한 다음 L을 누른다.

Mitch가 무릎 꿇는 동작이 한 클립에서 다른 클립으로 이어지고 있는가? 그렇지 않다면
간단하게 수정할 수 있다.

6   타임라인에서 DN_9465를 선택한다. ,(쉼표) 또는 .(마침표)를 누른다. Mitch의 무릎 꿇
    기가 하나의 동작으로 부드럽게 보일 때까지 클립을 왼쪽이나 오른쪽으로 살짝 민다.

    NOTE ▶   선택한 클립을 미세하게 전환하기 위해, **쉼표** 및 **마침표** 키 외에도 다음 방
    법을 시도해 볼 수 있다. 재생 헤드를 DN_9465의 시작 부분에 놓고 클립을 살짝 민
    다음에 Shift-?(물음표)를 눌러서 Play Around 명령을 사용하여 편집을 검토한다.

DN_9465가 제 자리를 잡으면, DN_9390의 끝부분을 리플하여 DN_9465를 같은 레인으로 낮춰 옮길 수 있다. 비디오는 예상대로 재생되지만, 오디오가 겹쳐져서 바람직하지 않을 수 있다.

7 스냅핑이 켜져 있는지 확인한다(타임라인의 Snapping 버튼은 파란색).

NOTE ▶ 스냅을 켜거나 *끄*려면 N을 누른다.

8 DN_9465가 같은 레인에 떨어질 때까지 DN_9390의 끝점을 왼쪽으로 드래그한다.

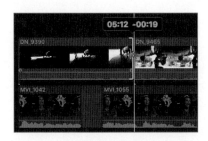

스냅핑을 켜면 DN_9390의 끝점이 DN_9465의 시작점에 붙는다.

DN_9465가 타임라인에 확장된다. 세 번째 B-roll 클립을 연결한 후 해당 클립을 트림한다.

4.5.1-B Connecting the Third B-roll Clip

여러분이 만든 것을 분석하기 전에 B-roll 클립을 하나 더 연결한다.

1 Mitch가 00:00:09:02에서 "nobody"라고 말할 때, MVI_1055 클립 위에 재생 헤드를 놓는다.

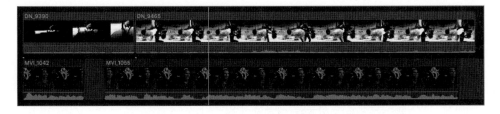

이제 프라이머리 스토리라인의 내용을 기반으로 정확한 편집이 시작된다.

2 Browser에서 카메라를 검사하는 Mitch의 클로즈업 DN_9470 클립을 찾는다.

3 클립의 중간 부분 2:41:27:21 지점에 시작점을 표시한다. 이때 Mitch는 카메라를 시계 반대 방향으로 돌린다.

4 Mitch의 얼굴이 카메라 뒤에서 움직이는 2:41:30:06 지점에 끝점을 설정한다.

5 Q를 눌러서 이 클립을 재생 헤드의 프라이머리 스토리라인에 연결한다.

편집이 클로즈업에 잘 맞게 되었다. 클로즈업 장면이 끝나면 DN_9465가 다시 재생된다.

6 DN_9465의 끝점을 DN_9470의 시작 부분에 맞게 트림한다. 두 개의 B-roll 클립이 이어지도록 한다.

이제 DN_9465는 앙코르 성능을 제공하지 않는다.

Exercise 4.5.2
Understanding Connected Clip Sync and Trimming Behaviors

세 개의 B-roll 클립에는 각각 프라이머리 스토리라인과 동기화되는 수직 연결점이 있다. 이러한 수직 관계는 프라이머리 스토리라인을 변경하더라도 그대로 유지된다. 한 번 살펴보자.

B-roll 클립을 프라이머리 스토리라인의 사운드 바이트에 고정시키는 연결점을 확인한다. 이 것은 여러분이 연결 편집으로 설정한 것이다.

타임라인에서 사운드 바이트가 움직이면, 해당 작업이 연결된 클립에도 적용된다.

1   MVI_1042 클립을 오른쪽으로 드래그해서 MVI_1055 다음에 위치시킨다.

DN_9390이 사운드 바이트와 함께 재배치되고 다른 두 개의 B-roll 클립도 왼쪽으로 옮겨져 연결된 사운드 바이트와 동기화된 상태로 유지된다.

2   Command-Z를 눌러서 이전 편집을 취소한다.

연결된 클립은 동기화된 프라이머리 스토리라인 클립에서 벗어날 수 있는 여전히 독립적인 클립이다.

3 DN_9465를 DN_9470의 오른쪽으로 드래그한다.

DN_9465는 프라이머리 스토리라인에 새롭게 연결된다.

NOTE ▶ 프라이머리 스토리라인 외부의 모든 클립은 프라이머리 스토리라인에 연결
되어야 한다.

4 Command-Z를 눌러서 편집을 취소한다.

Final Cut Pro는 여러분이 연결점을 변경하거나 연결을 무시할 때까지 연결된 클립의 동
기화를 유지한다.

4.5.2-A Connection 재정의

B-roll 클립을 연결한 후에는 사운드 바이트를 프라이머리 스토리라인의 다른 곳으로 이동
하고 싶어도 연결된 B-roll 클립을 제자리에 두어야 한다는 사실을 알게 된다. 여러분이 만
든 B-roll 스토리는 훌륭하지만, 프로젝트 길이가 너무 길다. 또는 여러분은 B-roll 순서를
어지럽히지 않고 사운드 바이트를 다른 방식으로 실험해보고 싶을 수도 있다. 프라이머리 스
토리라인 클립을 조정하는 동안 연결된 클립의 동기화 지점을 일시적으로 유보할 수 있다.

1 프로젝트에서 마우스 포인터를 MVI_1055 위에 놓는다.

2   `(억음 악센트)를 누른 상태에서 두 번째 갭 클립 다음에 MVI_1055를 드래그한다.

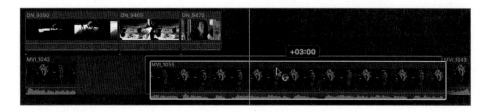

억음 악센트를 누르면 포인터가 가위표 기호로 된다. 억음 악센트를 누른 채로 클립을
드래그하면 편집 중에 연결된 클립을 모두 무시한다.

DN_9465와 DN_9470 B-roll 클립은 그대로 유지되고, 사운드 바이트는 프라이머리 스
토리에서 나중에 이동한다. 이동이 완료되면, MVI_1055 사운드 바이트가 오른쪽으로
밀어진다. 그러면 연결된 B-roll 클립 하나를 남기고 새 연결점의 다른 클립으로 다시 연
결된다.

3   Command-Z를 눌러서 편집을 취소한다.

연결된 클립은 처음에 편집할 때 설정한 클립 사이의 동기화를 유지하여 편집에 도움을
준다. Final Cut Pro를 사용하면 언제든 동기화를 유지하면서 작업을 변경할 수 있고, 원
하는 경우 다른 클립과 동기화할 수도 있다.

4.5.2-B 연결된 클립 다듬기

프라이머리 스토리라인의 사운드 바이트와 달리 연결된 클립은 다른 연결된 클립과 독립적
이며, 그 클립과 수평 상호 관계가 없다. 즉, 연결된 클립에서 트림 편집을 하면 프라이머리
스토리라인의 클립에 트림 편집한 것과 결과가 다르다.

1   Select 도구를 DN_9390의 끝점 위에 놓는다.

이때, 필름스트립은 프라이머리 스토리라인에서 클립을 트리밍할 때처럼 트리밍 아이콘
에 나타나지 않는다. 수평 상호 관계가 없으므로 연결된 클립을 리플 트림할 수 없다.

2   클립을 트리밍하려면 끝점을 왼쪽으로 드래그한다.

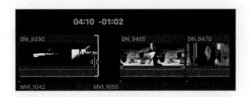

오직 DN_9390만이 트림 편집의 영향을 받는다.

3   Command-Z를 눌러서 편집을 취소한다.

이 기본 방식은 연결된 클립에 수평적 독립성을 부여한다. 따라서 인접한 두 개의 연결된 클립 중 하나를 트리밍하더라도 나머지 클립의 타이밍에는 영향을 주지 않는다. 그러나 필요하다면 연결된 클립 간에 수평 관계를 설정할 수 있다.

Reference 4.6
Creating a Connected Storyline

B-roll 클립이 프라이머리 스토리라인에 연결되면, B-roll은 프로젝트의 비디오 스토리텔링을 이어받는다. 프로젝트를 검토할 때, 비디오와 오디오 스토리를 더 잘 정렬하기 위해 B-roll 타이밍을 이동할 수 있다. 연결된 각 클립은 독립적이므로 B-roll 클립 하나를 트리밍해도 다른 클립에 영향을 미치지 않는다. 연결된 각 클립의 수직 관계는 인접한 클립과는 분리된다.

그러나 편집자는 연결된 클립 사이의 관계를 연결된 스토리라인(connected storyline) 내에서 설정할 수 있다. 이렇게 하면 그룹화된 연결된 클립 사이에 수평적 관계가 형성되고, 각각의 수직적 관계가 연결된 스토리라인과 프라이머리 스토리라인 사이의 단일 연결로 축소된다. 또한 연결된 스토리라인을 생성하면 리플 트림과 같은 여러 가지 트리밍 옵션에 접근할 수 있다.

연결된 스토리라인은 그룹화된 클립의 상단을 가로지르는 회색 막대로 식별할 수 있다. 이 막대는 프라이머리 스토리라인에서 편집하지 않고 연결된 스토리라인에서 편집하는 경우에 선택한다.

연결된 스토리라인을 만드는 것은 연결된 클립을 선택하고 그것을 스토리로 그룹화하는 것
만큼이나 간단하다. 그러나 연결된 모든 클립을 그룹에 추가할 수 있는 것은 아니다. 같은 레
인에서 겹치지 않는 연결된 클립만 연결된 스토리라인으로 전환할 수 있다.

Exercise 4.6.1
연결된 클립을 연결된 스토리라인으로 전환하기

첫 번째 세 개의 B-roll 클립으로 구성된 연결된 스토리라인을 두 단계로 간단히 생성할 수
있다.

1   프로젝트의 시작 부분에 연결된 3개의 B-roll 클립을 선택한다.

2   세 가지 중 하나를 Control-클릭하고, 바로 가기 메뉴에서 Create Storyline을 선택하거나
Command-G를 누른다.

클립 위의 회색 막대가 클립을 둘러싸는 윤곽선이 된다. 이제 클립이 스토리라인 안에
있으므로 그것을 리플 트림할 수 있다.

3   Select 도구를 DN_9390의 끝점 위에 놓는다.

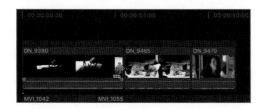

리플 트림 아이콘이 필름스트립과 함께 나타난다.

4   끝점을 왼쪽으로 드래그해서 클립을 줄이되, 마우스 버튼을 놓지 않는다.

몇 가지 주목할 점이 있다. 첫째, 이어지는 두 개의 B-roll 클립은 트림과 함께 리플한다. 이 스토리라인은 프라이머리 스토리라인의 클립과 비슷한 수평적, 마그네틱 관계를 형성했다.

둘째, 편집점을 리플할 때 Viewer에 two-up 디스플레이가 나타난다. 왼쪽은 격납고 문을 여는 클립의 새로운 끝점이고, 오른쪽은 헬리콥터 아래에서 녹화된 DN_9465의 기존 시작점이다. two-up 디스플레이를 사용하면 두 편집 장면을 볼 수 있으므로 두 클립 사이의 동작을 일치시킬 수 있다.

5   two-up 디스플레이를 참조해서, 오른쪽에 나타나는 동작과 일치하도록 왼쪽에 나타나는 DN_9390의 끝점을 리플 트림한다. 가장 일치하는 항목을 찾으려면 왼쪽과 오른쪽으로 드래그해야 한다.

스토리라인에 연결된 클립을 넣으면, B-roll 클립을 트리밍 및 재배치할 때 마그네틱 스토리라인의 장점을 활용할 수 있다.

리플 트림과 유사한 또 다른 도구는 롤(roll) 트림이다. 리플 트림은 한 클립의 길이(잠재적으로 프로젝트의 시간)를 수정한다. 반면, 롤 트림은 다른 클립이나 전체 프로젝트 길이에 영향을 주지 않고 두 클립이 인접한 지점을 수정한다. 롤 트림은 앞 클립의 끝점과 뒤 클립의 시작점을 동시에 이동한다. 즉, 제거하는 프레임의 수만큼 동시에 프레임을 삽입함으로써 길이의 변화가 없는 편집을 수행한다.

방금 여러분이 편집을 마친 상황에서, 롤 트림은 컷을 미세하게 수정하기에 편리하다. 편집자는 리플 트림을 사용하면서 행위의 연속성에 중점을 두었다. 이제 연속성은 유지되었으므로, 여러분은 컷을 할 시점을 조정해야 한다. 헬리콥터 아래의 장면은 Mitch가 내려오면서 카메라를 향해 손을 뻗을 때 컷을 해야 할까? 아니면 Mitch가 동작을 멈춘 후에? 이때, 롤 트림을 사용하면 모든 옵션을 탐색할 수 있다.

6   Tools 팝업 메뉴에서 Trim 도구를 선택한다.

롤 트림 기능을 사용하려면 Trim 도구를 선택해야 한다.

7   DN_9390과 DN_9465 사이의 편집점 위에 Trim 도구를 놓는다.

편집점 위에 Trim 도구를 두면 롤 트림이 된다. 두 클립을 가리키는 필름 스트립이 DN_9390의 끝점과 DN_9465의 시작 부분이 변경될 것임을 나타낸다.

8   Mitch가 웅크리고 앉을 때까지 오른쪽으로 드래그한다. 이것은 Viewer two-up에서 볼 수 있다.

9   왼쪽으로 다시 드래그하여 두 클립 사이에서 잘라낼 지점을 정한다.

롤 트림을 사용하면 두 클립 사이의 최적의 컷 지점을 찾을 수 있다. 이 롤 트림과 리플 트림은 클립들이 스토리라인에 있기 때문에 효과가 있었다. 연결된 스토리라인에서 클립을 그룹화하면 프라이머리 스토리라인의 트리밍 및 마그네틱 속성이 나타난다.

Exercise 4.6.2
Appending Clips to a Connected Storyline

이 연습에서는 연결된 스토리라인을 만들고, B-roll 클립을 추가할 것이다. 이 편집 방법은 이전에 프라이머리 스토리라인에서 작업했던 일괄 및 리플 트림 기법의 속도와 편리함을 그대로 제공한다.

1   A를 눌러서 Select 도구로 돌아간다. Libraries 사이드바에서 Preflight Keyword Collection 을 선택한다.

2   Preflight 컬렉션에서 DN_9455를 찾는다.

이 클립은 Mitch가 헬리콥터에 타는 장면을 보여주는데, 사전 비행 및 시동을 거는 모습을 보여주는 첫 번째 클립이다.

3   DN_9455에서 Mitch가 02:27:27:11 프레임에 나타나기 직전에 시작점을 표시한다. Mitch 가 헬리콥터에 들어간 이후인 02:27:35:20에 끝점을 설정한다.

이 클립이 타임라인 내에서 타이밍에 맞게 자리 잡을 위치를 정해야 한다.

4   Mitch가 "has been shot on the ground"라고 말한 후인 00:00:15:17에 재생 헤드를 놓는다.

이 지점에서 이 B-roll 클립 시리즈 중 첫 번째 클립을 연결한다.

5   Connect 버튼을 클릭하거나 Q를 누른다.

NOTE ▶ Connect 버튼이 흐릿하게 비활성화되어 있다면, 마우스 포인터를 Browser 로 다시 옮겨서 Browser 창을 활성화한다.

이어지는 B-roll 클립에 대해 이어붙이기 편집을 설정하려면, 이 클립을 스토리라인으로 전환한다.

6   DN_9455를 Control-클릭하고, 바로 가기 메뉴에서 Creat Storyline를 선택하거나 Com-mand-G를 누른다.

이제 클립이 스토리라인에 포함된다. 이 스토리라인을 추가 편집하려면 클립 내부가 아 닌 스토리라인 바를 선택해야 한다.

7   스토리라인의 막대를 클릭하여 선택한다.

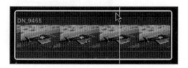

회색 막대를 선택하면 스토리라인이 노란색 테두리로 표시된다. 작업 목표는 선택한 스 토리라인에 후속 B-roll 클립을 효과적으로 추가하는 것이다.

8   Browser에서 DN_9446을 찾는다.

9   Mitch의 발이 페달 위에 있는 첫 번째 장면 02:19:23:06에 시작점을 표시한다. Mitch가 계기판에 손을 뻗은 이후인 02:19:30:12에 끝점을 설정하여 클립 길이를 약 7초로 유지 한다.

10 E를 눌러서 선택한 스토리라인의 끝에 클립을 붙인다.

이 스토리라인에서 클립을 일괄적으로 편집할 수도 있다.

11 나열된 각 클립에 대해 다음 구간을 표시한다.

Clip	Start	End	Result
DN_9453	Start of third take tilt/pan on Mitch (2:26:30:00)	End of tilt/pan move to panel (2:26:34:19)	
DN_9454	Two seconds before flips switch and the displays change (2:27:06:18)	Releases switch and hand leaves frame (2:27:10:16)	
DN_9452	Before rotors start turning (2:24:21:00)	End of clip	

이 세 개의 클립을 표시한 후에는 이것을 모두 선택하여 DN_9455 및 DN_9446 스토리라인에 이어붙이기 편집을 할 수 있다. 우리는 이것을 사전비행 스토리라인(preflight storyline)이라고 부를 것이다.

12 DN_9452를 선택한다. DN_9454 및 DN_9453에 표시한 구간을 Command-클릭하여 세 개의 클립 구간을 선택한다.

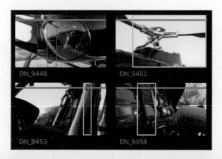

13 사전비행 스토리라인의 회색 막대가 계속 선택되어 있는지 확인한다. 회색 막대를 선택하되, DN_9455 또는 DN_9446는 선택하지 않는다.

14 선택한 사전비행 스토리라인에 그 세 개의 클립을 추가하려면 Append 버튼을 클릭하거나 E를 누른다.

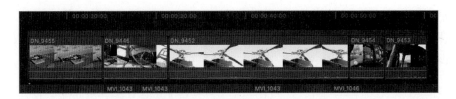

그 클립들은 선택한 순서대로 사전비행 스토리라인에 추가된다.

NOTE ▶ 타임라인 창을 활성화한 상태에서(스키머를 타임라인으로 이동하여 활성화한다) Command--(마이너스)를 눌러서 타임라인 보기를 축소한다.

4.6.2-A 연결된 스토리라인 내에서 편집하기

클립들은 이제 스토리라인 내부에 있으므로, 이것을 재정렬하고 리플 트림하는 것은 간단하다.

1 DN_9453 다음의 사전비행 스토리라인의 끝부분으로 DN_9452를 드래그한다.

NOTE ▶ DN_9452를 사전비행 스토리라인에 보관하도록 한다.

이제 이 스토리라인 클립 각각을 리플 트림하여 클립 길이를 줄일 것이다. 이 작업의 목표는 사전비행 스토리라인의 첫 클립 네 개를 MVI_1055 사운드 바이트 끝에 맞춰서 재생을 마치는 것이다. 삭제할 콘텐츠가 많다!

농담이 아니다. DN_9453은 MVI_1055가 끝나기 얼마 전에 끝나야 한다. 이것은 일반적인 편집 시나리오이자, 클립을 스토리라인으로 일괄 편집한 이유다. 앞서 Browser에서 길이를 표시한 것은 그 클립을 필요한 만큼의 콘텐츠로 줄이려고 한 것이다. 그러나 클립 간의 타이밍과 사운드 바이트는 최종 길이와 위치를 결정하려는 것이다.

편집은 타협의 예술이다. 시청자가 행동을 보고 이해하고 이야기할 수 있는 충분한 정보를 제시해야 한다. Mitch가 하늘에서 촬영한 새로운 것에 대해 말하는 동안, 여러분은 이 네 가지 사전비행 액션을 보여주고 싶어 한다. 그가 말을 마치면 날개가 회전하고 헬리콥터가 이륙한다. 이러한 편집 작업을 위해서는 Mitch의 사운드 바이트 타이밍을 조정하는 것뿐만 아니라 초기 격납고 스토리라인(hangar storyline) 클립의 타이밍을 사운드 바이트에 맞게 조정하는 타협을 해야 한다. 프로젝트에서 시간을 조정할 때 이전의 편집을 보는 것을 두려워하지 말자.

프로젝트의 첫 번째 스토리라인인 격납고 스토리라인에서 클립을 트리밍해보자.

2   격납고 스토리라인에서 DN_9390의 시작점을 리플 트림한다. 클립이 격납고 문을 통해 들어오는 한 줄기 빛으로 시작되도록 한다.

Viewer two-up 디스플레이에서 DN_9390의 시작 프레임을 참조한다.

NOTE ▶ 원하는 특정 프레임에 리플하려면 스냅핑(N)을 비활성화해야 할 수도 있다. 트림을 완료한 후 스냅핑을 활성화한다.

DN_9390의 시작 부분을 트리밍하면 MVI_1042의 시작 부분이 보인다. 격납고 스토리라인을 드래그하여 프로젝트 시작 부분과 재정렬한다.

3   격납고 스토리라인을 프로젝트의 시작 부분에 드래그한다.

앞서 프라이머리 스토리라인의 시작 부분에서 두 사운드 바이트 사이에 추가했던 갭 클립을 기억하는가? 갭 클립을 길게 하면 시간이 좀 더 추가된다. 또한 사전비행 스토리라인의 시작점을 사운드 바이트 MVI_1055에 맞출 수 있다.

4   프라이머리 스토리에서 첫 번째 갭 클립의 끝점을 오른쪽으로 드래그하여 약 2:15의 길이가 되도록 드래그한다.

NOTE ▶ 정확한 원하는 길이를 만들려면 스냅핑(N)을 비활성화해야 할 수도 있다. 그런 다음 스냅핑을 활성화하여 다음 단계를 진행한다.

격납고 스토리라인이 끝나고 Mitch가 "really ever seen"이라고 말하는 인터뷰 비디오가 보인다. 여러분은 잠시 후에 추가할 그래픽 작업을 위해서 Mitch를 카메라에 짧게 머무르게 한다. 그를 몇 초 동안만 남겨놓는다. 사전비행 스토리라인은 이제 좀 더 일찍 시작할 수 있다.

5   사전비행 스토리라인를 드래그한다. 첫 번째 클립이 "standpoint" 오디오 큐(00:00:14:16)
    에서 시작되도록 한다.

NOTE ▶   이 유형의 편집을 빠르게 하려면 스냅핑을 활성화하고 재생 헤드를 오디
오 큐 또는 타임 코드 포인트에 놓는다. 그리고 스토리라인을 재생 헤드에 붙을 때까
지 드래그한다.

편집이 2초 정도 더 길어졌다. 여전히 더 많은 트리밍이 필요하다.

DN_9455가 너무 길다. 클립의 내용을 보면, Mitch가 헬리콥터에 탈 때 클립의 끝부분에
서 실제 행동이 발생하는 것을 볼 수 있다. 마지막 행동에서 클립을 커팅하면 장면이 더
재미있어진다.

DN_9390의 시작 부분을 트림할 때, Select 도구를 사용하여 전체 스토리라인을 트림 이
후의 프로젝트 시작 부분으로 이동한다. 이번에는 Trim 도구를 사용해서 리플을 하고 단
계를 저장할 것이다.

6   Tools 팝업 메뉴에서 Trim 도구를 선택하거나 T를 누른다.

7   DN_9455의 시작 부분을 오른쪽으로 드래그하되, 마우스 버튼을 놓지 않는다.

Trim 도구로 드래그하면, Viewer에 two-up 디스플레이가 나타난다. 오른쪽 영역에는 Trim 도구로 DN_9455에 설정하려는 새로운 시작점이 표시된다.

8 Viewer two-up의 오른쪽 프레임을 보면서 시작점을 드래그한다. Mitch가 헬리콥터에 들어가는 것을 본다. 트림의 델타 또는 변경 길이는 약 +5:10이어야 한다. 마우스 버튼을 놓는다.

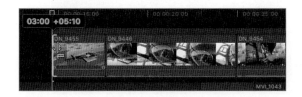

이제 DN_9455의 끝점을 트리밍하여 샷을 더욱 타이트하게 한다.

NOTE ▶ 이 편집을 하려면 마우스 포인터에 리플 편집, 단일 필름스트립 아이콘이 표시되는지 확인한다. 리플 편집 필름스트립이 표시되지 않으면, 타임라인의 빈 회색 영역을 클릭하여 스토리라인을 선택 해제한다.

9 two-up 디스플레이에 Mitch가 헬리콥터에 들어가서 오른팔을 내리는 것이 나타날 때까지 DN_9455의 끝점을 왼쪽으로 드래그한다.

NOTE ▶ 클립에 추가하거나 클립에서 제거할 때, 클립을 가리키는 단일 필름스트립을 보려면 Trim 도구를 사용한다는 것을 기억하자.

최종 결과로 클립은 2초를 약간 넘는다. 꽤 타이트하다. DN_9446도 짧게 만들자.

10 Trim 도구를 사용해서 DN_9446의 시작점을 오른쪽으로 드래그한다. Viewer two-up 디스플레이가 프레임 맨 아래에 있는 문 아래쪽 끝을 표시할 때까지 드래그한다.

11 DN_9446의 끝점을 트리밍해서 2초 길이로 만든다.

NOTE ▶ N 키로 스냅핑을 활성화/비활성화할 수 있다는 것을 기억하자.

DN_9453 다음에 DN_9454 클립이 이어진다. 이 두 클립은 스토리라인 안에 있기 때문에 쉽게 재배치할 수 있다.

12 Select 도구로 전환한다. DN_9453을 왼쪽으로 드래그해서 DN_9454 앞에 삽입한다.

13 DN_9453에서 Mitch가 이미지 가운데에 있고 앞으로 나아가기 시작하는 부분에 시작점을 트리밍한다.

14 끝점을 약 1:18의 길이로 자른다. 이 지점은 Mitch의 손가락이 스위치에 닿는 곳이다.

Mitch가 시동을 켜는 느낌과 페이싱을 만들기 위해서 스위치를 작동시키는 장면에서 커트를 할 것이다.

15 DN_9454에서 Mitch가 스위치를 가리키고 작동하기 전에 손을 펼친 지점에 시작점을 트림한다.

NOTE ▶ 프레임을 추가하려면 왼쪽으로 드래그해야 한다.

16 Mitch가 스위치를 잡고 있을 때 1:10 길이로 끝점을 트림한다.

마지막으로 헬리콥터 날개가 움직이기 시작하는 클립을 트림할 것이다.

17 헬리콥터 날개가 이미 돌기 시작하는 DN_9452의 시작점을 트림한다. 약 2초의 클립 길이로 끝점을 트림한다. 편집 내용을 확인한다.

사전비행 스토리라인 정렬이 끝났다. 이제는 타이밍이 안 맞는 클립이 있는지 확인하고, 스토리라인이 사운드 바이트의 타이밍에 맞는지 확인한다. 확인할 사항은 다음과 같다.

▶   DN_9454는 MVI_1055 끝에 맞춰서 끝나도록 정렬되어야 한다. 스위치 작동을 강조하기 위해서 이 클립 끝부분에 프레임을 약간 추가할 수 있다.

▶   DN_9446과 DN_9453 사이의 편집에 연속성 문제가 있다. Mitch가 계기판에 오른팔을 뻗은 후에 왼팔을 뻗는다. DN_9446 끝의 프레임을 제거하여 팔이 나오는 장면을 피하거나, 프레임을 추가하여 Mitch가 오른팔을 내리는 모습을 보여줄 수 있다.

18 다른 편집을 변경하는 동안에도 정렬을 맞추기 위해서 계속 조정한다.

이제 작업할 B-roll 스토리라인이 하나 더 남았다!

4.6.2-B 세 번째 연결된 스토리라인 생성 및 편집하기

다음 표를 사용하여 세 번째 스토리라인인 이륙의 클립을 선택하고 트림한다. rating을 사용해서 클립을 수집한다.

> **NOTE ▶** 이 프로젝트의 클립이 있는 Lifted 라이브러리에 두 개의 이벤트가 있다는 것을 기억하자. 또한 구간 지점을 드래그하면 구간 길이가 표시된다.

1 각 클립을 다음 표에 설명된 대로 표시하고, 즐겨찾기 rating(F)을 각각 적용한다.

Clip	Keyword	Start	End	Result
DN_9463	Takeoff	As forward movement begins (02:36:05:16)	Exits frame (02:36:08:11)	
DN_9415	In Flight	A second before the mountain is behind the helicopter (01:58:30:17)	Duration of five seconds	
GOPR1857	In Flight	Two seconds before Mitch stretches his arm out behind the seat (24:05) (An existing favorite overlaps this range and is discussed in step 3.)	Duration of five seconds	
IMG_6493	Flight Controls	Before 1st long, lensflare ends (20:23)	Before tilt up to follow hand (25:14)	

Clip	Keyword	Start	End	Result
GOPR3310	In Flight	Last third of clip; before Mitch leans forward into sunlight (32:00)	Duration of five seconds	
DN_9503	In Flight	Helicopter behind tree (03:22:36:18)	Helicopter exits frame (03:22:42:07)	
DN_9420	In Flight	Helicopter is just off screen (02:02:04:00)	Helicopter exits frame (02:02:10:00)	

클립을 표시했으므로, 이제 클립을 프로젝트에 일괄적으로 연결할 것이다. 그러나 Primary Media 이벤트에서는 GoPro 이벤트 클립이 안 보인다. Lifted 라이브러리를 선택하면 라이브러리의 모든 이벤트에 있는 모든 클립이 나타난다.

2 Libraries 사이드바에서 Lifted 라이브러리를 선택한다.

이제 모든 클립을 볼 수 있지만, 이 중에서 조금씩 추려내야 한다. 여러분은 이미 즐겨찾기 클립을 표시하면서 어느 정도 이 작업을 했다. 라이브러리에는 라이브러리 선별에 도움이 되는 미리 작성한 Smart Collection이 있다.

3 Lifted 라이브러리의 Smart Collections 폴더에서 Favorite Smart Collections를 클릭한다.

이전에 즐겨찾기로 표시한 사운드 바이트는 여러분이 필요한 B-roll 클립과 함께 나타나며, 각 클립의 즐겨찾기 구간만 표시된다. GOPR1857도 볼 수 있다. 조금 전에 여러분이 즐겨찾기 작업을 했던 구간이 표시된다. 이 구간은 클립의 기존 즐겨찾기 구간 내에서 유지된다. 등급은 겹치지 않는다. 여러분이 이 스토리라인 편집에 표시했던 즐겨찾기는 해당 구간 밖을 클릭한 경우 기존의 즐겨찾기에 흡수된다.

즐겨찾기가 표시되면, 여러분은 이것을 Lifted Vignette 프로젝트로 일괄 편집할 것이다.

4   이전 표에 있는 첫 번째 클립인 DN_9463을 클릭하여 선택한다.

5   표에 나열된 순서대로 추가 B-roll 클립을 Command-클릭한다.

6   프로젝트에서 위쪽 화살표 및 아래쪽 화살표를 눌러서 DN_9452 바로 다음 위치에 재생헤드를 놓는다.

먼저 연결 편집으로 프로젝트에 이 클립들을 배치한 다음, 연결된 스토리라인으로 그룹화한다.

7   선택한 클립을 프로젝트에 연결하려면 Connect 버튼을 클릭하거나 Q를 누른다. 프로젝트를 타임라인에 맞추려면 Shift-Z를 누른다.

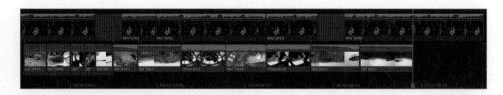

이제 클립은 프로젝트의 일부가 되었으므로, 연결된 스토리라인으로 그룹화할 수 있다.

8   방금 추가한 연결된 클립을 선택한다. 선택한 클립 중 하나를 Control-클릭하고 바로 가
기 메뉴에서 Create Storyline을 선택하거나 Command-G를 누른다.

클립은 연결된 스토리라인으로 그룹화된다. 이 세 번째 스토리라인은 이륙 스토리라인
(takeoff storyline)이라고 부를 것이다.

추가해야 할 B-roll 클립이 두 개 더 있다. B-roll 클립에 음악 클립을 추가할 것이다.

Reference 4.7
프라이머리 스토리라인 아래에서 편집하기

오디오 클립은 대개 비디오 클립의 "라인 아래에서" 편집된다. Final Cut Pro에서는 프라이
머리 스토리라인 아래 또는 위에 오디오 클립을 배치할 수 있다. Final Cut Pro는 음향 효과
및 음악과 같은 모든 오디오 클립을 함께 믹싱하여 동시에 재생하므로 오디오 클립의 수직
위치는 비디오 클립의 우선순위만큼 중요하지 않다.

Exercise 4.7.1
음악 클립 연결하기

첫 번째 러프컷을 위해, 전체 편집에서 배경음악으로 사용되는 음악 클립을 넣을 것이다. 그
음악은 특정한 클립과 동기화되며 마지막부분에 정점인 순간이 있다.

1   Lifted 라이브러리의 Audio Only Smart Collection에서 Tears of Joy-Short 클립을 선택한다.

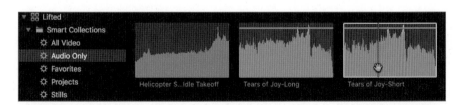

2   프로젝트 시작 부분에 재생 헤드를 놓고 Connect 버튼을 클릭하거나 Q를 누른다.

음악 클립이 프로젝트 시작 부분에 추가된다. 타임라인에서 볼륨 레벨을 조정할 수 있다. 모든 오디오 클립에는 볼륨 컨트롤이 있다. 클립의 오디오 파형에 겹쳐지는 검은색 가로선이다.

3   Select 도구를 Tears of Joy-Short 음악 클립의 볼륨 컨트롤 위로 이동한다.

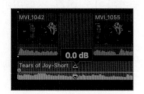

현재 볼륨 레벨 설정은 0dB로 표시된다. 즉, 현재 Final Cut Pro는 원래의 볼륨 레벨대로 클립을 재생한다.

4   Volume을 약 -15dB 정도로 낮춰서 원래 레벨보다 15dB 낮게 재생한다.

NOTE ▶   Command를 누른 상태에서 Volume 컨트롤을 드래그하면 더욱 정밀하게 조정할 수 있다.

다른 모든 클립과 마찬가지로 이것은 음악의 최종 볼륨 설정이 아니다. 이것은 영상을 고려하지 않은 단순한 조정이다. 아직 편집할 오디오 작업이 많다.

Reference 4.8
러프 컷 다듬기

이제 여러분의 프로젝트는 워크플로우의 끝을 향해 가고 있다. 주요 편집을 마치면서 수행해야 할 세부 사항과 조정 방법은 좀 더 세밀하다. 여러분에게는 아직 몇 가지 주요 변경 사항이 남아있지만, 차츰 터널 끝에서 비치는 빛을 볼 수 있을 것이다. 이 단계에서는 일반적으로 오디오 조정과 약간의 트리밍이 필요하다. 이제 프로젝트는 슬립(slip) 트림으로 실행한다.

슬립 트림은 클립 컨테이너 내의 콘텐츠를 바꾼다. 프로젝트의 클립 위치나 길이를 변경하지 않고, 이전 또는 이후의 소스 자료를 드러내면서 콘텐츠의 시작점 및 끝점을 동시에 변경한다. 클립을 iPhone으로, 클립 내용을 iPhone의 사진으로 생각해보자. 이전 사진을 보려면 손가락으로 왼쪽 또는 오른쪽으로 스와이프하는 것과 같다.

이전 콘텐츠를 보려면 오른쪽으로 드래그한다.

슬립 트림을 하는 동안 Viewer에 새 시작점과 끝점의 two-up 디스플레이가 나타난다. 클립을 가로질러 슬립 트림을 드래그하면, two-up 디스플레이에 변경 사항이 실시간으로 표시된다. 마우스 버튼을 놓으면 클립은 이미 프로젝트에 업데이트된다.

또한 오디오 전용 클립을 슬립 트림할 수도 있다. 그러나 이 단계에서 오디오 편집을 부드럽게 하기 위해 일부 전환 및 오디오 페이드 핸들을 추가하면 작업이 완료된다. 오디오를 포함한 모든 클립에는 ramping 효과를 위해 오디오 엔벨로프를 만드는 페이드 핸들이 있다. 경사를 만들어서 오디오 편집을 부드럽게 하고 갑작스런 오디오 변경으로 인한 문제를 피할 수 있다.

여러분의 프로젝트에 기본 음악, B-roll 편집이 적용되었다. 그리고 사운드 바이트는 대략 위치가 정해졌고 약간 트림되었다. 이 첫 번째 러프 컷을 음악 클립의 주요 순간과 일치하도록 클립 위치와 타이밍을 조정할 것이다.

Exercise 4.8.1
편집 조정하기

DN_9420에서는 노을이 헬리콥터의 창문을 통해 멋지게 빛난다. 클립이 진행되는 동안 음악은 절정에 이른다. 이번 연습에서는 더 극적인 최대 효과를 위해 시청각적인 요소를 작업할 것이다.

1   프로젝트에서 DN_9420을 선택하고 헬리콥터 창으로 들어오는 햇빛의 첫 번째 프레임을 스키밍한다.

여기서 여러분은 창문으로 들어오는 햇빛의 시각적 신호에 마커(marker)를 맞출 것이다. 이 장면은 점점 웅장해지기 시작하는 음악과 잘 어울린다.

2 M을 눌러서 그 극적인 시각적 순간에 마커를 설정한다.

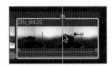

이제 음악이 커지는 부분에 마커를 설정해야 한다. 불행히도 사운드 바이트가 재생되는 동안 음악을 선명하게 듣기가 어렵다.

3 음악 클립을 선택한 다음, Solo 버튼을 클릭하거나 Option-S를 누른다.

선택된 오디오 클립만 소리가 나며, 풀 컬러로 볼 수 있다. 반면, 선택되지 않은 클립의 오디오는 음소거 되고 채도가 낮아진다.

음악을 분명하게 들을 수 있다. 음악이 커지는 부분에 마커를 설정한다.

4 Select 도구를 사용하여 음악 클립을 클릭한다. 음악이 커지는 00:00:54:21을 스키밍하고, M을 눌러서 마커를 설정한다.

5 마커를 설정한 상태에서 Solo 버튼을 다시 클릭하거나, Option-S를 눌러서 Solo 기능을 비활성화한다.

이제 이 두 마커를 정렬한다. 리플 트림을 포함하여 두 가지 편집을 한다. B-roll을 줄이고 마지막 갭 클립을 늘려서 음악이 커지는 부분과 일몰을 맞춘다.

6 이륙 스토리라인의 각 클립에서 몇 개의 프레임을 리플 트림하여 제거한다. 작업 목표는 일몰 마커를 음악이 커지는 부분으로 가깝게 이동하는 것이다.

고려할 사항은 다음과 같다.

▶ DN_9463의 시작: 헬리콥터가 램프를 따라서 더 멀리 떨어질 수 있는가? Trim 도구를 사용하면 이 지점까지 조정한 후에 스토리라인의 위치를 변경해야 한다.

▶ DN_9415: 너무 많이 자르지 않도록 한다. 이것은 시청자가 원근감을 얻는데 필요한 " 풍경" 샷이다. 그러나 샷을 약간 타이트하게는 할 수 있다.

▶ GOPR1857의 시작: Mitch가 머리를 돌리고 팔을 뻗기 직전까지 트림한다.

이러한 편집은 마커 정렬에 매우 가깝다.

7 또한, 리플 트림을 사용하여 갭 클립을 길게 하여 마지막 사운드 바이트를 더 멀리 민다. 음악이 다시 시작된 후, 마지막 사운드 바이트가 00:00:59:00에서 시작되도록 충분한 프레임을 삽입한다.

다음 방법 중 하나 또는 모두를 사용하여 두 마커의 정렬을 마칠 수 있다. 이전 B-roll 클립을 더 많이 리플 트림하거나 DN_9420의 내용을 슬립 편집한다.

4.8.1-A 슬립 편집 사용하기

슬립 편집(slip edit)은 다른 편집을 방해하지 않고, B-roll 클립을 최상의 콘텐츠로 설정하는 안전한 편집이다.

1 Tools 팝업 메뉴에서 Trim 도구를 선택하거나 T를 누른다.

2   Trim 도구를 DN_9420 중간 위로 이동한다.

Slip 도구가 나타난다.

3   스냅핑(N)이 활성화된 상태에서 마커가 음악 마커에 정렬될 때까지 DN_9420 내부로 드래그한다.

슬립 트림을 사용하여 드래그하는 동안, DN_9420의 two-up 디스플레이가 Viewer에 나타난다.

왼쪽 이미지는 클립의 시작점을 나타내고, 오른쪽 이미지는 끝점을 보여준다. 슬립 트림을 드래그할 때, 시작점과 끝점이 실시간으로 업데이트된다. 이 기법은 이 편집에서 특별히 필요하지 않지만, two-up 디스플레이는 표시된 시작점과 끝점 사이에 최상의 콘텐츠를 포함하는데 유용하다.

4   두 개의 마커가 정렬된 상태에서 전체 프로젝트를 재생하고 슬립 트림을 준비하여 B-roll 클립이 길이 내에서 최상의 콘텐츠를 보여주는지 평가한다. 스피커/헤드폰 볼륨을 줄인 상태에서 할 수 있다.

프로젝트를 검토하는 동안 결과의 효과에 대해 질문해보자. 계기판/GPS 장면의 렌즈 플레어를 피할 수 있는가? 렌즈 플레어 내용이 더 많이 있어야 하는가? 프로젝트에서 Mitch 가 뒤로 기대서 옆 창문을 가리키는 것을 적게 보여줘야 하는가? 아니면 Mitch가 앞쪽을 가리키는 클립을 슬립해야 하는가?

> **Checkpoint 4.8.1**
>
> Checkpoint 검토에 대한 자세한 내용은 Appendix C를 참조한다.

Exercise 4.8.2
클립 볼륨 레벨 조절하기

오디오 믹싱의 두 가지 기본 규칙은 다음과 같다. 오디오미터가 피크(peak)를 치지 않도록 하고 그 소리가 좋게 들리지 않으면 바꾸는 것이다. 그 변경은 별생각없이 자동반사적으로 하면 안 된다. 다른 클립보다 더 소리를 크게 만들기 위해 클립의 볼륨을 계속 높이는 함정에 빠지는 것에 주의 하라. 사운드 바이트가 너무 조용하다고, 사운드 바이트를 강제적으로 크게 할 필요는 없다. 아마 음악이나 B-roll nats의 볼륨을 줄여야할 수도 있다.

이 연습에서는 간단히 볼륨 레벨을 조정해서 사운드 바이트가 명확하게 들리도록 하고, 전체 오디오 믹스가 Audio 미터에서 최대 0dB까지 되지 않도록 한다. 안전한 목표 지점은 가장 큰 오디오가 미터에서 -6dB 이상 오르지 않도록 하는 것이다.

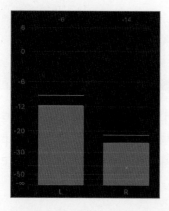

Final Cut Pro의 Audio 미터. 안전하고 양호한 평균 재생 레벨은 -12dB이다.l

1 대시 보드에서 Audio Meter 버튼을 클릭한다.

더 큰 오디오 미터가 타임라인 오른쪽에 열린다. Lesson 6의 오디오 믹싱에 대해 자세히 살펴보겠으나 지금은 재생하는 동안 오디오 레벨이 미터에서 0dB 레벨 이상이 되거나 초과하지 않도록 할 것이다.

좀 전에 하나의 음악 클립의 볼륨을 변경했다. 한 번에 여러 클립의 볼륨 레벨을 변경하려면 키보드 단축키를 사용할 수 있다.

2 이륙 스토리라인에서 모든 B-roll 클립을 선택한다.

NOTE ▶ DN_9463을 클릭한 다음 DN_9420을 Shift-클릭하여 선택한다.

3 클립의 볼륨 컨트롤을 보면서 Control--(마이너스) 및 Control-=(등호)를 눌러서 선택한 클립의 볼륨을 높이거나 낮춘다.

단축키를 누를 때마다 선택한 클립의 재생 볼륨 레벨이 1dB 낮아지거나 올라간다. 이 클립은 오디오 내용이 저마다 다르기 때문에 한 번에 하나 또는 몇 개만 조정해야 한다.

4 전체 프로젝트를 재생하면서 오디오 미터를 보며 믹스를 듣는다. 하나 또는 여러 클립을 선택하고 볼륨 컨트롤을 드래그하거나 단축키를 누른다. Mitch가 말하는 소리를 명확하게 들을 수 있다. 오디오 미터를 -6dB 미만으로 유지한다.

가장 높은 미터 판독 값에는 가는 선이 남아있는데, 이것은 -6dB를 훨씬 넘지 않아야 한다.

NOTE ▶ Lesson 6에서는 사운드 바이트를 수정하여 왼쪽과 오른쪽 출력에서 Mitch를 들을 수 있다.

▶ **볼륨 컨트롤 알아보기**

오디오를 다룰 때, 적어도 두 개의 볼륨 컨트롤에 접근할 수 있다는 것을 기억하자. Final Cut Pro 내부의 볼륨 조절 기능은 시청자에게 영향을 끼친다. 참고로 Mac 컴퓨터의 볼륨 또는 외부 스피커 볼륨 컨트롤을 끄는 것은 Final Cut Pro의 오디오 볼륨에는 영향을 끼치지 않는다.

내장된 Mac 스피커는 컴퓨터에서는 좋은 품질이지만, 전문가 수준의 편집 작업은 못 된다. 여러분은 최소한 귀를 덮는 스튜디오 헤드폰을 원할 것이며, 나아가 최상의 스피커를 갖고 싶을 것이다. 오디오 모니터링 장비는 최종 편집본의 품질에 엄청난 영향을 주는 핵심적인 투자다. 여러분이 고급 장비로 소리를 듣지 않는다고 해서 다른 사람들도 그렇다고 볼 수 없다. 고품질 장비를 사용하는 시청자는 심지어 여러분이 듣지도 못한 오디오 문제를 알 수도 있다.

Exercise 4.8.3
추가 2개 B-Roll 클립 연결하기

이 러프 컷의 B-roll 편집을 마치기 위해서는 마무리하는 두 개의 B-roll 클립을 추가해야 한다. 현재, 일몰은 음악이 커지고(music swell) 웅장하게 멈추는(grand pause) 지점에서 헬리콥터의 창문을 통해 빛난다. 음악은 다시 시작되고, Mitch의 마지막 사운드 바이트가 시작된다.

1   GoPro 이벤트에서 Landing 키워드가 지정된 클립을 찾는다.

GoPro 이벤트의 Landing Keyword Collection에서 **GOPR0009**를 찾을 수 있다.

2 헬리콥터가 프레임에서 완전히 보이도록 스키밍한 후에 시작점(00:00:07:24)을 표시한다.

방금 이 클립을 트림했지만, 여전히 길이는 약 30초다. 10초 정도면 충분하다.

3 GOPR0009를 스키밍하고, 헬리콥터가 닿는 끝점(00:00:17:28)을 설정한다.

길이는 대략 10초가 되어야 한다.

4 여러분이 원하는 연결 수정 편집 방식으로 착륙 클립을 프라이머리 스토리라인에 연결한다. 그 지점은 음악이 다시 시작되는 00:00:58:16으로, 대략 Mitch가 이야기를 시작하기 전쯤이다. 결과를 재생한다.

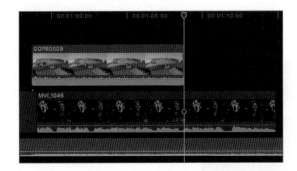

일몰 클립이 검은색이라서 편집은 고르지 않게 느껴진다. 이를 수정하기 전에 프로젝트에 편집할 클립이 하나 더 있다.

5 Browser에서 헬리콥터가 일몰로 날아가는 것을 보여주는 비행 B-roll 클립을 검색한다. DN_9424를 찾아야 한다.

6 나중에 타임라인에서 이 클립을 트림해서 바로 잡을 수 있지만, 지금은 헬리콥터가 프레임에 들어가기 전(02:05:51:06)에 시작점을 설정한다.

7 Mitch가 "Adventure I went on"라고 말하는 00:01:14:13에 DN_9424를 연결한다. 음악과 끝내기 위해 클립을 트림한다.

좋다. 이 클립으로 끝내려면, 클립의 시작 부분에 몇 초를 추가해서 내용에 호흡의 여유를 준다.

8 DN_9424의 시작점을 드래그하여 Mitch가 "Wow"라고 말하는 때인 왼쪽으로 시작점을 확장한다.

9 방금 두 개의 클립을 추가했으므로, 이전에 다른 클립에 적용한 것과 좀 더 가깝게 오디오 클립을 조정한다.

좋다! 1차 편집본을 위한 모든 클립은 여러분의 프로젝트에 있다. 최종 세밀화 과정으로 깨끗하지 않은 편집 내용을 부드럽게 만든다.

> **Checkpoint 4.8.3**
>
> Checkpoints 검토에 대한 자세한 내용은 Appendix C를 참조한다.

Exercise 4.8.4
크로스 디졸브와 페이드 핸들로 편집 다듬기

어떤 오디오 편집에서는 시작점 또는 끝점에서 클릭 또는 팝(클릭 소리나 순간 켜지는 소리)이 있을 수 있다. 오디오가 있는 모든 클립은 이 클릭을 잡을 가능성이 있다. 신속한 해결 방법은 ramping이라는 기술을 사용하여 오디오를 빠르게 페이드인 또는 페이드아웃하는 것이다.

> **클릭을 잡자**
>
> 쾌적한 오디오는 사인을 타고 이동하며, 주기마다 최고점과 최저점을 표시한다.
>
>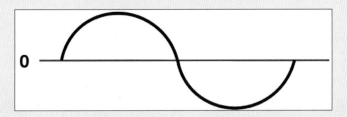
>
> 파형의 각 주기는 음파가 정점에 도달하고 다시 내려가면서 제로 교차점을 두 번 지나며 반복한다. 오디오 클립의 시작점이 0이 아닌 다른 곳에서 오디오 음파를 포착할 경우, 재생 헤드가 진행 중인 음파에 맞춰서 클릭 소리를 낼 수 있다.

1　첫 번째 사운드 바이트의 끝부분에서 포인터를 MVI_1042의 오디오 파형 위로 이동시킨다.

두 개의 페이드 핸들("birds-eyes"라고도 함)이 클립의 끝에 나타난다. 이러한 엔벨로프 핸들은 오디오를 편집 안팎으로 천천히 또는 빠르게 경사를 만들 수 있다.

2 포인터를 종료 페이드 핸들 위로 이동시킨다.

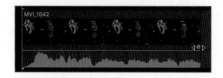

핸들 위에 포인터를 놓으면, 포인터가 왼쪽과 오른쪽을 가리키는 한 쌍의 화살촉으로 바뀐다.

NOTE ▶ 페이드 핸들이 잘 보이지 않으면, 오른쪽에 Clip Appearance 버튼을 사용하여 클립 높이를 높인다. 또한, 더 큰 파형을 선택할 수도 있다.

3 페이드 핸들을 약 5프레임 정도 왼쪽으로 드래그한다.

이동할 프레임 수는 편집이 "kid"에 비해 얼마나 타이트한가에 달려 있다. 여러분은 Mitch의 마지막 단어를 자르고 싶지 않을 것이다. .

4 포인터를 다음 사운드 바이트의 시작 부분 위에 놓는다.

5 클립의 오디오 안에 작은 경사를 추가하기 위해 시작점에서 바로 페이드 핸들을 오른쪽으로 드래그한다.

클릭과 팝이 사라진다. 이 오디오 경사는 클립의 시작과 끝을 부드럽게 한다. 소음이 많은 환경에서 오디오 클립을 녹음하면, 노이즈가 믹스 안팎으로 튀어나와서 편집을 망친다. 오디오 편집 외에도 비디오 편집 작업을 부드럽게 처리해보자.

편집이 검은색으로 시작된다면 페이드인이 반드시 필요하지 않다. 그러나 일몰 클립에는 간단한 혼합의 전환이 확실히 필요하다.

이제 키보드 단축키를 사용해서 기본 전환을 적용한다. 이것이 바로 크로스 디졸브(cross dissolve)다. 두 클립 사이에 크로스 디졸브 전환을 두면, 이 클립들의 투명도를 변경해서 두 이미지를 혼합한다. 하나는 사라지고 다른 하나는 뷰에 나타난다. 다른 클립에 인접하지 않은 클립의 모서리 한쪽에 적용하면, Command-T 크로스 디졸브가 클립을 검은색에서 페이드인하거나 검은색으로 페이드아웃한다. 크로스 디졸브는 클립의 시작과 끝을 부드럽게 한다.

6   Select 도구를 사용하여 DN_9420의 시작점을 클릭하고 Command-T를 눌러서 크로스 디졸브를 추가한다.

1초 길이의 크로스 디졸브는 이전 샷을 일몰 샷과 혼합한다. 그러면 샷이 설정되고, 엔딩 세그먼트의 페이싱을 늦추기 시작한다.

여기에 많은 전환 유형과 사용자 설정을 적용할 수 있으나, 이번에는 크로스 디졸브를 몇 가지 더 추가해보자.

7   DN_9420의 끝점을 선택하고 Command-T를 누른다.

8   GOPR0009 클립의 시작점을 선택하고 Command-T를 누른다.

NOTE ▶ 전환이 적용될 때 연결된 클립은 연결된 스토리라인 내에 자동으로 배치된
다.

9 프로젝트를 재생하여 이 전환을 확인한다.

비디오가 검은색에서 페이드인 되는 동안, 헬리콥터 착륙 클립이 계속 페이드인하면서
Mitch가 카메라에 등장하는 컷이 나타난다. 이는 검은색 전환이 아직 진행 중일 때 Mitch
클립이 시작되기 때문이다.

10 갭 클립을 늘려서 Mitch의 사운드 바이트 MVI_1046을 민다. 전환이 완료된 후 시작되도
록 한다.

이제 착륙하는 동안 Mitch가 등장하지 않는다. 여러분은 지금까지 한 번에 하나의 전환
을 적용해보았다. 이 작업은 다소 지루하다. 다행히도 여러분은 한 번에 같은 클립의 두
지점에 전환을 적용할 수 있다.

11 프로젝트에서 DN_9424 클립을 선택하고 Command-T를 누른다.

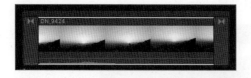

크로스 디졸브는 두 편집점 모두에 적용되지만, 엔딩 디졸브는 기본 길이인 1초보다 약
간 더 길어야 한다.

12 프로젝트에서 전환의 왼쪽 가장자리 위에 포인터를 놓는다.

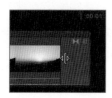

그 포인터는 필름스트립이 없는 리사이즈 아이콘으로 바뀐다. 전환의 길이를 설정할 수 있다.

13 길이 정보가 2초가 될 때까지 장면 전환의 중심에서 왼쪽으로 전환 시작 가장자리를 드래그한다.

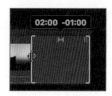

이제 프로젝트 끝부분이 검은색으로 점점 희미해진다.

14 프로젝트를 확인하면서 크로스 디졸브 또는 오디오 경사로 부드럽게 만들 수 있는 부분을 검토한다. 한 가지 방법을 소개하자면, 비디오 전환은 더 적게 사용하는 것이 좋다.

NOTE ▶ 다음 레슨에서는 오디오 믹싱 및 전환 작업에 대해 자세히 배울 것이다.

오디오 램프와 비디오 크로스 디졸브를 사용했다면, 여러분은 고객에게 러프 컷을 보여줄 준비가 다 되었다.

Reference 4.9
Sharing Your Progress

프로젝트를 공유할 준비가 되면, Final Cut Pro에서 프로젝트를 내보낸다. Share 팝업 메뉴에는 대중적인 플랫폼을 위한 프리셋 데스티네이션(destinations)이 많이 포함되어 있다.

프리셋 데스티네이션에는 Apple ProRes 및 H.264와 같은 데스크톱 형식과 iOS 장치가 있다. DVD/Blu-ray, YouTube, Vimeo, Facebook과 같은 온라인 서비스도 있다. 이러한 프리셋은 사용자 설정할 수 있으며, 선호하는 구간 내에서 추가 프리셋을 목록에 추가할 수 있다. App Store에서 사용할 수 있는 Apple 일괄 변환 응용 프로그램인 Compressor를 사용하면 데스티네이션을 더 다양하게 사용자 설정할 수 있다.

NOTE ▶ 저작권 제한으로 인해 제공된 미디어 자료는 본 교재의 연습 이외의 목적으로 사용할 수 없다.

Exercise 4.9.1
iOS 호환 파일 공유하기

여러분은 Lifted Vignette의 첫 편집에서 많은 일을 했다. 이번 강의와 이전 강의에서는 Final Cut Pro를 사용하는 일반적인 포스트 프로덕션 워크플로우를 진행했다. 이 러프 컷은 완벽하지는 않더라도 고객, 제작자, 동료와 공유해야 한다. 다음 연습에서는 프로젝트를 Mac, PC, 스마트 폰, 태블릿에서 재생할 수 있는 미디어 파일로 내보내는 것에 대해 간략하게 설명한다. 이러한 미디어 파일은 가장 널리 사용되는 온라인 비디오 호스팅 서비스에 업로드하는 것도 가능하다.

1 Lifted Vignette 프로젝트를 연 상태에서 Command-Shift-A를 눌러 프로젝트에서 클립이나 구간이 선택되지 않았는지 확인한다.

이 키보드 단축키는 선택한 항목을 선택 해제하고 표시된 구간을 지운다. 구간을 확인하는 것은 Final Cut Pro에서 그 구간을 공유하기 때문에 중요하다.

2 툴바에서 Share 버튼을 클릭한다.

프리셋 데스티네이션 목록이 있는 Share Project 팝업 메뉴가 나타난다. 이러한 프리셋의 대부분은 고화질 콘텐츠를 온라인 호스팅 사이트 또는 데스크톱, 휴대용, 핸드 헬드 장치에 제공하는 데 중점을 둔다. 이 연습에서는 Apple TV를 통해 회의실의 프로젝터에 AirPlay할 수 있는 파일을 만든다.

3 데스티네이션 목록에서 Apple Devices 720p를 선택한다.

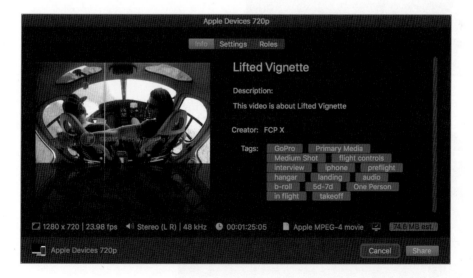

Share 대화창에는 5가지 주요 요소가 포함된다. 내보내기 할 콘텐츠를 스키밍할 수 있는 Preview 영역, Info, Settings, Roles 창, 파일 설정을 요약하는 File 인스펙터가 있다.

Info 창에는 파일에 포함될 메타 데이터가 표시된다. 이 메타 데이터는 QuickTime Player 에서 열 때, 내보낸 미디어 파일의 Info 인스펙터에서 볼 수 있다.

4   다음 메타 데이터 정보를 설정한다.

▶   Title: Lifted-Rough Cut

▶   Description: A helicopter pilot and cinematographer describes his passion for sharing aerial cinematography(헬리콥터 조종사와 영화감독이 항공 영화 촬영에 대한 열정 을 소개한다).

▶   Creator: [여러분의 이름 입력]

▶   Tags: aerial cinematography(항공 영화촬영), helicopters(헬리콥터), aviation(항공).

NOTE ▶   "tokens" 태그를 입력하려면, 태그의 텍스트 뒤에 쉼표를 입력하거나 Return 을 눌러 각 태그를 닫는다.

5   메타 데이터를 입력한 후, Setting 탭을 클릭하여 파일 전송 옵션을 수정한다.

기본적으로, 선택한 데스티네이션 프리셋은 파일을 iTunes 보관함에 자동으로 저장한다. "Add to playlist" 팝업 메뉴에서 이것을 변경해도 된다.

6 "Add to playlist" 팝업 메뉴에서 "Open with QuickTime Player"를 선택한다.

NOTE ▶ Open With 옵션에 다른 응용 프로그램이 나열된다면, Open With 목록에서 Other를 선택한다. Applications 폴더에서 QuickTime Player를 선택한 다음 Open을 클릭한다.

7 Settings 창에서 "Add to playlist" 행이 "Open with QuickTime Player"로 바뀌었는지 확인한다.

8 Next를 클릭한다.

9 Save As 대화창에서 Lifted-Rough Cut을 입력하고, Where 팝업 메뉴에서 Desktop을 선택한다. Save을 클릭한다.

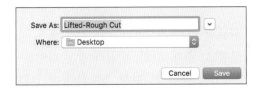

Background Tasks 버튼은 공유 진행률을 표시한다.

파일이 공유되면, 파일이 자동으로 QuickTime Player에서 열리고 macOS 알림이 나타난
다.

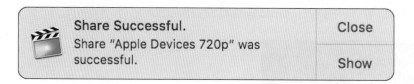

NOTE ▶ QuickTime Inspector 창은 QuickTime Player 응용 프로그램에서
Command-I를 눌러 사용할 수 있다.

10 QuickTime Player에서 동영상 파일을 재생한다.

파일이 예상대로 보이고 들린다면, 이제 Apple TV로 AirPlay를 할 준비가 되었다.

11 QuickTime Player 전송 컨트롤의 오른쪽에서 AirPlay 팝업 메뉴를 클릭한다.

12 목록에서 네트워크로 연결된 Apple TV를 선택하여 Apple TV에 연결된 디스플레이/프로
젝터로 공유 파일을 방송한다.

Apple TV로 스트리밍하는 것 외에도 iCloud, Dropbox, Frame.io, YouTube와 같은 클라
우드 기반 서비스에 공유 파일을 업로드할 수 있다. Final Cut Pro에서 다양한 배포 옵션
을 사용할 수 있으며, Compressor와 macOS에서는 더 많은 옵션을 사용할 수 있다.

Lifted Vignette 프로젝트의 1차본 편집을 완료한 것을 축하한다. 여러분은 짧은 시간동
안 무에서 유를 창조했다. 프로젝트를 생성했고, 추가, 삽입, 연결과 같은 다양한 편집
명령을 배웠다. 프라이머리 스토리라인의 클립을 재배열하면서 스토리의 마그네틱 속
성을 알게 되었다. B-roll 작업을 위해서 연결된 스토리라인을 만들었다. 그리고 여기에
클립 트리밍하기, 편집 부드럽게 하기, 오디오 레벨 조정하기를 수행하는 다양한 도구를
사용했다. 마지막으로 Final Cut Pro에서 프로젝트를 공유하는 몇 가지 방법을 배웠다.
앞으로 편집할 프로젝트가 무엇이든지, 여러분은 동일한 임포트, 편집, 공유 워크플로우
를 사용하여 모든 프로젝트를 편집할 것이다.

레슨 돌아보기

1. 새 프로젝트를 만들 때 Automatic Settings는 무엇을 하는가?

2. 프로젝트는 어디에 저장되는가?

3. 다음 그림에서 볼 수 있는 편집 명령은 무엇인가?

4. 다음 그림에서 볼 수 있는 편집 명령은 무엇인가?

5. 이어붙이기 편집(append edit)을 수행하는 툴바 버튼은 무엇인가?

6. Browser 클립에 겹쳐지는 녹색, 파란색, 보라색 줄무늬는 무엇을 나타내는가?

7. Browser에서 선택한 순서대로 클립을 프로젝트에 편집하기 위해 필름스트립 보기에서 어떤 보조키를 눌러야 하는가?

8. 삽입 편집(insert edit)을 수행할 때, 편집의 타임라인 위치를 표시하는 것은 재생 헤드인가, 스키머인가?

9. 다음 그림에서 사용된 편집 유형은 무엇인가?

10. Browser에서 정밀하게 스키밍하려면 어떤 두 가지 인터페이스 항목을 사용할 수 있는가?

11. 다음 그림에서 Viewer 오버레이는 무엇을 나타내는가?

12. 프로젝트의 타이밍을 결정하는 프라이머리 스토리라인에서, 스토리라인 클립 사이의 시간을 "생성"하기 위해 어떤 일반 클립을 삽입할 수 있는가?

13. 아래 표시된 시나리오에서 어떤 편집 명령이 사용되었는가?

전

후

14. 다음 그림에서 마우스 포인터의 편집 기능은 무엇인가?

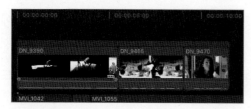

A

B

C

15. 연결된 스토리라인에 클립을 추가하려면, E를 누르기 전에 무엇을 선택해야 하는가?

16. 다음 그림에서 −15dB는 무엇을 나타내는가?

17. Audio 미터를 표시하는 인터페이스 요소는 무엇인가?

18. 다음과 같은 전환이 재생되는 동안 어떤 내용이 발생하는가?

19. 프로젝트의 iOS 호환 파일을 내보낼 수 있는 인터페이스 요소는 무엇인가?

정답

1. 프로젝트의 해상도와 프레임 속도를 프로젝트에 추가된 첫 번째 비디오 클립에 일치시킨다.

2. 프로젝트는 지정된 이벤트 내에 저장된다.

3. Append 편집

4. Insert 편집

5. Append edit 버튼

6. 즐겨찾기, 사용자가 적용한 키워드, 분석 키워드

7. Command

8. 스키머(활성화된 경우). 그렇지 않으면 재생 헤드

9. Ripple 편집

10. Clip Appearance 옵션에서 클립 높이와 줌을 설정할 수 있고, 이를 통해 수직과 수평으로 더 많은 클립 내용을 볼 수 있다.

11. 재생 헤드 또는 스키머가 클립의 시작 프레임에 위치한다.

12. 갭 클립

13. 갭 편집으로 교체하기(키보드 단축키:Shift-Delete)

14. A: Ripple, B: Roll, C: Slip

15. 연결된 스토리라인의 회색 막대를 선택해야 한다. 하지만 연결된 스토리라인 안의 클립은 선택하면 안 된다.

16. 오디오 볼륨 컨트롤이 오디오 클립이 녹음된 레벨보다 -15dB 더 조용하게 재생되도록 낮아졌다.

17. 대시 보드의 Audio Meter 버튼

18. GOPR0009 클립은 검은색에서 페이드인한다. 전환 중간에 갑자기 Mitch의 인터뷰가 끼어드는데, 이것은 GoPro 클립이 완전히 나타나기 전까지 볼 수 있다.

19. Share 팝업 메뉴

Lesson 5
편집 수정하기

2차본 편집 과정은 변경사항의 실행과 관련이 있다. 제작자의 메모, 고객의 의견, 아침에 일어나 신선한 공기를 마신 후에 알아차리게 되는 문제 등이다. 이러한 피드백 채널 중 하나 또는 모두가 이번 편집의 선택 사항에 영향을 미친다. 편집은 창조적인 차이를 해결하고, 타협하고, 예술과 현실의 균형을 맞추는 것이다. 현실적인 문제로는 일정과 예산이 있다. 여러분은 얼마의 예산으로 얼마 만에 창의력을 발휘할 수 있는가?

가상의 고객이 있다고 생각해보자. 그리고 낙관적으로 생각해보자. 다행히도 여러분은 그 고객에게서 Lifted Vignette 1차본 편집이 "훌륭하다"는 칭찬의 메모를 받았다. 그 고객은 좋은 아이디어가 있다고 하면서, 이전에 제출하지 않았던 항공 클립을 찾아냈다. 그는 이 장면들을 편집해서 프로젝트를 좀 더 길게 만들기를 원한다.

이번 레슨에서는 프라이머리 스토리라인의 다른 워크플로우를 살펴볼 것이다. 프라이머리 스토리라인을 그대로 둘 수도 있지만, 이전 편집 내용을 변경, 이동, 재구성할 수 있는 도구와 기능을 살펴볼 것이다. 프라이머리 스토리라인의 콘텐츠를 더 긴 음악 컷으로 변경하면서 음악과 사운드 바이트의 관계를 만들 것이다. 사운드 바이트를 시각적으로 지원하기 위해 일부 회전식 항공 영상을 통합할 것이다. 더 좋은 음악과 B-roll을 추가하면, 사운드 바이트 섹션을 좀 더 넓히고 여유를 약간 줄 수 있다.

이 두 번째 단계를 수행하는 동안 교체 편집(replace edit), 오디션, 재생 헤드나 구간의 트리밍에 대해 배울 것이다.

살펴볼 것이 많은 것처럼 들리지만, 이 도구들은 배우기 쉽고 사용하기 쉽다. 이전에 수행했던 모든 메타 데이터 관리는 성과를 거둘 것이다. 또한 Magnetic Timeline, 연결된 클립, 스토리라인을 사용하여 스토리 흐름을 실험하고, 큰 구조 변경을 쉽고 간편하게 수행할 수 있다. 다시 말해, Final Cut Pro를 사용하면 기술적 측면을 효과적으로 작업할 수 있으므로 여러분은 스토리텔링의 예술적 측면에 집중할 수 있다.

Reference 5.1
Versioning a Project

러프 컷 재작업을 시작하기 전에, 프로젝트의 백업 버전을 복사하거나 복제하는 버전 만들기 (versioning)에 대해 살펴봐야 한다. 편집 진행상 중요한 단계(대략적인 초안, 음악 편집, 색보정 등)에서 만약을 대비한 백업 사본을 만들거나, 실험하면서 이전 편집의 "안전한" 버전을 보존하기 위해 이 버전 만들기 작업을 주기적으로 실행할 수 있다. Final Cut Pro를 사용하면 프로젝트를 완료하는데 필요한 만큼의 많은 버전(스냅샷이나 복제본)을 만들 수 있다.

5.1-A 프로젝트를 스냅샷으로 복제하기

스냅샷은 그 속도와 단순성 덕분에 선호된다. 스냅샷을 만드는 것은 프로젝트의 사진을 찍는 것과 같다. 스냅샷은 스냅샷이 생성된 당시 프로젝트의 고유한 "freeze"다. freeze는 여러분이 저장하고 싶은 이정표 순간을 나타낸다. 또는 스냅샷을 독창적이거나 실험적인 편집으로 사용해서 원본 프로젝트를 안전하게 유지할 수 있다. 스냅샷의 내용은 프로젝트 및 프로젝트의 복제 버전에 수행된 변경 사항과는 무관하다.

텍스트 "Snapshot"은 프로젝트 이름에 자동으로 추가된다.

5.1-B 프로젝트 복제하기

복제본은 좀 더 강력하고 활기차다. 프로젝트가 복제되면 특정 클립 유형(예: 컴파운드 클립)의 변경 내용이 다른 버전의 같은 클립에 영향을 주는 특수한 상황도 생긴다. 단, 스냅샷에는 영향을 주지 않는다.

Exercise 5.1.1
프로젝트 스냅샷하기

1차본 편집을 연다. 여러분은 이것을 해부하여 다음 버전으로 만들 준비가 되었다. 그러나 그에 앞서, 나중에 참조할 수 있도록 이 버전의 프로젝트를 백업하는 스냅샷을 만들어보자.

1 Lifted 라이브러리의 Project Smart Collection에서 Lifted Vignette 프로젝트를 찾는다.

2 Lifted Vignette 프로젝트를 Control-클릭(또는 마우스 오른쪽 클릭)한다. 바로 가기 메뉴에서 "Duplicate Project as Snapshot"를 선택하여 프로젝트의 현재 스냅샷을 생성한다.

3 스냅샷의 이름을 클릭하고 Lifted Vignette - Rough Cut으로 이름을 바꾼다. Return을 누른다.

고객의 마음이 바뀌거나 여러분의 편집적 "영감"이 막다른 골목에 다다를 경우에 이 스냅샷과 향후 스냅샷을 복귀점으로 삼는다는 점을 염두에 두고 Lifted Vignette 프로젝트로 계속 편집한다.

Reference 5.2
스토리라인에서 리프트하기

2차본 편집의 요구 사항은 매우 광범위할 수 있다. 1차본 편집에서는 고객이 무엇을 원하는지 파악하면 바로 편집을 정리하고 배포를 위해 내보낼 수 있다. 하지만 보통의 경우는 일부 변경이 필요한 2차본 편집을 시작한다. 그 변경은 아마도 이야기의 흐름을 바꾸는 중요한 것일 수 있다. Final Cut Pro는 2차본 편집 중에 어떤 편집 전략을 쓰더라도 모든 것을 동기화 상태로 유지한다. 1차본 편집에서 만든 마그네틱 타임라인, 연결된 스토리라인과 클립은 이번 편집 작업에서 요소를 이동하고 수정할 때 효과적이다.

프라이머리 스토리라인에서 음악으로 교체된 사운드 바이트

이번 편집의 중점은 음악과 소리다. 워크플로우의 변형을 살펴보기 위해, 프라이머리 스토리라인에서 사운드 바이트를 들어내고 Tears of Joy의 긴 버전으로 교체한다. Final Cut Pro는 연결된 모든 클립과 스토리라인의 동기화를 유지하기 때문에 갑작스러운 변화가 있어도 괜찮다.

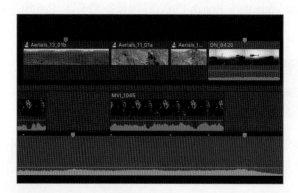

연결된 오디션 클립 형식의 추가 B-roll

점점 커지는 음악의 크레셴도(crescendo)에 맞춰서 광활한 풍경을 보여주는 항공 미디어를 추가할 것이다. Final Cut Pro에서 사운드와 이미지를 함께 묶는 기능이 편집자에게 얼마나 고마운 일인지 느낄 수 있다.

Exercise 5.2.1
스토리라인 밖으로 클립 리프트하기

프라이머리 스토리라인 사운드 바이트를 음악으로 바꾸기는 쉽지 않은 일 같지만 걱정할 필요가 없다. Final Cut Pro이 여러분을 도와줄 것이다.

1   프라이머리 스토리라인에서 첫 번째 사운드 바이트인 MVI_1042를 선택한다. 마지막 사운드 바이트인 MVI_1046을 Shift-클릭하여 모든 사운드 바이트와 갭 클립을 선택한다.

2   선택한 사운드 바이트 중 하나를 Control-클릭하고 바로 가기 메뉴에서 Lift from Story-line를 선택한다.

사운드 바이트와 갭 클립은 프라이머리 스토리라인에서 벗어난다. "사운드 바이트 스토리라인"이라고 부를 새로운 연결된 스토리라인으로 이동한다. 이곳에는 프라이머리 스토리라인 내부에 큰 갭 클립이 하나 배치된다. 앞서 배웠던 것처럼 Final Cut Pro는 기존의 두 번째 레인 클립과 스토리라인을 세 번째 레인까지 밀어서 클립 충돌을 방지한다. 프로젝트는 리프트 편집 전에 그랬던 것과 마찬가지로 Viewer에서 재생된다. 이제 여러분의 프로젝트는 프라이머리 스토리라인으로 새로운 음악을 받을 준비가 되었다.

Reference 5.3
클립 교체하기

클립이 잘 작동하지 않으면 다른 클립으로 교체해야 한다. 또는 구조 변경이 필요한 경우에도 클립을 다른 클립으로 바꾼다. Final Cut Pro에는 교체 편집의 다섯 가지 버전이 포함되어 있다. 이 중 세 가지 Replace, Replace from Start, Replace from End를 살펴볼 것이다. 교체 클립을 프로젝트 클립으로 드래그하면 세 가지 명령이 모두 선택된다.

Replace 명령은 Browser 클립에서 표시된 길이만큼을 스토리라인에 배치한다. Browser 클립이 교체할 프로젝트 클립보다 길면, 프로젝트 클립이 확장되어 더 긴 클립을 받는다. Browser 클립이 더 짧으면, 프로젝트 클립의 길이가 줄어든다.

Replace Edit

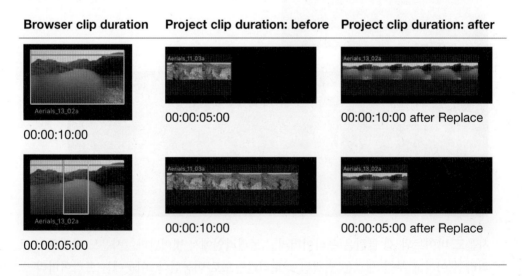

"Replace from Start"와 "Replace from End"는 Browser 클립을 현재 프로젝트 클립의 길이 내에 배치한다. Browser 클립이 프로젝트 클립보다 길면 Browser 클립이 잘린다. "Replace from Start"는 두 클립의 시작점을 정렬한 다음 Browser 클립의 끝부분을 잘라낸다. "Replace from End"는 끝점을 정렬한 다음 Browser 클립의 시작 부분을 잘라낸다.

Replace from Start and Replace from End

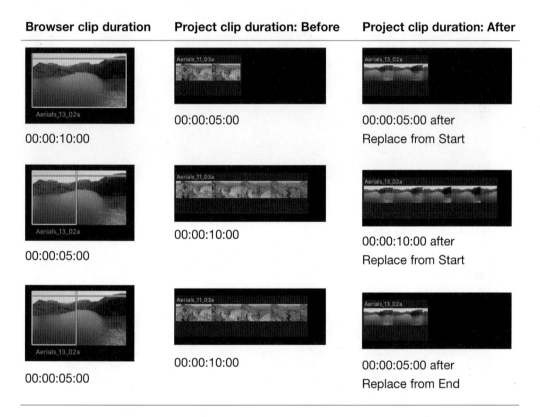

Browser clip duration	Project clip duration: Before	Project clip duration: After
00:00:10:00	00:00:05:00	00:00:05:00 after Replace from Start
00:00:05:00	00:00:10:00	00:00:10:00 after Replace from Start
00:00:05:00	00:00:10:00	00:00:05:00 after Replace from End

Browser 클립의 콘텐츠가 불충분해서 교체 편집을 모두 채울 수 없는 경우, Final Cut Pro는 클립을 줄여서 리플 트림한다. 선택 구간을 벗어난 클립에서 소스 미디어를 사용할 수 있다면, 클립을 줄이는 것을 막기 위해 추가 미디어가 사용된다.

Exercise 5.3.1
프라이머리 스토리라인 교체하기

여러분은 이미 프라이머리 스토리라인에서 사운드 바이트를 들어냈다. 오래된 음악을 먼저 삭제하고 더 긴 버전을 추가할 준비를 한다.

1   Lifted Vignette 프로젝트에서 기존 음악 클립을 선택한 다음 Delete를 누른다.

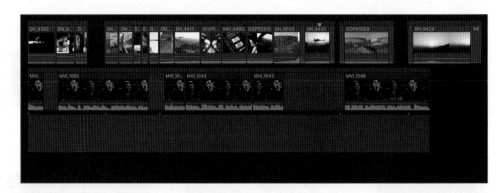

짧은 음악 클립이 사라졌다. 이 프로젝트는 프라이머리 스토리라인의 갭 클립을 교체할 새로운 더 긴 음악 클립을 준비한다.

2   Lifted 라이브러리에서 Audio Only Smart Collection을 선택하고 Tears Of Joy-Long을 찾는다.

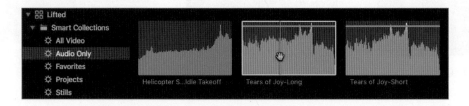

3   Tears of Joy-Long 음악 클립을 Browser에서 프라이머리 스토리라인의 갭 클립으로 드래그한다. 갭 클립이 흰색으로 강조 표시되면 마우스 버튼을 놓는다.

4 바로 가기 메뉴가 나타난다. 여러분은 이 교체 편집에 사용된 전체 음악 클립을 원하므로 바로 가기 메뉴에서 Replace를 선택한다. 프로젝트를 재생해서 결과를 듣는다.

갭 클립이 교체되었다. 여러분의 프로젝트에 이제 새로운 음악이 생겼고, 그것은 볼륨이 높다. 빠르게 음악을 수정할 수 있다.

5 오디오 파형의 볼륨 조절(수평선) 위에 Select 도구를 놓고 아래로 드래그하여 새 음악 클립의 볼륨 레벨을 약 -12dB 정도 낮춘다.

NOTE ▶ Shift-Z를 눌러서 전체 프로젝트를 타임라인 창에 맞춘다.

▶ **Lift와 Replace를 해야 하는가?**

Lift from Storyline는 Final Cut Pro의 강력한 기능과 유연성을 보여주는 좋은 예다. 리프트 편집을 하거나 프라이머리 스토리라인에 사운드 바이트를 남기지 않고도 이 두 번째 버전 편집을 할 수 있다. 여러분은 음악에 싱크를 맞춘 뒤에 사운드 바이트를 프라이머리 스토리라인에 되돌리는 편집을 배울 것이다. 지금 살펴본 워크플로우는 Final Cut Pro에서 사용할 수 있는 많은 편집 방법 가운데 단지 일부다.

Exercise 5.3.2
시간을 0:00로 만들기

2분 정도의 새로운 프로젝트를 채우기 위해 여러분은 상당히 많은 시간을 써야 한다. 새로운 항공 영상물을 임포트하기 전에 추가 영상을 준비하면서 할 수 있는 몇 가지 편집 작업을 살펴보자.

인트로는 몇 초짜리 필러(시간 채우기 영상)를 추가하기에 좋은 위치다. 프로젝트의 첫 번째 장면은 이미 약간 길뿐더러, 딱히 길 필요도 없는 내용이 있다. 여러분이 필요한 것은 시작 부분에 삽입할 또 다른 격납고 문 열기의 클립이다.

1 Primary Media 이벤트에서 Hangar Keyword Collection을 선택하고 DN_9488을 스키밍한다.

이 클립에서 격납고 문은 닫혀있지만, 단순히 이것 때문에 이 클립을 거부하지 말자. 클립을 역방향으로 재생하면 된다.

NOTE ▶ 필요하다면, 타임라인 영역의 오른쪽 위 또는 S를 눌러서 스키밍을 활성화한다.

2 DN_9488에서 격납고 문이 방금 닫힌 곳(03:12:29:05)에 재생 헤드를 놓고 끝점을 표시한다.

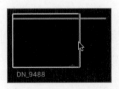

클립은 약 3초가 되어야 한다고 생각해보자. 그렇다면 현재 재생 헤드 위치에서 3초 떨어진 지점을 시작점으로 설정해야 한다. 숫자 값을 입력하여 재생 헤드를 3초 왼쪽으로 움직일 수 있다.

3 Control-P를 눌러서 재생 헤드에 이동 명령을 준다. Viewer 하단의 타임 코드가 지워지고 값이 입력된다.

시간 값을 입력할 때 타임 코드 절댓값을 입력하여 재생 헤드를 정확한 위치로 이동한다. 또는 현재 재생 헤드 위치에서 더하거나 뺄 길이를 입력할 수 있다.

4 키보드에서 -(마이너스), 숫자 3, 마침표(.)를 누른다.

타임 코드 디스플레이는 재생 헤드가 3초 왼쪽으로 이동함을 나타낸다.

5 Return을 누르고, I를 눌러 시작점을 표시한다.

이 새로운 격납고 클립에서 이전 격납고 클립으로 타이밍을 커팅하는 감을 잡기 위해 먼저 연결 편집을 수행해보자.

6 재생 헤드를 프로젝트 시작 부분에 놓는다. Q를 눌러서 Browser 클립을 프로젝트에 연결 편집한다.

새 클립의 위치는 맞지만 잘못된 방향으로 재생된다. 클립을 반대 방향으로 재생해서 문이 닫히는 것이 아니라 열리는 것처럼 보이도록 한다.

7   프로젝트에서 DN_9488을 선택하고 Viewer의 왼쪽 아래에서 Retime 버튼을 클릭한다.

Lesson 6에서 클립을 리타이밍할 것이다. 지금은 간단한 역방향 효과를 수행할 것이다.

8   Retime 팝업 메뉴에서 Reverse Clip을 선택한다.

클립 위에 나타나는 작은 줄무늬는 클립이 정상 속도이지만 반대로 재생된다는 것을 가리킨다. 재생에서는 격납고 문이 열리는 것처럼 보인다. 줄무늬는 클립의 Retime Editor를 나타낸다. 지금은 이것을 숨길 것이다.

9   Retime 팝업 메뉴에서 Hide Retime Editor를 선택하거나 Command-R을 누른다.

역방향 속도 변경의 효과는 좋아 보인다. 그리고 2개의 격납고 오프닝 샷은 액션을 분리한다. 하지만, 여러분은 새로운 격납고 클립을 시간을 채우기 위해서 이전 격납고 클립과 동시에 재생하기보다는 그 전에 재생해야 한다. 또한 Mitch가 즉시 말을 할 필요가 없다. 이전과 마찬가지로 갭 클립을 삽입하여 타이밍과 페이싱을 조정한다. 그러나 이번에는 갭 클립을 사운드 바이트 스토리라인에 배치한다.

10 사운드 바이트 스토리라인의 회색 막대를 선택하고, 스토리라인 시작 부분에 재생 헤드를 놓는다.

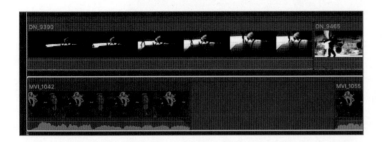

11 Option-W를 눌러서 3초짜리 기본 갭 클립을 삽입한다.

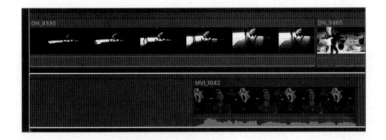

사운드 바이트가 타임라인 3초 오른쪽으로 이동한다. B-roll 클립은 이전처럼 움직이지 않았다. B-roll 스토리라인은 이제 프라이머리 스토리라인의 음악과 연결된다. 격납고 클립은 음악에도 연결되어 있기 때문에 사운드 바이트 스토리라인의 리플 편집에 영향을 받지 않는다. DN_9488을 격납고 스토리라인으로 가져가자.

12 DN_9488을 DN_9390으로 끌어서 격납고 스토리라인의 시작 부분에 삽입 막대와 이후
    파란색 상자가 나타날 때까지 기다린다.

13 갭이 생기면 마우스 버튼을 놓는다.

    클립을 스토리라인으로 가져오면 클립 사이에 수평적, 마그네틱 관계가 만들어진다. 이
    제 두 클립 사이에서 Trim 도구를 쌍방향으로 사용할 수 있다.

    편집을 스키밍하면서 첫 번째 클립의 끝부분에서 격납고 문이 막 열리는 지점을 커팅한
    다.

    NOTE ▶ 마치 Viewer의 two-up 디스플레이에서 클립을 트리밍하는 것처럼 편집점
    의 한쪽을 클릭한 채로 둔다. 연속성 불일치가 명확하게 나타난다.

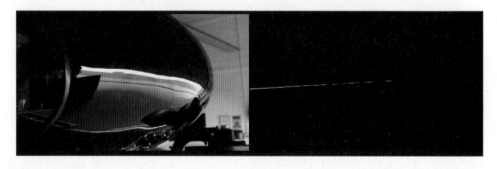

14 DN_9390의 시작 부분 위에 포인터를 놓는다.

15 리플 편집 필름스트립이 오른쪽을 가리키는지 확인한다. Viewer를 보면서 오른쪽으로 드래그한다.

움직임이 자연스럽게 느껴질 때까지 양쪽 격납고 문 클립을 트림한다. Mitch가 헬리콥터 쪽으로 걷는 격납고 문 클립과 편집의 페이싱 사이에 자연스러운 연속성이 있어야 한다.

첫 두 클립에서는 문을 여는 모터 사운드 효과가 필요하다. 여러분은 Lesson 6에서 이 사운드 효과를 추가할 것이다. 지금은 음악의 시작을 지연시켜서 그 사운드 효과를 위한 공간을 만들어놓자.

16 재생 헤드를 프로젝트 시작 부분으로 옮긴다. Option-W를 눌러서 갭 클립을 삽입한다.

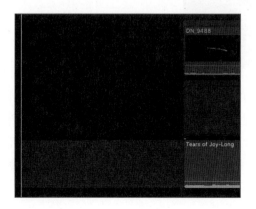

갭 클립은 프라이머리 스토리라인에 나타난다. 그 갭을 격납고 스토리라인으로 덮는다.

17 갭을 덮으려면 격납고 스토리라인의 회색 막대를 왼쪽으로 드래그한다.

18 페이싱 문제를 해결하려면, 시작 부분의 프라이머리 스토리라인 갭 클립을 길게 만들어서 프로젝트가 시작된 후 약 3초 30초 후에 음악이 시작하도록 한다.

이렇게 지연시키는 것은 나중에 사운드 효과를 추가하여, 격납고가 나오는 장면에서 시청자들을 좀 더 몰입하게 만들기 위한 것이다. 그리고 문이 움직이면서 장면이 바뀌면, 음악은 Mitch를 앞으로 움직이는 것처럼 보일 것이다. 이 시점에서 스토리텔링을 강화하기 위해 한 가지를 더 조정할 수 있다. Mitch의 첫 번째 사운드 바이트의 타이밍을 음악에 맞춰 조정한다.

NOTE ▶   프로젝트는 초당 23.98 프레임으로 포맷되므로 갭 클립의 길이는 3:12이다.

19 사운드 바이트 스토리라인의 갭 클립을 조정한다. 음악의 두 번째 막대(bar)에서 다운비트한 후(프로젝트의 00:00:05:21)에 Mitch가 말하기 시작한다.

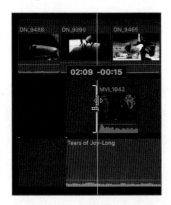

여러분이 앞서 선택한 클립 내용과 타이밍에 따라 사운드 바이트 스토리라인의 두 번째 갭을 덮기 위한 추가적인 B-roll이 필요할 수도 있다. DN_9465와 DN_9470의 길이를 조정할 수도 있지만 고려해야 할 다른 사항이 있다. 음악에 무슨 일이 일어나고 있는가? 그리고 프로젝트의 첫 두 클립에는 나중에 모터/와인딩 사운드가 필요할 것이다. 그리고 이제 이것을 메모할 시간이다.

▶ **Checkpoint 5.3.2**

Checkpoint 검토에 대한 자세한 내용은 Appendix C를 참조한다.

Reference 5.4
Marker로 작업하기

여러분의 편집 데스크에는 작은 메모로 가득할 것이다. Final Cut Pro의 마커 시스템은 이러한 메모를 보관하고 검색할 수 있게 해준다. 또한 클립 및 마커에 첨부된 메모는 라이브러리와 함께 이동하므로 여러분의 의견을 다음 공동 작업자에게 전달할 수 있다.

Final Cut Pro에는 네 가지 유형의 마커가 있다.

▶ Standard: 기본, 가장 간단한 마커 유형

▶ To-do: 체크 상자 마커 유형

▶ Completed: 선택한 체크 상자 마커는 원래 마커가 To-do 마커일 때만 접근할 수 있다.

▶ Chapter: 일부 Share 형식을 선택적으로 포함하는 사용자 설정 섬네일 마커

각 유형의 마커 이름은 사용자 설정할 수 있으며, 그 사용자 설정된 이름은 검색할 수 있다. Browser 클립의 경우, 검색 필드를 사용해서 이름 붙여진 마커를 찾는다. 타임라인 클립의 경우, 마커 이름이 나타나고 마커 이름을 Timeline Index에서 검색할 수 있다.

5.4-A Timeline Index 사용하기

Timeline Index는 세 가지 인덱스 Clips, Tags, Roles로 대표된다. Clips Index는 프로젝트의 모든 클립, 타이틀, 제너레이터, 전환의 시간순 목록을 표시한다. 또한 선택한 클립과 재생 헤드 위치도 나타낸다. 나열된 항목을 클릭하면, 항목이 선택되고 해당 항목의 시작 부분에 재생 헤드가 놓인다. Clips Index는 검색할 수 있으며 다중 선택이 가능하다.

Tags Index에는 프로젝트의 모든 마커, 키워드, 분석 키워드, To-do 마커, Completed 마커, Chapter 마커가 나열된다. 이것은 Index 맨 아래의 하위 창 컨트롤을 사용하여 필터링 된다.

Roles Index를 사용하면 지정된 오디오 롤과 서브 롤에 따라 오디오 클립을 오디오 레인에
비활성화, 선택, 정렬할 수 있다. 워크플로우가 단일 마이크 이슈 식별에서 최종 믹스다운으
로 이동하면 선택된 롤의 클립은 최소화되거나 집중된다.

이 세 가지 인덱스 중 하나를 사용하면, 클립 이름뿐만 아니라 이전에 Browser에 추가한 메
타 데이터로도 프로젝트에 사용된 모든 클립을 찾을 수 있다.

Exercise 5.4.1
Marker 생성하기

여러분은 지금까지 몇몇 위치에 관심을 가져야 할 필요가 있는 곳을 확인해왔다. 수정 편집
을 위해 몇개의 마커를 추가해 가며 처리해야 할 작업을 지속해서 주시하는 것은 가치 있는
일이다. 이 실습에서 여러분은 standard maker와 to-do maker를 프로젝트에 만들 것이다.

1 첫 번째 클립은 격납고 문이 열리는 동안 헬리콥터를 클로즈업한다. 그 첫 번째 클립 위에 스키머를 놓는다.

M을 눌러서 마커를 배치하기 전에, 스키머 아래의 어떤 클립이 그 마커를 받을지 알아야 한다.

2 클립 위의 빈 영역을 클릭하여 재생 헤드를 스키머 위치로 옮긴다.

재생 헤드 위에 있는 "동그라미"는 어떤 클립이 편집 명령을 받을지 알려준다. 동그라미가 격납고 클립 위에 있으므로 갭 클립이 아닌 격납고 클립이 마커를 받는다. 선택된 클립이 없다면 가장 위에 있는 클립에 동그라미가 놓이고 편집 명령을 받는다.

3 M을 두 번 눌러서 Standard 마커를 설정하고 마커의 정보에 접근한다.

이 마크는 이 프로젝트에서 만든 세 번째 마커이기 때문에 미리 Marker 3이라는 이름이 정해진다.

NOTE ▶ 마커를 더 추가했다면 이 이름은 다를 수 있다.

4 마커 유형을 To-do 마커로 변경한다. 마커가 빨간색으로 바뀌고 Completed 체크 상자가 나타난다.

5 마커 이름을 Add SFX로 바꾼다. Done을 클릭한다.

마커 가까이에서 작업할 때는 타임라인에서 마커를 찾을 수 있다. 하지만 Timeline Index를 사용하면 읽기 쉬운 목록으로 모든 프로젝트 마커를 언제든 탐색할 수 있다.

6 타임라인 영역의 왼쪽에 있는 인덱스 버튼을 클릭하여 Timeline Index에 접근한다.

7 Timeline Index가 All Tags로 설정되었다. 이때 마커는 목록의 맨 위에 있어야 한다.

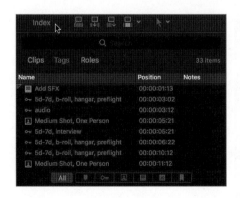

목록 아래에 있는 버튼으로 마커나 키워드 유형과 같은 기준을 선택하여 목록을 제한할 수 있다. 이 두 번째 편집 과정에서는 편집 속도를 조절하기 위해서 음악을 사용할 것이다. 음악의 "시각적인" 순간들을 중심으로 수정 작업을 할 것이다. 이 중 두 가지 순간은 음악이 점점 커지는 부분(swell)과 웅장하게 멈추는 부분(grand pause)이다. 그밖에도 강한 크레센도(crescendos), 리드미컬한 카덴스(rhythmic cadence)의 변화나 악센트 부분도 있다. 이 중 두 가지를 나중에 사용하기 위해 표시해보자. Mitch나 B-roll로 주의를 산만하게 하지 않으려면 음악 클립을 단독화(solo)한다.

8 프로젝트에서 음악 클립을 선택한다. Option-S를 눌러서 클립을 솔로잉한 후에 프로젝트의 짧은 부분을 재생한다.

타임라인에서 선택되지 않은 클립은 어두워진다. 여러분이 프로젝트를 재생할 때, 뷰어에서는 영상이 나오며, 음악만 재생된다.

영상을 보고 음악을 듣기 위해서는 오디오 웨이브폼을 더 크게 하고 비디오 썸네일을 숨긴다.

9 타임라인의 Clip Appearance 창에서, 첫 번째 클립 디스플레이 옵션을 선택한다. Clip Height slider를 원하는 만큼 적용하고, 타임라인 빈 공간을 클릭하여 창을 닫는다.

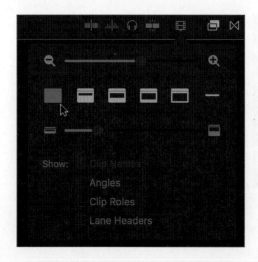

이제 여러분은 듣는 것을 볼 수도 있다.

10 타임 코드 00:00:24:00과 00:00:34:00 사이의 음악, 특히 28초 부근을 듣는다.

피아노는 이 지점 이전에 멜로디를 더 많이 전달한다. 28초 직전에 현이 피아노 위에 얹혀 멋지게 연주된다. 이 코러스의 멜로디 연주는 헬리콥터의 비행과 맞아떨어진다.

11 00:00:27:22에 코러스가 시작되면 음악 클립을 선택한다. M을 눌러서 Standard 마커를 놓고 마커 이름을 takeoff로 바꾼다.

NOTE ▶ 어느 클립에 동그라미가 놓이는가? 사전비행 스토리라인의 클립이 마커를 받지 않도록 음악 클립을 선택해야 한다. 재생 헤드를 놓은 다음, Command-Up Arrow를 눌러서 음악을 선택한다.

12 다음의 마커를 설정하면서 음악을 계속 듣는다.

Music-Based Markers

Timecode	Marker Name	Marker Type
00:01:16:13	Swell	Standard
00:01:31:01	Sunset through windows	Standard

13 모든 오디오를 모니터링하려면 Solo 버튼을 클릭한다.

14 계속 모니터링하기 전에 Clip Appearance를 세 번째 디스플레이 옵션으로 재설정한다.

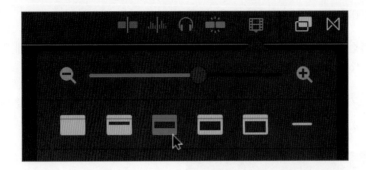

15 다음의 추가 마커를 설정한다.

NOTE ▶ 마커의 이름과 유형을 사용자 설정하는 또 다른 방법이 있다. M을 눌러서 마커를 작성한 다음 마커를 더블 클릭하거나 마커를 Control-클릭한다.

Content-Based Markers

Timecode	On Clip	Marker Name	Marker Type
00:00:15:00	MVI_1055	Add a Title	To-do
00:00:27:00	DN_9452	Speed and SFX	To-do

필터 컨트롤을 변경하는 동안 Tags Index의 다양한 보기를 살펴보자. 작성한 다양한 마커가 색인에 나열되어 있다.

Reference 5.5
Position 도구 사용하기

Position 도구는 스토리라인의 마그네틱 속성을 무시한다. 그리고 수평으로 클립을 움직이는 것은 연결된 클립(connected clip)과 유사하지만, 약간 파괴적인 속성을 가진다. 스토리라인 클립이 Position tool로 드래그되면 새로운 gap 클립을 남기고 그것과 접촉이 되는 기존의 클립과 gap 클립들이 지워진다. Position 도구는 계속적인 덮어쓰기 편집(overwrite edit) 상태다. 덮어쓰기 편집(overwrite edit)은 드래그에 의 해 하나의 클립이 다른 클립의 컨텐츠를 지울 수 있게 한다.

Position 도구는 상업 광고 작업처럼 시간이 한정된 경우에 유용하다. 또 인접한 편집 내용을 리플하지 않고 스토리라인 내에서 편집해야 할 때 유용하다.

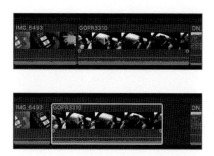

Position 도구는 이전 내용을 제거하면서 갭을 남긴다.

Exercise 5.5.1
사운드 바이트와 B-roll을 음악에 재정렬하기

바로 편집하기 전에 Select 도구와 Position 도구의 차이점에 대해 알아보자. Select는 마그네틱 성질이 있고, Position은 없다. Select 도구로 클립을 드래그하면 인력 또는 반발력으로 스토리라인 내 서로 수평적으로 붙어있는 클립을 유지한다. Position 도구로 클립을 드래그하면 인접한 클립을 "불도저"처럼 밀어버린다. 기존 클립 대신 갭 클립이 남는다.

1 Select 도구가 활성화된 상태로 타임라인에서 MVI_1055 사운드 바이트의 중간 부분(가장자리 아님)을 왼쪽으로 드래그한다.

사운드 바이트는 앞에 있는 갭 클립과 위치를 바꾼다. 이것은 예상되는 마그네틱 방식이다.

2 Command-Z를 눌러 편집을 취소한다.

이번에는 Position 도구를 사용하여 같은 편집을 반복한다.

3 Tools 팝업 메뉴에서 Position 도구를 선택하거나 P를 누른다.

4   다시 한 번 MVI_1055 사운드 바이트를 스토리라인의 왼쪽으로 약간 드래그한다.

사운드 바이트 앞의 갭이 짧아진다.

5   Select 도구를 사용할 때와 차이점이 보이지 않으면 Command-Z를 눌러 편집을 취소한 다. MVI_1055의 끝을 주의 깊게 보면서 다시 시도한다.

Position 도구로 클립을 드래그하면 새로운 갭 클립 또는 커지는 갭 클립이 왼쪽 뒤에 남는다. Position 도구로 두 번째 사운드 바이트와 음악 코러스의 시작 사이의 타이밍을 조정한다. 여러분은 이전에 추가한 takeoff 마커 가까이에서 사운드 바이트를 끝내기를 원한다.

6   Position 도구로 MVI_1055를 이륙 마커(00:00:27:17)의 왼쪽으로 재조정한다.

NOTE ▶   여러분의 이전 편집 내용에 따라 MVI_1055를 마커의 끝 가까이 오른쪽으로 드래그할 수도 있다.

7   Select 도구를 선택하거나 A를 누른다.

takeoff와 새로운 항공 B-roll의 공간을 위해 takeoff 마커 다음에 Select 도구를 사용할 것이다. 음악과 맞추고 그 공간을 만들기 위해서 코러스의 여덟 번째 막대(타임라인에 44초) 이후에 사운드 바이트 두 번째 세트를 시작한다.

8   Mitch가 "sure that"이라고 말한 후(00:00:44:04)에 재생 헤드를 둔다.

이것은 코러스의 여덟 번째 막대 이후다. 바로 사운드 바이트 다음 세트를 시작하려는 지점이다.

9   Select 도구로 첫 번째 MVI_1043 앞에 있는 갭을 리플 트림한다. 시작 부분을 재생 헤드 쪽으로 밀어낸다.

B-roll을 걱정할 필요는 없다. 첫 번째 편집에서 했던 것처럼 새로운 사운드 바이트 오디오 스토리에 음악 스토리를 삽입하는 작업이 필요하다. 이 작업이 끝나면 B-roll이 자연스럽게 조화를 이룰 것이다.

5.5.1-A 새로운 사운드 바이트 나누기 및 추가하기

기존 사운드 바이트를 쪼개고 더 많은 갭 클립을 추가하며 Mitch를 약간 느리게 할 수 있다. 또 사운드 바이트를 좀 추가할 수 있다. 롤을 사용해서 사운드 바이트 오디오에 집중해보자.

1   Roles Index에서 Video, Music, Natural Sound의 선택을 해제한다.

이 클립들은 프로젝트에서 비활성화된다. 이를 통해 비디오와 기타 오디오 편집의 방해를 줄이고 사운드 바이트에 집중할 수 있다.

NOTE ▶ 음소거를 예상했지만 일부 클립이 여전히 들린다면, Info 인스펙터에서 클립의 지정된 롤을 확인한다. 필요하다면 롤을 다시 지정한다.

2 두 번째 MVI_1043에서, Mitch가 "Imagery of what you're shooting"라고 말한 후 (00:00:50:19)에 재생 헤드를 놓는다.

3 클립을 클릭하거나 Command-Up Arrow를 두 번 눌러서 재생 헤드 아래의 사운드 바이트를 선택한다.

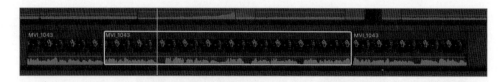

4 Command-B를 눌러서 사운드 바이트를 재생 헤드에서 자른다.

NOTE ▶ 스키머가 활성화되어 있으면, 의도하지 않은 곳에 커팅을 할 수 있다. 그럴 경우, Command-Z를 눌러서 편집을 취소하고 S를 눌러서 스키머를 비활성화하여 편집을 반복한다.

잠시 멈추려면 Position 도구를 사용한다.

5 방금 컷 이후의 사운드 바이트를 모두 선택한다.

6 P를 눌러서 Position 도구를 선택한다. 두 사운드 바이트를 약 12프레임 오른쪽으로 드래그한다.

기존의 MVI_1046은 음악의 크레셴도를 따르며 햇빛이 헬리콥터에 비치는 사운드 바이트다. 이제 이 새로운 사운드 바이트 공간을 만들기 위해 클립을 밀어내보자.

7 Select 도구로 MVI_1046 이전의 갭 클립을 리플 트림하여 음악의 마지막 섹션으로 밀어낸다. 리플 편집은 갭 클립 길이에 17:01을 추가하여 결과적으로 27:22의 길이가 된다.

두 개의 추가 사운드 바이트를 받을 준비가 된 큰 갭을 만들었다. MVI_1043 끝부분의 약 3초 이후에 프로젝트의 첫 번째 사운드 바이트를 배치할 것이다.

8 MVI_1043의 3초 후에 재생 헤드를 놓는다.

여러분은 그 사운드 바이트가 여기서 즐겨찾기로 가는 것을 확인했다. 따라서 그것을 Browser에서 검색할 수 있다.

9 Interview Keyword Collection을 선택하고 필터 팝업 메뉴에서 Favorites를 클릭한다. Browser의 검색 필드에 new를 입력한다.

MVI_1044가 Browser에 나타난다.

10 /(슬래시)를 눌러서 클립을 미리 본다.

11 Mitch가 "virtually"라고 말하기 전에 시작점을 설정한다. "for me"라고 말한 후에 끝점을 설정한다.

이 추가 사운드 바이트에서는 다음과 같이 편집해야 한다.

▶ 클립의 길이를 교체 편집과 비슷하게 유지한다.

▶ 스토리라인의 안쪽이나 바깥쪽 부근의 클립 위치에 영향을 끼치지 않는다. 연결 편집과 유사하다.

▶ 대상 스토리라인 위치에서 기존 프로젝트 클립을 지운다.

이것은 덮어쓰기 편집(overwrite edit)이다. 선택한 Browser 항목을 스키머나 재생 헤드의 프라이머리 스토리라인 또는 선택된 스토리로 도장을 찍듯 스탬프 한다. 해당 위치에 있는 모든 콘텐츠를 지운다. 주변 클립이 리플 되거나 이동하지 않는다. 이미 재생 헤드를 놓아두었으므로 이제 대상 스토리라인을 선택해야 한다.

12 재생 헤드를 놓아두고, 사운드 바이트 스토리라인의 회색 막대를 선택한다. 그런 다음 Overwrite 버튼을 누르거나 D를 누른다.

Overwrite 버튼

사운드 바이트는 사운드 바이트 스토리라인의 갭 클립 위에 배치된다. 이 편집은 다른 클립을 리플하지 않는다.

하나의 사운드 바이트가 더 남아있다. 다시 방금 추가한 사운드 바이트의 약 3초 이후에 새 클립을 놓는다.

13 MVI_1044 끝부분에 재생 헤드를 둔다. Command-Shift-A를 눌러서 사운드 바이트 스
토리라인의 선택을 취소한다. 그리고 Control-P를 누른다.

00:00:00:00 ⌐♀

타임 코드 디스플레이가 지워진다. 재생 헤드 이동 시간을 기다린다. +(플러스)를 사용
해서 재생 헤드를 타임라인의 3초 오른쪽으로 이동한다.

14 +(플러스)를 누르고 3.(3 마침표)을 입력한다. Return을 누른다.

+ 00:00:03:00 ⌐♀→

재생 헤드가 3초 이동한다. 이제 사운드 바이트를 붙일 준비가 되었다.

15 Interview Keyword Collection이 선택된 상태에서 검색 텍스트를 capture로 변경한다.

MVI_1045가 Browser에 나타난다. 클립 메모에 "capture"라는 단어를 이전에 지정했기 때
문이다.

16 Browser 클립을 선택한 다음 /(슬래시)을 눌러서 미리 본다.

17 스토리라인의 막대를 선택하고 D를 눌러서 이 클립을 사운드 바이트 스토리라인에 덮어
쓴다.

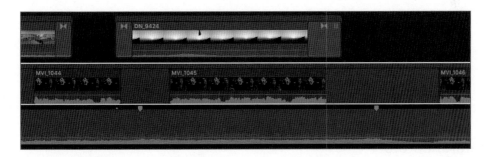

18 Roles Index에서 비디오, 음악, 자연 소리 롤을 다시 활성화한다. 마지막으로 수행한 편
집을 검토하여 모든 오디오 및 비디오 클립이 활성화되어 있는지 확인한다.

마지막에 편집한 사운드 바이트를 음악의 웅장한 멈춤(grand pause)의 크레셴도(cre-
scendo) 가까이 이동시킨다.

19 여러분이 선호하는 방법대로 MVI_1045를 이동한다. MVI_1045는 이전에 설정한 "Sunset through windows" 마커 바로 앞에서 끝난다. 이 이동이 다른 프로젝트 클립에 영향을 끼치지 않도록 확인한다.

곧 작업에 큰 변화를 만들 것이므로, 프로젝트를 스냅샷 해야 한다.

20 Project Smart Collection에서 Control을 누른 채 Lifted Vignette 프로젝트를 클릭하고, 바로 가기 메뉴에서 Duplicate Project as Snapshot을 선택한다. 스냅 사진의 이름을 Lifted Vignette – Before Aerials로 바꾼다.

여러분은 이미 많은 편집을 했다. 편집뿐만 아니라 편집 메모로 사용할 마커를 추가했다. 또한 Timeline Index와 롤을 살펴보았다. 잊지 말자. 이번 레슨은 새로운 음악 클립으로 교체될 프라이머리 스토리라인에서 사운드 바이트를 이동시키는 작업이다. 연결된 클립, 스토리라인, 마그네틱 타임라인으로 타임라인 전체의 항목들을 밀고 당기는 작업을 했다.

> **Checkpoint 5.5.1**
>
> Checkpoint 검토에 대한 자세한 내용은 Appendix C를 참조한다.

Reference 5.6
오디션으로 작업하기

배우는 매번 다른 해석으로 같은 대사를 몇 번이나 할 수 있다. 이러한 장면을 편집할 때면, 많은 편집자는 출연자의 첫 번째 테이크를 우선 검토한다. 그런 다음 두 번째 테이크로 교체하고 검토한다. 편집자는 모든 추가 테이크를 평가하기 위해 이 지루한 과정을 반복해야 한다.

Final Cut Pro 오디션을 사용하면 여러 개의 테이크를 하나의 클립으로 묶어서 프로젝트로 가져올 수 있다. 클립을 여러 번 편집하지 않고, 클립 내에서 테이크 간에 전환할 수 있다. 그러나 오디션 클립이라는 것은 같은 연기의 테이크만을 뜻하는 것이 아니다. 오디션으로 다양한 시각 효과와 오디오 효과를 함께 클립을 시험해 볼 수 있다. 또한 오디션을 사용해서 다른 클립을 프로젝트의 특정 섹션에 신속하게 적용할 수 있다.

테이크를 고를 수 있도록, Audition 창은 회전목마 같은 디스플레이에 모든 테이크를 보여준다. 테이크 섬네일을 클릭하거나 키보드 단축키를 누르면 교체 편집이 수행된다. 미리 보기 모드를 사용하면 재생 루프 동안 모든 테이크를 순환해볼 수 있다.

Exercise 5.6.1
스토리라인 위치 변경하기와 삭제하기

오디션으로 작성하고 편집하기 전에, 일부 타임라인을 변경해서 오디션 클립을 준비할 것이다. Final Cut Pro로 쉽게 만들 수 있다. 무슨 일이 일어나는지 자세히 볼 수 있도록 확대하는 것을 잊지 말자. 애초부터 새로운 항공 클립을 예상해서 이러한 변경을 한다.

> **NOTE ▶** 편집하는 동안 N을 사용해서 스냅핑을 활성화/비활성화 전환하는 것을 잊지 말자. 편집 내용을 확대해서 자세히 보아야 한다. Zoom 슬라이더를 Clip Appearance에서 드래그하거나 Command-=(등호)를 눌러서 확대/축소할 수 있다.

1   프라이머리 스토리라인의 첫 번째 갭 클립에서 2초를 트림한다.

이렇게 하면 음악과 음악에 연결된 모든 항목이 이동한다. 이들의 싱크는 유지된다.

이륙 스토리라인의 시작은 DN_9463이다. 이 클립은 여러분이 이전에 설정한 takeoff 마커에서 시작해야 한다. 사전비행 스토리라인과 그 마지막 클립인 DN_9452가 해당 마커 위에 있다. 하지만 여러분이 원하는 편집을 하기 위해 사전비행 스토리라인은 이것을 벗어날 것이다.

2   이륙 스토리라인의 회색 막대를 드래그하여 타임라인의 약 26초 부근(00:00:25:22)의 음악 다운비트와 스토리를 정렬한다. 이 지점은 takeoff 마커에 있어야 한다.

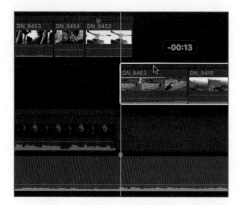

두 번째 B-roll 스토리라인인 사전비행을 이륙 스토리라인과 겹치기 위해 DN_9463 위로 이동했다. 이후 레슨에서는 로터 회전 속도를 높이고 클립 길이를 줄이기 위해 속도 변경을 적용할 것이다. 지금은 사전비행 스토리라인을 왼쪽으로 밀어서 takeoff 마커에서 DN_9463을 나타낼 것이다.

3   사전비행 스토리라인의 회색 막대를 드롭다운 될 때까지 왼쪽으로 드래그한다. 사전비행 스토리라인은 이륙 스토리라인과 더 이상 겹치지 않기 때문이다. 스냅핑을 켜놓은 상태에서 두 스토리라인이 서로 인접하도록 한다.

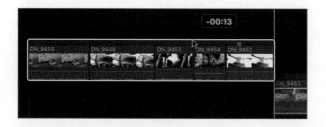

DN_9463의 이륙 장면 이후에 여러분은 새로운 항공 샷을 보고 싶을 것이다. 새 클립의 공간을 만들기 위해 다음 B-roll 클립 중 하나를 제거해보자.

이 스토리라인에서 DN_9415 클립이 제거된다. 다음 시리즈 편집을 위해서 갭을 삭제하면 스토리라인의 갭이 남는다.

4   DN_9415를 선택하고 Shift-Delete를 누른다.

갭 클립은 삭제된 클립을 교체한다. 이 갭을 다음 편집 시리즈의 참조점으로 사용한다. 이 시리즈에서는 새로운 항공 클립을 임포트해야 한다.

Exercise 5.6.2
Finder 태그를 사용해서 항공 클립 임포트하기

Lifted Vignette 프로젝트에서는 모든 새로운 항공 클립을 하나의 클립으로 프로젝트에 편집하기 위해 오디션 클립을 만들 것이다. 그리고 오디션 클립 내 항공 클립을 차례로 보면서 원하는 장면을 찾을 것이다.

이번 연습을 준비하려면 항공 미디어 소스 파일을 임포트해서 라이브러리 클립으로 관리해야 한다. 이 새로운 클립은 각 클립의 키워드로 임포트할 macOS Finder 태그를 사용하여 분류되고 구성되었다. Finder에서 태그를 보는 것부터 시작해보자.

1   Command-H를 눌러서 Final Cut Pro를 숨긴다.

2   Dock에서 Finder 아이콘을 클릭하여 Finder 창을 연다.

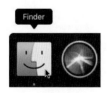

3   다운로드한 FCP X Media 〉 LV2 〉 LV Aerials 폴더로 이동한다.

항공 클립에 지정된 태그는 목록 보기에서 기본적으로 숨겨진다.

4 창을 목록 보기로 전환한다. Name 열 헤더를 Control-클릭한 다음 바로 가기 메뉴에서 Tags를 선택한다.

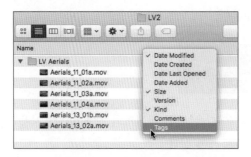

각 항공 클립의 태그가 표시된다. 이러한 클립을 임포트하는 동안 이 태그를 활용해서 Keyword Collections를 만든다.

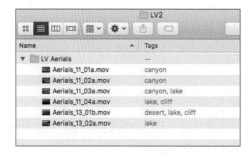

5 Dock에서 응용 프로그램의 아이콘을 클릭하여 Final Cut Pro로 돌아간다.

6 툴바의 Media Import 버튼을 클릭한다.

Media Import 창이 열린다. 왼쪽 사이드바에서 임포트할 항공 클립을 찾는다.

7 다운로드한 FCP X Media 〉 LV2 〉 LV Aerials 폴더로 이동한다.

8 LV Aerials 폴더를 선택한다.

9   Import Options 사이드바에서 다음을 설정한다.

▶   기존의 Primary Media에 추가한다.

▶   Leave files in place를 선택한다.

▶   "From Finder tags"와 "From folders"를 선택한다.

▶   다른 모든 분석 및 트랜스코딩 옵션을 선택 해제한다.

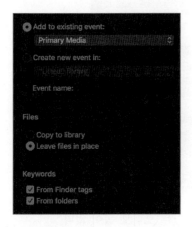

10 Import Selected를 클릭한다.

여섯 개의 항공 클립은 모두 Primary Media 이벤트의 LV Aerials Keyword Collection에 배치된다. 이 여섯 개의 클립은 Finder에서 지정된 태그에 따라 4개의 추가적인 Keyword Collections(협곡, 절벽, 사막, 호수)로 표시된다.

계속하기 전에 추가 메타 데이터 값, 롤을 지정해야 한다.

11 Browser의 LV Aerials Keyword Collection에서 여섯 개의 항공 클립을 모두 선택한다.

12 선택한 클립 중 아무거나 하나를 Control-클릭하고 바로 가기 메뉴에서 Assign Video Roles 〉 B-roll을 선택한다.

항공 클립에는 소스 오디오가 없으므로, 적용할 수 있는 오디오 롤이 없다.

Exercise 5.6.3
오디션 클립으로 작업하기

Audition 기능은 여러 테이크 및 완전히 다른 클립까지도 검토하는 좋은 방법이다. 이번 연습에서는 프로젝트에 클립을 추가하는 방법의 하나로 이 기능을 사용할 것이다. Browser에서 오디션 클립을 만드는 것부터 시작해보자.

1 LV Aerials Keyword Collection의 여섯 개의 항공 클립이 선택되어 있는지 확인한다.

2 선택한 클립 중 아무거나 하나를 Control-클릭하고, 바로 가기 메뉴에서 Create Audition을 선택하여 오디션 클립을 만든다.

오디션 클립이 Browser에 나타난다. 오디션 클립은 섬네일의 왼쪽 위에 있는 "spotlight" 아이콘으로 확인할 수 있다. 이 오디션 클립은 항공 클립의 in-line Browser의 역할을 할 것이다.

5.6.3-A Audition 창 경험하기

오디션 클립을 다양한 B-roll 스토리라인에 삽입하여 회전하자.

NOTE ▶ 이 연습과 다음 연습의 단계에서는 마치 여러분이 편집의 통제권을 잃은 것처럼 느껴질 수 있다. 그러나 Final Cut Pro는 모든 것을 동기화 상태로 유지할 것이다.

1 Browser에서 오디션 클립의 스포트라이트 배지를 클릭하여 Audition 창을 연다.

현재 선택을 보여주는 Audition 창이 나타난다. 선택 항목은 현재 오디션 클립 내에서 활성 클립이다.

2 왼쪽 또는 오른쪽 화살표를 눌러서 오디션 클립 내의 클립을 회전해서 차례로 본다.

NOTE ▶ 또는 다른 클립을 선택하려면 그다음 섬네일을 클릭해도 된다.

선택한 클립의 이름과 길이가 창에 나타난다. 오디션 클립은 교체 편집에 의해 작동한다.

3 Audition 창을 사용해서 Aerials_11_02a를 선택하고 Done을 클릭한다.

Audition 창이 닫히고 오디션 클립에 새 선택이 남는다. 이 캐넌 클립의 길이는 현재 39초다. 6초 정도로 줄여보자.

4 Browser에서 오디션 클립(스포트라이트 배지 포함)을 선택한다. 타임 코드00:00:54:00에서 시작하는 약 6초짜리 클립을 만든다. 이 작업을 수행하기 위한 몇 가지 팁은 다음과 같다.

▶ J K L 키, 왼쪽 및 오른쪽 화살표를 눌러서 재생 헤드를 배치한다.

▶ 클립의 타임 코드는 클립을 스키밍/재생하는 동안 타임 코드 디스플레이에 표시된다.

> ▶ ░░░░░░ 54:00

▶ 타임 코드 디스플레이에 00:00:54:00이 표시되면 I를 누른다.

▶ Control-D를 누르고 6 0 0을 입력해서 길이를 설정한다. Return을 누른다.

5 DN_9463 다음에 오디션 클립을 삽입한다. Insert 버튼을 클릭하거나 W를 누르기 전에 스토리라인의 회색 막대를 선택해야 한다.

NOTE ▶ Natural Sound 오디오 롤을 수신할 소스 오디오가 없다면, 항공 클립은 지정된 비디오 롤에 따라 색이 표시된다.

오디션 클립은 여러분이 오디션 클립을 만들었을 때의 각 클립 길이로 교체 편집을 한다. 여러분은 오디션 클립에서 오직 하나의 클립만 길이를 표시했기 때문에 다른 항공 클립이 선택되면, 이 클립들이 B-roll 스토리라인을 리플할 것이다.

6   클립 이름 옆에 있는 스포트라이트 아이콘을 클릭하여 타임라인에서 Audition 창을 연다.

대체 테이크 간에 창을 회전하면, 클립의 길이가 스토리라인을 리플한다.

7   오디션 클립을 다시 회전하여 Aerials_11_02a를 선택하고 Done을 클릭한다.

이 작업은 타임라인 내에서 수행하기에는 약간 위험할 수 있다. 여러분이 타임라인에서 특정 클립을 다른 클립에 "lock" 동기화했기 때문이다. 이어지는 스토리라인은 선택 항목을 필요한 교체 길이로 트림한 후에 다시 정렬할 것이다.

▶ **오디션으로 유발되는 리플 방지하기**

스토리라인의 오디션 클립을 사용할 때, 리플 편집 동기화를 방지할 수 있다. "Lift from Storyline" 명령은 클립을 연결된 클립으로서 스토리라인 밖으로 꺼내서 갭을 유지한다. 연결된 클립이 되면 그 오디션의 길이 변경은 독립적이다. 선택한 오디션을 갭 클립의 길이로 트리밍한 후에는 여러분이 그 클립을 스토리라인으로 되돌리거나 연결된 클립으로 남겨둘 수 있는 선택권을 갖는다.

▶ **연결점 재배치하기**

연결된 클립 또는 스토리라인은 기본적으로 클립/스토리라인의 시작점에서 연결점이 기본값으로 정해진다. 이 연결점은 클립/스토리라인 내 어디에나 재설정할 수 있다. 새로운 연결점은 클립의 위아래 부분을 Command-Option-클릭하면 정의된다

스토리라인을 다른 지점에 연결하는 것은 스토리라인의 회색 막대를 Command-Option-클릭하여 새 연결점을 설정하는 것과는 약간 다르다.

Reference 5.7
Tops and Tails 트림하기

스토리라인 내에서 연결된 클립이나 클립을 작업하는 경우, "top and tail" 트림 도구를 사용하여 세 가지 방법으로 트림할 수 있다.

첫 번째와 두 번째 방법은 "top the head(머리 자르기)"와 "trim the tail(꼬리 자르기)"다. 클립 시작 부분의 불필요한 자료를 제거하려면, 유지할 첫 번째 프레임에 재생 헤드를 놓은 후에 Trim Start 명령을 사용한다. 클립 끝부분의 자료를 자르려면, 유지할 마지막 프레임에 재생 헤드를 놓은 후에 Trim End 명령을 사용한다.

트림 명령 전 연결된 클립

재생 헤드에 Trim Start 명령을 수행한 후.
재생 헤드부터 끝부분까지의 클립 자료가 유지된다.

트림 명령 전 연결된 클립

재생 헤드에 Trim End 명령을 수행한 후.
시작 부분부터 재생 헤드까지의 클립 자료가 유지된다.

세 번째 방법은 "Trim to Selection"을 사용하여 동시에 "top and tail(머리와 꼬리)"을 트림하는 것이다. Range Select 도구를 사용하거나 클립 스키밍으로 시작점과 끝점을 표시하여 유지할 자료를 선택한다. 그리고 "Trim to Selection"을 사용하여 해당 선택 영역 외부의 관련 없는 내용을 삭제한다.

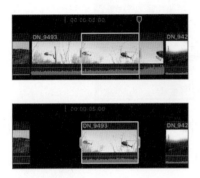

선택한 구간으로 트림한다.

Trim Start, Trim End, "Trim to Selection"은 재생 중에 사용할 수 있다. 실시간 편집이 가능하다.

Exercise 5.7.1
클립 트림하기

오디션 클립을 사용하여 항공 B-roll 클립을 추가한다. Trim Start, Trim End, "Trim to Selection" 명령을 사용하여 이 클립을 트림할 것이다.

1   Browser에서 오디션 클립을 선택하여 첫 번째 오디션 편집 Aerials_11_02a와 GOPR1857 사이의 갭으로 드래그한다. 교체 편집을 한다.

2   오디션 클립의 두 번째 예시인 Aerials_11_02a에서 스포트라이트를 클릭하여 Audition 창을 연다.

3 왼쪽 또는 오른쪽 화살표를 눌러서 Aerials_13_02a를 선택한다. Done을 클릭한다.

Aerials_13_02a의 끝부분을 사운드 바이트 시작 부분에서 자른다.

4 사운드 바이트의 시작 부분에 재생 헤드를 놓는다.

5 Aerials_13_02a를 선택하고 Option-](오른쪽 괄호)을 누른다.

클립의 끝은 재생 헤드 위치에서 트림되고, 나머지 스토리라인은 리플된다.

여기에 다른 클립을 추가해보자. Mitch의 사운드 바이트로 되돌아가기 전에 헬리콥터가
날면서 "카메라에 윙윙거리는" 패턴을 설정할 것이다.

6 Flight Keyword Collection에서 DN_9493 클립을 찾는다. Viewer에 헬리콥터 꼬리만 나타날 때(03:16:37:11) 클립의 끝점을 표시한다.

7 재생 헤드를 약 3초 정도 앞에 두고 시작점을 설정한다.

NOTE ▶ O로 끝점을 표시한다. Control-P, -(마이너스), 3, .(마침표), Return, I로 7 단계의 작업을 수행한다.

8 트림된 DN_9493을 Aerials_13_02a와 GOPR1857 사이에 삽입한다.

사운드 바이트가 재생되기 전에 헬리콥터에서 윙윙 소리가 나야 한다. 이전의 두 항공 클립을 트림하여 Mitch가 말하기 전에 DN_9493의 가장 큰 파형을 배치한다.

9 Aerials_11_02a 시작 부분을 재생한다. 시각적 큐를 찾거나 적절한 끝점이 될 만한 음악 마디를 찾아보자.

시각적 지점은 마른 강바닥이 화면의 바닥에 닿을 때이며, 음악적 지점은 막대(bar)의 시작 부분이다.

10 스토리라인과 클립 선택을 취소한다. 여러분이 찾아낸 끝점에 재생 헤드를 놓고 Option-](오른쪽 대괄호)을 누른다.

그 지점은 00:00:34:02이며, 마른 강바닥이 Viewer의 하단 가장자리에 있다.

11 적절한 끝점을 다시 듣고 보면서 Aerials_13_02a의 끝부분을 트림한다. 00:00:40:03에 클립을 끝낸다.

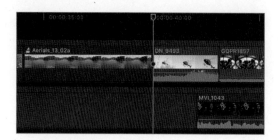

DN_9493의 가장 큰 파형은 사운드 바이트 직전 또는 시작과 동시에 발생한다. 사운드 바이트의 시작에서 Doppler 이동이 발생하도록 클립을 편집해야 한다.

12 필요한 경우, Aerials_11_02a, Aerials_13_02a, DN_9493에서 일부 추가 프레임을 트림한다. 사운드 바이트 전에 "윙윙거리는" 파형의 위치를 지정한다. 또는 −14 프레임의 Trim 도구로 슬립 편집을 시도할 수 있다.

13 DN_9493의 볼륨을 −15dB로 낮춘다.

이것은 최종 믹스 레벨이 아니다. 이는 단지 오디오 콘텐츠를 다루고, Lesson 7에서 오디오를 리믹스할 때까지 음향 악화를 방지하기 위한 조정일 뿐이다. 또한 이 클립의 끝부분은 갑작스럽고 사운드 바이트와 겹친다. Lesson 6에서는 전환을 추가하고 오디오를 분할하여 이 클립을 다음 클립에 혼합할 것이다.

5.7.1-A 계속 B-roll 추가하기

지금까지 여러분은 이론과 도구를 살펴보았다. 이제는 편집을 합치는 물리적 작업이 남았다.

1 GOPR1857과 IMG_6493 사이에 재생 헤드를 놓고, 스토리라인의 회색 막대를 선택한다.

2   Browser에서 iPhone Keyword Collection을 선택하고 B-roll 클립 IMG_6486을 찾는다. 클립의 시작 부분에서 2:10의 길이를 표시한다.

3   W를 눌러서 이륙 스토리라인에 클립을 넣은 다음, 클립의 볼륨을 낮춘다.

4   IMG_6493의 경우, 클립이 프레임의 윗부분의 Mitch의 손과 팔 장면에서 끝나되 카메라 가 팬(pan)하기 이전 지점에 리플 편집한다.

Viewer의 오른쪽에 있는 "꺾쇠괄호"는 이것이 IMG_6493의 마지막 프레임이라는 것을 나타낸다.

Lesson 6에서는 다음 클립인 GOPR3310과 항공 클립의 "분할 화면" 합성물을 만들 것이 다. 그 합성물을 예상하여 GOPR3310을 트림하자.

5   프로젝트에서 GOPR3310을 선택한 상태에서 Control-D를 누르고 08:10의 길이를 설정 한다.

프로젝트 선택 길이는 타임라인 영역 중앙의 현재 프로젝트 이름 오른쪽에 나타난다.

아직 프로젝트에 추가할 것이 많다. 마치 주택 리모델링처럼 새로운 것을 위해 제거해야 할 오래된 것들이 몇 가지 있다.

5.7.1-B 트랜지션 제거하기 및 클립 이동하기

여러분은 1차본 편집에서 트랜지션을 적용해서 일부 시작점과 끝점을 부드럽게 만들었다. 지금 작업에서는 이 중 전환을 하나 제거할 것이다.

1 Select 도구를 사용하여 DN_9503과 DN_9420 사이에 트랜지션을 선택한다.

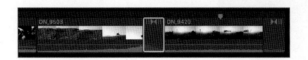

2 Delete를 누른다.

> **NOTE ▶** "Big Delete" 또는 백스페이스를 누른다. 풀 사이즈 키보드에 있는 작은 Forward Delete를 누르지 않도록 한다.

마지막 부분의 B-roll 클립 몇 개를 주의해야 한다. GOPR0009와 DN_9424 클립은 타임라인의 마지막 사운드 바이트로 이동되어야 한다.

3 스토리라인의 회색 막대를 사용하여 헬기 착륙 장면인 GOPR0009를 MVI_1046 위로 드래그한다. 계속 드래그하여 시작 트랜지션을 음악과 정렬한다. 음악이 웅장한 정점과 침묵의 순간 후에 다시 시작되기 때문이다.

> **NOTE ▶** MVI_1046과의 오버랩으로 인해 트랜지션이 깨끗하지 않을 수 있다. 이번 레슨의 마지막 부분에서 이것을 정리할 것이다.

4 스토리라인의 회색 막대를 사용해서 일몰 클립으로 날아오르는 클립 DN_9424를 MVI_1046 위로 드래그한다. 스토리라인의 시작 부분을 Mitch가 "Wow!"라고 말하는 부분에 맞추기 위해 계속 드래그한다.

"Wow!" 부분은 B-roll 오디오 파형의 최고점을 정렬하여 사운드 바이트가 끝난 직후에 발생한다.

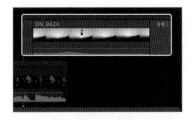

DN_9420은 창문을 통해 빛이 나는 클립이다. 이 클립은 음악의 웅장한 멈춤(grand pause) 부분에서 싱크가 잘 맞을 것이다. 이 부분은 이 음악의 정점이다.

여러분은 음악 파형의 가장 높은 정점을 볼 수 있을 뿐만 아니라, MVI_1045를 음악의 정점 약간 이전에 끝나도록 배치했다. 그 사운드 바이트에서 Mitch는 여러분이 무엇을 보게 될지 알 수 없다고 말한다.

5 이륙 스토리라인에서 DN_9420을 MVI_1045의 끝으로 드래그한다. DN_9420의 위치를 다시 바꾸려면, 핸들이 아닌 클립을 드래그하여 클립을 스토리라인 밖으로 꺼낼 수 있다. 이전에 설정한 마커를 사용해서 음악적 정점에 시각적 효과를 맞춘다.

NOTE ▶ 마커를 스냅하려면 먼저 클립을 스토리라인 밖으로 이동한다. 그리고 스냅핑을 활성화한 상태로 클립을 드래그하여 마커를 정렬한다.

5.7.1-C 바이트와 비트 정렬하기

지금까지 여러분은 이야기를 들려주기 위해 필요한 도구와 워크플로우를 배웠다. 스토리텔링은 액션을 차례대로 설명하는 것이 전부가 아니다. 비디오 스토리텔링은 비디오와 오디오 강조로 스토리를 향상할 수 있는 방법을 찾아야 한다.

이러한 편집을 시작하려면 앞에서 설명한 대로 패턴을 설정해야 한다. 앞서 여러분은 Mitch가 다시 말을 시작하기 전에 DN_9493이 카메라 위로 낮게 날아가도록 편집했다. DN_9503과 MVI_1044에도 동일한 편집을 다시 수행할 것이다. 그러나 현재 이 편집에 쓸 만한 클립 콘텐츠가 거의 없다. 헬리콥터에서 Mitch로 적절하게 트랜지션하려면 미디어가 겹쳐져 있어야 한다. 사운드 바이트는 늦어도 트랜지션이 디졸브할 때 시작해야 한다. DN_9503의 시작 부분을 트림하고 갭 길이를 조정하면 오버랩을 할 수 있는 쓸 만한 콘텐츠를 생성할 수 있다.

NOTE ▶ 편집 내용을 확대해서 보는 것을 잊지 말자. 타임라인에서 확대할 부분 위로 스키머를 놓는다. 키보드 단축키 Command-=(등호)를 사용해서 세밀한 편집 부분을 확대한다.

1   MVI_1044 이전의 갭의 끝점을 리플 편집하여 MVI_1044의 시작 부분이 트랜지션 시작에 정렬되도록 한다.

이전 편집 내용에 따라 여러분은 이전 단계를 완료하지 못했을 수 있다. 또는 클립과 트랜지션의 시작점을 정렬하면서 매우 짧은 갭이 생겼을 수도 있다.

2   1단계를 성공적으로 완료했으면 5단계로 건너뛴다.

3   갭을 넓히고 트랜지션이 MVI_1044 위에 있는지 확인하기 위해 DN_9503의 길이를 늘여
    야 한다면 프레임을 왼쪽으로 드래그하여 DN_9503의 시작 부분에 리플 편집을 한다.

DN_9503의 시작 부분에 Ripple 도구를 사용하여 왼쪽으로 드래그하면 추가 미디어가
생긴다.

4   갭 클립 길이를 DN_9503 아래에서 조정하여 MVI_1044의 시작을 DN_9503의 트랜지션
    시작에 맞춘다.

항공 오디션 클립에서 편집할 B-roll 클립이 세 개 더 있다. 그 클립 세 개는 MVI_1044
사운드 바이트 동안에 시작된다.

5   Mitch가 "new"라고 다시 말하면 MVI_1044에 항공 오디션 클립을 연결 편집한다.

오디션 클립에는 스포트라이트 아이콘이 있다는 것을 기억하자.

6 오디션 클립에서 Aerials_13_01b를 선택한다.

이 클립은 다소 지루하고 너무 길다. 그러나 여러분은 클립의 뒷부분에서 호수가 나타나는 장면을 아직 보지 못했다. 지금은 타이밍을 위해 그냥 그 클립을 그대로 둔다. Lesson 6에서는 클립에 속도 변경을 적용하여 바로 호수가 나타나는 장면으로 편집할 것이다. 여러분은 이 작업을 위해 미리알림(reminder)을 위한 마커를 만들 것이다.

7 클립이 선택된 상태에서 사막을 훑어보는 Aerials_13_01b의 시작 부분을 스키밍한다. M을 두 번 누른다.

표준 마커가 설정되고 Marker 창이 나타난다.

8 마커 이름을 speed to reveal로 지정하고 마커를 to-do 유형으로 변경한 다음 Done을 클릭한다.

새로운 to-do 리마인더가 만들어진다(스티커 메모 하나가 디스플레이에 태그를 달고 있다). 사막 오디션 클립을 크기에 맞추어 조각내보자.

9 MVI_1045의 시작점에 재생 헤드를 놓는다.

10 클립을 선택한 상태에서 Command-B를 눌러서 Aerials_13_01b 오디션 클립을 자른다. 단, 두 번째 절반은 삭제하지 않는다.

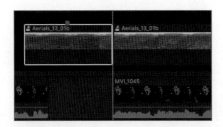

이 오디션 클립의 두 번째 절반을 사용하면 두 번째 B-roll 클립을 선택할 수 있다.

11 방금 만든 두 번째 오디션 클립을 Aerials_11_01a으로 바꾼다.

이 클립은 너무 길다. 하지만 여러분이 쓸만한 구간을 찾기에는 장점일 수도 있다.

12 View 메뉴에서 클립 스키밍을 활성화한다.

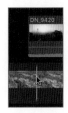

여러분은 클립 스키밍을 켜서 클립의 오디오 및 비디오를 솔로화할 수 있다. 스키머는 솔로 옵션을 제공하면서 스키밍하는 클립에 포함되어있다. 클립이 어디에서든 다른 클립과 수직 관계에 있어도, 클립 스키머는 클립의 콘텐츠를 솔로화한다.

13 Aerials_11_01a를 00:00:37:00의 타임 코드에 클립 스키밍한다. 이것은 클립의 소스 타임 코드다. I를 눌러서 시작점을 표시한다.

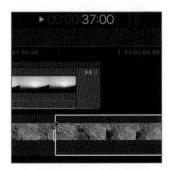

14 타임 코드 디스플레이가 00:00:42:00이 될 때까지 오른쪽으로 계속 클립 스키밍한다. O
   를 눌러서 끝점으로 표시한다.

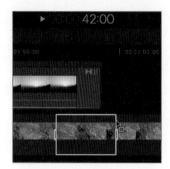

이제 "Trim to Selection"을 수행하여 해당 구간 밖의 내용을 제거한다.

15 Option-\(백 슬래시)를 누른다.

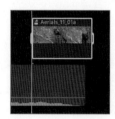

이것은 연결된 클립(connected clip)이었기 때문에, 스토리라인 왼쪽으로 밀리는 것이 아
니라 그 구간의 위치에 남게 된다.

16 Select 도구를 사용하여 이 클립을 Aerials_13_01b의 오른쪽 끝에 붙인다.

이제 이 시리즈의 세 번째 항공 클립에 대한 오디션 클립 복사본이 한 개 더 필요하다.
타임라인의 기존 오디션 클립에서 해당 복사본을 만들 수 있다.

17 Aerials 오디션 클립의 사본을 Option-드래그한다. 복사한 오디션 클립의 끝부분에 복사된 클립을 스냅한다. Option 키를 놓기 전에 마우스 버튼을 놓는다.

이 방법은 타임라인의 어느 곳에나 둘 수 있는 복사본을 만들면서 클립을 복제한다.

18 이 세 번째 오디션 클립의 선택을 Aerials_11_03a로 변경한다.

19 이 오디션 클립을 클립 스키밍한다. 1:42:00에 시작점을 설정하고 1:46:00에 끝점을 설정한다. Option-\(백 슬래시)를 눌러서 표시된 구간에 클립을 "top and tail" 한다.

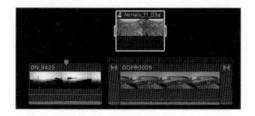

20 이 트림된 클립을 Aerials_11_01a 클립의 끝에 붙인다.

21 Aerials_11_03a의 끝부분을 트림해서 DN_9420에 깔끔하게 붙인다.

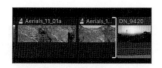

이 네 개의 클립은 연결된 스토리라인으로 감싸질 수 있지만, 지금은 이 클립들을 연결된 상태대로 둔다. 이제 프로젝트의 마지막 사운드 바이트를 변경할 작업만 남았다.

22 GOPR0009가 완전히 트랜지션된 이후로 사운드 바이트의 시작점을 밀기 위해 MVI_1046 이전의 갭의 끝점을 리플 편집한다. 프로젝트를 재생한다.

프로젝트를 보면 완전히 실행되지 않은 것들을 알 수 있다. 여러분은 여전히 사운드 효과를 추가하고, 속도 변경을 적용하고, 트랜지션을 배치하고, 오디오를 믹싱하고, 분할화면 클립을 만들어야 한다. 이는 여러분이 다음 레슨에서 경험할 즐거운 편집이 될 것이다.

여러분이 이번 2차본 편집에서 해낸 것을 살펴보자. 다른 워크플로우 접근법을 경험하기 위해 프라이머리 스토리라인에서 사운드 바이트를 lift시켜 들어 올렸고, 길이가 더 긴 음악 클립으로 교체했다. B-roll을 그룹화하기 위해 몇 개의 추가 연결된 스토리라인을 이동하고 생성했다. 유사한 항공 클립을 보관하기 위해 오디션 클립을 만들었다. 항공 B-roll을 작업할 때, 필요한 클립을 얻으려고 Browser를 뒤지지 않고 오디션으로 타임라인에서 작업할 수 있었다. 여러분은 큰 변화를 만들었고, Final Cut Pro는 이러한 변화를 쉽게 만들어 주고 있다.

여러분의 현재 타임라인 상태

▶ **Checkpoint 5.7.1**

Checkpoint 검토에 대한 자세한 내용은 Appendix C를 참조한다.

레슨 돌아보기

1. Duplicate Project as Snapshot 및 Duplicate Project 명령을 사용한 결과를 설명해보자.

2. Replace, Replace from Start, Replace from End 중에서 브라우저 클립의 길이를 사용하여 프로젝트 클립을 교체할 수 있는 교체 편집 명령은 무엇인가?

3. 다음 그림에서 네 개의 버튼을 왼쪽부터 오른쪽으로 각각 설명해보자.

4. 대시 보드에 나타난 표시로 인해 어떤 결과가 발생하는가?

5. 프로젝트에서 사용된 모든 마커 목록은 어디에서 찾을 수 있는가?

6. 이 그림에서 클립에 어떤 명령이 적용되었는가?

7. 클립과 관련된 스토리라인 클립의 위치를 재조정하여 다른 클립을 덮어쓸 수 있게 해주는 도구는 무엇인가?

8. 클립에 롤을 지정할 수 있는 곳은 어디인가?

9. 어떤 유형의 클립이 오디션에 포함되는가?

10. 오디션 클립의 아이콘 배지는 무엇인가?

11. 아래의 시나리오에 어떤 명령이 적용되었는가?

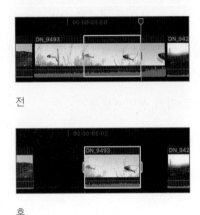

전

후

정답

1. Duplicate Project는 "라이브" 버전을 만들어서 다른 프로젝트에서 사용된 복합 및 멀티 캠 클립을 업데이트한다. Duplicate Project as Snapshot는 복제 시점에서 해당 프로젝트의 저장을 완료시킨다.

2. The Replace edit command

3. 스키밍(S): 비디오 스키머를 활성화/비활성화한다. 오디오 스키밍(Shift-S): 오디오 스키밍을 활성화/비활성화한다(반드시 스키밍은 활성화되어야 한다). 솔로(Option-S): 선택한 클립의 오디오 재생을 모니터링한다. 스냅핑(N): 스키머/재생 헤드를 클립, 키프레임, 마커의 시작 부분으로 드래그하면서 마그네틱 정렬을 한다.

4. 재생 헤드가 3초 왼쪽으로 이동한다(Control-P).

5. 타임라인 인덱스의 Tags Index

6. 솔로 명령(Option-S)

7. Position 도구

8. Info 인스펙터, Timeline, Timeline Index, Browser, Modify 메뉴

9. 일반적으로 on-camera 녹화물, 오디오 전용 VO의 테이크 여러 개 등이다. 오디션 클립은 오디션에 추가한 어떤 클립 유형이든 가능하다.

10. 스포트라이트 배지. 오디션 클립의 강조 포인트다.

11. Trim to Selection(Option-\(백 슬래시))

Lesson 6
편집 향상하기

프로젝트를 수정하는 두 번째 단계가 이번 '편집 향상하기' 단계로 오도록 이끌었다. 모든 프로젝트가 여기에 제시된 기술을 필요로 하는 것은 아니지만, 어떤 프로젝트는 이 모든 기술을 요구할 수도 있다. 편집 작업 동안에는 물론이고, 후반 작업 오류를 다룰 때도 이 세 번째 향상 편집 단계를 통해 여러분의 창의력을 활용할 수 있다.

Lifted Vignette 프로젝트는 두 번째 편집 단계에서 중요한 수정을 거쳤다. 이제는 필요한 속도 효과(speed effect)를 삽입하고 시각 효과를 적용하여 이미지를 향상할 것이다. 또 장면 전환을 더 많이 추가하여 스토리 요소를 통일할 것이다. 두 개의 클립을 합성한 다음, 그 합성을 다시 관리 가능한 컴파운드 클립으로 만드는 방법을 배워본다.

학습 목표

▶ 클립 재생 속도 변경하기

▶ 효과로 클립 룩 수정하기

▶ 장면 전환 활용하기

▶ 변환 및 컴포지팅 컨트롤 조정하기

▶ 컴파운드 클립 만들기

Reference 6.1
클립 타이밍 다시 설정하기

속도 효과는 프로젝트의 다양한 목적을 달성할 수 있다. 예를 들어, 교육 영상에서 시간 소모적인 전체 진행 과정을 신속하게 보여주기 위해 시간을 압축할 수 있다. 재생 속도가 약간 빨라지면 시청자는 지루하지 않게 그 과정을 볼 수 있다. 또 속도 효과는 감정적인 영향을 줄 수 있다. 과거 사건에 대해 인물이나 내레이터가 등장하는 내러티브 작품에서, 재생 속도를 느리게 하면 보이스오버로 표현된 감정을 시각적으로 강화할 수 있다..

리타이밍 효과(retiming effect)를 사용할 때는 항상 그것을 사용하는 이유가 적절한지 확인해야 한다. 아무 이유 없이 속도 효과를 사용하면 시청자의 주의가 산만해지고 여러분이 말하고자 하는 스토리텔링과는 거리가 멀어진다.

여러분은 앞서 첫 번째 격납고 문 열기 클립을 역 재생하면서, 클립에 속도 변경을 이미 적용해보았다. Retiming 팝업 메뉴에서 Reverse Clip을 선택하여 속도 변경을 매우 쉽게 적용할 수 있었다. Retime Editor는 클립이 역방향의 정상 속도로 재생되도록 설정한다.

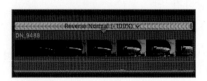

그러나 Final Cut Pro에는 클립을 역방향으로 재생하는 것 외에도 리타이밍 옵션이 아주 많다. 이번 레슨에서는 Retiming 팝업 메뉴와 Retime Editor의 리타이밍 프리셋을 살펴볼 것이다.

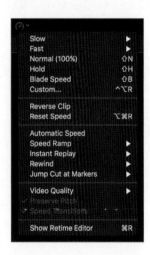

Exercise 6.1.1
스피드 변경 설정하기

Lifted Vignette 프로젝트에서 여러 클립에 대해 속도 변경 효과가 필요하다. 이것을 나중에 까먹지 않기 위해 리마인더로 to-do 마커를 붙였다. Timeline Index의 to-do 목록을 살펴보자. 또 이 프로젝트를 변경하기 전에 나중에 참조할 수 있도록 스냅샷을 만들어 백업본으로 저장하자.

1 타임라인에서 프로젝트가 활성화되면, Edit 〉 Duplicate Project as Snapshot을 선택하거나 Command-Shift-D를 누른다.

2 Browser에서 스냅샷의 이름을 Lifted Vignette - Before Speed Changes로 바꾼다.

3 Lifted Vignette 프로젝트에 머물러있는 상태에서 Timeline Index 버튼을 클릭하거나 Command-Shift-2를 눌러서 Timeline Index를 연다.

to-do 마커를 필터링하는 Tags 창을 보려면 Index를 재설정해야 할 수도 있다.

4 Timeline Index의 위쪽 섹션에서 Tags 버튼을 클릭한다.

5 아래쪽 섹션에서 Incomplete To-Do Items 버튼(오른쪽에서 세 번째 버튼)을 클릭한다.

이제 색인에는 이전 편집 과정에서 작업한 to-do 마커가 나열된다.

6 Timeline Index에서 "Speed and SFX"라는 to-do 마커를 선택한다.

DN_9452의 마커가 선택되고 재생 헤드가 클립에 놓인다.

7 이 클립을 재생해서 헬리콥터가 시동을 거는 장면을 다시 확인한다.

이 클립이 조금 더 빨리 시작한다면 어떨까? 클립의 내용은 빨라지고 있다. 헬리콥터가 이륙하는 다음 클립을 위해 헬리콥터 날개가 더 빨리 회전할 수 있도록 약간 부스트를 줄 수 있다.

8 클립을 선택한 다음 Command-R을 눌러서 클립의 Retime Editor를 나타낸다.

모든 클립에는 조정이 정상적으로 됐는지 확인하기 위한 Retime Editor가 있다. 표시된 것과 같이, 이 클립은 현재 정상적인 100% 속도로 재생된다.

NOTE ▶ 이전 선택 항목이 없다면, Command-Down Arrow를 사용해서 재생 헤드 아래의 가장 높은 레인에서 클립을 선택할 수 있다.

6.1.1-A 수동으로 재생 속도 설정하기

리타이밍 효과를 통해 클립의 내용에서 더 많은 감정을 이끌어낼 수 있다. 연속성 있는 샷을 만들거나 눈에 띄는 시각적 효과를 만들 수 있다. Retiming 팝업 메뉴와 클립의 Retime Editor "스트라이프(stripe)"에는 필요한 효과를 만들 수 있는 몇 가지 프리셋이 있다. Retime Editor의 강력한 힘을 이해하려면 수동으로 조정해보자.

1 DN_9452의 Retime Editor 오른쪽 끝에서, 스트라이프의 속도 표시를 보면서 리타이밍 핸들을 오른쪽과 왼쪽으로 드래그한다.

속도 값이 변경되면 클립 길이가 변경된다. 리타이밍 핸들을 오른쪽으로 드래그하면 Retime Editor는 이 클립이 느리게 재생되고 클립의 길이가 길어질 것을 알린다. 핸들을 왼쪽으로 드래그하면 클립이 평소보다 빨리 재생되고 클립의 길이가 줄어든다.

주의하자. 이것은 트림 편집이 아니다. 속도 변화에도 불구하고 클립의 끝점은 동일하게 유지된다. 새로운 속도 설정을 실행하기 위해 프레임 초당 프레임 비율이 변경된다. 예 컨대, 100% 속도의 클립은 그 클립이 녹화된 대로 프레임 1, 2, 3, 4 차례로 재생한다. 클립을 200% 속도로 재생하면 클립은 프레임을 건너뛰고 프레임 1, 3, 5 순서로 재생한다.

프레임 건너뛰기의 부작용은 클립의 길이가 단축된다는 것이다. 그러나 시작점과 끝점
은 변경되지 않는다. 계속하기 전에 클립을 정방향 100% 보통 속도로 재설정해야 한다.

2 DN_9452를 선택하고 Viewer의 왼쪽 아래에 있는 Retiming 팝업 메뉴에서 Reset Speed
를 선택한다.

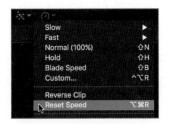

리타이밍 핸들을 드래그하여 클립의 길이나 재생 속도를 변경할 수 있다. 그러나 숫자
입력을 사용하는 등의 다른 수동 방법을 통해 속도를 변경할 수도 있다.

3 Retime Editor에서 백분율 표시 오른쪽에 있는 Speed 팝업 메뉴를 클릭한다.

Speed 팝업 메뉴에는 Custom 속도 옵션을 포함하여 Retiming 팝업 메뉴와 동일한 옵션
이 포함되어 있다.

4 Speed 팝업 메뉴에서 Custom을 선택한다.

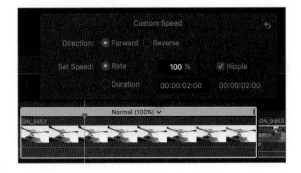

Custom Speed 창이 열린다.

여기서 클립의 재생 속도 또는 원하는 길이를 숫자로 입력한다. Final Cut Pro는 필요한 속도 변경을 계산할 수 있다. 클립 길이는 이미 필요에 따라 설정되어 있는데, 여러분은 DN_9452를 클립을 더 빠르게 재생할 수 있다.

5   Rate 백분율 필드에 200을 입력한다. Return은 아직 누르지 않는다.

클립의 재생 속도를 높이면 클립 길이가 짧아져서 타임라인에 갭이 생길 수 있다. Ripple 체크 상자를 선택하면 그다음 클립들을 리플해서 이러한 갭을 방지할 수 있다. 실제로 연습해보자.

6   Ripple이 선택되었는지 확인하고 Return을 누른다.

클립은 원래 속도의 2배(200%)로 재생되고, 원본 길이의 절반까지 단축된다. 안타깝게 도 여러분은 DN_9463이 시작될 때까지 빠른 속도로 재생하고 싶어 한다. 이 문제를 해 결하기 위해 또 다른 방법을 시도해보자.

7   Command-Z를 눌러서 속도 변경을 취소하자.

클립 DN_9452는 원래의 100% 속도로 재설정하고 원래 길이로 되돌아간다. 열려있는 Custom Speed 창에서 다시 속도 변경을 설정하자. 하지만 리플 설정은 하지 않는다.

8   Ripple 체크 상자 선택을 취소한다. Rate 백분율 필드에 200을 입력하고 Return을 누른 다.

클립이 빠른 속도로 재생되지만 DN_9452의 길이는 리타이밍 전후로 일정하다. 미디어 가 클립의 끝점을 벗어날 경우 Ripple을 선택 해제하면, 추가로 사용 가능한 미디어를 활 용해서 사용자 설정 속도가 변경되는 동안 해당 클립의 길이를 고정한다.

NOTE ▶ Custom Speed 창 외부를 클릭하여 닫는다.

결과는 아직 헬리콥터의 터빈 동력이 느껴질 정도로 극적이지 않다. 다시 600%로 속도 변경을 시도해보자. 헬리콥터 날개가 회전해야 한다.

9　Custom Speed 창에서 Ripple 체크 상자의 선택이 해제되었는지 확인하자. Rate를 600으로 변경하고 Return을 누른다.

NOTE ▶ 　Retime Editor의 Speed 버튼을 클릭하여 Custom Speed 창을 다시 연다.

이제 좋다. 곧 비행을 앞둔 헬리콥터의 날개는 시각적으로 속도감을 전해준다. 여러분은 이 프로젝트에 두 가지 속도 효과 적용을 마쳤다. 헬기가 시작하는 클립에서 여러분은 승무원이 내는 "음향 효과"를 들을 수 있다. 이것은 기계 음향처럼 들리지 않으므로 나중에 다른 사운드 효과를 삽입할 것이다.

Exercise 6.1.2
블레이드 스피드로 편집하기

리타이밍 효과 중에서 가변 속도 변경은 한 개의 클립 내에 적어도 두 가지 다른 재생 속도를 적용한다. 이 효과를 사용하려면 클립을 속도별로 하나씩 세그먼트로 나누어야 한다. Aerials_13_01b 클립은 이 효과를 적용하기에 완벽하다. 이 클립에서 헬리콥터는 사막 위를 빠르게 날아가서 절벽 위를 넘어 호수를 보여준다.

현재 이 클립을 필요한 스토리 길이로 트림해보자. 절벽과 호수의 경관이 포함되는 것이 더 좋다. 이 편집을 수행하고 효과를 적용하려면, 전체 클립을 보면서 속도 세그먼트를 식별해야 한다. 일시적으로 클립을 리플 편집하여 전체 길이로 확장할 수도 있지만, 여기에 또 다른 방법도 있다.

1 Timeline Index를 사용하여 "speed to reveal" to-do 마커가 있는 Aerials_13_01b를 찾는다.

전체 클립을 보려면 Aerials_13_01b 끝점을 드래그하여 확장한다. 또는 클립의 길이를 숫자로 변경할 수 있다. 우리는 여기서 이 방법을 쓸 것이다.

2 타임라인에서 Aerials_13_01b를 선택하고 Control-D를 누른다.

클립의 현재 길이가 타임 코드 디스플레이에 나타난다. 더 긴 새로운 길이를 입력해서 호수가 나타나는 장면을 포함한다.

3 클릭하지 않고(타임 코드 디스플레이가 이미 새 값을 수신할 수 있도록 준비되었으므로), 45.(45마침표)를 입력하고 Return을 누른다.

`00:00 45:00`

Aerials_13_01b는 45초로 길어진다. 클립을 스키밍하면 호수가 드러나는 장면이 보인다. Blade Speed 옵션을 사용하여 클립을 속도 세그먼트로 쪼갠다.

이 속도 세그먼트를 음악적, 시각적 두 가지 요소와 함께 묶는다. 첫 번째 속도 세그먼트는 클립의 현재 상태인 표준 속도로 클립을 재생할 것이다. 어디에서 속도 변경을 시작하고 두 번째 속도 세그먼트를 둘 것인가를 결정한다.

MVI_1044 사운드 바이트의 끝부분 가까이에서 Mitch는 "eye opener"라고 말한다. 이것을 속도 변경을 위한 시작점으로 사용해보자.

4 Mitch가 "eye opener"라고 말하는 지점에 재생 헤드를 놓는다.

5   Aerials_13_01b를 선택하고 Retiming 팝업 메뉴에서 Blade Speed를 선택하거나 Shift-B
    를 누른다.

클립의 Retime Editor가 열리고 여러분이 만든 두 개의 속도 세그먼트가 나타난다. 두
번째 속도 세그먼트의 시작 부분은 샷에서 어느 위치에(사막 위를 날아가는 지점에), 사
운드 바이트 오디오에서 언제("eye opener"라고 말하는 지점에) 속도 변경이 발생하는지
확인한다. 이 세그먼트부터 헬리콥터가 절벽 가장자리에 도달하여 호수가 드러나는 클
립 지점까지 재생 속도를 가속할 것이다. 바로 이 지점이 세 번째 속도 세그먼트를 시작
할 곳이다.

6   View 메뉴에서 Clip Skimming을 활성화하고, 헬리콥터가 절벽 위를 반쯤 지나는 때까지
    스키밍한다.

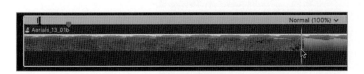

7   Option을 클릭한 상태로 Aerials_13_01b를 클릭하여 재생 헤드를 스키머 위치로 이동한
    다음 Shift-B를 누른다.

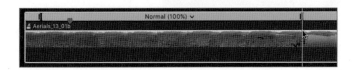

여러분은 세 번째 세그먼트의 시작 부분에서 보고 싶은 것을 만들었다. 이제는 음악과
관련하여 속도 변화를 설정할 준비가 되었다. 여러분은 앞서 Swell이라는 이름의 마커를
만들었다. All 태그로 설정한 Timeline Index를 사용하여 그 음악을 찾을 수 있다. 또는
타임라인에서 부근의 마커를 참조해도 된다.

8   프로젝트에서 음악이 커지기 시작하는 대략 00:01:14:14에 재생 헤드를 놓는다.

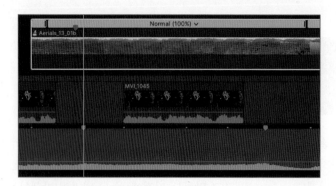

이 음악 지점에 재생 헤드를 설정하면 두 번째 속도 세그먼트 끝부분의 참조점을 알 수 있다.

9   두 번째 속도 세그먼트 끝부분에서 리타이밍 핸들을 재생 헤드에 맞춰질 때까지 왼쪽으로 드래그한다.

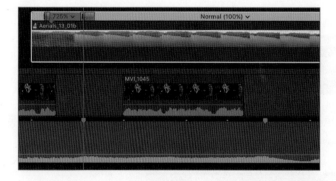

전체 클립을 검토한다. 헬리콥터가 사막 바닥을 가로지르며 날아다니고, 음악이 점점 커질 때 호수가 나타나는 것을 보고 들으며 감상한다.

6.1.2-A 속도 전환 작업하기

이러한 변화의 전반적인 효과를 검토하는 동안, 여러분은 두 번째 속도 세그먼트의 가속 및 감속을 알 수 있다. 세그먼트 시작 부분의 가속은 효과적이지만, 호수를 보여주는 부분에는 더 급격한 속도의 변경을 원할 것이다.

속도 세그먼트에는 세그먼트 간의 속도 변경을 제어하는 속도 전환(speed transitions)이 포함되며, 이는 물론 조정 가능하다.

1 마우스 포인터를 두 번째 속도 전환의 왼쪽 끝에 가져간다.

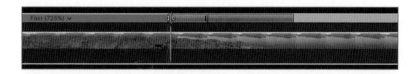

2 왼쪽 절반이 제거될 때까지 트랜지션의 왼쪽 끝을 트랜지션의 중심으로 드래그한다.

편집을 확인해보면, 감속 전환이 여전히 있음을 알 수 있다. 하지만 클립을 속도 블레이드(speed-bladed)한 시점까지는 감속 전환이 발생하지 않는다.

3 속도 전환의 오른쪽 절반의 길이를 다양하게 변경하자. 이를 통해 감속을 변경하고 이미지와 음악 간의 극적인 관계에 어떤 영향이 있는지 관찰할 수 있다. 빠른 제트기의 속도에서 느린 걸음의 속도로 갑자기 속도가 떨어지는 것은 좋은 것인가?

편집을 검토한 후에 만약 여러분이 속도 블레이드를 잘못된 프레임에 적용했다는 것을 알았다면, 내용과 관련하여 트랜지션이 발생하는 위치를 조정할 수 있다.

4 리타이밍 아이콘이 표시된 상태에서, 속도 세그먼트 2의 끝부분에 있는 리타이밍 핸들을 더블 클릭한다.

Speed Transition HUD가 열린다.

NOTE ▶ HUD가 열리지 않으면 적어도 하나의 속도 전환이 다시 나타날 때까지 Command-Z를 누른다. 그리고 트랜지션을 더블 클릭한다.

Speed Transition HUD에서 속도 전환의 양쪽을 활성화 또는 비활성화할 수 있다. 또한 여기에서 Source Frame Editor를 찾을 수 있다. 이 편집기는 속도 세그먼트를 변경하지 않고도 속도 변경 내에서 클립을 롤 편집할 수 있다.

5 Speed Transition 체크 상자의 선택을 취소한 다음 Source Frame Edit 버튼을 클릭한다.

Source Frame Editor는 필름 프레임 아이콘으로 나타난다. 편집기 롤은 두 속도 세그먼트 사이의 내용을 편집한다. 동시에 오른쪽 속도 세그먼트의 시작 프레임을 변경하면서 왼쪽 속도 세그먼트의 끝 프레임을 변경한다.

6 Viewer가 속도 변경이 일어나야 하는 절벽 프레임을 나타낼 때까지 소스 프레임의 필름 프레임 아이콘을 왼쪽과 오른쪽으로 드래그한다.

7 소스 프레임 아이콘을 더블 클릭하여 편집기를 닫는다.

이제, 클린업 편집(cleanup edit)을 수행하여 Aerials_13_01b의 끝점을 정확한 길이로 트림할 것이다.

8   Aerials_13_01b를 선택하고 재생 헤드를 그다음 클립인 Aerials_11_01a의 시작 지점에 놓는다.

9   재생 헤드와 스키머를 배치한 후에, Option-](오른쪽 대괄호)을 누른다.

인접한 4개의 연결된 클립은 연결된 스토리라인에 포함될 수 있지만, 이것이 필수는 아니다. 이번 레슨의 뒷부분에서 스토리라인이 필요한 작업을 확인할 수 있다.

▶ **Checkpoint 6.1.2**

Checkpoint 검토에 대한 자세한 내용은 Appendix C를 참조하자.

Reference 6.2
비디오 효과로 작업하기

때때로 클립에는 비디오 효과나 색 보정과 같은 추가적인 시각적 호소력이 필요하다. 예를 들어, 비디오 효과 중에 비네트는 시청자의 관심을 이미지의 중심으로 집중시키는 효과가 있다. 색 보정은 콘트라스트를 높이거나 낮춰서 마치 오래된 영화에서 가져온 클립처럼 보이게 할 수 있다.

Final Cut Pro에는 200가지가 넘는 비디오 및 오디오 효과가 있다. 거기에 더해서 third-party 제품도 매일 증가하고 있다. 여러분도 또한 독창적인 효과를 만들어서 동료 Final Cut Pro 사용자와 공유할 수 있다.

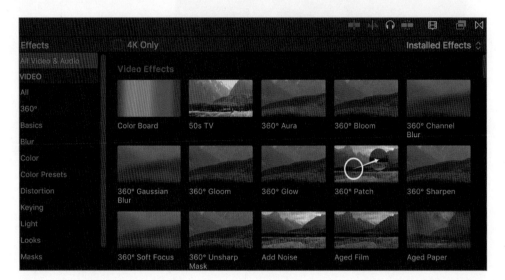

모든 비디오 및 오디오 효과는 Effects Browser에 표시된다. 왼쪽 사이드바에서 효과는 비디오 및 오디오 하위 카테고리로 구성된다. 브라우저의 하단에 있는 검색 필드에서는 텍스트 효과를 검색할 수 있다.

클립에 비디오 효과를 적용한 후, 그 클립의 Video 인스펙터에서 해당 효과를 조정하는 설정을 찾을 수 있다.

각 효과는 Effects 섹션에서 적용된 순서대로 나타난다. 사용 가능한 설정의 개수는 효과에 따라 다르다.

기본적으로 비디오 효과는 전체 비주얼에서 픽셀을 변경한다. 하지만 여러분은 때로 효과를 단일 색상의 픽셀, 특정 영역, 특정 영역의 단일 픽셀 색상으로 제한하는 것을 원할 수도 있다. 예를 들어, 클립 내에서 다른 파란색 물체를 변경하지 않고 하늘의 파란색에만 더 풍부한 효과를 만드는 경우다. 대부분 효과는 각 효과에 내장된 마스크(masks)를 사용해서 이러한 유형의 제한을 적용할 수 있다.

단일 효과 마스크와 여러 효과를 결합하여 복잡한 시각 효과를 만들 수 있다.

Exercise 6.2.1
비디오 효과로 실험하기

효과를 적용하는 것은 간단하다. 우선, 하나 이상의 대상 프로젝트 클립을 선택한다. Effects Browser에서 원하는 효과를 더블 클릭하여 적용한다. 이제 이 효과를 추가로 사용자 설정할 준비가 되었다.

Lifted Vignette에서 해가 지는 쪽으로 날아가는 헬리콥터의 마지막 장면에 비네트 효과를 적용해보자.

1 마지막 B-roll 클립 DN_9424에 재생 헤드를 놓아두고 클립을 선택한다.

이미지 모서리를 어둡게 하는 비네트를 적용한다.

2 타임라인의 오른쪽 위에 있는 Effects Browser에서 사이드바에 "All Video & Audio"가 선택되어 있는지 확인하고 vignette를 검색한다.

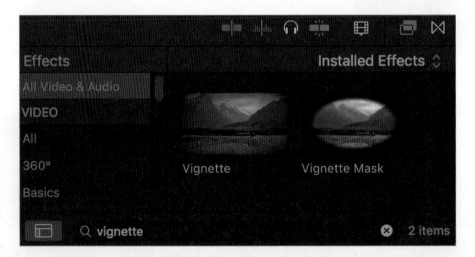

두 가지 비네트 효과가 나타난다. Browser에서 섬네일을 스키밍하여 각 효과를 미리 볼 수 있다.

3 Vignette와 Vignette Mask 효과를 스키밍해보자.

이 효과의 마스크 버전은 필요 없다. 일반 Vignette 효과로 처리할 수 있다.

4 Vignette 효과를 다시 스키밍하고, 스페이스 바를 눌러서 재생을 시작한다.

DN_9424에 적용된 Vignette 효과를 실시간으로 미리 볼 수 있다. 이 Vignette 효과와 관련된 일부 설정이 수정될 수 있다. 이렇게 하려면 먼저 효과를 프로젝트 클립에 적용해야 한다.

5   DN_9424가 선택되었는지 확인한다. Vignette 효과를 더블 클릭한다.

NOTE ▶   효과를 타임라인 클립으로 드래그해도 된다.

클립 위에 재생 헤드가 놓여있으면 Viewer에 그 결과가 나타난다. 효과를 사용하여 작업할 때 기억해야 할 점은 변경 중인 클립 위에 재생 헤드를 놓아두어야 한다는 것이다. 그런 다음 효과를 수정하면 즉시 결과를 볼 수 있다.

6.2.1-A 효과 수정
적용된 효과에 대한 설정은 Video 인스펙터에서 조정해도 된다. 효과, 장면 전환, 타이틀 설정은 타임라인 클립에 효과를 적용한 후에만 사용할 수 있다.

사용 가능한 조정은 효과에 따라 다르다. 일부 효과에는 2~3개의 매개 변수만 있지만, 어떤 효과에는 수십 개의 매개 변수가 있다. 이러한 매개 변수를 변경하여 특정 클립에 대한 효과를 사용자 설정할 수 있다. 여러분이 마지막 클립에 Vignette 효과를 적용해서 작업을 시작한 것과 같다. 이 모든 작업은 매우 쉽게 되돌릴 수 있다. 따라서 매개 변수를 다양하게 조정해보지 않으면, 가능성을 발견할 기회를 놓치는 것이나 다름없다.

1   Inspector 버튼을 클릭하거나 Command-4를 눌러서 Video 인스펙터를 연다.

2   Video 인스펙터에서 Inspector 창의 위쪽에 있는 Video 버튼을 선택한다. Vignette가 첫 번째 카테고리인 Effects에 나열된다.

Vignette 매개 변수가 Video 인스펙터에 나타난다. 이전 연습의 끝부분에서 해당 효과가 있는 클립을 선택했기 때문이다.

NOTE ▶ Vignette가 목록에 없으면, 재생 헤드가 DN_9424 위에 있거나 다른 클립이 선택되지 않았는지 확인하자.

3   네 번째 슬라이더 Falloff를 0.57 왼쪽으로 드래그한다.

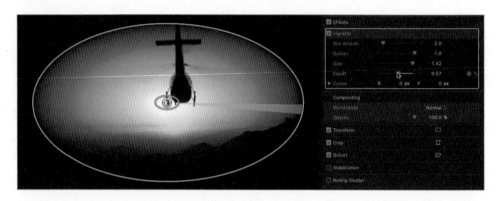

Vignette 효과로 클립에서 볼 수 있는 부분이 축소된다. 이 정도로 축소를 많이 원하는 것이 아니다. 그러나 이 문제를 해결하기 전에 다른 매개 변수를 조정해보자. 이러한 매개 변수 중 일부는 Viewer와 Inspector에서 조정할 수 있지만, 어떤 매개 변수는 Inspector에서만 조정할 수 있다.

4   Viewer에서 내부 동심 타원을 조정한다.

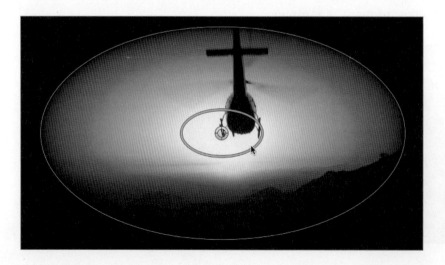

Size와 Falloff 매개 변수가 Video 인스펙터에서 업데이트되면 이미지도 Viewer에서 업데이트된다.

효과를 실험해 본 후에는 그 효과를 다시 설정하고 다시 시작해야 할 수 있다. 효과의 오른쪽에 있는 Inspector에서 Reset 버튼을 사용한다.

Vignette 효과의 오른쪽에는 효과의 모든 매개 변수를 재설정하는데 사용할 수 있는 팝업 메뉴가 있다.

5   Video 인스펙터에서 Vignette의 팝업 메뉴를 클릭하고 Reset Parameter를 선택한다.

Vignette 효과는 기본 설정으로 되돌아간다. 한 가지 효과를 시도하기는 쉽다. 한 번에 두 가지 효과를 시도하기는 얼마나 더 쉬울지 살펴보자.

6.2.1-B 스태킹(stacking) 효과

한 클립에 두 가지 이상의 효과를 적용할 수 있다. 아무 이유 없이 클립에 20~30개의 효과를 적용하면 영상이 무거워지지만 두세 가지의 효과 정도는 괜찮다. 어떤 효과들은 교정 기능을 한다. 클립의 내용에 따라 몇 가지 교정 필터가 필요할 수 있다. 또 다른 효과들은 이미지에 시각적 스타일을 추가하는 장식 필터의 기능을 한다.

여러 가지 효과를 사용할 때 Inspector에서 스태킹 순서를 변경해보자. 클립에 효과를 적용하면, Video 인스펙터의 Effects 카테고리 아래쪽에 효과가 추가된다. Video 인스펙터에 효과가 나타나는 순서는 최종 이미지에 영향을 끼친다.

1   DN_9424를 선택한다. Video 인스펙터가 계속 표시되는지 확인한다.

2   Effects Browser에서 이전 검색 텍스트를 지우고 Aged Paper 효과를 찾아서 더블 클릭한다.

일몰 이미지는 Aged Paper 효과 텍스처의 일부분이 된 것처럼 보인다.

Inspector에서 효과의 겹침 순서를 확인한다. Vignette가 먼저 이미지에 적용된 다음에 Aged Paper가 클립과 앞서 적용한 비네트의 합성물에 적용된다. 이 작업을 좀 더 잘 이해하기 위해 흐림(blur) 효과도 추가해보자.

3   Effects Browser에서 Focus 효과를 찾아서 DN_9424에 적용한다.

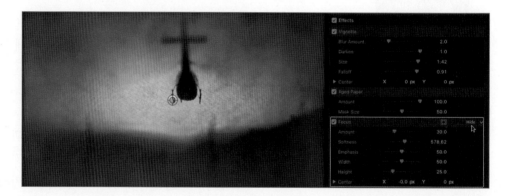

Focus는 이 클립에 마지막으로 적용된 효과이므로 포커스는 마지막으로 나열된다. Focus 효과로 클립 내의 산과 하늘이 흐려지며, Aged Paper 효과로 추가된 질감이 흐리게 보인다. 효과 레이어 순서의 영향을 테스트하기 위해 또 다른 변경을 해보자.

NOTE ▶ 포인터를 효과의 타이틀 바 위에 놓는다. 효과 이름의 오른쪽에 있는 Hide 버튼을 클릭해서 매개 변수를 접을 수 있다.

Inspector는 디스플레이의 해상도에 따라, 모든 효과를 표시하지 않을 수 있다. 여러분은 Inspector를 세로로 확장하여 표시되는 세부 정보의 수를 늘릴 수 있다.

4   CInspector 영역을 확장하려면 View 〉 Toggle Inspector Height를 선택한다.

5   Inspector에서 Aged Paper 위로 Focus를 드래그한다. Vignette, Focus, Aged Paper 순서로
     배치된다.

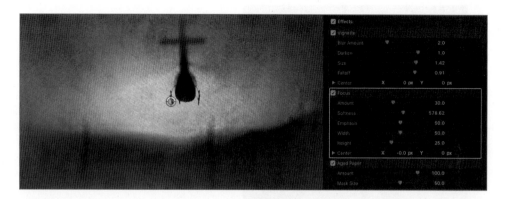

Aged Paper가 Focus 효과에 합성될 때 클립 모양의 차이점을 확인하자. 효과 처리는 맨
위의 효과부터 차례로 진행되기 때문에 Focus가 적용된 블러 단계 이후에 종이 텍스처
단계가 처리된다. 결과적으로 맨 마지막의 효과는 그 이전에 적용된 모든 효과를 크게
바꿀 수 있다.

6.2.1-C 프리셋으로 효과 저장하기

원하는 그림을 얻기 위해 효과를 정렬하고 조정한 후에는 이 단일 효과 또는 여러 효과를 (해
당 설정과 함께) 나중에 사용할 수 있도록 프리셋으로 저장할 수 있다. 저장된 효과는 Final
Cut Pro 모든 라이브러리의 모든 프로젝트에서 다시 사용할 수 있다.

NOTE ▶ 효과 프리셋은 Library/Application Support/ProApps/Effects Presets 폴더에
저장된다.

1   Video 인스펙터에서 Save Effects Preset 버튼을 클릭한다.

Save Effects Preset

Save Video Effects Preset 대화창에서는 적용된 효과와 추가 비디오 설정 중에서 원하는 것을 선별할 수 있다. 이러한 추가 설정에는 Transform 및 Crop 매개 변수가 포함된다. 이 내용에 대해서는 이번 레슨의 뒷부분에서 설명한다.

2 Name 필드에 My Vignette를 입력하고 Enter는 누르지 않는다.

프리셋을 사용자 설정 이름으로 저장하는 것 외에도, 기존 또는 사용자 설정 카테고리에 프리셋을 지정할 수 있다.

3 Category 팝업 메뉴에서 New Category를 선택한다.

4 새 카테고리의 Name 필드에 Vignettes를 입력하고 Create를 클릭한다.

5 Aged Paper 효과를 선택 해제하고 Save을 클릭한다.

Effects Browser는 여러분이 만든 Video Effect 카테고리, Vignettes, 새로 저장된 프리셋
인 My Vignette로 업데이트된다.

다른 비디오 효과와 마찬가지로 이 효과의 모양을 프로젝트 클립으로 미리 볼 수 있다.

6 타임라인에서 햇빛이 창문에서 빛나는 DN_9420 위에 재생 헤드를 놓는다.

7 DN_9420에서 My Vignette 효과를 미리 보려면 Effects 브라우저에서 이펙트를 스키밍
한다. 클립에 효과를 적용하자.

미리 보기는 효과의 섬네일과 Viewer에서 보인다. 프로젝트에서 자주 사용되는 효과는
기본 효과로 지정할 수 있다.

8 Effects 브라우저에서 효과 섬네일을 Control-클릭하여 바로 가기 메뉴에서 Make Default
Video Effect 옵션을 본다.

비디오 효과에 대한 기본 상태를 지정하면 키보드 단축키 Option-E에 지정된다.

미리 보기를 해보면, 이 클립과 DN_9424에 효과가 너무 과하다는 것을 알 수 있다. 이
제 적용된 효과를 제거하는 방법을 배워보자.

6.2.1-D 효과 삭제하기 및 속성 제거하기

Inspector에서 모든 효과를 비활성화하거나 삭제할 수 있다. 나중에 특정 효과가 필요할 것으
로 생각되면 비활성화할 수 있다. 그러나 그 효과가 프로젝트에 전혀 맞지 않거나, 나중에 사
용하지 않을 것이라는 확신이 들면 삭제하자. 현재 프로젝트에서는 Aged Paper와 Focus 효
과를 삭제하기로 한다. 클립에서 효과를 삭제하거나 제거하는 두 가지 방법을 사용해보자.

1 타임라인에서 마지막 비디오 클립인 DN_9424에 재생 헤드를 놓고 선택한다.

2 Video 인스펙터에서 Aged Paper를 선택하고 Delete를 눌러서 효과를 제거한다.

NOTE ▶ Forward Delete 키(전체 클립이 삭제됨)가 아닌 Delete(백스페이스키)를 눌러야 한다.

이 효과는 클립에서 영구적으로 제거된다. 이 효과를 사용하지 않으려면, 효과 이름의 왼쪽에 있는 체크 상자를 선택 해제할 수 있다.

Focus 효과는 DN_9420과 DN_9424에서 모두 제거되어야 한다. Inspector로 두 클립에서 효과를 동시에 삭제하는 방법 말고도 또 다른 옵션이 있다.

3 DN_9420과 DN_9424를 모두 선택한다.

4 Edit 〉 Remove Attributes를 선택한다.

Remove Attributes 창에는 선택된 클립에 적용된 효과와 내장된 효과 목록이 나타난다. Inspector 대신 Remove Attributes 명령을 사용할 때의 장점은 두 클립 모두에 효과가 적용되지 않은 경우에도 선택 영역에 적용된 모든 효과의 목록을 나타낸다는 것이다. 명령 창에서 두 개 클립 모두에 적용된 Focus 효과를 제거하면서, 한 개 나머지 클립에 남아 있는 Aged Paper 효과를 제거한다.

5 Vignette 효과와 Volume 설정을 선택 해제하고, Aged Paper와 Focus 효과를 선택한 상태로 둔다. Remove를 클릭한다.

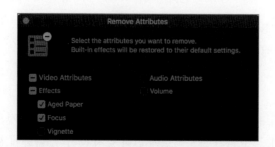

두 개 클립은 모두 Vignette 효과가 적용된 상태다. Vignette가 이미지의 가장자리를 획기적으로 변경하지만, 이 효과는 전체 이미지를 조작한다. 다른 효과를 사용하여 이미지 일부분만 변경해보자.

Exercise 6.2.2
피사계심도 효과 만들기

GOPR0009는 전경에 산만한 몇 가지 자연 요소를 가지고 있다. 간단한 해결책은 Transform 컨트롤을 사용해서 이미지를 확대하고 그 방해 요소를 제거하는 것이다. 하지만 여기에서는 초점을 멀리 두고 얕은 피사계 심도를 사용하는 블러 효과를 통해서 산만함을 줄여줄 필터를 만들어보자. 전경 요소의 초점을 제거하기 위해 난간 벽을 흐리게 만들 것이다.

1 Lifted Vignette 프로젝트에서 헬리콥터가 착륙하는 GOPR0009로 이동한다. GOPR0009 클립에 재생 헤드를 놓고 선택한다.

전경을 약간 흐리게 하려면, Gaussian 효과를 추가하여 난간 벽의 초점을 없애야 한다.

2 Effects Browser에서 Gaussian 효과를 찾아서 GOPR0009에 적용한다.

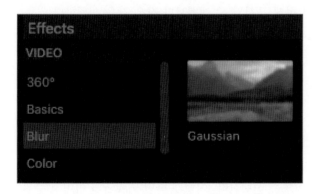

Gaussian 효과를 적용하면 예상대로 GOPR0009의 전체 비주얼이 Viewer에서 흐려진다. 마스크를 만들고 적용하여 효과가 변경되는 영역을 제한할 수 있다.

6.2.2-A 마스크 만들기

Gaussian 효과로 원하는 결과를 얻으려면 블러를 난간 벽 부분으로만 제한해야 한다. 나머지 부분은 초점을 유지하면서 흐리게 처리할 부분을 식별하는 마스크를 추가하여 부분적인 블러 효과를 얻을 수 있다. Final Cut Pro의 효과에 내장된 마스크는 모양(shape)과 색상(color)의 두 가지 컨트롤을 기반으로 효과를 제한한다. 이번 연습에서는 모양 마스크를 사용하여 벽에 블러 효과를 제한한다. Viewer 줌 레벨을 줄이면 작업이 더 쉽다.

1 Viewer의 Zoom 팝업 메뉴에서 현재 표시된 줌 레벨보다 작은 값을 선택한다.

예를 들어 현재 줌이 60%라면 50%를 선택한다. 이렇게 하면 Viewer의 이미지 주위에 마스크를 조정할 수 있는 공간이 생긴다.

2 Video 인스펙터에서 마우스 포인터를 Gaussian 효과의 타이틀 위에 놓는다. 나타나는 Apply Effect Masks 버튼을 클릭하고 Add Shape Mask를 선택한다.

마스크의 화면상 컨트롤은 두 개의 동심원 테두리로 나타난다. 안쪽 테두리에는 마스크의 크기, 위치, 회전을 정의하는 컨트롤 핸들이 있다. 안쪽 테두리에서 바깥쪽 테두리 내부까지 떨어진 거리는 마스크의 가장자리를 페더링할 구역이다. 두 테두리의 거리가 가까울수록 마스크의 가장자리가 선명해진다. 마스크 모서리의 둥근 정도는 안쪽 테두리에 있는 Border Radius 핸들에 의해 제어된다. 마스크를 정사각형으로 변환하여 시작해보자.

3 원이 정사각형이 될 때까지 Corner Radius 핸들을 경계의 중심에서 드래그한다.

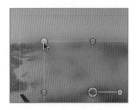

화면의 컨트롤을 사용하여 마스크를 벽 가장자리를 포함하는 긴 직사각형으로 변경할 수 있다. 먼저 모양을 직사각형으로 변경해보자.

4 오른쪽 가장자리에 컨트롤 핸들을 드래그하여 마스크를 직사각형으로 만든다.

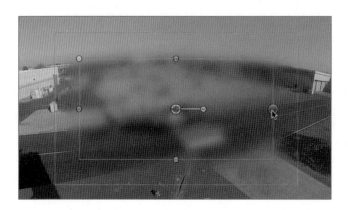

5   중앙 핸들과 회전 핸들을 드래그해서 마스크를 벽의 상단 모서리에 맞춘다. 바깥쪽과 안쪽 사각형 사이의 거리를 좁혀서 페더링을 줄인다.

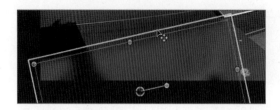

NOTE ▶   벽이 완벽한 사각형은 아니지만, 가장자리 페더링은 어떤 차이도 커버해야 한다.

마스크와 벽 모서리의 정렬을 확인하기 위해 화면의 컨트롤을 숨겨도 된다.

6   Inspector에서 Shape Mask 1의 오른쪽에 있는 버튼을 클릭하여 마스크의 화면 컨트롤을 껐다가 다시 켠다. 화면 컨트롤을 다시 활성화한 후 필요에 따라 마스크를 조정한다.

7   마스크 설정이 끝나면 Gaussian Amount 슬라이더를 약 15 정도로 드래그하여 좀 더 섬세한 효과를 낸다.

NOTE ▶   또는, 오른쪽의 텍스트 필드를 클릭해서 숫자 값을 입력하고 Return를 누르는 방법도 있다.

여러분은 이미 눈치챘겠지만, 마스크는 벽의 수직 가장자리를 덮지 않는다. Gaussian 효과에 모양 마스크를 추가하면 마스크가 확장되어 원하는 블러 효과가 완성된다.

8 2단계에서 수행했던 것처럼 두 번째 도형 마스크를 추가한다.

9 다음 그림과 같이 마스크를 설정하여 마스크를 수직 모서리에 맞춘다. 또한 모서리 페더
링과 Corner Radius를 Shape Mask 1에 맞게 조정한다.

10 효과가 적용되기 전후의 이미지를 보려면 Gaussian 효과 옆의 체크 상자를 선택 해제하
자. 결과를 검토한 후에 반드시 효과를 다시 활성화해야 한다.

이제 시청자는 벽보다 헬리콥터에 시선을 둘 확률이 높아졌다.

▶ 효과 마스크 혼합(Mask Blend) 모드

마스크 혼합 모드는 한 효과 내에서 여러 마스크가 상호 작용할 수 있는 방식을 조정한다. 효과의 타이틀 바에서 View Masks 버튼을 활성화하면 Add, Subtract, Intersect의 세 가지 혼합 모드 중 하나로 생성된 마스크의 알파 채널이 나타난다.

▶ Add: 마스크를 합하고 효과의 알파 채널을 확장한다.

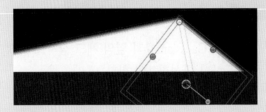

▶ Subtract: 이전 마스크에서 선택한 마스크를 빼내서 효과의 알파 채널에 컷아웃을 만든다.

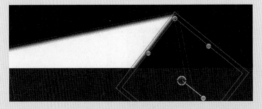

▶ Intersect: 효과의 알파 채널을 마스크가 겹치는 영역으로 한정한다.

NOTE ▶ 컬러 마스크는 하나 이상의 모양 마스크와 혼합하여 이미지의 한 영역으로 제한될 수 있다.

▶ **Checkpoint 6.2.2**

검토에 대한 자세한 내용은 Appendix C를 참조하자.

Reference 6.3
비디오 트랜지션 작업하기

비디오에서 트랜지션은 시간과 장소의 변화를 나타내는데 도움이 된다. 슬로우 디졸브(slow dissolve) 트랜지션은 캐릭터가 비극적인 장소로 돌아가 끝낼 때, 일년 후에 비극이 발생한 장면의 감정적인 효과를 유지한다. 또 부드러운 가장자리(soft-edge) 트랜지션은 밀레니엄 팔콘 우주선에 탄 C3PO와 R2D2부터 다스 베이더까지 우주를 가로질러 관객을 빠져들게 한다. 트랜지션은 효과와 목적이 다양하기 때문에 트랜지션을 추가할 때에는 주의해야 한다. 이러한 시각적 장치는 시간과 공간에 따라 스토리텔링 요소를 연결할 수는 있지만, 과도하게 사용될 경우 흐름을 방해하고 혼란스러울 수 있기 때문이다.

내장된 트랜지션의 샘플

Final Cut Pro에는 사용할 수 있는 트랜지션 효과가 매우 다양하기 때문에 여러분은 한 프로젝트 내에서 트랜지션을 많이 사용하려고 할지도 모른다. 이 유혹을 이겨내고 프로젝트 내에서 일관된 트랜지션을 사용해야 한다. 트랜지션이 너무 다양하면 프로젝트의 가치가 낮아질 수 있다.

여러분은 다양한 트랜지션을 경험해봐야 한다. 잘라내기와 크로스 디졸브 트랜지션을 뛰어넘는 다른 가능성을 살펴보자. 클립 또는 편집점에서 트랜지션을 적용하는 방법 세 가지를 배워보자.

Exercise 6.3.1
트랜지션 작업하기

클립과 편집 포인트를 선택하는 점에서는 차이가 있지만, 트랜지션을 적용하고 수정하는 것은 이펙트를 적용하고 수정하는 것과 유사하다.

두 클립 사이의 트랜지션에는 두 개의 편집점이 포함된다. 그것은 바로 이전 클립의 끝점과 다음 클립의 시작점이다. Final Cut Pro가 편집점을 보고 적용하는 방법은 다음과 같다.

이미 배웠듯이, 편집점을 선택하면 선택한 점과 인접한 점 사이에서 트랜지션이 적용된다.

선택한 편집점에...

...트랜지션을 적용한다.

하나의 편집 포인트를 선택해 가며 작업하는 것 보다 더 빠른 것은 클립을 선택한 후 트랜지션을 적용하면 클립의 양쪽 끝에 동시에 트린지션이 적용된다.

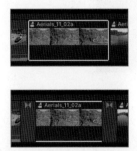

몽타주 또는 콜라주 편집을 할 때 모든 타임라인 클립을 선택한 다음 Command-T를 누르면 모든 편집점에 Cross Dissolve와 같은 기본 트랜지션이 배치된다.

6.3.1-A 크로스 디졸브 적용하기

여러분의 프로젝트에서 크로스 디졸브를 몇 가지 실행해보자.

1   프로젝트의 약 29초 부근에 Aerials_11_02a의 시작점을 선택한다.

이 첫 번째 항공 클립에 적용된 디졸브는 이륙 B-roll에서 "landscape" 클립으로 장면을 전환한다. 시청자의 관심을 항공 클립으로 끌어들이는 멋진 설정이다.

2   Command-T를 눌러서 기본 크로스 디졸브 트랜지션을 적용한다.

1초의 길이의 크로스 디졸브는 장면을 부드럽게 이어준다. 인터뷰로 돌아가려면 헬리콥터가 카메라에서 윙윙 소리를 내는 클립 끝부분(프로젝트의 약 0:42 지점)에 크로스 디졸브를 적용한다.

3   DN_9493의 끝점을 선택하고 Command-T를 누른다.

이러한 트랜지션은 시각적으로 부드러워진다. 시청자는 인터뷰, 관련 B-roll, 음악을 자연스럽게 감상할 수 있다.

6.3.1-B 트랜지션용 미디어 핸들 정의하기

지금까지 미디어 핸들 덕분에 트랜지션이 쉽게 적용되었다. 여러분은 클립을 트리밍할 때 클립 소스 미디어의 나머지 부분은 무시한다. 그 나머지 내용을 클립의 미디어 핸들(Handles)이라고 하며, 클립의 시작점과 끝점을 넘어서는 소스 미디어다.

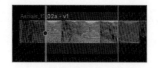

왼쪽과 오른쪽의 해시 섹션은 미디어 핸들을 나타낸다.

편집점을 클립의 소스 미디어의 시작 또는 끝에 설정하면 미디어 핸들을 트랜지션에 사용할 만큼의 여유가 없다. 하지만 그렇다고 아예 트랜지션을 적용할 수 없다는 의미는 아니다. 미디어 핸들이 없어도 트랜지션을 적용할 수 있다.

Final Cut Pro는 선택한 클립이나 편집점에 미디어 핸들이 있는지를 시각적으로 나타낸다. 클립의 편집점은 노란색 또는 빨간색 괄호로 묶는다. 노란색 괄호는 트랜지션을 위한 최소 2 프레임의 미디어 핸들이 있음을 나타낸다. 빨간색 괄호는 미디어 핸들이 없음을 나타낸다.

프로젝트로 돌아가서 빨간색과 노란색 괄호를 살펴보자. 그리고 Final Cut Pro는 미디어가 없는 상황에서 어떻게 빨간색 괄호를 처리하는지 알아보자.

1 Trim 도구를 활성화한 다음, 포인터가 Roll 아이콘으로 바뀌면 Aerials_11_02a의 끝점과 Aerials_13_02a의 시작점을 모두 선택한다.

여기에 뭔가 다른 점이 있다. 끝점은 끝점 다음에 소스 미디어 핸들이 있다는 것을 노란 색 괄호로 나타낸다. 그러나 시작점에는 빨간색 괄호가 나타나면서 클립의 시작점 이전 에 사용 가능한 미디어 핸들이 없다는 것을 나타낸다.

2 Command-T를 눌러서 기본 크로스 디졸브를 적용한다.

경고 대화창은 이 트랜지션에 사용할 적절한 미디어 핸들이 클립에 없음을 나타낸 다. Final Cut Pro는 리플 트림을 수행해야만 트랜지션 요청을 완료할 수 있다.

3 스토리라인의 끝을 보면서 Create Transition 버튼을 클릭한다.

트랜지션 전

트랜지션 후

스토리라인에서 왼쪽으로의 리플 이동을 확인한다. 여러분은 그 트랜지션을 허용하기 위해 클립을 잘라내서 미디어 핸들을 만드는 데 동의했다. Final Cut Pro는 이에 대한 응답으로 선택한 콘텐츠 일부를 없애버림으로써 트랜지션을 만들었다.

응용 프로그램은 클립을 이동하여 트랜지션을 했을 뿐만 아니라, 그 이후 클립에도 영향을 미쳤다. 이것은 꼭 나쁘다고 할 수 없다. 이 프로젝트에서 리플 트림은 잠재적으로 원하지 않은 편집 결과를 가져오기 때문에 경고 대화창이 나타난다. 그 원하지 않은 편집은 스토리라인 끝부분에 있는 크로스 디졸브다.

NOTE ▶ 이 변경은 오디오 세그(audio segue) 중에 발생하는 크로스 디졸브에도 영향을 미치며, 헬리콥터에서 사운드 바이트까지 확장된다. 그러나 이전 트림 작업에 따라 이 편집은 좀 더 원활하게 진행될 수도 있다.

6.3.1-C 미디어 핸들 생성을 위한 슬리핑(Slipping)

편집점에 트랜지션용 미디어 핸들이 없거나, 이어지는 클립에 영향을 줄 가능성이 있는 클립을 리플 트림하지 않으려면, 다른 해결책이 필요하다. 바로 슬립 편집이다. 슬립 편집을 사용하면 클립 컨테이너에서 보이는 (또는 들리는) 부분을 변경할 수 있다. 클립 컨테이너의 길이와 타임라인 내의 위치는 동일하게 유지되지만, 내용의 시작점과 끝점은 변경된다.

1 Command-Z를 눌러서 프로젝트를 리플 트림한 이전의 트랜지션을 취소한다.

2 Tools 팝업 메뉴에서 Trim 도구를 선택하거나 T를 누른다.

3 Aerials_13_02a 중간에 Trim 도구를 배치한다. 슬립 편집이 가능하다.

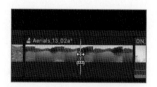

4 클립의 내용을 왼쪽으로 드래그하여 시작점 앞으로 내용을 이동하면 미디어 핸들이 생성된다.

NOTE ▶ 미디어 핸들은 적용하려는 트랜지션 길이의 최소한 절반 이상이어야 한다.

5   A를 눌러서 Select 도구를 선택한다.

6   Aerials_13_02a의 시작점만 선택한다. Command-T를 눌러서 기본 크로스 디졸브를 적용한다.

1초 길이의 크로스 디졸브가 적용되지만, 그다음 이어지는 클립들은 리플 되지 않는다.

빨간색 괄호가 트랜지션이 필요한 편집점을 둘러싸면, 트랜지션할 때 그 내용이 손실될 수 있다. 슬립 편집은 콘텐츠 컨트롤을 사용하면서도 미디어 핸들을 만들 수 있다.

6.3.1-D 트랜지션 Browser 사용

Transitions Browser는 Final Cut Pro에 설치되었는지, 타사로부터 추가되었는지, 사용자 설정된 트랜지션으로 저장된 것인지 상관없이 트랜지션을 쉽게 구성할 수 있다. 이처럼 트랜지션을 구성하는 것 외에도 프로젝트에 적용하기 전에 각 트랜지션을 미리 볼 수 있다.

1   타임라인 영역의 오른쪽 위에서 Transitions Browser 버튼을 클릭한다.

다른 브라우저와 마찬가지로 왼쪽의 사이드바에 트랜지션의 하위 카테고리가 표시된다. 수동으로 트랜지션 필드를 찾을 수 있는 검색 필드가 있다.

2   임라인에서 Aerials_13_02a와 DN_9493 사이의 편집점을 선택한다. 이 편집점에는 크로스 디졸브가 필요하지만 먼저 다른 트랜지션을 탐색한다.

3 Transitions Browser에서 트랜지션 섬네일 중 몇 가지를 스키밍한다.

Viewer와 브라우저 섬네일은 두 개의 템플릿 이미지를 사용하여 각 트랜지션의 효과를 보여준다.

4 트랜지션의 섬네일을 스키밍하면서 스페이스 바를 눌러 실시간으로 트랜지션을 미리 본다.

프로젝트에서 반복적으로 사용할 트랜지션을 발견하면 Command-T를 누를 때 적용되는 기본 트랜지션으로 설정할 수 있다.

5 Page Curl 트랜지션을 찾아서 Control-클릭한다. 바로 가기 메뉴의 Make Default를 선택한다.

Page Curl은 Transitions Browser 위로 올라가고, 기본 트랜지션으로 지정된다. 이제 Command-T를 눌러서 편집에 적용할 수 있다.

6 타임라인 창이 활성화되어 있고 편집이 선택된 상태에서 Command-T를 누른다.

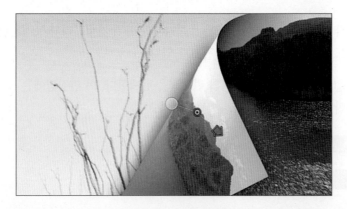

새로운 기본값인 Page Curl이 선택한 편집점에 적용된다.

6.3.1-E 트랜지션 사용자 설정하기

클립과 효과와 마찬가지로 트랜지션도 Inspector 창에 사용자 설정할 수 있는 트랜지션의 매
개 변수가 있다.

1 타임라인에서 방금 적용한 Page Curl 트랜지션을 선택한다. 트랜지션 위에 재생 헤드를
놓는다.

Inspector 창에 Transition 인스펙터가 나타난다. 트랜지션에 속하는 매개 변수는 여기에
서 수정할 수 있다. 또한 Page Curl 트랜지션의 화면 컨트롤은 Viewer에서 조정할 수 있
다.

NOTE ▶ 트랜지션 또는 클립을 Option-클릭하면 트랜지션이 선택되고 재생 헤드가
선택 영역으로 이동한다.

Transition 인스펙터에서 사용할 수 있는 매개 변수 외에도 타임라인에서 장면 트랜지션
자체에는 길이, 리플 트림, 롤 편집을 조절할 수 있는 컨트롤이 있다.

트랜지션에는 다음 표에 표시된 것과 같은 컨트롤 포인트가 있다.

타임라인의 트랜지션 조정 옵션

들어오는 클립의 시작 부분을
리플 트림

나가는 클립의 끝부분을
리플 트림

밑에 있는 편집을 롤

트랜지션의 길이 변경

---

2 마우스 포인터를 트랜지션의 왼쪽 또는 오른쪽 끝 위에 놓는다.

3 포인터를 트랜지션의 위로 천천히 이동시키고 다시 내린다.

두 가지 편집 도구인 Ripple Trim과 Resize(duration)가 나타난다.

4 마우스 포인터를 움직여서 Resize 도구(필름 스트립 없음)를 활성화한 다음 트랜지션의
중심으로부터 멀리 드래그한다.

트랜지션은 재생 길이를 늘이고, 두 클립 간의 트랜지션 속도를 느리게 한다. 트랜지션은 미디어 핸들이 필요하기 때문에, 트랜지션은 가장 짧은 미디어 핸들의 길이까지만 길어질 수 있다.

또는 대시 보드를 사용해서 선택한 트랜지션의 길이를 조정해도 된다.

5   트랜지션을 선택한다. Control-D를 눌러서 타임 코드 디스플레이에 길이를 표시한다.

NOTE ▶　가장자리를 제외한 트랜지션을 선택해야 한다.

6   타임 코드 디스플레이는 트랜지션 길이를 나타낸다. 1.(1마침표)을 입력하고 Return을 누른다.

트랜지션은 1초 길이가 된다.

프로젝트에 크로스 디졸브를 더 적용하기 전에 기본 트랜지션을 Cross Dissolve로 재설정해야 한다.

7   Transitions Browser에서 Cross Dissolve 트랜지션을 Control-클릭한다. 바로 가기 메뉴에서 Make Default를 선택한다.

8   Page Curl을 Cross Dissolve 트랜지션(새 기본값)으로 바꾸려면, 프로젝트에서 Page Curl 트랜지션을 선택하고 Transitions Browser에서 Cross Dissolve를 더블 클릭한다.

타임라인에서 Cross Dissolve가 Page Curl로 교체된다.

NOTE ▶　선택한 트랜지션을 삭제하려면 Delete를 누른다.

6.3.1-F 크로스 디졸브 추가하기

트랜지션 사용에 대해 많은 것을 배웠으므로, 이제 Lifted Vignette 편집을 재개할 준비가 되었다. 다음의 목록을 사용하여 크로스 디졸브를 확인하고 다음에 이어지는 편집점에 크로스 디졸브를 추가하자. 위치는 따로 언급하지 않으면 시작 클립의 시작점이다.

- ▶ Start of project

- ▶ **Aerials_11_02a**

- ▶ **Aerials_13_02a**

- ▶ **DN_9493**

- ▶ **GOPR1857**

- ▶ **Aerials_11_01a**

- ▶ **Aerials_11_03a**

- ▶ End of **DN_9420**

- ▶ Start and end of **DN_9424**

필요한 트랜지션 대부분이 이제 Lifted Vignette에 적용된다. 프로젝트 공유 단계에 더 가까워질수록 약간의 사소한 변경이 필요할 수 있지만, 전반적으로 트랜지션은 편집에 큰 도움이 된다.

▶ **Checkpoint 6.3.1**

Checkpoint 검토에 대한 자세한 내용은 Appendix C를 참조하자.

Reference 6.4
공간 매개 변수로 컴포지팅하기

Final Cut Pro를 사용하면 Viewer 내 어느 곳에든 모든 비주얼 클립(비디오, 스틸, 타이틀, 애니메이션)의 이미지를 배치하고 해당 이미지를 회전, 크기 조절, 자르기, 트리밍할 수 있다. 이 기능을 사용하면 이미지의 크기를 축소하거나, 이미지의 프레임을 재구성하거나, 두 개의 이미지를 나란히 배치하여 분할 화면 효과를 만들 수 있다. "하향식(top-down)" 컴포지팅과 결합하면 타임라인에서 복잡한 합성 이미지를 간단하게 만들 수 있다.

다음은 수직으로 쌓인 여러 개의 클립 레인을 컴포지팅할 때 보게 될 클립 매개 변수다.

▶ Transform, Crop, Distort: 이 매개 변수는 Video 인스펙터와 Viewer의 왼쪽 아래에서 쉽게 조정할 수 있다. 이 매개 변수를 조합하면 Viewer 내 어디에나 시각적 이미지를 배치할 수 있다.

Inspector

Viewer

▶ Opacity: 이 공간 매개 변수는 Video 인스펙터와 Video Animation Editor에서 조정할 수 있다.

Inspector

Video Animation Editor

Exercise 6.4.1
Two-up 분할 스크린 만들기

여러분은 Lifted Vignette에서 헬리콥터를 타는 Mitch를 보여주는 GOPR3310을 편집했다. 그는 밖을 더 잘 내다보려고 앞으로 몸을 기울인다. Mitch가 보고 있는 것을 시청자가 볼 수 있도록 한 번에 두 개의 이미지를 화면에 합성한다.

6.4.1-A 역방향 편집을 위한 타임라인 기반의 구간 사용하기

이 기술은 복잡해 보이지만 일단 배우고 나면 막힘없이 편집할 수 있다.

1   프로젝트에서 GOPR3310을 찾는다.

    B-roll 클립인 Aerials_11_04a를 GOPR3310과 동일한 타임라인 지점에 연결하고 길이를 맞춘다. 이를 위해 타임라인에서 구간을 표시해야 한다.

2   GOPR3310 클립을 선택하고 클립 위에 마우스 포인터를 두고 X를 눌러서 해당 구간을 표시한다.

    타임라인 클립만 선택해서는 이 편집의 길이가 설정되지 않는다. X를 누르면 타임라인의 클립 길이를 기준으로 시작점과 끝점이 설정된다. 선택한 클립과 표시된 클립 간의 시각적 차이는 표시된 클립의 가장자리에 있는 핸들로 표시된다.

3   Browser에서 Aerials_11_04a를 찾는다.

4   Aerials_11_04a에서 헬리콥터가 절벽에서 도는 지점 2:33:15에 재생 헤드 또는 스키머를 놓는다. O를 눌러서 끝점을 설정한다..

여러분은 프로젝트에 항공 클립을 편집하여 GoPro 클립 길이와 일치시키는 것 외에도, 항공 클립의 끝부분을 최종 편집에 포함하고 싶다. 이 작업을 수행하는 방법을 백타임 (backtimed) 편집이라고 한다. 백타임 편집은 소스 Browser 클립의 끝점과 타임라인의 마크된 구간 끝을 동기화한다. 그리고 타임라인 구간이 시작 구간에 다시 채워질 때까지 소스 Browser 클립으로 타임라인 구간을 다시 메운다. 여기에 헬리콥터가 절벽 안쪽을 돌았다는 것을 확인하기 위해 다시 타이밍을 잡는다. 그러면 시청자들은 Mitch가 앞으로 몸을 기울이는 모습을 이해할 수 있다.

이미 편집을 설정했으므로 백타임 편집을 수행하려면 핵심적인 명령만 누르면 된다. Shift-Q는 Shift와 결합한 Connect Edit 명령(Q)이다.

5   백타임 연결 편집을 하려면 Shift-Q를 누른다.

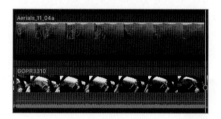

아직 원하는 결과를 볼 수 없다. 프로젝트의 GoPro 클립 위에 레이어된 항공 클립이 뷰를 차단한다. 클립의 이미지를 재배치하여 컴포지트를 만들 수 있다.

NOTE ▶   경고(아래 그림 참조)가 나타나면 Aerials_11_04a에서의 선택이 너무 짧다는 뜻이다. Cancel을 클릭하고 Aerials_11_04a의 끝점을 몇 프레임 오른쪽으로 조정한 다음 다시 5단계를 수행한다.

6.4.1-B Viewer에서 이미지 배치하기

두 개의 B-roll 클립이 서로 겹쳐 쌓인다. 이제 Viewer에서 두 클립을 분리하여 동시에 Viewer
에 표시되도록 한다.

1   타임라인에서 Aerials_11_04a를 Option-클릭하여 클립 위에 재생 헤드를 놓는다.

2   Viewer에서 Transform 도구를 선택한다.

항공 클립의 이미지 주변에 와이어 프레임(wireframe)이 나타난다. 화면상의 Transform
컨트롤이 활성화되었음을 나타내는 컨트롤 핸들이 함께 표시된다. 와이어 프레임으로
이미지의 크기를 조절하고 회전할 수 있으며, 중앙 핸들을 드래그하여 이미지를 옮길 수
있다. 이제 Mitch의 클립을 위한 공간을 만들기 위해 이미지를 오프셋한다.

3   Viewer에서 절벽/호수 클립의 중앙 핸들을 왼쪽으로 드래그한다.

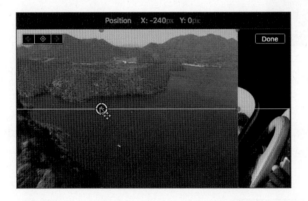

4   안내선을 보면서 이미지를 수직 중앙에 유지한다. Viewer의 위쪽 영역에서 위치 X값이
    -240픽셀을 가리킬 때까지 계속 드래그한다.

이미지는 Viewer에 맞게 축소해야 한다. 이를 위해 모서리의 제어점을 드래그할 수 있
다.

5 Scale 값이 58%가 될 때까지 와이어 프레임의 오른쪽 아래 모서리 점을 와이어 프레임의 중심으로 드래그한다.

항공 클립을 대략 배치하고 크기를 조정했다. 이제 Mitch의 클립을 가져오자.

6 프로젝트에서 GOPR3310을 선택한다.

클립의 와이어 프레임이 Viewer에 나타난다. 항공 클립은 Mitch의 클립보다 높은 레인에서 활성화되어 있기 때문에 항공 클립은 최상위 레벨로 합성된다.

7 Viewer에서 왼쪽 아래의 와이어 프레임 모서리를 와이어 프레임의 중심으로 드래그한다. 와이어 프레임의 수직 크기가 항공 클립의 수직 크기와 58% 동일한 크기로 일치할 때 드래그를 멈춘다.

Mitch의 클립은 드래그하면 작아진다. 두 클립 모두 이미지를 크게 축소하지 않고서는 나란히 놓을 수 없다. 이미지 크기를 유지하려면, Mitch 클립의 가장자리를 트림하여 두 이미지를 화면에 맞게 확대한다.

8   마우스 포인터를 와이어 프레임 내의 이미지 위로 가져간다. Mitch 클립을 오른쪽으로 드래그하여 Mitch의 얼굴을 Viewer의 오른쪽 1/3지점에 맞춘다. Position X 값 390px이다.

Mitch의 인터뷰 클립 이미지가 크게 백그라운드에 표시된다. 이 문제는 잠시 기다려보자. 먼저, 헬리콥터에 있는 Mitch의 이미지를 오른쪽에 맞추고, Viewer의 왼쪽에 더 큰 항공 샷을 나타내기 위해서 Mitch의 클립을 자른다.

9   Viewer의 왼쪽 아래에서 팝업 메뉴 Crop 도구를 선택한다.

Crop 도구에는 3가지 모드 Trim, Crop, Ken Burns가 있다. Viewer에서 버튼을 사용하여 선택한다. Trim을 사용하면 이미지 일부를 자를 수 있다. Crop는 이미지 일부를 잘라내지만, 그 결과를 확대하여 클립의 현재 프레임 크기를 채운다. 마지막으로 Ken Burns는 줌과 팬을 사용하여 시각적 이미지를 애니메이션으로 만들 수 있다.

10 Crop 도구의 Trim 효과를 선택한 상태에서 이미지의 양쪽을 Option-드래그하면 Mitch 가 프레임 중앙에 꽉 찬다.

Crop 도구의 Trim 효과로 Option-드래그하면 반대쪽 가장자리도 동시에 자른다.

11 Mitch가 앞으로 몸을 기울일 것이므로, 상단을 더 타이트하게 트림한다.

분할 화면을 위한 Viewer의 사용 공간이 많을수록 두 이미지의 크기를 늘려서 내용을 자세히 표시할 수 있다.

12 Transform 도구로 돌아가서 작업에 맞게 분할 화면 효과를 조정한다. Viewer에서 Done 을 클릭하고 편집 내용을 확인한다.

클립에서 Mitch는 비행 상황을 확인하기 위해 앞으로 여러 번 몸을 기울인다. 따라서 Mitch가 앞으로 몸을 숙이는 것은 헬리콥터가 절벽을 돌아다닐 때일 것이다. 이 행동과 절벽 주변의 비행이 서로 일치하도록 슬립 편집하자.

NOTE ▶ Mitch의 행동과 항공 클립의 내용이 이미 분할 화면에 정렬되어있다면, 다음 연습으로 건너뛸 수 있다.

13 타임라인에서 T를 눌러서 Trim 도구를 활성화한다.

14 GOPR3310의 가운데에 Trim 도구를 놓고, 왼쪽 및 오른쪽으로 드래그하여 클립을 정렬한다.

드래그를 하면, Viewer에 클립의 시작점과 끝점을 보여주는 two-up이 나타난다.

15 Mitch가 의자에 다시 앉는 시작 프레임(왼쪽)에서 몸을 약간 앞으로 기울이는 끝부분(오른쪽)이 보일 때까지 계속 드래그한다. 마우스 버튼을 놓는다.

NOTE ▶   편집점 위치를 더 설명하자면, 이전 이미지의 배경에서 산을 볼 수 있는 지점이다.

마우스 버튼을 놓으면 타임라인 클립은 이미 새 편집점으로 업데이트된다.

16 편집을 검토하고 필요에 따라 14단계와 15단계를 반복하여 항공 뷰와 Mitch의 움직임을 정렬한다.

Exercise 6.4.2
Video Animation Editor 둘러보기

Inspector와 화면의 컨트롤로 매개 변수를 조작할 수 있었다. 또 다른 방법은 Video Animation Editor에서 매개 변수에 접근하고 편집하는 것이다. 그리고 이 설정을 같거나 다른 타임라인 클립의 매개 변수와 설정과 비교할 수 있다. 연습을 위해 Opacity 컨트롤을 사용하여 분할 화면 뒤의 Mitch 인터뷰를 제거할 것이다.

1 GOPR3310 클립 아래에 있는 첫 번째 MVI_1043을 Control-클릭하고 Show Video Animation을 선택한다.

Video Animation Editor는 적용된 일부 효과에 대한 추가 컨트롤과 함께 공간 매개 변수를 표시한다. 보시다시피 Compositing Opacity 매개 변수는 편집기의 하단 가장자리에서 사용할 수 있다.

매개 변수에 접근하면 Maximize 버튼이 표시된다.

2   불투명도 컨트롤을 보려면 Maximize 버튼을 클릭한다.

불투명도를 변경하려면 세 가지 유형의 컨트롤을 사용할 수 있다. 첫 번째는 Lesson 4에서 편집을 매끄럽게 할 때 오디오 클립과 함께 사용한 것과 같은 페이드 핸들이다. 여기에서 그 핸들을 사용하여 비디오 페이드인 또는 페이드아웃을 만들 수 있다.

3   페이드아웃 핸들을 가운데로 드래그하고 편집 내용을 확인한다.

클립의 비디오는 마치 갭 클립에서 트랜지션을 적용한 것처럼 검은색으로 희미해진다.

4   Command-Z를 눌러서 핸들을 시작점으로 되돌린다.

불투명도를 조정하는 두 번째 컨트롤 유형은 오디오 레벨을 조정하는 것과 비슷하다.

5   마우스 포인터를 불투명도 제어선 위에 놓고 선을 0%까지 드래그해서 내린다.

Mitch의 인터뷰는 분할 화면 뒤로 사라진다.

전체 불투명도의 백분율로 표시된다. 100% 미만의 값은 0%에 도달할 때까지 반투명하다. 0%는 완전히 투명한 값이다.

NOTE ▶   세 번째 컨트롤 유형은 키프레임을 사용한다. 이 내용은 Lesson 7에서 배우기로 한다.

6   닫기 버튼을 클릭하여 Video Animation Editor를 닫는다.

하나를 끝냈다. 분할 화면 컴포지트에서 시각적으로 제거할 인터뷰 클립이 하나 더 남았다.

6.4.2-A 속성 복사 및 붙여넣기

분할 화면 아래에 있는 두 번째 MVI_1043의 경우, Paste Attributes라고 하는 특수한 복사 및 붙여넣기 기능을 사용할 수 있다. 이 연습을 하는 동안 Paste Attributes 기능을 사용하여 여러 클립 사이의 특정 매개 변수 설정 공유의 속도를 높일 수 있다.

1   불투명도를 조정한 MVI_1043 클립을 선택하고 Command-C를 눌러서 복사한다.

2   오른쪽에 있는 그다음 MVI_1043을 선택하고 Edit 〉 Paste Attributes를 선택한다. 또는 Command-Shift-V를 눌러서 이 클립에 붙여넣을 복사된 클립의 매개 변수를 결정한다.

대화창에는 복사된 클립에서 사용할 수 있는 비디오 및 오디오 속성이 목록으로 나열된다. 이를 통해 두 번째 클립에 복사할 매개 변수를 선별할 수 있다. 어쩌면 불투명도가 목록에 없을 수도 있다. 지난 작업을 생각해보면 Video Animation Editor에서 불투명도는 Compositing: Opacity로 목록에 표시되어 있었다. 마찬가지로 Inspector에서 Opacity는 Compositing 카테고리 목록에 있다.

3 Compositing 옆의 체크 상자가 선택되어 있는지 확인한다. Volume을 선택 해제하고 Paste를 클릭한다.

프로젝트의 편집을 검토하여 불투명도가 0%로 변경되었는지 확인할 수 있다. 여러분이 분할 스크린 뒤에 Mitch와의 인터뷰를 더 볼 수 없다는 것은 곧 완전한 투명성을 의미한다.

Reference 6.5
클립 컴파운드하기

Final Cut Pro의 모든 것(클립, 프로젝트, 이벤트, 라이브러리 등)은 컨테이너이다. Final Cut Pro의 또 다른 컨테이너인 컴파운드 클립(compound clip)은 실제로 프로젝트와 클립 미디어 컨테이너를 만드는 데 사용되는 컨테이너 프레임워크이다. 컴파운드 클립은 스토리라인처럼 프로젝트 내에서 유사한 속성 또는 목적을 가진 미디어 파일을 포함하는 방법이다.

NOTE ▶ Browser에서 컴파운드 클립은 클립의 섬네일 왼쪽 위에 있는 특수 아이콘 으로 식별된다. 타임라인의 컴파운드 클립 이름 왼쪽에도 같은 아이콘이 나타난다.

컴파운드 클립은 프로젝트 내부 및 다른 컴파운드 클립 내부에 배치할 수 있다. 이 속성을 일반적으로 네스팅(nesting)이라고 한다. 그러나 컴파운드 클립의 힘을 설명하기에 네스팅만 으로는 부족하다.

컴파운드 클립에는 하나 이상의 클립, 스토리라인, 스틸, 애니메이션, 음악, sfx 등이 포함 될 수 있다. 만약 어떤 것이 프로젝트에 들어갈 수 있다면, 그것은 컴파운드 클립에도 들어 갈 수 있다.

컴파운드 클립의 힘은 위대하다. 컴파운드는 사용되는 위치와 관계없이 내용이 동기화된 " 살아있는(live)" "핫(hot)"한 클립이다. 예를 들어, Project 1과 Project 2 모두에서 Compound A가 편집되면, Project 1의 Compound A에 대한 변경은 Project 2의 Compound A에서도 실 행된다. 복제본에서 컴파운드를 분리할 수는 있지만, 이것은 기본 특징이 아니다. Final Cut Pro X 사용자 가이드에서 "Reference New Parent Clip" 명령을 검색하면 컴파운드 클립을 독 립적인 클립으로 만드는 방법에 대한 자세한 정보를 찾을 수 있다.

Exercise 6.5.1
컴파운드에 컴포지트 합치기

컴파운드 클립을 사용하는 가장 좋은 이유 중 하나는 여러 클립의 컴포지트를 쉽게 관리할 수 있는 하나의 클립으로 합친다는 점이다.

여러 개의 레인을 하나의 클립으로 합치면 타임라인이 정리된다. 그리고 컴파운드 클립에 효과를 적용하여 모든 클립을 수정할 수 있다.

Lifted Vignette 프로젝트에서 분할 화면 합성을 사용하면 두 클립에 동시에 효과를 적용하고, 두 클립을 하나로 이동시키며, 한 클립의 우발적인 이동이 두 클립 사이의 타이밍을 벗어날 수 있는 것을 방지할 수 있다. 이 두 클립의 컴파운드를 사용하면 하나의 볼륨 조절기로 오디오 채널을 수정할 수 있으므로 믹싱이 쉬워진다.

1   프로젝트에서 분할 화면 합성 클립을 찾고, 이전에 합성했던 클립 두 개를 선택한다.

2   두 클립을 모두 선택했으면 Control을 누른 채 바로 가기 메뉴에서 New Compound Clip을 선택하거나 Option-G를 누른다.

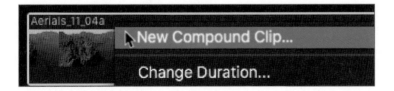

컴파운드 클립의 이름과 이것을 저장할 이벤트를 묻는 대화창이 나타난다. 새롭게 생성된 프로젝트와 마찬가지로, 컴파운드는 이벤트 내에 저장된다.

3   대화창의 Name 필드에 Split-Screen Composite를 입력한다. Event를 Primary Media로 설정하고 OK를 클릭한다.

두 개의 클립은 Primary Media 이벤트에 저장된 하나의 컴파운드 클립으로 합쳐진다. 분할 화면 합성(Split-Screen Composite) 클립 또한 스토리라인 밖으로 나왔다.

4 타임라인에서 IMG_6493과 DN_9503 사이에 Split-Screen Composite 클립을 드래그하여 삽입한다.

NOTE ▶ 컴파운드 클립 내에서 클립을 조정하거나 프로젝트의 컴파운드에 클립을 추가해야 하는 경우, 해당 컴파운드를 더블 클릭하여 자체 타임라인에서 열고 편집할 수 있다.

첫 번째 향상 편집을 마쳤다. 앞서 설명한 것처럼 여러분은 프로젝트에 이러한 기술이 하나도 필요하지 않을 수도, 프로젝트에 이 모든 기술이 필요할 수도 있다. 다행히도 여러분이 배운 Final Cut Pro의 이 몇 가지 기능은 다음 편집 작업에 필요한 것들이다.

▶ **Browser에서 컴파운드 생성하기**

Browser에서 빈 컴파운드를 시작해서 프로젝트를 열지 않고 컴파운드 내에서 편집할 수 있다. Browser에서 Option-G를 누르고 필요한 대화창 정보를 완성한다. 이 방법으로 컴파운드를 만들면, 이 대화창이 비디오 형식 정보를 묻는 새 프로젝트 대화창과 매우 비슷하게 보인다. 만들어진 컴파운드를 두 번 클릭하여 타임라인에서 열고 편집한다.

NOTE ▶ 컴파운드를 더 많이 만들면 Browser에 추가된다. Add Rule 팝업 메뉴의 "Type is Compound"를 사용하여 이벤트에 컴파운드를 그룹으로 묶을 수 있는 Smart Collection을 만들 수 있다는 것을 기억하자.

▶ **Checkpoint 6.5.1**

Checkpoint 검토에 대한 자세한 내용은 Appendix C를 참조하자.

레슨 돌아보기

1. Custom Speed 창에 접근을 허용하는 인터페이스 항목은 무엇인가?

2. 클립의 리타이밍 속도를 수동으로 설정했다. 그러나 이 속도의 클립은 프로젝트의 타임 슬롯보다 너무 길다. 재생 속도를 변경하지 않고 클립을 트리밍할 수 있는 인터페이스 항목은 무엇인가?

3. 다음 그림에 표시된 속도 세그먼트를 생성하는데 사용된 리타이밍 명령은 무엇인가?

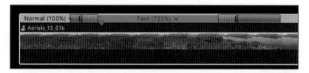

4. 효과의 룩(또는 사운드)을 조정하려면 그 효과의 매개 변수에 어떻게 접근해야 하는가?

5. 효과의 매개 변수를 재설정하고, 효과를 비활성화하고, 클립에서 효과를 삭제하는 단계는 무엇인가?

6. 다음 그림에서 빨간색 괄호가 나타내는 것은 무엇인가?

7. 이전 그림을 참조하여, 1초 트랜지션을 적용하는데 필요한 미디어 핸들을 만드는 두 가지 방법은 무엇인가?

8. 다음 이미지 중 트랜지션 길이를 조정할 준비가 되었음을 나타내는 이미지는 무엇인가?

A B C

9. Transitions Browser에서 프로젝트 트랜지션을 다른 트랜지션으로 어떻게 교체하는가?

10. 화면 Transform 컨트롤을 활성화하는데 사용할 수 있는 Viewer 인터페이스 요소는 무엇인가?

11. Paste와 Paste Attributes의 차이점은 무엇인가?

12. 컴파운드 클립의 개별 구성 요소에 어떻게 접근하는가?

정답

1. Retime 팝업 메뉴와 Retime Editor

2. Ripple 편집은 설정된 속도를 변경하지 않고 클립의 길이를 변경한다.

3. Retime 팝업 메뉴의 Blade Speed 명령

4. 먼저 효과를 프로젝트 클립에 적용해야 한다. 그리고 Inspector 창에서 매개 변수에 접근
    하려면 클립을 선택하거나 재생 헤드를 클립 위에 놓아야 한다.

5. 효과의 Reset 버튼(혹 화살표)을 클릭하여 매개 변수를 재설정한다. 효과의 체크 상자를
    클릭하여 효과를 비활성화/활성화한다. 효과의 타이틀 바를 선택한 상태에서 Delete를
    눌러서 효과를 삭제한다.

6. 시작 클립에 트랜지션을 적용하기 위한 적절한 미디어 핸들이 없다.

7. 슬립 편집 도구를 사용해서 시작 클립에서 왼쪽으로 드래그한다. 또는 Roll 트림 도구를
    사용하여 편집점을 오른쪽으로 드래그하여 클립의 시작점 이전에 미디어 핸들을 만든
    다. 어느 것을 사용할지는 반대 지점에 있는 사용 가능한 미디어 핸들(시작 클립의 끝과
    끝 클립의 끝)에 따라 다르다.

8. C

9. 교체 편집을 수행하는 것과 마찬가지로 새 트랜지션을 기존 트랜지션으로 드래그할 수
    있다. 또는 기존 트랜지션을 선택한 상태에서 Transition Browser에서 새 트랜지션을 더
    블 클릭한다.

10.

11. Paste는 복사된 클립과 이 속성을 적용한다. 교체 편집과 비슷하다. Paste Attributes를 사
    용하면 복사된 클립의 원하는 속성(특정 효과, 속도와 같은 특정 매개 변수 등)을 다른
    클립에 적용할 수 있다.

12. 컴파운드 클립을 더블 클릭한다.

Lesson 7
편집 마무리하기

이제 편집 워크플로우의 마무리 단계에 착수할 준비가 되었다. 이번에는 타이틀이나 그래픽 같은 재미있는 요소를 추가할 것이다. 한편으로는 소리가 너무 큰 오디오 레벨이나 사운드 효과가 필요한 B-roll과 같이 마무리 작업으로 다루기에는 너무 크고 지루한 작업도 있다. 이번에 배울 내용은 모두 세밀하고 꼼꼼한 작업에 관한 것이다.

Lifted Vignette에서는, 타이틀 페이지(title page)와 로워서드(lower third)와 같은 텍스트 기반 그래픽을 추가하여 곧 완성될 작품의 이름을 지정하고 Mitch의 파일럿 신분을 알려야 한다. 또 최종 오디오를 하나의 사운드 트랙에 믹스하기 위해 많은 오디오 세부 정보를 검사해야 한다. 그리고 화이트 밸런스 문제를 해결하고 클립 간에 시각적으로 일관성을 유지하려면 색을 보정해야 할 수도 있다. 이번 레슨에서 할 일이 많지만 곧 그 결과가 눈앞에 나타날 것이다.

Reference 7.1
타이틀 사용하기

정보의 그래픽은 누가, 무엇을, 언제, 어디서, 왜 같은 기본적인 질문에 대한 답이다. 프로젝트가 정보를 제시할 때마다, 타이틀을 사용하여 여러 가지 방법으로 정보를 제공할 수 있다.

프로젝트 앞부분의 타이틀 페이지는 맥락을 설정하고 시청자를 화면 앞으로 유인한다. 로워 서드는 프로젝트에 등장하는 사람들이 누가 누구인지 파악하도록 도와준다. 마지막에는 프 로젝트 참여자와 제작자를 알리기 위해 프로젝트 종료 크레딧(closing credit)이 필요하다. 정 보 그래픽은 세부 정보를 빠르고 간결하게 전달하는 가장 좋은 방법이다.

Final Cut Pro는 Motion의 실시간 디자인 엔진을 사용하여 그래픽을 프로젝트에 추가한 다. Motion이 설치되어 있지 않아도 Motion은 Final Cut Pro 인터페이스에서 고품질의 템플 릿을 제공하여 시작을 도와준다. Mac App Store에서 Motion을 다운로드하면 제공된 템플릿 을 사용자 설정하거나 처음부터 새로운 디자인을 재설계할 수 있다. 또한 다양한 커뮤니티를 통해서 Final Cut Pro와 Motion에서 다양하고 많은 템플릿을 사용할 수 있다.

Exercise 7.1.1
Lower Third 추가 및 수정하기

이 프로젝트에 B-roll을 추가했을 때, 여러분은 Mitch가 카메라에 나타날 시간을 마련했다. 이제 관객이 Mitch를 파악할 수 있도록 그래픽을 삽입하여 관객에게 그가 누구인지 알릴 수 있다.

> **NOTE ▶** 타이틀과 그래픽에 대한 새로운 편집 단계를 시작할 때는 스냅샷이라는 좋은 습관을 활용하여 Lifted Vignette 프로젝트를 스냅샷 해둔다.

1   Lifted Vignette에서 재생 헤드를 Mitch가 나오는 첫 번째 프레임에 놓는다. 약 12초 지점이다.

> **NOTE ▶** "Add a title" 마커는 MVI_1055의 다른 곳에 있을 수 있다.

2   Browser 사이드바에서 Show Titles와 Generators 버튼을 클릭한다.

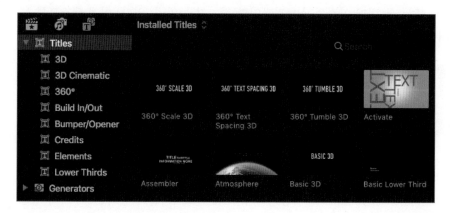

Browser의 Titles와 Generators 사이드바는 여러분이 이전에 작업한 다른 Browser의 레이아웃과 유사하다. 타이틀 템플릿은 왼쪽 사이드바의 카테고리별로 구성된다. Titles Browser에는 타이틀 아티스트가 지정한 주제별 타이틀을 그룹화해놓은 하위 카테고리도 포함된다.

3 사이드바에서 Lower Thirds 카테고리를 선택한다. News 하위 카테고리에서 Centered 타이틀을 찾는다.

4 Centered 로워서드를 선택하고 스페이스 바를 눌러서 미리 본다.

로워서드의 미리 보기는 섬네일과 Viewer에서 재생된다. 타이틀을 Mitch의 이름과 회사 이름으로 사용자 설정할 것이다. 타이틀을 사용자 설정하려면, 먼저 타이틀을 프로젝트에 추가해야 한다.

5 Mitch의 첫 번째 프레임에 재생 헤드를 놓아둔 상태에서 Centered 타이틀을 더블 클릭하여 connect edit을 실행한다.

타이틀은 Mitch가 카메라에 나타나는 모습의 시작 부분에서 연결된 클립으로 나타난다. centered 타이틀은 B-roll 편집 내용에 따라 두 개의 연결된 스토리라인 사이에 잘 놓여 있거나 또는 두 번째 연결된 스토리라인과 겹쳐져 놓일 수 있다. 이제 텍스트를 변경하고 서식을 지정해보자.

7.1.1-A 타이틀 텍스트 수정하기

화면 컨트롤(onscreen controls)을 사용하거나 Text 인스펙터를 사용하는 두 가지 방법으로 타이틀에 텍스트를 입력할 수 있다. 여러분은 이제 화면 컨트롤을 사용하여 텍스트를 입력하고 공간을 활용하는 작업을 할 것이다.

1 프로젝트에서 Centered 타이틀 클립을 더블 클릭한다.

더블 클릭하면 몇 가지 일이 발생한다. 클립이 선택되고, 재생 헤드가 텍스트를 선명하게 표시하는 첫 번째 프레임에 놓인다. 텍스트의 첫 번째 줄이 화면 컨트롤에서 선택된다.

2 Viewer의 텍스트가 자동으로 강조 표시된다. Mitch Kelldorf H5 Productions를 입력하고 Esc를 눌러서 텍스트 필드를 종료한다.

Text 인스펙터를 사용해서 텍스트를 입력해도 된다.

3 Inspector 영역에서 Text 인스펙터를 선택한다.

Text 필드에 여러분이 이미 입력한 텍스트가 나타난다. 이번에는 Inspector에서 타이틀을 약간 변경해보자.

4 Text 필드에서 "H5 Productions" 텍스트 앞에 Pilot,(쉼표와 함께)을 삽입한다.

같은 줄에 두 개의 텍스트 요소를 작업할 때 쉼표로 시각적인 구분을 하면 시청자가 쉽게 이해할 수 있다.

NOTE ▶ 맞춤법이 의심스러운 단어에 밑줄이 생기고 교체 단어가 제안된다.

5   IViewer에서 마우스 포인터를 타이틀 위에 놓는다.

텍스트 주위에 테두리 상자가 나타나고, Select 도구 아이콘이 Move 도구로 바뀐다. 이 때 테두리 상자 안을 드래그하면 타이틀의 위치가 변경된다.

6   지금은 타이틀을 그대로 두고 Mitch의 성과 이름을 선택한다. 워드 프로세서에서와 마찬가지로 텍스트를 드래그하여 성과 이름을 선택한다.

이름과 직업 텍스트를 시각적으로 구별하려면 텍스트 색상을 변경하자. 이 매개 변수는 이 타이틀 템플릿의 텍스트 색과 연관이 있으며, 또한 Text 인스펙터에서도 찾을 수 있다.

7   Text 인스펙터에서 Face 섹션까지 아래로 스크롤한다.

기본적으로 Face 매개 변수는 활성화되어 있지만 보기에는 표시되지 않는다.

8   Face 섹션 헤더에 마우스 포인터를 두고, 오른쪽에 나타나는 Show 텍스트 버튼을 클릭한다.

텍스트의 글꼴을 제어하는 Face 매개 변수가 표시된다.

NOTE ▶ 또는 Inspector 섹션의 헤더를 더블 클릭해도 관련 매개 변수가 표시되거나 숨겨진다.

Color 매개 변수에는 색상 영역(color well)과 팝업 색상 팔레트(pop-up color palette)의 두 가지 Color 컨트롤이 있다. 색상 영역을 클릭하여 macOS Colors 창을 열거나, 아래쪽 화살표 버튼을 클릭하여 팝업 색상 팔레트를 열 수 있다.

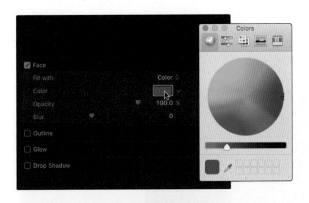

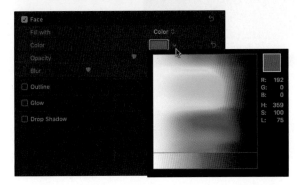

9   색상 영역 또는 팝업 컬러 팔레트를 사용하여 검은색을 클릭하여 Mitch의 이름을 검은 색으로 표시한다. Viewer에서 텍스트를 클릭하고 Esc를 누른다.

Mitch Kelldorf Pilot, H5 Productions

텍스트 색상이 검은색으로 바뀐다. 이제 직책과 회사의 글꼴을 변경해보자.

10 Viewer에서 "Pilot, H5 Productions" 텍스트를 선택한다. Text 인스펙터에서 Style 팝업 메뉴를 Bold Italic으로 설정하고 Esc를 누른다.

이 요소들 사이의 차이 때문에 타이틀은 더 멋지게 보인다. 이것은 스토리텔링에 명확성을 더한다. 이제 타이틀이 화면에서 지속하는 길이를 고려해봐야 한다.

일반적으로 편집자가 로워서드(또는 화면상의 텍스트)를 최소 2번 이상 읽을 수 있으면 시청자가 보고 읽고 이해할 수 있는 적절한 길이로 인정된다. Lifted Vignette에서 여러분은 이미 이 로워서드 클립을 위해 B-roll 클립 사이에 짧은 시간 슬롯을 만들었다. 이 슬롯을 채우기 위해 타이틀의 길이를 조정해야 한다.

7.1.1-B 편집 확장하기

클립의 시작점 또는 끝점을 드래그하여 클립을 줄이거나 늘리는 대신에, 확장 편집(extend edit)으로 진행의 속도를 높일 수도 있다. 확장 편집은 선택한 편집점을 재생 헤드 또는 스키머로 롤(roll)한다.

1   타임라인에서 타이틀 클립의 끝점을 선택한다.

이 지점을 선택하면 편집점을 파악해서 스키머 또는 재생 헤드로 편집을 확장할 수 있다. 타이틀 클립을 종료할 시점을 지정하기 위한 스키머 위치를 정할 것이다.

NOTE ▶   타이틀이 그다음의 스토리라인을 초과하거나 스토리라인 사이의 갭을 채우지 못할 수도 있지만 일단 다음 단계를 계속 적용한다.

2   재생 헤드를 타이틀 클립 내 아무 곳에 놓는다.

3   Shift-X를 눌러서 선택한 지점을 재생 헤드 위치로 확장한다.

Mitch의 타이틀 클립의 끝점을 그다음 B-roll 클립의 시작점까지 확장해야 한다.

4   스키머를 DN_9455의 시작 부분으로 놓고, 타이틀의 끝점이 선택된 상태에서 Shift-X를
    누른다.

트림 시작, 트림 끝, 이전에 배웠던 트림 선택과 마찬가지로 확장 편집은 편집 프로세스
의 속도를 높이는 또 다른 효율적인 방법이다.

> **타이틀 텍스트 바꾸기**
>
> 프로젝트의 인터뷰, 장소, 자막의 수에 따라 타이틀을 많이 추가할 수 있는데, 때로
> 는 이 타이틀에 맞춤법 오류가 발생할 수 있다. 예를 들어, 로워서드로 입력한 "Inside
> the H5 Hangar", "Outside the H5 Hangar", "Returning to the H5 Hangar" 텍스트 가운
> 데 "hangar"의 철자를 "hanger"로 잘못 썼을 수 있다. 이때는 "Find and Replace Title
> Text" 명령으로 빠르게 수정할 수 있다. Edit 〉 "Find and Replace Title Text"를 선
> 택한 다음 Find와 Replace 필드를 사용하여 잘못된 텍스트를 찾고 수정 텍스트로 바
> 꾼다.

Reference 7.2
3D 타이틀 만들기

때로는 약간 입체감이 있는 타이틀이 프로젝트에 도움이 되는 경우가 있다. 여러분은 Title
Browser에 접근할 때, 3D와 3D Cinematic 카테고리를 아마 보았을 것이다. 이 3D 텍스트 템
플릿을 사용하면 Final Cut Pro에서 Motion의 3D 텍스트 기능을 활용할 수 있다.

3D 타이틀 템플릿에는 프로젝트에 바로 적용할 수 있는 텀블(tumbles), 슬라이드(slides), 회전(rotations), 추적(tracking)과 같은 미리 작성된 텍스트 애니메이션이 있다. 프로젝트에 딱 맞춘 것이 필요하다면, 사용자 설정 템플릿을 생성해서 몇 가지 매개 변수를 미세 조정한다. 또 이전에 나열된 애니메이션을 수정하여 사용자 설정 항목 및 종료 애니메이션을 생성할 수 있다.

애니메이션의 Inspector 컨트롤 외에도 3D 타이틀에는 3D 텍스트 모양을 수정하는 컨트롤이 다양하다. 텍스트 크기, 조명, 각 문자의 재질 구성을 설정하는 컨트롤 등이 있다.

3D 돌출의 깊이와 방향, 앞면과 뒷면의 무게감, 앞면과 뒷면의 스타일을 설정하는 컨트롤도 있다.

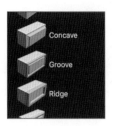

잠깐, 아직 더 있다. Viewer에는 3D 공간에서 3D 타이틀을 직접 만들기 위한 특별한 화면 컨트롤도 있다.

Custom 3D Title 템플릿을 사용해서 3D 타이틀을 만든다. 몇 번의 클릭만으로 조명, 3D 텍스트의 모양, 애니메이션 속성을 설정할 수 있다.

▶ **2D에서 3D로 로워서드 변환하기**

타이틀은 언제든지 2D에서 3D로 변환될 수 있다. Text 인스펙터에서 3D Text 체크 상자를 선택하면 2D 타이틀이 한 차원 추가된 타이틀로 즉시 바뀐다.

Mitch Kelldorf *Pilot, H5 Productions*

A 2D 로워서드 타이틀

Mitch Kelldorf *Pilot, H5 Productions*

3D 타이틀로 변환된 동일한 로워서드 타이틀

Exercise 7.2.1
3D 옵션 둘러보기

Final Cut Pro에 포함된 3D 타이틀은 적은 시간과 노력으로 3D 텍스트의 힘을 프로젝트에 보탤 수 있는 훌륭한 출발점이다. 이번 연습에서는 Custom 3D 템플릿을 사용하여 Lifted Vignette의 시작 부분 타이틀 페이지를 만들어 볼 것이다.

1   Titles 및 Generators 사이드바에서 3D 카테고리를 선택한 다음 Custom 3D 템플릿을 훑어본다.

CUSTOM 3D

그 결과는 별로 흥미롭지 않으며, 현재로서는 3D도 아니다. 이제 3D 타이틀을 프로젝트에 놓아두고 텍스트의 원근감을 변경해보자.

2   타임라인이 활성화된 상태에서 Home을 눌러서 프로젝트 시작 부분으로 이동한다.

현재 이 프로젝트는 격납고 문이 열리는 모습이 헬리콥터 코에 비친 장면으로 시작한다. 3D 타이틀은 DN_9488의 이 장면 이전에 검은색으로 시작해야 한다. 또 DN_9488이 타이틀 아래에서 페이드인 되는 동안 3D 타이틀이 계속 나타나야 한다. 이러한 룩을 만들려면 전체 프로젝트는 타임라인 아래로 밀려나야 한다. 타임라인의 시작 부분에 갭 클립을 삽입하면 간단하게 처리할 수 있다.

3   재생 헤드를 프로젝트의 시작 부분에 놓고 Option-W를 누른다.

프로젝트의 시작 부분에 3초짜리 갭 클립이 삽입되고 기존 클립이 타임라인 아래로 밀려난다. 이제 Custom 3D 타이틀을 프로젝트에 추가해보자.

4   재생 헤드를 프로젝트의 시작 부분에 놓고, 타이틀 Browser에서 Custom 3D 타이틀을 더블 클릭한다.

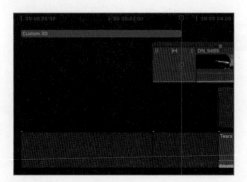

5 프로젝트에서 Custom 3D 타이틀을 Option-클릭한다.

클립을 Option-클릭하면 자동으로 클립이 선택되고 클립 위에 재생 헤드가 표시된다. 3D 공간에서 텍스트를 조작할 준비가 되었다.

7.2.1-A 텍스트를 3D로 변형하기

앞서 여러분은 화면의 Transform 컨트롤을 사용하여 Mitch가 절벽 주변을 비행하면서 밖을 살피는 분할 화면 보기를 만들었다. 이 컨트롤을 사용하면 X축과 Y축의 위치를 지정하고 Z축에서 회전(bank 또는 roll이라고도 함)할 수 있다. 3D 화면 컨트롤을 사용하면 X축과 Y축을 중심으로 회전할 수 있고, 이를 통해 각 문자 모양의 깊이를 알 수 있다.

1 텍스트를 Option-클릭하고 타이틀 위에 재생 헤드를 놓으면 Viewer에 타이틀이 나타난다. Viewer에서 타이틀을 한 번 클릭한다.

3D 공간에서 텍스트를 조정하기 위해 다음의 여섯 가지 컨트롤을 사용할 수 있다.

▶ 빨간색 화살표: 텍스트를 왼쪽 또는 오른쪽으로 이동(X축)

▶ 녹색 화살표: 텍스트를 위 또는 아래로 이동(Y축)

▶ 파란색 화살표: 텍스트를 가까이 또는 멀리 이동(Z축)

- ▶ 빨간색 원: 텍스트를 앞쪽 또는 뒤쪽으로 기울임(X축)

- ▶ 녹색 원: 텍스트를 왼쪽 또는 오른쪽으로 회전시킴(Y축)

- ▶ 파란색 원: 텍스트를 시계 방향 또는 반시계방향으로 굴림(Z축)

2 3D 화면 컨트롤로 텍스트를 조정하여 타이틀의 모든 면을 확인한다.

3 Command-Z를 눌러서 변경 사항을 취소하고 타이틀을 기본으로 되돌린다.

NOTE ▶ 실행 취소를 너무 많이 했다면, Command-Shift-Z를 눌러서 다시 실행하고 이전 상태로 되돌린다.

텍스트의 각 문자에는 면, 가장자리, 깊이가 있다. 이러한 각 요소는 간단한 프리셋이나 세부 컨트롤을 사용하여 개별적으로 또는 그룹으로 사용자 설정할 수 있다.

다음 연습 문제에서 프리셋을 적용하고 컨트롤을 사용하는 결과를 명확하게 보려면, 타이틀의 위치와 Viewer 설정을 조정해보자.

4   필요하다면, 뷰어의 디스플레이 팝업메뉴를 100%로 설정한다.

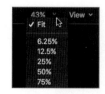

5   3D화면 컨트롤을 사용하여 파란색 화살표를 오른쪽으로 드래그하여 Z 축을 따라 텍스트
   를 여러분 쪽으로 가까이 가져온다.

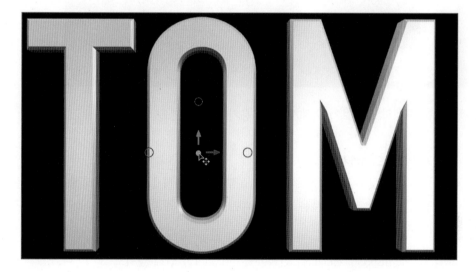

6   왼쪽의 회전 축인, 초록색 원을 오른쪽으로 드래그하여, 텍스트를 시계 반대 방향으로 회
   전한다.

7 3D 컨트롤을 조정하여 다음 그림과 같이 텍스트를 배치한다.

텍스트를 자세히 살펴보기 위해서 3D 사용자 설정 옵션을 확인해보자.

7.2.1-B 글리프 모양 조정하기

모든 3D 타이틀 템플릿은 3D 텍스트의 룩을 조정하기 위해서 Text 인스펙터에 있는 같은 매개 변수 설정을 공유한다. 여러분은 나중에 타이틀을 재설정할 것이므로 이 연습에서 자유롭게 실험해보자.

1 View 〉 Toggle Inspector Height를 선택하여 Inspector를 전체 높이로 표시한다.

2 Text 인스펙터에서 3D Text 타이틀을 찾은 다음 Show 버튼을 클릭하여 매개 변수를 본다.

3   Depth 슬라이더를 약 30의 값으로 오른쪽으로 드래그하면서 View에서 그 결과를 관찰한
    다.

문자의 깊이가 두껍다. 기본적으로 그 두께는 문자의 중심 Y축에서 시작된다. Depth
Direction 팝업 메뉴를 사용하여 문자의 중심에 있는 깊이를 정면에서 앞으로 또는 뒤로
변경할 수 있다.

4   Weight 슬라이더를 좌우로 드래그하면서 결과를 본다. 작업이 끝나면 Weight 값을 2로
    설정한다.

다음 네 개의 edge 컨트롤은 독특한 결과를 만들기 위한 옵션이다.

5   다른 매개 변수를 실험하기 전에 Reset 버튼을 클릭하여 3D Text를 재설정한다.

▶ **명!**

Lighting 매개 변수에는 텍스트 주변의 조명 배치를 미리 설정하고 문자에 반영된 환
경을 설정하는 팝업 메뉴가 두 개 있다. 이러한 컨트롤에 대한 자세한 내용은 Final
Cut Pro X 도움말 웹사이트를 참조하자.

7.2.1-C 3D 글리프 룩 개선하기

3D 타이틀을 사용자 설정하기 위한 매개 변수가 더 많이 있다. 이를 살펴보기 위해 이번 연습에서는 Lifted Vignette 프로젝트의 오프닝 타이틀을 만들어 볼 것이다. 여러분은 앞서 문자의 모양(깊이, 너비, 가장자리 유형)을 변경했다. Material 설정은 문자 면의 여러 측면을 세부적으로 조정한다. 기본, 단일면 설정, 옵션에 대해서 알아보자.

1   프로젝트의 Custom 3D 타이틀을 선택한 상태로 Text 인스펙터의 Material 섹션을 본다.

기본적으로 Custom 3D 타이틀은 플라스틱이라는 한 가지의 재질로 문자의 모든 면을 구성한다. Color 매개 변수를 사용하여 해당 플라스틱에 색상을 지정할 수 있다.

2   Color 매개 변수 옆의 팔레트 팝업 메뉴에서 문자에 적용할 플라스틱 색상으로 흰색을 선택한다.

플라스틱 텍스트가 번쩍거린다! 여러분은 이 플라스틱이 적절한 표면이 아니라고 판단할 수 있다. 문자를 헬리콥터와 비슷한 알루미늄 표면으로 변경해보자.

3   Material 섹션의 Substance 팝업 메뉴에서 Metal을 선택한다. Type 팝업 메뉴가 Aluminum
    으로 설정되어 있는지 확인하자.

NOTE ▶ 빛의 반사는 조명과 환경과 텍스트의 위치에 따라 달라진다. Viewer의 3D
Transform 컨트롤로 타이틀의 위치를 조정해서 변화하는 반사를 관찰한다.

면의 재질에 Layer 옵션을 추가하여 페인트 유형 및 표면 처리 유형을 제어하면서 면을
사용자 설정할 수 있다. H5 헬리콥터의 텍스트와 로고와 유사한 문자를 만들기 위하여
페인트를 반사하고 윤이 나는 룩을 추가한다.

4   Material Options 오른쪽의 Add Layer 팝업 메뉴에서 Paint 〉 Reflective Paint를 선택한
    다. 그리고 Add Layer 팝업 메뉴에서 Finish 〉 Polish를 선택한다.

Reflective Paint는 문자의 페인트 색상을 변경했다. 흰색으로 되돌려보자.

5   Reflective Paint 카테고리 아래의 Paint Color 매개 변수에서 흰색을 선택한다.

결과가 썩 나쁘지는 않지만, 여기에 컨트롤을 더 사용해볼 수 있다. 여러분은 타이틀의 개별 면(facet) 그룹을 변경해서 헬리콥터 측면의 SaberCat 로고를 모방하길 원할 것이다.

6   Text 인스펙터에서 Material 카테고리 옆에 있는 Single 팝업 메뉴를 클릭하고 Multiple을 선택한다.

이제 Facet 컨트롤은 모서리, 측면, 후면, 후면 모서리별로 그룹화된다. 그룹 컨트롤을 선택하면 해당 그룹의 설정에 나타나는 Options 매개 변수를 변경할 수 있다. 현재 Front 그룹이 선택되어 있으므로 Front의 면을 제어하고 있는 것이다. 이미 Front를 사용자 설정했으므로 Side와 Front Edge의 면을 살펴보자.

7   Material 카테고리에서 Side 그룹을 클릭하여 해당 그룹의 매개 변수를 나타낸다.

8   IPaint 섹션의 Side 그룹에서 Paint Color 컨트롤을 검정으로 설정한다.

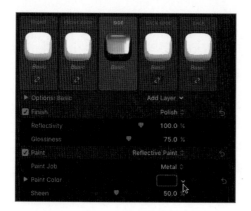

9 Material 카테고리에서 Front Edge 그룹을 클릭하고 Paint Color 컨트롤을 빨간색으로 설정한다.

이제 여러분만의 타이틀을 만들 준비가 되었다. 시작 애니메이션에 밝은 글꼴이 필요하다. 타이틀은 화면의 중앙에 놓여야 한다. 그러나 바로 중앙에 놓기보다는 그 전에 이 타이틀 초안에 적용된 스타일 설정을 저장하고 타이틀을 새로 고친 다음 이와 동일한 스타일을 사용자 설정 3D 타이틀 복사본에 적용한다.

10 Text 인스펙터 상단의 Preset 팝업 메뉴(현재 "Normal"로 설정되어 있음)에서 Save Appearance Attributes를 선택한다.

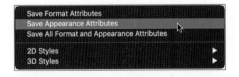

Appearance Attributes에는 페인트 색상 및 면(facet) 등의 매개 변수가 있다. Format Attributes에는 글꼴 및 글꼴 크기와 같은 설정이 있다.

11 나타나는 Save Preset 대화창에 Lifted Title을 입력하고 Save를 클릭한다.

12 프로젝트에서 Custom 3D 타이틀을 선택한다. Titles and Generators Browser에서 Custom 3D 타이틀을 더블 클릭한다.

손쉽게 Custom 3D Title을 새로 고쳤다. 이제 저장된 스타일을 다시 적용하기 전에 더 가벼운 글꼴을 선택한다.

13 새로 고친 Custom 3D를 Option-클릭한다.

14 Text 인스펙터의 Font 팝업 메뉴에서 타이틀 글꼴로 Zapfino를 선택한다. Size를 150으로 설정하고, Preset 팝업 메뉴에서 저장된 Lifted Title 스타일을 적용한다.

15 Inspector의 Text 필드를 사용하여 텍스트를 Lifted로 변경한다.

Zapfino 글꼴은 너무 가벼울 수 있으므로, 3D Text의 Depth, Weight, Edge 컨트롤을 사용해서 모양을 좀 더 견고하게 한다.

16 Text 인스펙터의 3D Text 카테고리에서 다음을 설정한다.

- ▶ Depth: 15
- ▶ Weight: 0.5
- ▶ Front Edge: Round
- ▶ Front Edge Size: 4

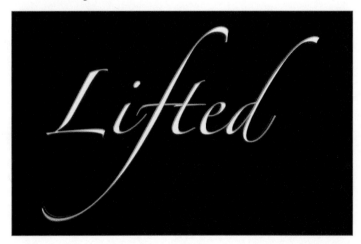

3D 타이틀을 만들고 스타일을 지정하기 위한 몇 가지 매개 변수를 살펴보았다. 다음 연습에서는 프리셋을 사용하여 텍스트에 애니메이션을 적용할 것이다.

7.2.1-D 3D 타이틀 애니메이션 적용하기

오프닝 타이틀의 스타일이 완성됐다. 이제, 헬리콥터의 이륙과 유사한 수직 이동으로 타이틀을 움직일 것이다. Custom 3D 타이틀에는 시작 및 종료 애니메이션을 생성하는 간단하거나 복잡한 애니메이션 매개 변수가 여러 가지 있다. 이 연습에서는 타이틀이 아래에서 위로 움직이고 빈 화면의 중앙에서 회전하도록 애니메이션을 적용할 것이다. 잠시 후, 첫 번째 비디오 클립이 타이틀 아래에 나타나고, 타이틀은 수직 이륙을 재개하면서 프레임 밖으로 회전한다.

1   프로젝트에서 Custom 3D 타이틀을 선택하고 Text 인스펙터로 이동한다.

Text 인스펙터에는 Text 인스펙터에서 사용할 수 있는 것 이상으로 타이틀 설정을 변경할 수 있는 추가 매개 변수(Motion에서 가져옴)가 있다. 이 Custom 3D 타이틀의 경우, 이러한 추가 매개 변수에 다양한 애니메이션 옵션도 포함된다. 타이틀을 보이지 않게 시작하자.

2   Title 인스펙터의 Move In 팝업 메뉴에서 Up을 선택한다. 재생 헤드를 타이틀 클립의 시작 부분에 두고 타임라인을 재생한다.

애니메이션 시작 부분에 "f" 문자의 은색이 표시되는데, 이것을 페이드인 조정으로 숨길 수 있다.

3   Title 인스펙터에서 Fade Duration In 슬라이더를 80으로 드래그하고 타임라인을 재생한다.

다음으로 문자를 헬리콥터 날개처럼 움직이기 위해 회전을 추가할 것이다.

4   Rotate In 팝업 메뉴에서 Left를 선택한다.

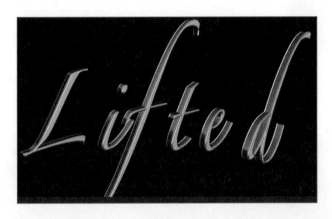

회전에 작은 변화가 하나 생겼다. 리플링 효과로 각 문자를 개별적으로 회전시키고 들어 올린다. 이를 위해 컨트롤 Animate By와 Spread를 사용한다. Animate By는 텍스트의 전체 줄, 텍스트의 개별 단어, 개별 문자에 애니메이션을 적용하는 애니메이션 매개 변수를 설정한다. Spread 매개 변수는 애니메이션이 적용되어야하는 항목의 비율을 제어한다.

5   Title 인스펙터에서 Animate By을 Character로, Spread를 40으로 설정한다. 타이틀을 재생한다.

시작 애니메이션은 문자에서 문자로 흐르는 웨이브와 비슷하게 계단식으로 배열된다. 이제 타이틀의 종료에 애니메이션이 필요하다.

6   매개 변수를 다음 값으로 설정하자.

▶   Direction Out: Forwards

▶   Move Out: Up

▶   Rotate Out: Left

▶   Fade Duration Out: 80

7 마지막으로 타이틀의 끝점을 5:21 길이로 확장한다. 타이틀을 재생하여 작업을 검토한다.

프로젝트의 시작 부분에 사용자 설정된 3D 타이틀을 추가했다. 음악이 시작되면 타이틀은 헬리콥터 날개처럼 공중으로 회전한다. 이륙이라는 주제와 음악과 화면이 서로 조화롭게 잘 어우러진다.

▶ **Checkpoint 7.2.1**

Checkpoint 검토에 대한 자세한 내용은 Appendix C를 참조하자.

Reference 7.3
오디오 작업하기

지금까지의 워크플로우에서 오디오 믹스는 마땅히 받아야할 충분한 관심을 받지 못했다. 하지만 좋은 이유에서였다. Lesson 6에서 클립이 삽입되거나 제거될 때 프로젝트 타이밍이 변했고, 리플 트림, 속도 조작, 슬립 편집될 때 개별 클립의 길이도 변했다. 그리고 가장 최근에는 효과를 합성했고, 타이밍에 영향을 주는 트랜지션을 적용했으며, 오디오 주의가 필요한 요소를 추가했다. 따라서 이러한 불가피한 길이 변경 때문에 워크플로우 초기에 오디오를 믹싱하는 것은 시간 낭비일 수 있었다.

하지만 이제 이 시점에서 오디오 디자인에 참여하면, 매끄럽지 않은 편집을 한 번에 전부 수정하고, 프로젝트를 다음 단계의 탁월한 수준으로 끌어올릴 수 있다.

오디오 작업은 클립 수준에서 시작해야 한다. 모든 클립에 오디오가 있는가? 이런 기본적인 질문은 종종 간과된다. 사운드를 매우 섬세하게 디자인하고 싶다면, 질문을 좀 더 해야 한다. 이미지의 모든 내용이 시각적으로 보이는가? 혹은 오디오로 암시적으로 나타나는가? 잠시 현재 환경에 귀 기울여보자. 뭐가 들리는가? 컴퓨터 팬의 희미한 움직임 소리? 지나다니는 차들? 똑딱 거리는 시계? 비행기가 날아가는 소리? 옆방의 대화? 이러한 모든 오디오 요소는 여러분 주위의 인물, 환경, 위치, 배경 등을 정의한다.

게다가, 이 요소들은 여러분의 의식 속에서 순서를 갖고 있다. 옆방의 대화가 커졌다는 것은 여러분이 그 대화에 가까이 다가갔다고 볼 수 있다. 또는 그 대화가 여러분 가까이 다가왔을 것이다. 아니면 그 대화가 시끄러운 논쟁으로 바뀌었을 수도 있다. 대화의 볼륨이 변화 없이 일정하면, 여러분의 인식이 약화되고 다른 소리로 주의가 흩어진다. 이러한 인식 변화가 오디오 믹스에 반영되면 시청자가 스토리텔링에 좀 더 깊이 몰입할 수 있다.

여러분은 여태까지 Lifted Vignette에서 레벨과 믹스에 대한 전반적인 경계를 유지했다. 오디오 믹스는 프로젝트 전반에 걸쳐 Mitch의 말에 집중되었고, B-roll과 음악은 그다음이었다. 오디오 레벨을 주로 0dB 미만으로 유지했지만, 이제는 클립별 클립(clip-by-blip), 클립 대 클립(clip-to-clip), 프로젝트 전체(project-wide)에서 오디오에 주의를 기울여야 한다. 모든 클립에 오디오 소스가 있는지 확인하려면 클립별 클립으로 시작하자. 그리고 나서 한 클립의 오디오를 다음 클립으로 혼합하는 클립 대 클립 초점으로 넘어갈 것이다. 한 클립의 자연스러운 사운드는 다음 클립의 자연스러운 사운드로 병합된다. 이 작업은 클립을 수직으로 혼합하기 위해 더 확장된다. 음악, 사운드 효과(sfx), 자연스러운 사운드, 사운드 바이트를 섞어서 프로젝트의 오디오 믹스를 만든다.

Exercise 7.3.1
클립에 사운드 추가하기

때때로 클립에 녹음된 자연스러운 사운드가 너무 작거나 잡음이 많아서 사용할 수 없는 경우가 있다. 프로젝트의 첫 번째 클립에서 이러한 사운드를 들을 수 있다. 그 클립은 격납고 오프닝 장면을 만들기 위해 반대로 재생되었고, 오디오 내용도 반대로 재생되었다. 그러나 정상적으로 오디오 재생을 해봐도 클립의 사운드에는 여전히 도움이 필요하다. 여기에 사운드 효과를 추가하면 상태가 크게 향상된다.

1   Window 〉 Workspaces 〉 Default를 선택하여 인터페이스를 재설정한다.

2   Lifted Vignette에서 재생 헤드를 DN_9488의 시작 부분에 놓는다.

이 모터 사운드는 멀리 떨어진 마이크에서 녹음되었기 때문에 약하게 들린다. 여러분은 격납고 문을 여는 것처럼 그 모터 소리가 강하게 나기를 원한다. 더 강력한 사운드 효과를 찾으려면 Browser의 Photos and Audio 사이드바를 검색해보자. Photos and Audio 사이드바로 iTunes 라이브러리와 재생 목록에 접근할 수 있다. 여기에는 400개가 넘는 iLife 사운드 효과와 음악 클립(설치된 경우), Final Cut Pro Sound Effects 컬렉션에 포함된 1,300가지 이상의 사운드와 폴리(foley) 효과가 포함되어 있다.

3   Browser 영역에서 Photos and Audio 사이드바 버튼을 클릭하고 Sound Effects 카테고리를 선택한다.

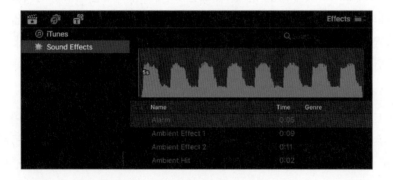

NOTE ▶ Sound Effects 카테고리를 사용할 수 없거나 비어있는 경우, Final Cut Pro 〉 Download Additional Content를 선택하여 얻는다.

4   오른쪽의 검색 필드에 garage를 입력한다. 3개의 결과가 나타난다.

5   사운드 효과를 들으려면 미리 보기 버튼을 클릭한다.

Door Garage 2는 격납고 문의 오른쪽에서 소리가 난다.

6   Q를 눌러서 DN_9488 헤드에서 시작하는 사운드 효과를 편집한다.

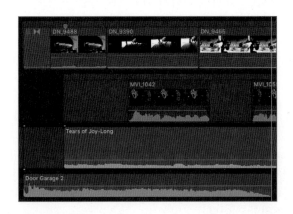

사운드 효과가 약간 길지만 좋은 점은 있다. 격납고 문이 두 번째 클립 DN_9390에서 계속 열린다는 것이다.

7   Door Garage 2의 끝부분을 트림하고 DN_9390의 끝점에서 멈춘다.

여러분이 배운 다양한 방법 중 하나를 사용해서 오디오 클립을 다듬을 수 있다. 다음 중 하나를 시도해보고 Command-Z를 눌러서 사운드 효과의 전체 길이를 재설정하자.

▶   Select 도구를 사용하여 사운드 효과 클립의 끝점을 왼쪽으로 드래그한다. 끝점이 DN_9390의 끝에 붙을 때까지 드래그한다.

▶   사운드 효과 클립을 선택한다. DN_9390의 끝부분을 스키밍하고, Option-](오른쪽 괄호)를 눌러서 클립의 끝부분을 재생 헤드에 맞춰 트림한다.

▶   사운드 효과 클립의 끝부분을 선택한다. DN_9390 끝부분을 스키밍하고, Shift-X를 누른다.

다른 클립으로 작업했으므로 Door Garage 2의 전체 볼륨을 설정해야 한다. 그렇지 않으면 시청자가 모터 바로 옆에 서 있는 것처럼 들을 수 있다.

8   Select 도구가 활성화된 상태에서 Door Garage 2의 볼륨 컨트롤 위로 마우스 포인터를 이동한다.

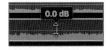

프로젝트에 방금 컨트롤을 추가했으므로 현재 컨트롤은 0dB이다. 모든 클립은 0dB의 볼륨 레벨로 Final Cut Pro에 적용된다. 이는 Final Cut Pro가 클립을 녹음된 레벨로 재생한다는 것을 나타낸다.

9 Select 도구를 사용하여 레벨 값이 −8dB로 표시될 때까지 볼륨 컨트롤을 아래로 드래그한다.

모터의 초기 음량에서 일부가 떨어져 나가고 일부는 유지된다. 이제 오디오 작업이 필요한 다른 클립으로 넘어가자.

> **파형이 더 필요하다.**
>
> 기본 보기에서 볼륨 컨트롤을 드래그하는 것은 사이즈 때문에 약간 어려울 수 있다. Timeline's Clip Appearance 설정을 사용하면 타임라인 클립의 표시된 높이를 변경할 수 있다. Clip Height 슬라이더를 드래그하여 클립을 드래그하기 쉽게 만든다. 이 레슨의 뒷부분에서 이 설정을 조정할 것이다.

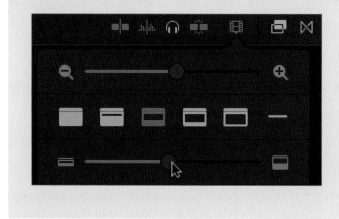

10 Timeline Index와 Tags 창 아래에서 "Show incomplete to-do items" 버튼을 클릭한다.

Tags 창의 상단에는 방금 수행한 오디오 픽스를 상기시키기 위해 놓아둔 첫 번째 Add SFX to-do 마커가 목록에 있다.

11 Add SFX to-do 마커의 체크 상자를 선택하여 Complete 마커로 변환한다.

마커가 to-do 목록에서 제거된다.

12 여러분은 Mitch의 타이틀을 프로젝트에 추가했으므로 "Add a Title" to-do 마커의 체크 상자를 선택할 수 있다. Mitch를 식별하기 위해 로워서드를 추가하면서 해당 작업을 완료했기 때문이다.

다음 to-do 마커는 "Speed and SFX" 마커다. 이 클립에서 헬리콥터 날개는 제트 연료의 힘을 얻어서 날개를 회전한다. 따라서 이 시각적 장면을 사운드 측면에서 지원하기 위해서는 제트 동력의 오디오를 추가해야 한다. 방금 완료한 "garage door" 시나리오와는 달리, 여러분은 헬리콥터 시동을 걸고 엔진을 작동시키는데 적합한 오디오 콘텐츠를 이미 갖고 있다. Photos and Audio 브라우저에서 헬리콥터 사운드 효과를 얻는 대신에 현장에서 녹음된 사운드를 사용할 것이다.

7.3.1-A 가져온 오디오 리타이밍하기

이 편집에서는 클립의 오디오만 프로젝트로 편집하고, 그 오디오를 프로젝트의 기존 비디오와 일치하도록 편집할 것이다. 헬리콥터의 날개 소리가 포함된 여러 개의 B-roll 샷 중에서도 DN_9457 클립은 시동을 걸 때 날개 장면을 보여준다. 이 클립의 오디오 속도를 높이고 복사해서 DN_9452의 극적인 시각과 일치시킬 것이다.

1 Primary Media 이벤트에서 DN_9457을 선택한다.

옥상에서 시동을 걸고 있는 헬리콥터의 장면이다. 이 클립의 전체 길이는 19:16이지만 타임라인에서 DN_9452를 덮으려면 몇 초만 있으면 된다. 옥상 클립을 스키밍하면서, 이 클립의 오디오 속도를 높이는 사운드를 시뮬레이션할 수 있다.

2 DN_9457을 신속하게 스키밍한다. 그러나 너무 빨리할 필요는 없다.

02:28:32:00의 클립 타임 코드 주변에서 터빈의 압축기에 시동이 걸리면서 헬리콥터 날개를 가속한다. 이 부분을 사용하자.

3 02:28:32:00에 시작점을 표시한다.

4 끝점을 기본값에 둔다. 총 길이는 약 13초다.

5   타임라인에서 DN_9452를 선택하여 약 2초의 길이를 표시한다.

NOTE ▶ 선택한 타임라인 클립의 길이가 타임라인 영역 상단에 나타난다.

DN_9457 오디오의 2초와 바꿀 부분이다. 먼저 타임라인에 DN_9457의 오디오 전용 편집을 해야 한다. 툴바에 있는 네 개의 편집 명령 버튼 옆에 있는 Source Media 팝업 메뉴로 표준 비디오와 오디오 편집을 하거나, 편집을 오디오 또는 비디오로만 제한할 수 있다.

6   Browser에서 DN_9457을 소스로 선택하고 Source Media 팝업 메뉴에서 Audio Only을 선택한다.

편집 명령 버튼에는 그다음 편집이 오디오 전용임을 나타내는 스피커 아이콘이 포함된다. 이제 오디오를 편집하고 타임라인의 올바른 위치에 오디오 클립을 배치해야 한다.

7   프로젝트에서 재생 헤드를 DN_9452의 시작 부분에 놓고 Q를 누르거나 Audio-Only Connect 버튼을 클릭한다.

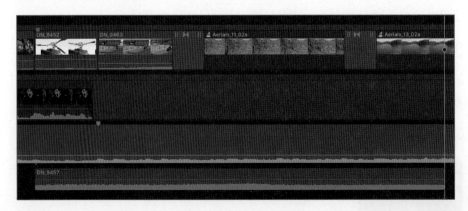

DN_9457의 오디오는 DN_9452의 시작 부분에 정렬된다. 여전히 약 10초다. 길다. 그러나 클립을 리타이밍하는 동안 그 여분의 내용을 사용할 것이므로 괜찮다.

8   타임라인에서 오디오 클립 DN_9457을 선택하고 Retime 팝업 메뉴에서 Custom을 선택한다.

Custom Speed 창이 클립 위에 나타난다. DN_9452의 길이는 2초다. Custom Speed 창의 Duration을 사용하여 오디오 클립을 원하는 길이로 다시 지정할 수 있다. 모터 사운드 효과에서와 마찬가지로 터빈 시동의 오디오를 다음 클립으로 확장하려고 한다. 이는 또한 이전의 클립과 겹쳐질 것이다.

9   Custom Speed 창에서 Set Speed의 Duration 옵션을 선택한다. 연관된 텍스트 필드에 5.(마침표 포함)를 입력하고 Return을 누른다.

오디오 클립은 재생 속도가 높아짐에 따라 단축된다. 트리밍 때문이 아니다. 오디오는 더 짧아졌지만, 여전히 이륙 클립과 3초간 겹친다. Mitch가 스위치를 켜는 이전 클립과 겹치는 것도 괜찮다.

10 Viewer에서 two-up을 모니터링하는 동안 DN_9457의 시작점을 왼쪽으로 드래그한다.

Viewer의 왼쪽 이미지는 사운드 효과가 시작될 지점에 비디오를 나타낸다.

11 Mitch가 스위치를 누르고 디스플레이 화면이 변경될 때까지 왼쪽으로 계속 드래그한다. 정보 플래그(info flag)는 클립의 새로운 길이인 약 5초를 읽는다.

NOTE ▶ 필요한 경우, N을 눌러서 스냅핑을 비활성화한다.

효과를 수정하려면 페이드 핸들을 사용하여 이 사운드 효과 안팎으로 편집을 부드럽게 한다.

12 시작과 끝 페이드 핸들을 드래그하여 각각 1초 이상의 경사(ramp)를 추가한다. 나중에 이 사운드 효과에 더 많은 블렌딩을 추가할 것이다.

이전에 이 오디오에는 Natural Sound 롤이 지정되었다. 이제 여러분은 이 오디오 클립을 사운드 효과로 사용했으므로 이 클립에 지정된 롤을 변경해야 한다.

13 프로젝트에서 오디오 전용 DN_9457 클립을 Control-클릭하고 바로 가기 메뉴에서 Assign Audio Roles 〉 Effects-1을 선택한다.

14 편집 결과를 들은 후에 속도와 sfx 수정을 마쳤음을 확인하기 위해 to-do 마커 체크 상자를 꼭 선택한다. 그리고 여러분은 이미 "speed to reveal" 항목을 작업했으므로 그 체크 상자도 선택한다.

여러분은 이제 여러 클립에 사운드 효과를 추가했고, 심지어 리타임 클립도 추가했다. 그 밖에 어떤 오디오 지원이 필요한지 살펴보자.

7.3.1-B 다른 클립과 오디오 분할하기

여러분이 추가한 항공 클립에는 오디오가 없었다. 마이크가 그 카메라에 놓여 있었으면 순수한 바람 소리가 녹음되었을 것이기 때문에 그다지 놀랄 일은 아니다. 따라서 이 클립에 오디오를 추가해야 한다. 이륙 스토리라인에서는 두 개의 항공 클립 뒤에 low-pass 클립인 DN_9493이 이어진다. 이번에는 오디오를 빌려오는 대신에 DN_9493의 오디오를 일부 공유

할 것이다. 이러한 편집 유형을 분할 편집(split edit)이라고 한다. 클립 사이의 오디오 공유 또
는 분할은 클립을 확장하여 비디오와 오디오를 클립의 구성 요소로 나타낸다.

1   타임라인에서 DN_9493의 오디오 파형을 더블 클릭한다.

오디오가 비디오에서 확장되므로 여러분은 오디오와 비디오 콘텐츠를 싱크 상태로 유지
하면서 개별로 트림할 수 있다.

2   저공비행하는 헬리콥터 내용인 DN_9493의 오디오 시작점을 Aerials_11_02a의 시작점
왼쪽으로 드래그한다.

분할된 오디오를 DN_9463으로 약간 확장하면, 분할된 오디오를 헬리콥터 이륙의 기존
오디오와 램프하고 혼합할 수 있다.

3   분할 오디오의 시작 페이드 핸들을 오른쪽으로 드래그하여 트랜지션의 중간 지점까지
오디오에 혼합한다.

이 분할 편집 배열은 소스 클립에서 오디오가 비디오 편집을 이끄는 J-cut이다. 반대편
L-cut에는 오디오가 비디오 편집점보다 뒤처져있다. 나중에 분할 편집을 더 연습해볼 것
이다.

7.3.1-C 오디오 혼합 미리 보기

아직 이 클립들을 믹스하지 않았으므로 페이드 핸들로 작업한 혼합이 부드럽지 않을 것이다. 오디오 세부 사항을 모두 조정해보자.

이 첫 번째 항공 클립에서 헬리콥터는 시동을 켜고 진입로에서 이륙하면서 공중으로 비행한다. 여러분은 이에 맞춰서 점진적이고 원활한 오디오 트랜지션을 원한다. 이를 위해서는 몇 가지 추가 조정과 함께 3개 클립의 볼륨 레벨을 설정해야 한다. 그리고 사운드 바이트 스토리라인에서 볼 수 있듯이, 헬리콥터가 비행하는 동안 Mitch를 잠시 멈추는 음악 코러스가 필요하다. 그러나 아직 음악은 조정하지 않는다.

1   첫 번째로 설정할 볼륨 레벨은 DN_9457의 리타임(retimed) 시동 사운드다. 이 클립의 볼륨 레벨을 -4dB로 변경한다.

> **NOTE** ▶ 볼륨 레벨 컨트롤을 조정해서 컨트롤을 "geardown"하는 동안 Command를 누르면, 값을 건너뛰지 않고 모든 값을 볼 수 있다.

2   이륙 클립 DN_9463은 약 0.5초 램프가 필요하다. 램프를 추가하려면 클립의 페이드인 핸들을 오른쪽으로 드래그한다.

3   DN_9463의 볼륨 레벨을 -3dB로 올린다.

이 볼륨의 증가는 DN_9457에서 가져오기에 다소 강하다. 따라서 분할된 오디오를 강화해야 한다.

4 DN_9493의 볼륨 레벨을 3dB로 올리면 오디오 파형의 피크가 클립 끝까지 빨갛게 되는 것을 볼 수 있다.

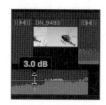

상위 레벨은 분할 오디오의 끝부분에서 최고 오디오 파형을 생성한다.

5 재생 헤드를 DN_9493의 비디오 부분을 놓는다. 마커를 설정하려면 M을 누르고 마커 창을 열려면 마커를 더블 클릭한다.

6 마커 이름으로 Fix Audio Peak를 입력하고, 이것을 to-do 마커로 식별하고 Done을 클릭한다.

7 프로젝트가 시동 클립으로 시작해서 DN_9493의 비디오 부분 이전까지 계속 진행되는 것을 확인한다.

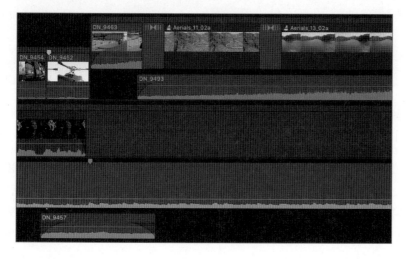

지상에서 항공으로의 멋진 오디오 트랜지션이다. 나중에 오디오 믹스를 완료하면 피크에 있는 오디오를 수정할 것이다. 지금은 믹싱 전에 추가 오디오가 필요한 클립이 더 많이 있다.

7.3.1-D 오디오 추가하기, 분할하기

다음 분할 오디오 기회를 멀리서 찾을 필요가 없다. GOPR1857에는 일관성 있는 캐빈의 소음 사운드가 있다. 캐빈 내부에서 촬영된 세 개의 클립에서는 GoPro의 연속 오디오를 통해 사운드가 좀 더 확실하게 들린다. 또한, 클립 대 클립의 오디오 연속성은 Mitch의 사운드 바이트 동안 산만함을 줄일 것이다.

1   오디오 파형을 더블 클릭하는 대신에 GOPR1857을 Control-클릭하고 바로 가기 메뉴에서 Expand Audio을 선택하거나 Control-S를 누른다.

2   GOPR1857의 오디오가 확장된 상태에서 끝점을 DN_9503으로 1초 이상 드래그한다. 그런 다음 분할 오디오 끝부분에 램프를 추가한다.

그 소음은 일관된 기내 오디오를 제공한다. 이 편집 배열은 오디오가 비디오 편집에 뒤처진 L-cut이다.

Triple Aerial/Sunlight storyline으로 이동해보면, 사용할 수 있는 오디오가 없어서 조용한 항공 클립에 소리가 필요하다. 안타깝게도 DN_9420의 오디오 길이는 분할 오디오 편집을 하기에 충분히 길지 않다. 추가 오디오를 찾아야 한다. 다행히도 사용할 수 있는 오디오가 좀 있다. GOPR0009 또는 Photos and Audio 사이드바의 헬리콥터 두 대의 사운드 효과를 사용할 수 있다.

3   Triple Aerial/Sunlight storyline의 적어도 세 개의 항공 클립에 여러분이 선택한 사운드 효과를 편집한다. 볼륨 레벨과 페이드 핸들을 조정하자. 이 편집을 완료하는 방법을 보려면 다음 그림을 참조하자.

프로젝트 시작 부분의 일부 클립에는 오디오가 너무 많다. 특히 DN_9454에는 카메라가 꺼졌을 때 녹음된 잡담이 있는데, 이것을 제거해야 한다. Clip Skimming 기능을 활성화하면 키보드 단축키를 선택하거나 활성화하지 않고도 클립을 solo 할 수 있다.

4   View > Clip Skimming 상태에서 DN_9454를 스키밍하고 카메라가 꺼진 오디오를 듣는다.

잡담을 제거한다. 그리고 그 오디오 갭을 채우기 위해 이전 클립의 오디오를 공유한다.

5   DN_9454 밑으로 DN_9453의 오디오를 확장하고 L-cut을 만든다.

6   DN_9454의 오디오 볼륨 레벨을 -∞dB로 낮춰서 믹스에서 제거한다.

DN_9465에도 동일한 잡담 소리가 들린다. 또 다른 분할 편집으로 DN_9470에서 오디오를 가져올 수 있다.

7 격납고 스토리라인에서 DN_9465 아래에 DN_9470의 오디오 J-cut을 만든다.

8 DN_9465의 오디오를 −∞dB로 낮추어 믹스에서 제거한다.

NOTE ▶ DN_9470의 확장된 오디오의 시작 부분에 "servo" 소리가 들릴 수 있다. 이는 나중에 조정할 것이다.

이제 여러분은 클립별 클립 편집을 마쳤고, Lifted Vignette의 오디오에서 클립 대 클립 편집을 시작했다. 모든 클립에는 자체적으로 고유하거나, 다른 소스에서 추가한 오디오 가 있다. 그리고 B-roll 오디오 중 일부는 하나의 클립에서 하나 이상의 클립으로 오디오 를 공유하는 분할 편집으로 실현되었다.

Exercise 7.3.2
볼륨 레벨 조정하기

지금까지 오디오 클립의 볼륨을 일정하게 조절했다. 전체 클립의 볼륨 레벨을 낮추거나 올 렸다. 그러나 이 일정한 레벨 조정은 J-cut을 사용하여 DN_9493의 오디오를 두 항공 클립으 로 분할하는 이륙 스토리라인에서 문제를 일으켰다.

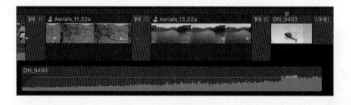

DN_9493의 오디오 파형을 살펴보자. 오디오가 너무 크다. 빨간색 피크가 없어야 좋은 레벨 이다. 이것을 통해 클립을 재생하지 않고도 볼륨 레벨을 식별할 수 있다. DN_9493의 경우, DN_9463의 앞부분에 있는 nats를 혼합하려면 음량을 높여야 하지만 DN_9493의 비디오 중 간에 발생하는 피크를 처리하려면 클립의 볼륨 수준을 현저하게 낮추어야 한다.

클립 내 다양한 볼륨 레벨에는 키프레임 설정이 있다. 키프레임은 Select 도구와 Option을 사용해서 만든다.

1 DN_9493의 J-cut의 오디오 파형을 눈으로 스캔한다.

   오디오 파형이 점점 더 커지면서 볼륨이 올라가는 것을 볼 수 있다.

   키프레임을 사용하여 클립의 끝부분에 있는 헬리콥터의 큰 소리를 키우거나 다듬을 수 있다.

2 Aerials_11_02a 아래에서 확장된 DN_9493의 오디오 파형에서, 시작 트랜지션의 중간점 다음의 볼륨 컨트롤 위에 Select 도구를 위치시킨다.

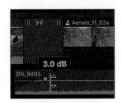

   레벨 값이 3dB로 표시되고, 마우스 포인터가 수직으로 배열된 두 개의 화살표로 바뀐다. 여기서 첫 번째 키프레임을 설정한다. 그러면 페이드 핸들이 페이드인을 완료하는 시점 또는 그 전의 시점에 레벨이 고정된다.

3 트랜지션의 중간점 다음에 있는 레벨 컨트롤 위에 Select 도구를 위치시킨다. 레벨 컨트롤을 Option-클릭한다.

   첫 번째 만들어진 키프레임은 볼륨 컨트롤의 설정을 닫는다. 볼륨 컨트롤에 애니메이션을 적용하려면 최소한 두 개의 키프레임이 필요하다. 두 번째 키프레임이 있어야 애니메이션이 오디오 레벨을 높일지 낮출지 결정한다.

4   두 번째 키프레임을 설정하려면, Aerials_11_02a와 Aerials_13_02a 사이 트랜지션 중간
지점에 있는 볼륨 컨트롤 위에 Select 도구를 배치한다. 볼륨 컨트롤을 Option-클릭하여
두 번째 키프레임을 만든다.

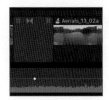

키프레임은 만든 후에 조정할 수 있다. 키프레임을 측면으로 이동하여 클립 내에서 타이
밍을 변경하거나 키프레임에서 볼륨 레벨을 변경할 수 있다. 이제 헬리콥터 사운드를 조
정하여, 이 클립의 키프레임 간에 일관된 레벨을 설정할 것이다.

5   만약 첫 번째 키프레임을 3dB로 설정하면, 이 두 번째 키프레임은 약 –5dB로 설정한다.

다가오는 헬리콥터의 오디오를 더 다듬기 위해서, 세 번째 트랜지션 중간 지점에 세 번
째 키프레임이 필요하다.

6   세 번째 트랜지션의 중간 지점에서 세 번째 키프레임을 생성하고, 두 번째 클립의 파형
을 평평하게 조정한다.

세 번째 키프레임은 약 – 10dB이어야 한다. DN_9493의 끝부분은 Mitch의 다음 사운드
바이트 시작 전에 헬리콥터가 낮게 나는 것을 강조하기 위해 소리가 더 클 것이다. 헬리
콥터가 지나가고 다음 사운드 바이트가 시작되기 전까지의 시간은 그다음 두 개의 키프
레임에 지정할 타이밍을 결정한다. 목표는 헬리콥터 사운드를 사운드 바이트 아래에서

빠르게, 하지만 눈에 띄지 않을 정도로 부드럽게 빠져나오게 하는 것이다. 그리고 그 레벨은 헬리콥터 캐빈이 나오는 그다음 클립의 오디오에도 혼합되어야 한다.

7 DN_9493의 끝부분에 두 개의 키프레임을 적용한다. 하나는 헬리콥터 사운드의 정점에, 두 번째는 약 20프레임 뒤에 배치한다.

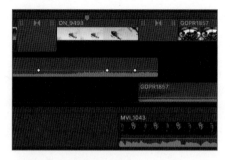

8 헬리콥터가 하늘 높이 날아갈 때, 두 개의 키프레임을 약 −10dB와 -30dB에 놓는다.

9 세 개의 오디오 소스를 하나로 결합하려면 다음과 같이 한다.

▶ GOPR1857의 시작 부분을 길게 늘여서 MVI_1043의 시작 부분과 맞춘다.

▶ GOPR1857 시작 부분에 1초 오디오 페이드인을 적용한다.

▶ 12프레임 오디오 페이드아웃을 DN_9493의 끝부분에 추가한다.

▶ 사운드 바이트의 페이드 핸들로 빠른 램프 업(ramp-up)을 적용한다.

이제 여러분은 오디오를 제대로 제어할 수 있다. 키프레임을 사용하면 클립 내에서, 클립에서 클립으로 수평으로, 클립에서 클립으로 수직으로 오디오를 형성할 수 있다. 이처럼 약 12초 동안에 오디오 조정을 많이 할 수 있다. 이러한 세 가지 기법으로 오디오를 형성하는 시간 범위는 더욱 짧아지고 더욱 세분된다.

예를 들어, 4초 내로 6개 또는 10개 클립을 수직으로 작업하면서 프로젝트의 사운드트랙을 풍부하게 세분화할 수 있다.

7.3.2-A 오디오 미터 읽기

클립 대 클립을 수직으로 믹싱하면, 객관적으로 오디오 레벨을 보면서 주관적으로 오디오를 들을 수 있다. 프로젝트를 반복해서 들으면 믹스 내에 있는 클립의 소리 크기에 대한 감이 생긴다. 즉, Audio 미터로 시각적인 확인이나 현실감을 인식할 수 있다.

1   타임 코드 디스플레이 옆에 있는 작은 Audio Meter 버튼을 클릭하여 타임라인에 더 큰 Audio 미터를 표시한다.

▶ 03:00 48:02

Audio 미터는 타임라인의 오른쪽 끝에 나타난다. 미터의 크기를 확대할 수 있다.

2   Audio 미터의 왼쪽 구분선을 왼쪽으로 드래그하여 미터를 확대한다.

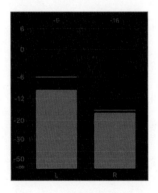

이미 여러분은 Audio 미터를 사용해서 오디오 믹스의 피크를 측정했다. 이것의 목표는 오디오를 0dB 이상으로 유지하는 것이었다. 그러나 현재 워크플로우에서는 사운드 효과, 음악, 자연스러운 사운드, 사운드 바이트와 오디오가 서로 함께 흐르는 동적인 믹스를 만드는 데 중점을 둔다. 이 항목들은 믹싱 되어서 미터를 피크하지 않고, 오디오 믹스의 최저 레벨과 최고 레벨 사이인 다이내믹 레인지(dynamic range) 내에 있어야 한다. 그리고 이 범위의 너비는 목표 관객의 오디오 시스템 품질에 따라 결정되어야 한다.

영화관 스피커 시스템은 침묵의 순간에서 매우 조용한 사운드를, 폭풍의 순간에는 충격적이고 시끄러운 사운드를 전달하도록 조정된다. 그리고 관객이 이 볼륨의 차이를 느낄 수 있도록 믹스는 약 36dB 정도의 다이내믹 레인지로 생성된다. 즉, 가장 시끄러운 사운드가 0dB을 조금 넘는다면, 가장 조용한 사운드는 −36dB이다. 이는 매우 넓은 범위로, 이러한 다이내믹 레인지를 지원할 수 있는 스피커 시스템에서 굉장한 사운드를 낸다.

이 넓은 범위는 극장에서는 작동하지만, 스마트 폰에서는 불가능하다. 동일한 36dB 다이내믹 레인지 믹스를 모바일 기기에 적용하면 시청자는 계속 볼륨 레벨을 조정할 것이다. 모바일 기기와 컴퓨터에 허용되는 다이내믹 레인지는 12dB이므로 이 범위의 평균 또는 공칭값은 −6dB로 설정할 수 있다. 12dB와 −6dB의 평균은 가장 큰 값을 0dB에, 가장 부드러운 사운드를 −12dB에 둔다. 특정 시설이나 네트워크의 경우에는 평균값이 훨씬 낮을 수 있다. 평균 레벨이 −12dB인 시설에서는 −6dB에서 가장 큰 소리가 발생하고 −18dB에서 가장 부드럽다. 여러분이 만든 믹스를 테스트하려면 일반적인 대상 플랫폼에서 샘플 믹스를 재생해보고, 관객에게 가장 적합한 다이내믹 레인지의 평균 레벨 및 스프레드를 결정한다.

NOTE ▶ 이번 연습에는 −6dB 피크가 있는 평균 −12dB을 적용한다. 나중에 전체 믹스를 평균 −6dB로 조정할 것이다.

7.3.2−B 채널 구성 변경하기

믹스를 합치려면 하나 이상의 오디오 문제를 해결해야 한다. Mitch의 사운드 바이트 오디오는 분할 레벨로 녹음되었다. 즉, 한 채널은 소리가 크게 녹음되었고, 다른 채널은 같은 마이크로 부드럽게 녹음하도록 설정되었다. 이것은 녹음하는 사람이 1명일 때(또는 전용 오디오 기술자가 없을 때) 일반적으로 나타난다. 이럴 때는 소스가 너무 시끄럽지 않은 한, 비교적으로 소리가 큰 채널을 편집에 사용한다. 그런 다음 편집자는 과변조(overmodulation)를 막기 위해 일시적으로 조용한 채널로 전환할 수 있다. 소리가 큰 "hot" 신호는 조용한 "cold" 신호보다 신호 대 잡음비가 좋기 때문에, AC 험(hum)이나 배경 잡음 등의 다른 기술적 문제가 없다면 "hot" 신호를 사용하는 것이 더 바람직하다. Mitch의 오디오 레벨은 과변조하지 않으므로, 첫 번째 채널을 좌우 출력에 리디렉션하면서 두 번째 채널을 비활성화한다. 이를 위해서 Mitch의 사운드 바이트를 모두 선택한다.

Timeline Index에서는 여러 가지 방법으로 사운드 바이트를 선택할 수 있다. 클립에 메타 데이터를 적용할 때의 정확도와 깊이에 따라 그 방법이 다양하다.

▶ Tags Index를 사용하여 최소한 interview 키워드가 있는 클립을 검색한 다음 결과 목록에서 모든 클립을 선택한다.

▶ Clips Index를 사용하여 이름에 "MVI"라는 문자가 있는 클립을 검색한 다음 결과 목록에서 모든 클립을 선택한다.

NOTE ▶ 세 번째 방법은 타임라인에서 직접 사운드 바이트를 Shift-클릭하는 것이다. 그러나 예를 들어 프로젝트가 사운드 바이트 조각이 많은 2시간짜리 다큐멘터리라면, 메타 데이터로 사운드 바이트를 선택하는 것이 더 안전할 수 있다.

1 여러분이 선호하는 방법으로 프로젝트에서 Mitch의 사운드 바이트를 모두 선택한다.

2 Audio 인스펙터에서 Audio Configuration 섹션까지 스크롤을 내린다.

현재 구성을 스테레오로 설정한다. 채널1과 채널2 신호는 스테레오 쌍으로 처리되어 함께 연결된다.

3 현재 구성 팝업 메뉴에서 Stereo로 설정되어있는 Dual Mono를 선택한다.

개별 채널 또는 구성 요소가 표시된다. 각 구성 요소에는 자동으로 서브 롤이 지정된다.

4 Dialogue-2 구성 요소를 선택 해제하여 채널을 음소거하고, Dialogue-1을 사운드 바이트의 유일한 오디오 소스로 남겨놓는다.

5 타임라인을 재생하고 Mitch의 음성이 양쪽 스피커에서 똑같이 재생되는지 확인한다.

Mitch의 사운드 바이트를 균형 잡힌 소스로 설정하면, 오디오 믹스로 이동할 수 있다.

7.3.2-D 롤별로 볼륨 수준 설정하기

여러분은 Audio 미터, 다이내믹 레인지의 평균값 또는 공칭값, 다이내믹 레인지 자체를 이해했으므로, 이제 믹스를 구성하는 클립 그룹을 살펴보자. Lifted Vignette에는 대화, 음악, 효과, 자연스러운 사운드의 네 가지 오디오 그룹 클립이 있다. 이전에는 이러한 클립을 롤별로 분류했다. 이 롤로 Timeline Index를 사용하여 그룹을 solo 할 수 있다. 롤별 soloing은 롤 내의 잘못된 클립을 식별하고, 롤 클립의 일관성을 설정할 수 있다.

1 Timeline Index를 열고 Roles 버튼을 클릭한다.

Roles Index는 타임라인 클립에 설정된 롤을 나열한다. 색인에서 롤을 선택 해제해서 여러 롤을 음소거할 수 있다.

2   Dialogue 롤만 들으려면 Dialogue 롤의 체크 상자를 Option-클릭하여 다른 모든 오디오
롤을 비활성화한다.

롤이 재지정되지 않은 자연스러운 사운드 클립 몇 개를 찾을 수 있다.

3   타임라인에서 지정되지 않았거나 잘못 지정된 클립 롤을 선택하고 Info 인스펙터에서 오
디오를 바로 잡는다.

다이얼로그 목록 클립만 재생하도록 Roles Index를 설정하면, Audio 미터의 도움으로 다
이얼로그 레벨을 설정하는데 집중할 수 있다. 이 클립들은 이 프로젝트에서 원하는 오디
오 레벨에 가깝다. 대화 클립의 평균 피크는 -12dB이었고 최고 피크는 -6dB이었다. 그
러나 Audio Configuration 설정을 변경하면 측정된 출력 레벨도 변경된다.

4   -6dB를 초과하는 사운드 바이트를 약화하거나 Audio 미터에서 -12dB에 도달하지 않는
클립을 증폭하여 프로젝트를 재생한다.

대부분 사람들이 그러하듯, Mitch도 인터뷰에서 목소리 볼륨이 전반적으로 변한다. 그의
사운드 바이트는 클립의 볼륨 레벨을 균등하게 만들기 위해서 추가 조정이 필요하다. 이
를 위해 여러분은 키프레임을 수동으로 추가하여 시간 경과에 따라 레벨을 조정할 것이
다. 그러나 순간적으로 모든 사운드 바이트가 4dB만큼 증폭될 수 있다. 사운드 바이트를
조정하면 모든 롤을 다시 활성화할 수 있다.

5   색인의 모든 롤을 활성화 상태로 되돌린다.

사운드 바이트의 볼륨 레벨을 설정했다. 이제는 이것을 음향 효과, 자연스러운 사운드,
음악과 함께 엮어나갈 것이다.

7.3.2-E 사운드 효과 및 음악을 축소하거나 확대하기

음악 클립을 사용해서 프로젝트에 몇 가지 사운드 바이트 및 B-roll 편집을 추가했다. 이러
한 편집에서는 음악의 중요성을 위해 음악을 강조해야 한다. 프로젝트의 추진력을 유지하고
오디오 믹스에서 "구멍"을 없애기 위해서는 음악과 사운드 바이트가 함께 움직여야 한다. 이
번 연습에서는 키프레임과 Range Selection 도구를 사용하여 음악과 같은 오디오 요소가 사

운드 바이트에서 낮아지고(duck) 커져야 하는(swell) 시점을 정의할 것이다. 이러한 상호 작용을 시각화할 수 있도록 롤의 시각적인 장점을 활용해보자.

1 타임라인 보기를 조정하여 프로젝트의 시작 부분에 초점을 맞춘다.

왜냐하면 여러분은 지금 타임라인 편집에 집중하고 있으므로 최대한 정보 혼란을 제거하고 타임라인에서 더 많은 공간을 확보해보자.

2 Inspector 위에서 Hide Browser 버튼을 클릭한다.

3 타임라인 툴바를 위로 드래그해서 프로젝트에 수직 공간을 만든다.

NOTE ▶ 나중을 대비해서 Window 〉 Workspaces 〉 Save Workspace As를 선택하여 기본 창의 현재 배열 또는 사용자 설정 배열을 저장할 수 있다.

지금까지 주요 화면 영역을 타임라인으로 옮겼다. 이제 그 구간 안에서 오디오 클립을 롤별로 모으면 여러분의 시야를 가리던 비디오 섬네일 없이 오디오 믹스에 집중할 수 있다.

4 Roles 아래의 Timeline Index에서 Show Audio Lanes 버튼을 클릭한다.

이전에 사용했던 Expand Audio 명령과 마찬가지로 이 하이퍼 확장 기능을 사용하면, 각 오디오 구성 요소를 해당 비디오 구성 요소와 동기화된 상태로 유지할 수 있다. 클릭 한 번만으로 오디오 클립이 롤 메타 데이터를 기반으로 그룹화된 레인에 나타나는 것이 장점이다.

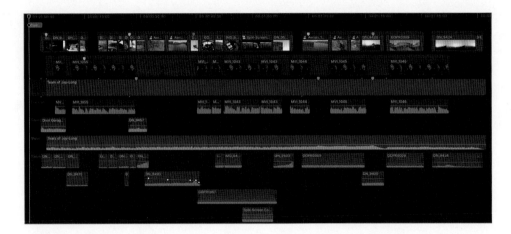

오디오 믹스를 생성하는 동안 Audio Lanes를 계속 볼 수 있다. 먼저 Door Garage 2부터 시작하자. 사운드 효과는 처음에는 강해야 하고, 음악과 사운드 바이트가 들어올 때는 부드러워져야 한다. 여러분은 음악 아래에서 사운드 효과를 슬쩍 낮추고 싶어 한다.

5 Door Garage 2에서 두 개의 키프레임을 만든다. 첫 번째 키프레임은 음악이 시작되기 약 0.5초 전에, 두 번째 키프레임은 DN_9390이 시작하는 곳에 만든다.

6 첫 번째 키프레임을 –8dB로 조정한다.

두 번째 키프레임의 레벨은 음악 클립의 레벨에 따라 다르다. 잠시 후에 이 레벨을 변경할 것이지만, 현재는 -11dB 정도여야 한다.

7 Door Garage 2의 두 번째 키프레임을 -21dB 이하로 설정한다.

Door Garage 2의 오디오는 음악이 들어올 때 살짝 낮아진다. 차고 문 사운드 효과는 사운드 효과의 끝에서 자른다. sfx를 부드럽게 종료하면 관객은 현재의 갑작스런 결말에 놀라지 않는다.

8   페이드아웃 핸들을 왼쪽으로 드래그하여 사운드 바이트의 시작 부분에 맞춘다.

Mitch가 이야기하는 동안 sfx는 갑자기 끝나기보다는 조용히 떠난다. 음악 클립의 시작 부분이 믹스에서 약하다. 음악은 더 강하게 들어와야 하고, Mitch의 사운드 바이트에서는 슬쩍 줄어들어야 한다.

9   음악 클립에서 두 개의 키프레임을 설정한다. 하나는 첫 번째 사운드 바이트가 시작되기 전에, 다른 하나는 첫 번째 사운드 바이트가 시작된 후 약 0.5초로 설정한다. 두 키프레임의 값을 각각 -4dB와 -10dB로 조정해서 Mitch가 말을 시작할 때는 음악을 줄인다.

키프레임 설정은 다른 클립이 시작될 때마다 항상 볼륨을 더킹(ducking)하거나 낮추는 것이 아니다. 때때로 오디오 레벨을 높이려고 키프레임이 필요한 때도 있다. 앞서 언급했듯이, Mitch의 첫 번째 사운드 바이트가 강하게 시작되지만 볼륨은 점점 줄어든다. 클립 파형은 그의 목소리가 어떻게 작아지는지 보여준다. 이제 볼륨을 높이기 위해 키프레임을 추가할 것이다.

10 Mitch가 "something"이라고 말하는 MVI_1042에 첫 번째 키프레임을 설정한다. 두 번째 키프레임을 중간 클립으로 설정한다.

11 파형을 참고하여 두 번째 키프레임을 위로 드래그해서 오디오 파형 피크를 거의 동일한 높이(약 9dB)로 정렬한다.

이것은 Mitch의 목소리를 강하게 유지하지만, 약간의 낮음이 여전히 있음을 보여준다.

12 키프레임을 추가하여 각 클립의 Mitch의 음성을 수평으로 만들면서 나머지 사운드 바이트를 계속 작업한다.

변경 사항을 검토하면서 음악, 사운드 바이트, 자연스러운 사운드 간의 상호 작용을 들어보자. 오디오 포커스의 변화는 너무 갑작스럽거나 너무 빠르지 않아야 한다. 레벨과 타이밍의 올바른 균형을 찾기 위해 키프레임을 수직 또는 수평으로 조정하는 연습을 해보자.

7.3.2-F Range Selection으로 키프레임하기

헬리콥터가 이륙할 때 오디오 포커스는 코러스로 진행되는 음악에 다시 맞춰야 한다. 그러면 DN_9457을 사용하여 추가한 사운드 효과가 들린다. 이렇게 하려면 음악을 키우고, 필요하다면 새 믹스에 맞게 사운드 효과와 자연 사운드 클립의 레벨을 조정해야 한다.

음악 클립에 다음 두 개의 키프레임을 설정하기 전에, 먼저 타임라인을 살펴보고 다가올 사운드 바이트를 검사한다. 코러스 시작 부분에 두 개의 키프레임을 설정하고 나중에 추가로 두 개의 키프레임을 더 설정해서 음악을 낮추지 않아도 된다. Range Selection 도구를 사용하면 네 개의 키프레임을 모두 한 번에 설정할 수 있다.

1 Tools 팝업 메뉴에서 Range Selection 도구를 선택하거나 R를 누른다.

2 사운드 바이트 MVI_1055가 끝나기 전의 음악 구간을 다음 사운드 바이트인 MVI_1043이 시작될 때까지 드래그한다.

여러분은 Range Selection을 사용하여 볼륨 컨트롤이 커져야하는 구간과 음악이 낮아져야하는 위치를 정의했다.

3 이 구간의 키프레임을 설정하려면 구간 내에서 볼륨 컨트롤을 0dB 레벨까지 위로 드래그한다.

표시된 구간은 구간 내에서 레벨을 높이면서 음악을 키우거나 낮추는데 필요한 키프레임 네 개를 설정한다.

4   타임라인의 회색 영역을 클릭하여 선택을 지우고, A를 눌러서 Select 도구로 돌아간다.

볼륨 레벨(수직)과 타이밍(수평)을 위해 네 개의 키프레임을 조정해야 한다. MVI_1043의 시작 부분에서 헬리콥터가 낮게 비행을 한다는 것은 이러한 변화를 만드는 데 있어서 큰 이점이다. 헬리콥터 사운드 아래로 음악을 낮춰서 오디오 포커스를 부드럽게 변경할 수 있다.

5   두 쌍의 키프레임을 조정하고, 그 결과에 대해 다음의 질문을 던지자.

▶   코러스가 타임라인 00:29에서 시작할 때, 음악 키프레임으로 음악이 커져서 첫 번째 비트에 코러스가 강해졌는가?

▶   헬리콥터가 저공비행할 때, 음악 볼륨 설정이 오디오 믹스 –6dB 미만으로 유지되는가?

▶   음악이 커지는 마지막 부분에서 저공비행의 연출을 위해 더킹을 활용하고 있는가?

6   아직 중요한 음악 편집이 세 가지 남아있다.

▶   Aerials_13_01b 동안 음악을 키우고 MVI_1045에서 낮춘다. Range Selection 도구를 사용한다.

▶   DN_9420에서 음악을 키우고 MVI_1046에서 낮춘다.

▶   Select 도구로 음악 클립의 끝부분에 짧게 음악을 키우고 페이드아웃한다.

7   프로젝트를 검토하여 음악과 사운드 바이트를 조합해서 얻을 수 있는 추가 편집 내용이 있는지 확인한다.

MVI_1042와 MVI_1055 사이에 음악을 키울 기회가 프로젝트 초반부에 있다. 그러나 음악을 키우려면 MVI_1042는 갭을 넓히기 위해 위치를 재조정해야 한다. 사운드 바이트가 스토리라인에 있어서, 사운드 바이트를 이동시키려고 갭을 트림하면 나중에 프로젝

트 후반부에서 사운드 바이트, 음악, 자연스러운 사운드 간에 설정한 싱크가 잘못 정렬
될 수 있기 때문이다. Position 도구를 사용하면 이전의 싱크가 손상되지 않는다.

8 Tool 팝업 메뉴에서 Position 도구를 선택하거나 P를 누른다.

9 MVI_1042를 -1:12 왼쪽으로 드래그한다.

첫 번째 사운드 바이트의 끝부분은 이제 음악에 꼭 맞다. 이제 처음 두 사운드 바이트 사
이에서 음악을 키워보자.

10 Range 도구로 MVI_1042의 끝과 MVI_1055의 시작 부분이 약간 겹치는 구간을 그린
다. 그리고 그 구간 내에서 볼륨 레벨 컨트롤을 −2dB로 올린다. 선택을 해제하려면 구
간 밖을 클릭한다.

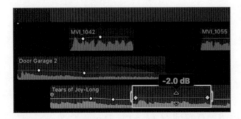

사운드 바이트가 프로젝트 초기에 이동했기 때문에, 첫 번째 음악 낮춤은 재정렬이 필요
하다. 두 키프레임을 동시에 이동해서 음악을 약화할 수 있다.

11 음악의 처음 두 키프레임 사이에서 Select 도구를 찾고, 볼륨 컨트롤을 왼쪽으로 드래그
해서 MVI_1042 시작 전후에 키프레임을 위치시킨다.

이제 전체적인 믹스에 집중할 준비가 다 되었다. 훌륭한 오디오 믹스에는 시간이 필요하다는 것을 기억하자.

12 전체 프로젝트에 키프레임과 페이드 핸들을 추가하고 조정한다. 미터의 모든 오디오 요소를 평균 −12dB, 피크 −6dB로 잡는다.

여러분은 보는 것을 들으려고, 배경으로 전경을 이해하려고 한다. 이처럼 프로젝트를 좀 더 효과적으로 만들려면 오디오 롤을 다른 클립과 엮어야 한다. 클립을 다듬거나 트랜지션 길이를 바꾸는 것을 두려워말자.

7.3.2-G 클립의 볼륨 레벨 및 키프레임 조정하기

여러분은 오디오 믹스를 마무리하다가 롤이 너무 크거나 전체 믹스가 너무 부드럽다고 느낄 수 있다. 그래서 레벨을 변경해야하지만, 이미 클립에 키프레임을 설정했다면 지금까지 배운 기술로 실행하기가 지루할 것이다. 보다 효율적인 방법은 Adjust Volume Relative 명령을 사용하는 것이다.

1 타임라인이 활성화된 상태에서 Command-A를 눌러서 모든 클립을 선택한다.

현재 오디오 믹스는 대략 −12dB이며, 피크는 −6dB이다. Adjust Volume Relative 명령을 사용하여 전체 오디오 믹스를 6dB로 올린다.

2 Modify 〉 Adjust Volume 〉 Relative을 선택한다.

타임 코드 디스플레이가 상대 조정 디스플레이로 변경된다. 선택한 클립의 볼륨 레벨을 현재 레벨과 비교하여 높이려면 데시벨 숫자를 입력한다. 클립의 레벨이 키프레임된 경우, 해당 숫자만큼 키프레임 값이 증가한다. 음량을 낮추려면 음수(음수 부호 다음에 값)를 입력하자.

3 6을 입력하면 타임 코드 디스플레이에 나타난다. Return을 누른다.

클립의 볼륨 레벨은 6dB로 증가한다. 프로젝트의 일부 지점이 소리가 대부분 너무 크다. Adjust Volume Relative 명령을 사용하여 전체 믹스를 2dB 정도 약화할 수 있다.

4 활성화된 타임라인에서 Command-A를 눌러서 모든 클립을 선택한다.

5　이번에는 Control-L을 눌러서 상대 오디오 조정의 타임 코드 디스플레이 컨트롤을 활성화한다.

6　-2를 입력하고 Return을 누른다.

선택한 클립의 볼륨 레벨과 키프레임은 2dB씩 감소한다. 전체 볼륨은 이 연습을 시작했을 때보다 높은 단계에 있지만, 0dB 또는 그 이상에서 피크가 찍히는 것을 막을 수 있는 여유는 여전히 있다.

> ### ▶ 볼륨 절댓값 조정하기
>
> Adjust Volume Relative의 대안은 선택한 클립의 볼륨 레벨을 지정된 값으로 설정하는 Adjust Volume Absolute이다. Volume Absolute 명령은 볼륨 레벨 값(키프레임 되었든 아니든)과 관계없이 볼륨 레벨 키프레임을 포함한 현재 값을 타임 코드 디스플레이에 입력하는 dB로 재설정한다. 타임 코드 디스플레이는 상대적 또는 절대적 레벨을 조정할 때 나타난다. Control-Option-L은 Adjust Volume Absolute의 단축키다.
>
>

여러분은 많은 편집 작업을 거쳤다. 이제 타임라인을 재생하면서 두 세 단계를 더 살펴보자. 음악과 연관된 사운드 바이트의 타이밍과 믹스를 들으면서, 자연스러운 사운드와 사운드 효과를 비교해보면서, 서로 잘 어울려서 이야기를 전달하고 있는지 평가해보자. 볼륨 컨트롤에 애니메이션을 적용하려면 최소한 두 개의 키프레임이 필요하다. 여러분은 이것을 더 많이 사용할 수 있고, 더 사용해야 한다.

비디오 편집과 마찬가지로 오디오 편집에도 많은 시간을 투자해야 한다는 것을 항상 기억하자. 우리는 이번 레슨에서 오디오 편집을 시작하지 않았다. 오디오 편집은 이미 Lesson 3에서 사운드 바이트를 선택했을 때 시작되었다. 비주얼을 아름답게 만드는 것도 중요하지만 오디오를 개선하는 것은 유능함과 우수함의 차이를 만든다.

▶ **Checkpoint 7.3.2**

Checkpoint 검토에 대한 자세한 내용은 Appendix C를 참조하자.

Reference 7.4
오디오 향상 이해하기

Final Cut Pro에는 녹음된 오디오의 오류를 복구하는데 사용할 수 있는 오디오 향상 기능이 있다. 최초 오디오를 제대로 가져왔다면 이 기능은 필요 없지만, 항상 제대로 된 오디오만 사용할 수 있는 것은 아니다. 이러한 분석 및 수정 기능은 Audio 인스펙터에서 볼 수 있다. 분석과 수정의 세 가지 영역은 다음과 같다.

▶ Loudness: 클립의 볼륨이 너무 낮으면 과도한 변조 또는 정점 없이 볼륨을 높여서 수정한다. Amount 매개 변수는 신호를 증폭하는데 필요한 게인(gain)을 제어하고, Uniformity는 가장 약한 오디오와 가장 큰 오디오 사이의 소리의 구간을 압축한다.

▶ Background Noise Removal: 클립 내의 일정한 잡음(예: 에어컨 또는 교통 혼잡)을 식별하고 제거한다.

▶ Hum Removal: 오디오 신호에 존재하는 전기 노이즈를 파악한다. 적절한 AC Ground Loop 주파수를 선택하면, Final Cut Pro가 험을 제거한다. 미국에서 표준 110V 콘센트의 AC 주파수는 60Hz다.

임포트하면서 Viewer 아래의 Enhancements 팝업 메뉴를 클릭하거나 Audio 인스펙터의 Audio Analysis 행에서 Enhancements 버튼을 클릭하여 Audio Enhancement 분석을 활성화한다. 만약, 심각한 문제가 발견되면 빨간색 경고 기호가 표시된다. 사소한 문제가 감지되면 노란색 주의 삼각형이 표시된다. 녹색 동그라미가 있는 체크 표시는 향상이 필요하지 않거나 향상으로 인해 문제가 해결되었음을 나타낸다. 각 수정 내용을 변경하거나 비활성화하려면 기능의 체크 상자를 선택 또는 선택 취소하면 된다. 또 분석 상태와 관계없이도 문제를 해결할 수 있는 매개 변수를 조정하면 된다.

> **NOTE ▶** 레티나 디스플레이가 아닌 경우에는 스크롤링하지 않고 Inspector의 모든 매개 변수를 표시하는 것이 어려울 수 있다. View 〉 Toggle Inspector Height를 선택하면 Inspector를 수직으로 확장할 수 있다.

Reference 7.5
보이스오버 녹음하기

Voiceover 도구를 사용하면 외부 마이크 또는 내장된 FaceTime 마이크를 사용하여 오디오를 프로젝트에 직접 녹음할 수 있다. 또한 보이스오버 스크립트를 신속하게 녹음할 수 있다. 보이스오버 전문가에게 서비스 비용을 지불하는 대신에 무료로 자신이 스스로 녹음할 수 있다. 15초간의 명성을 얻기 위한 것이 아니다. 시험용으로 대충 사운드트랙을 녹음해본다고 하더라도 이것은 편집 타이밍 및 페이싱 감각을 기르는데 큰 도움이 될 수 있다. 이러한 유형의 보이스오버 녹음은 템프(temp) 또는 스크래치(scratch) 트랙이라고도 한다. 이것은 Voiceover 도구의 일반적인 응용 프로그램이지만, 그렇다고 "scratch"라는 용어를 그대로 믿으면 안 된다. 이 도구는 최종 편집본에 사용할 고충실도(high-fidelity)의 실제 보이스오버를 녹음할 때에도 사용할 수 있다.

Exercise 7.5.1
보이스오버 도구 사용하기

이 연습에서는 Lifted Vignette 프로젝트에 태그 라인을 추가하는 스크래치 트랙을 직접 녹음할 것이다. 이 연습을 완료하려면 컴퓨터에 내장 마이크가 있어야 하며, 그렇지 않으면 macOS에서 인식하는 마이크를 제공하고 연결해야 한다.

1   Lifted Vignette 프로젝트에서 헬리콥터가 하늘 높이 일몰로 날아간 마지막 장면에 재생 헤드를 놓는다.

2 Window > Record Voiceover을 선택한다.

Record Voiceover HUD가 나타난다. 기본 설정에서 Name 필드에 다음 레코딩의 이름을
지정하고 Input Gain 슬라이더로 마이크 레벨을 테스트한다. 그리고 Record 버튼을 클릭
해서 타임라인에 직접 녹음할 수 있다. 고급 설정을 살펴보자.

3 Record Voiceover HUD 녹음에서 Advanced 펼침 삼각형을 클릭한다.

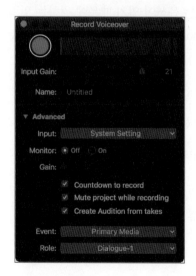

Advanced 설정에는 아래의 내용을 포함한 보이스오버 녹음 추가 컨트롤이 있다.

▶ Input: 소스 장치와 원하는 모노 또는 스테레오 채널을 선택한다. 예를 들면, Built-in
Input(컴퓨터의 라인 입력 잭), FaceTime 카메라, USB 오디오 입력 컨버터 등이 있다.

▶ Monitor: 녹음 동안에 Output in System Preferences로 설정된 헤드폰이나 기타 장치의
입력을 듣는 것을 활성화 또는 비활성화한다.

▶ Gain: 오디오 모니터링 동안에 오디오 출력에 나타나는 오디오 입력 레벨을 조정한다. 즉, 녹음하는 동안 여러분의 목소리를 얼마나 크게 들을지 설정할 수 있다. 기본 -∞는 녹음 중에 여러분의 음성을 음소거하여 프로젝트 오디오를 모니터할 수 있다.

▶ Countdown to record: 사전 녹음 타이머를 표시한다.

▶ Mute project while recording: 보이스오버 녹음 중에 프로젝트 오디오 출력을 비활성화한다.

▶ Create Audition from takes: 프로젝트의 보이스오버 녹음을 오디션 클립으로 컴파일한다.

▶ Event: 보이스오버 오디오 클립의 대상 이벤트를 선택한다.

▶ Role: 녹음된 클립에 오디오 롤을 지정한다.

4 Input 팝업 메뉴에서 사용 가능한 오디오 소스를 선택한다.

   모든 소스에는 모노 또는 스테레오를 선택할 수 있는 옵션이 있기 때문에 원하는 입력 형식을 선택하는 것이 중요하다. 이 설정은 또한 Mono In=Mono Clip 또는 Stereo In=Stereo Clip과 같이 녹음된 채널 구성을 결정한다.

5 "Mute project while recording"를 선택 해제하고 다른 두 옵션은 선택된 상태로 둔다.

6 Event에 Primary Media를 선택하고 Role에 Dialogue-1을 선택한다.

7 Name 필드에 Vignette Tag를 입력하고 Return을 누른다.

   이제 비네트에 태그 라인을 녹음할 준비가 되었다.

8 HUD의 왼쪽 위에서 빨간색 Start Recording 버튼을 클릭한다.

Viewer에 카운트다운이 표시되고 헤드폰에서 경고음이 울린다.

9 카운트다운이 끝나면 마이크에 "자세한 내용을 보려면 H5 productions.com을 방문하세요"라고 말한다.

10 Stop Recording 버튼을 클릭하여 이 보이스오버를 종료한다.

   테이크는 클립 시작 부분에 재생 헤드가 놓인 오디션 클립으로 나타난다. Play을 클릭해서 테이크를 검토할 수 있지만, 여러분은 두 번째 테이크를 녹음하기를 원한다.

11 Click Record을 클릭하고 태그 라인을 반복한 다음 Stop를 클릭한다.

비교할 테이크아웃이 두 개 이상 있으므로 이제 오디션 클립의 기능을 사용해서 최상의 오디션 클립을 선택할 수 있다. 클립에서 스포트라이트 아이콘을 클릭하여 테이크에 접근한다.

▶ **여러 개의 테이크 믹싱하기**

오디션은 각 클립을 완전한 클립으로 표시하지만, 때로는 다른 테이크에서 믹스하고 매치할 수도 있다. Clip 〉 Break Apart Clip Items 명령을 사용해서 각 테이크를 개별적으로 볼 수 있다. 예를 들어, 보이스오버의 첫 번째 부분은 테이크 3에서, 중간 부분은 테이크 1에서, 그리고 나머지 부분은 테이크 2에서 가져올 수 있다.

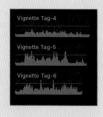

Reference 7.6
이미지 수정하기

편집자의 꿈은 항상 완벽한 화이트 밸런스와 편집 준비가 갖춰진 클립을 갖는 것이다. 그러나 현장에서 녹화한 것이 늘 그렇지는 않다. 이럴 때 Final Cut Pro 색 보정 도구를 사용하면 시간이 절약된다. 편집자는 다양한 시나리오를 작업하려면 색 보정에 대해 알아야 한다. GoPro와 iPhone처럼 사용하기 쉬운 HD 소스의 원본 자료부터 DSLR, ARRI, RED 자료까지 이 다양한 소스 자료를 사용하여 장면에 일관된 룩을 부여하는 작업은 결코 쉬운 일이 아니다.

일반적인 색 보정 문제는 카메라가 촬영 세션을 시작할 때 화이트 밸런스(white balanced)를 유지하던 것이 낮 동안 조명 온도 또는 설정이 변경되면서 나중에는 원치 않는 색상이나 색조로 나타나는 데서 발생한다. 색 보정 도구에는 이러한 유형의 색상 오류를 쉽게 해결할 수 있는 Balance Color 기능이 있다.

Balance Color 기능을 사용하면 이미지에서 감지된 색조 또는 부적절한 노출을 중화시켜 균형 잡힌 색상의 이미지를 만들 수 있다. Final Cut Pro는 그림자가 깨끗한 검은색이고 하이라이트는 색조가 없는 깨끗한 흰색의 이미지를 만들려고 한다. Balance Color는 이미지의 콘트라스트(contrast)를 최적화하려고 시도한다. 임포트하는 동안 하나 이상의 클립의 색상 밸런스를 자동으로 분석하거나 나중에 편집 또는 마무리 단계에서 클립을 분석할 수 있다. 다음 연습에서는 자동 밸런스를 사용하는 방법을 배울 것이다. 또한 수동으로 이미지를 조정하면서 색 보정 효과 설정에 대해 더 깊이 이해하는 방법도 배울 것이다.

7.6-A 색 보정 효과

Final Cut Pro에는 Color Board, Color Wheels, Color Curves, Hue/Saturation Curves의 네 가지 색 보정 효과가 있다. 이러한 효과를 통해 장면의 모습을 수동으로 조정할 수 있다. 각 효과는 이전 효과와 비교하여 향상된 제어 수준을 제공한다. 순서대로 사용하지 않아도 된다. 어떤 클립은 형광등 조명의 색조를 제거하기 위해 Color Board만을 사용해야 할 수도 있다. 또 다른 클립은 혼합된 조명 환경으로 인해 발생하는 형광등의 부분적인 문제를 제거하기 위해 두 가지 Color Curves 효과가 필요할 수도 있다.

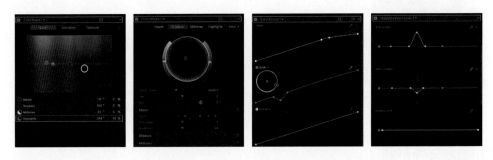

네 가지 색 보정 효과

색 균형 또는 노출 오류를 바로 잡는 것 외에도, 색 보정 효과를 색 향상 도구로 사용하여 전체 장면이나 장면 일부에 룩을 표현할 수 있다. 색 보정 효과에는 이전 연습에서 지붕에 블러 효과를 제한했을 때처럼 효과 변경을 제한할 수 있는 기본 색상 및 모양 마스크가 있다. 여러분은 Effects 브라우저에서 이러한 효과를 검색하기 때문에 색 보정 효과와 추가 효과의 적용 순서는 Video 인스펙터에서 시각적으로 조화되거나 불일치할 수 있다.

효과 순서 재정렬하기

Lesson 7의 이 섹션에서는 혼합된 방법을 사용하여 네 가지 색상 보정 효과 중 세 가지를 탐구한다. Color Board를 사용하여 루마와 크로마를 제어하는 기초적인 방법을 배울 것이다. 또한 컨트롤과 그 컨트롤의 세분화된 정도를 비교하여 다음 색상 효과로 전환할 것이다. 시간이 지나도 색 이론은 변하지 않지만 도구는 점점 더 정확하고 강력해진다.

7.6-B 비디오 스코프

색 보정을 시작하기 전에 이 과정에서 여러분의 눈과 두뇌는 여러분을 속인다는 것을 알아야 한다. 컬러리스트로서 훈련받지 못한 감각은 여러분이 실제로 필요한 것 이상으로 더 많은 보정을 하도록 이끄는 경향이 있다. 이러한 주관적인 인식(및 오해)을 보완하기 위해 Final Cut Pro는 비디오 스코프(video scopes)로 객관적인 값을 표시한다.

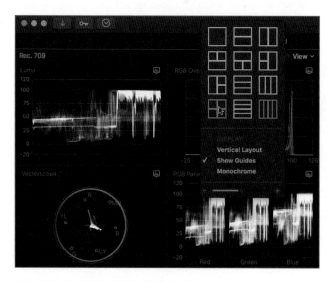

여러 가지 디스플레이 배열을 사용할 수 있다.

비디오 스코프는 이미지의 픽셀의 루마(luma)와 크로마(chroma) 값을 측정한다. 텔레비전 방송용 프로젝트를 작업할 때에는, 이것이 방송 사양 준수를 확인하기 위한 측정 도구로도 사용된다.

Exercise 7.6.1
루마 색 보정 도구 살펴보기

색 보정을 실험하기 위해, 여러분은 Color Board, Color Wheels, Color Curves 효과의 루마 컨트롤을 사용하여 새 프로젝트를 만들 것이다. 또한 Color Correction 효과에서 만들어진 클립 변경 사항을 표시하는 방법을 이해하기 위해서 비디오 스코프도 사용할 것이다.

1   Primary Media 이벤트에서 새 프로젝트를 만든다. 프로젝트 이름을 Color Correct로 지정하고 다음 그림과 같은 사용자 설정을 적용한다.

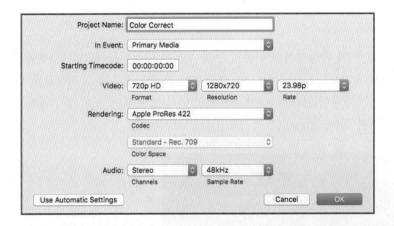

첫 번째 편집은 제너레이터를 사용한다. 일부 제너레이터는 해상도와 비율에 독립적으로 작동하기 때문에, Final Cut Pro에서는 여러분이 프로젝트의 프레임 크기와 프레임 비율을 정의해야 한다. 프로젝트 설정을 정의하지 못하면, 첫 번째 편집에 해당 설정을 정의하라는 메시지가 표시된다.

2 Generators Browser에서 Gray Scale와 Gradient 제너레이터를 찾는다.

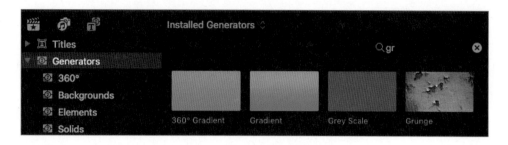

NOTE ▶ 목록을 필터링하려면 검색 필드에 gr을 입력한다.

3 Gray Scale 제너레이터를 Color Correct 프로젝트에 두 번 추가한 다음 Gradient 제너레이터를 추가한다.

이 제너레이터를 프로젝트에 배치하고, 클립을 준비하기 위해 신속하게 조정해야 한다. 두 번째 Gray Scale을 흰색으로, Gradient를 회색조 그라디언트로 구성해야 한다.

4 프로젝트에서 두 번째 Gray Scale을 선택하고 Generator 인스펙터에서 레벨을 100%로 설정한다.

그라디언트의 색 설정을 조정할 수는 있지만, 효과를 사용하면 원하는 그레이스케일 그라디언트를 얻을 수 있다.

5   Effects 브라우저에서 Gradient에 Black and White 효과를 적용한다.

NOTE ▶ Gradient 섬네일은 그레이스케일 내용을 반영하도록 업데이트되지 않을 수 있다. 제너레이터를 스키밍해서 효과가 적용되었는지 확인할 수 있다.

이 프로젝트에는 추가 클립이 필요하다. 바로 헬리콥터 클립을 추가하기 전에 어떤 색 보정이 필요하다는 것을 알아야 한다.

6   Primary Media 이벤트에서 편집 클립 DN_9287을 프로젝트에 추가한다.

이러한 색 보정 효과를 탐색할 때 이 프로젝트의 복제본을 만들어 둘 필요가 있다. 즉시 스냅샷을 만드는 것이 좋다. 스냅샷을 만들어 놓으면 원본 버전이 그대로 유지된다.

7   Primary Media 이벤트에서 이 연습의 시작 부분에서 만든 Color Correct 프로젝트를 찾는다. Browser에서 프로젝트를 마우스 오른쪽 클릭하고 바로 가기 메뉴에서 "Duplicate Project as Snapshot"를 선택한다.

Color Correct 프로젝트의 복제본이 Browser에 나타난다.

8   스냅샷 프로젝트의 이름을 클릭하고 Color Correct MASTER로 이름을 바꾼다.

9 현재 사용 중인 프로젝트의 Color Board 이름을 사용하려는 효과와 일치하도록 바꾼다.

이러한 색 보정 효과 중 한 가지의 연습을 마치고 나면, 다음 효과를 적용하기 전에 이 마스터 파일을 새로 스냅샷해서 프로젝트를 재설정할 것이다. 색 보정 도구 설정을 사용자 맞춤식으로 사용하려면 비디오 스코프를 나타내는 인터페이스를 설정해야 할 필요가 있다. 이를 위해 색 보정용 워크스페이스 프리셋을 사용할 수 있다.

10 메뉴에서 Window 〉 Workspaces 〉 Color and Effects를 선택한다.

색 보정 레이아웃과 프로젝트에서 스코프의 루마 및 채도 정보를 읽는 것부터 시작해보자.

7.6.1-B 클립의 루마 값 읽기

대다수의 비디오 색 문제는 이미지의 콘트라스트(contrast)를 먼저 조정함으로써 해결된다. 사람의 눈은 콘트라스트 영역에서 매우 민감하기 때문이다.

콘트라스트는 각 픽셀의 밝기 또는 조명 레벨로 측정된다. 이 루마 정보는 색이나 크로마 정보와 별개다. 이 용어들은 이번 연습을 계속하다보면 이해가 될 것이다.

1 Color Board 프로젝트에서 첫 번째 Grey Scale 제너레이터 위에 재생 헤드를 놓는다.

네 개의 비디오 스코프 중에 세 개만 트레이스(trace)라는 선으로 데이터를 표시한다는 것을 주목하자. 이 세 개의 범위(Luma Waveform, RGB Overlay, RGB Parade)는 첫 번째 Grey Scale 클립의 픽셀이 50% 미만의 밝기라는 것을 나타낸다. 다음 클립으로 넘어가서 비디오 스코프가 어떻게 반응하는지 보자.

2 타임라인에서 아래쪽 화살표를 눌러서 재생 헤드를 두 번째 Grey Scale 클립의 시작 부분으로 이동한다. 비디오 스코프의 변경 사항을 관찰하자.

세 비디오 스코프의 트레이스가 100%로 뛰어올랐다.

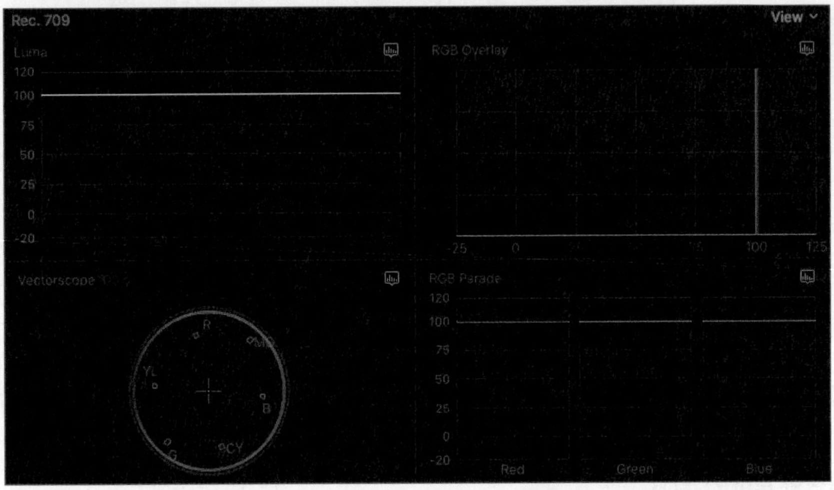

NOTE ▶ 차이를 못 봤다면, 위쪽 화살표를 누른 다음 아래쪽 화살표를 눌러서 두 개의 Grey Scale 클립 사이로 건너뛴다.

Vectorscope는 그레이스케일 클립에 대한 크로마 정보의 측정값을 반환하지 않는다. 컬러 비디오의 모든 픽셀에는 Red, Green, Blue의 세 가지 크로마 채널이 있다. 첫 번째와 두 번째 클립에 크로마 값이 나타나긴 해도, 삼색 채널은 다 동일한 밝기다.

3 RGB Parade 비디오 스코프에서 범위의 아래쪽 가장자리에 있는 Red, Green, Blue 레이블을 확인한다.

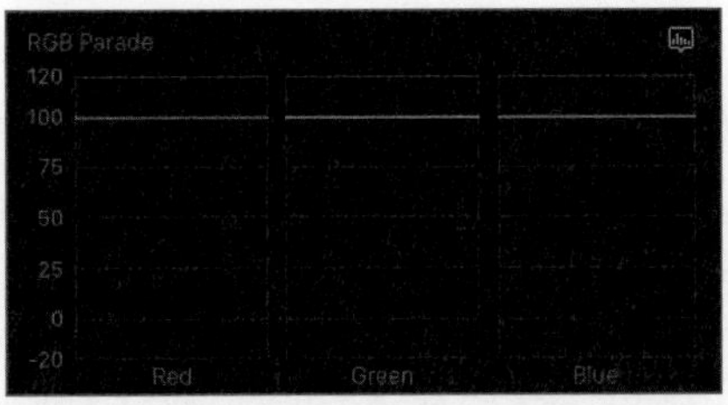

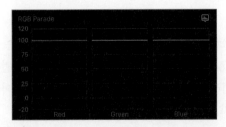

세 채널은 각 픽셀에 대해 동일한 밝기로 빛난다. 비디오는 추가 색상 시스템이므로 세 채널을 함께 추가하면 흰색 픽셀이 동일하게 생성된다. Vectorscope에 표시할 항목을 지정해보자.

4 타임라인에서 필요에 따라 아래쪽 화살표를 눌러서 재생 헤드를 DN_9287에 놓는다.

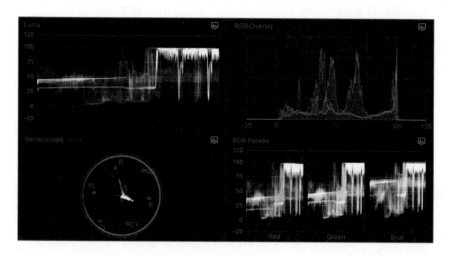

그렇다. 이 클립에는 확실히 크로마 정보가 있다. Vectorscope에는 이미지의 색조(hue)와 채도(saturation) 값을 나타내는 트레이스가 있다. 이 이미지를 그레이스케일 이미지로 변경하면 어떻게 되는지 살펴보자.

5 Effects Browser에서 프로젝트의 클립 DN_9287에 Black and White 효과를 적용한다.

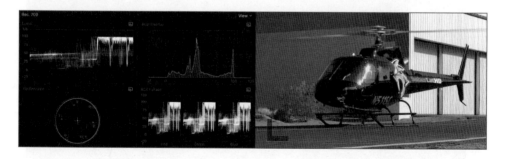

이 효과는 이미지의 크로마를 억제하고 Vectorscope 트레이스는 그에 따른 색 손실을 나타낸다.

6 Command-Z를 눌러서 이전 효과를 실행 취소한다.

그리고 Color Board 효과를 사용해서 이 클립들의 루마 채널을 수정한다.

7.6.1-C Color Board 효과로 마스터 루마 조정하기

Color Board 효과를 사용하면 클립 내에서 루마와 크로마 데이터를 컨트롤할 수 있다. 효과의 세 가지 컨트롤 세트(Exposure, Color, Saturation)는 루마와 크로마를 조정한다. 우선, Exposure 컨트롤을 사용하여 루마와 콘트라스트를 조정해보자.

1 Color Board 프로젝트에서 네 개의 클립을 모두 선택한다.

2 Effects Browser에서 Color Board 효과를 더블 클릭한다.

   이 효과는 선택한 클립에 적용된다.

   NOTE ▶ 기본값을 사용하여 Add Default Video Effect의 단축키인 Option-E로 Color Board 효과를 적용한다.

3 타임라인에서 첫 번째 Grey Scale 클립 위에 재생 헤드를 놓는다.

4 Video 인스펙터에서 Color Board 1 효과를 확인한다.

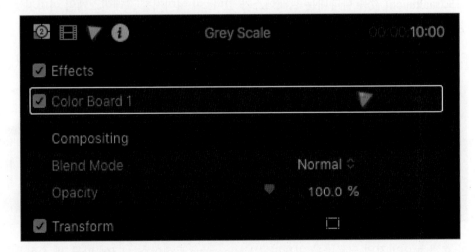

앞서 작업한 효과와 마찬가지로 Color Board는 다음과 같을 수 있다.

▶ 재설정 또는 활성화/비활성화된다.

▶ 다른 효과들 사이에서 재배열 된다. 어쩌면 다른 룩이 나올 수도 있다.

▶ 이미지의 특정 색이나 영역에 영향을 준다.

다른 효과와 비교할 때 Color Correction 효과의 특징은 Color 인스펙터가 있다는 것이다.

5 Color Board 라벨의 오른쪽이나 Inspector의 상단에서 Color 인스펙터 버튼을 클릭한다.

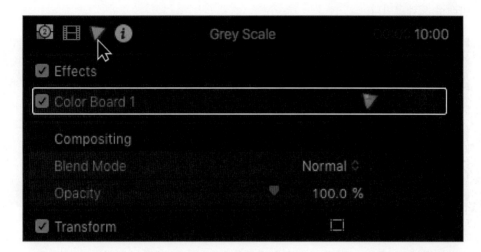

상단의 탭 세 개는 탭 아래의 컨트롤로 이미지의 어떤 측면을 조정할지 정의한다. Exposure를 조정해보자.

6 Exposure 탭을 클릭하여 루마 컨트롤을 본다.

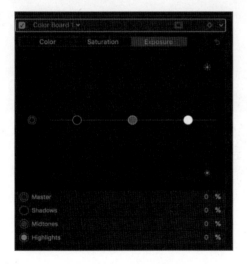

왼쪽의 Master 슬라이더는 전체 이미지의 루마에 영향을 준다.

7 DViewer와 비디오 스코프에서 결과를 관찰하면서, Master 슬라이더를 전체 범위까지 위
아래로 드래그한다.

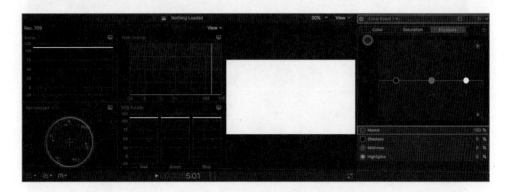

슬라이더를 가장 높게 설정하면 Grey Scale 클립이 밝은 흰색이 된다. 측정된 루마 값은
스코프에서 100을 초과한다. 이 밝기 레벨을 "super-white"라고 한다.

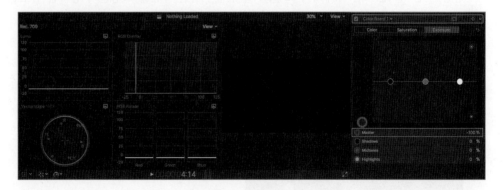

Master 슬라이더를 가장 낮게 설정하면 어두운 검은색이 된다. 스코프에서 루마 값은 0
아래로 떨어진다. 이 레벨을 "super-black"라고 한다.

이 두 극단은 텔레비전 방송 규격을 초과한다. 비 방송 카메라는 방송용으로 허용되지
않더라도 이러한 레벨의 미디어를 확보할 수 있다. 방송 가능 콘텐츠를 출력할 때는 추
가 효과를 적용해서 이러한 레벨을 방송 규격에 맞게 제한할 수 있다.

8 Effects Browser에서 첫 번째 Grey Scale 클립에 Broadcast Safe 효과를 적용한다. 그 구간을 보면서 Master 슬라이더를 전체 범위로 드래그한다.

루마는 0과 100에서 잘린다(clipped). 루마 데이터는 이 과정에서 손실되기 때문에 이상적인 색 보정은 아니지만, 이 효과는 이러한 루마 설정이 있는 클립을 방송 규격에 맞게 렌더링한다. 이제 헬리콥터 클립에서 손실된 데이터를 간단히 살펴보자.

9 재생 헤드를 DN_9287에 놓고 Broadcast Safe 효과를 클립에 적용한다.

10 Exposure Master 슬라이더를 살짝 위로 드래그한다.

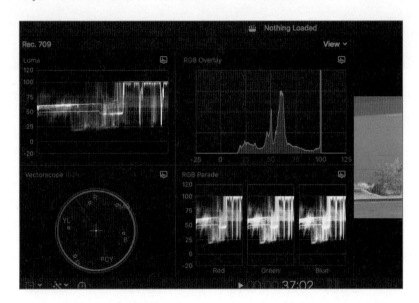

마치 이미지가 과다 노출된 것처럼 격납고 문의 하이라이트 세부 정보가 빠르게 사라진다.

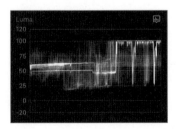

트레이스는 100에서 잘린다. 스케일의 가장 높은 끝에 있는 트레이스는 이제 100에 고정
된다. 이러한 하이라이트 세부 정보는 본질적으로 이미지에서 삭제된다. Master 슬라이
더를 아래로 드래그하면 그림자 세부 정보도 마찬가지로 이미지에서 삭제된다.

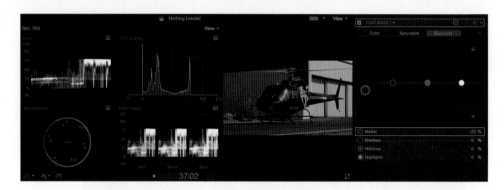

Master 슬라이더만이 유일한 Exposure 컨트롤이 아니다. 다른 Exposure 컨트롤을 자세
히 살펴보자.

7.6.1-D Adjusting Grayscale Luma with the Color Board Effect

Master 컨트롤은 모든 이미지 픽셀의 루마 값을 설정한다. Exposure 탭에는 휘도(luminance)
값에 따라 각 픽셀의 그레이스케일 휘도를 조정하는 컨트롤도 있다.

픽셀 그레이스케일 휘도의 Exposure 컨트롤

Control	0–100	0–70	30–70	30–100
Master	X			
Shadows		X		
Midtones			X	
Highlights				X

모든 컨트롤은 다른 컨트롤의 그레이스케일 값과 겹쳐서 이미지를 매끄럽게 혼합한다(극단적인 조정을 설정하지 않았다면). 범위가 넓다. 즉, 하나의 컨트롤을 조정하면 이미지의 다른 부분에서 그레이스케일 변경을 제거하기 위해 또 다른 컨트롤을 조정해야 할 수도 있음을 의미한다. 세 번째 클립인 Gradient를 사용해서 이러한 루마 컨트롤을 살펴보자.

1   재생 헤드를 Gradient 클립에 둔다.

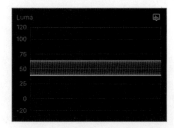

이 클립의 루마 값은 50의 이하와 이상이다.

2   Master 컨트롤을 드래그하여 스코프에서 루마 값을 조정한다.

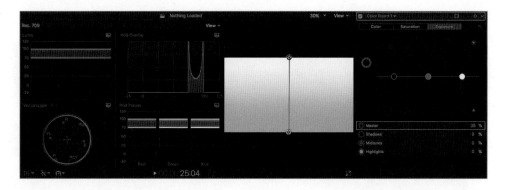

이 높아지거나 낮아지기 때문에 범위 스프레드가 동일하게 유지된다. Delete를 눌러서 컨트롤을 재설정할 수 있다.

3   Master 컨트롤을 선택한 상태에서 Delete를 눌러 컨트롤을 0%로 재설정한다.

세 가지 그레이스케일 컨트롤을 사용하면 그라디언트의 범위 스프레드를 증가(또는 감소)시켜서 이미지의 콘트라스트를 높일 수 있다.

4 Luma 파형 범위의 상단이 100으로 측정될 때까지 Highlights 컨트롤을 위로 드래그한다.

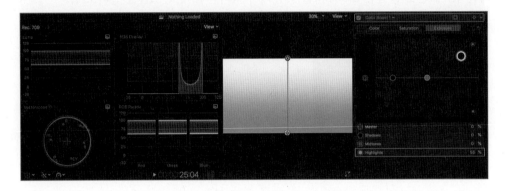

전체 범위는 여전히 위쪽으로 이동한다. 여러분은 가장 높은 값과 가장 낮은 값 사이의 스프레드가 증가한 것을 보았는가? Shadows 컨트롤을 조정하면 확실히 알 수 있다.

5 Shadows 컨트롤을 가장 낮은 설정으로 드래그하자.

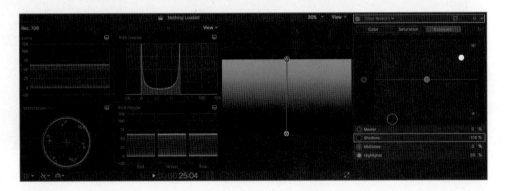

루마 범위가 확장됨에 따라 이미지 내의 콘트라스트가 확장되었다. 컨트롤이 광범위한 그레이스케일 값을 처리하기 때문에, Shadows 컨트롤을 가장 낮은 설정으로 드래그하면 가장 밝은 픽셀에도 영향을 미치며 이미지에는 더 밝은 하이라이트가 더 이상 나타나지 않는다.

6 Highlights 컨트롤을 가장 높은 설정으로 드래그한다.

이 그라디언트의 콘트라스트를 적용된 효과의 한계까지 확장했다. 헬리콥터 클립으로 다시 돌아가서 콘트라스트를 얼마나 확장할 수 있는지 확인한다.

7 DN_9287 위에 재생 헤드를 놓는다. Exposure 탭에서 Master 컨트롤을 선택하고 Delete를 누른다.

이렇게 하면 Master 슬라이더가 0으로 재설정된다. Luma 파형 범위는 헬리콥터의 검은색 페인트가 순 검은색이 아님을 나타낸다. 0을 나타내는 트레이스가 없기 때문이다. Shadows 컨트롤을 조정하면 그 상황이 바뀔 수 있다.

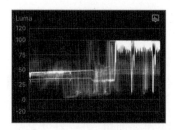

8 Luma 파형에서 일부 트레이스가 0이 될 때까지 Shadows 컨트롤을 약간 아래로 드래그한다.

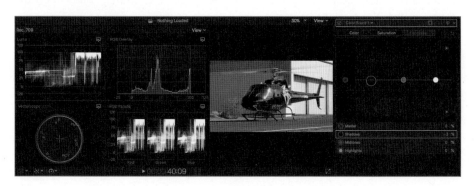

9 헬리콥터의 검은색 부분의 디테일이 달라지는 것을 관찰하면서 Shadows 컨트롤을 아래쪽으로 계속 드래그한다.

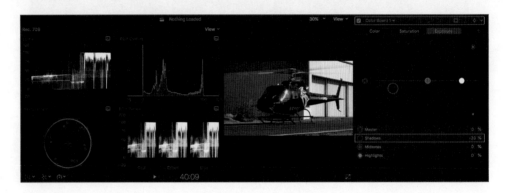

앞에서 적용한 Broadcast Safe 효과와 함께 사용되는 Shadows 컨트롤은 그림자를 0으로 뭉갠다(crushing). 그림자 디테일을 복구해보자.

10 가장 낮은 트레이스가 스코프에서 0을 기록할 때까지 Shadows 컨트롤을 위로 드래그한다.

여기까지의 조정이 완료되었으면, 여러분은 헬리콥터 클립의 콘트라스트를 확장한 것이다. 그리고 클립의 루마 채널을 제어했고 Color Board 효과로 이미지 내의 노출과 콘트라스트를 조정했다. 이제 노출을 조정하면서 색 보정 컨트롤의 다음 단계인 Color Wheels 효과를 살펴보자.

7.6.1-E Color Wheels 효과로 그레이스케일 루마 조정하기

다음 단계의 색 보정 컨트롤은 Color Wheels다. 그러나 이 실습에서는 루마 값만 변경하기 때문에 그 결과는 Color Board에서 얻은 결과와 다를 수 있다. 여기서 목표는 Color Wheel 효과의 컨트롤과 기능을 비교하는 것이다. 이 보정 효과들을 사용하다 보면, 이들 간의 유사점과 차이점을 바로 알아차릴 것이다. 우선, 마스터 프로젝트의 스냅샷을 만들어보자.

1 Inspector 위에 있는 Color and Effects 워크스페이스로 전환했다면, "Show the Browser" 버튼을 클릭하여 Browser를 나타낸다.

2 Browser에서 Color Correct MASTER 프로젝트를 마우스 오른쪽 클릭하고 "Duplicate Project as Snapshot"을 선택한다.

3 새 프로젝트의 이름을 Color Wheels로 변경하고 프로젝트를 타임라인에 연다.

NOTE ▶ Viewer와 비디오 스코프를 수평으로 확장하려면 Browser를 숨겨도 된다.

이전 연습에서는 한 번에 네 개의 클립 모두에 Color Board 효과를 적용했다. Color Wheels를 사용해서 동일한 작업을 수행할 수 있지만, 다른 방법을 시도해보자. Color 인스펙터에서 클립에 색 보정 효과를 직접 적용할 수 있다.

4 Color Wheels 프로젝트에서 세 번째 클립인 Gradient를 Option-클릭하여 클립을 선택하고 재생 헤드를 클립에 놓는다.

5 필요한 경우 Color 인스펙터를 활성 인스펙터로 선택한다.

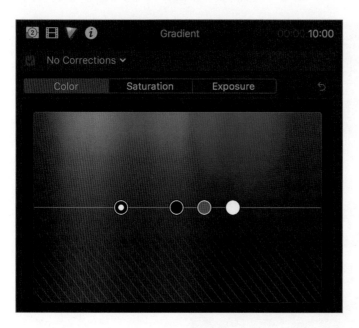

클립에 적용된 Color Board가 보이지만 실제로는 그렇지 않다. Inspector의 상단을 주의 깊게 보자. 적용된 보정이 없다는 것을 팝업 메뉴에서 알 수 있다. 팝업 메뉴에서 Color Wheels 효과를 적용하여 해당 상태를 변경할 수 있다.

6   Color 인스펙터 상단에서 +Color Wheels를 선택한다.

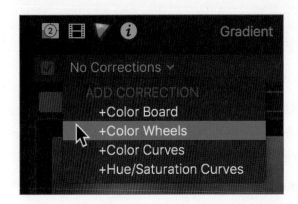

7   네 개의 Color Wheel이 Color Wheels 1로 나타난다. 각 휠은 클립에 영향을 미치는 그레
    이스케일 범위(Master, Shadows, Midtones, Highlights)를 나타낸다.

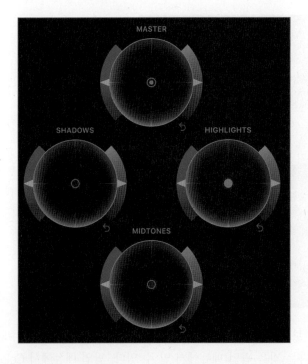

NOTE ▶ Inspector 타이틀 바를 더블 클릭하여 Inspector를 전체 높이로 설정한다.

이번 연습에서는 이미지 루마 값을 다룰 것이다. 각 휠의 오른쪽에는 Brightness 컨트롤이 루마 값을 조정한다. 여러분은 Color Board의 Exposure 슬라이더 네 개로 작업했던 것처럼, Brightness 컨트롤 네 개를 조정해서 결과를 볼 수 있다.

NOTE ▶ Broadcast Safe 효과는 적용되지 않으므로 전체 효과 구간을 볼 수 있다.

8 Viewer와 비디오 스코프에서 결과를 관찰하면서 Color 인스펙터에서 Master 휠의 Brightness 컨트롤을 전체 범위로 드래그한다.

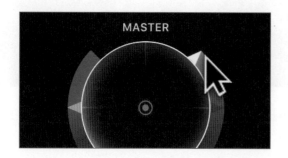

Color Board의 Master Exposure 슬라이더를 드래그한 결과와 마찬가지로 Color Wheel의 Master Brightness 컨트롤은 전체 그라디언트의 루마 값을 위아래로 이동시킨다. 그러나 루마 값의 범위는 확장되지 않았다. 이제 루마 구간을 확장해보자.

9 Master 휠의 Reset 버튼을 클릭한다.

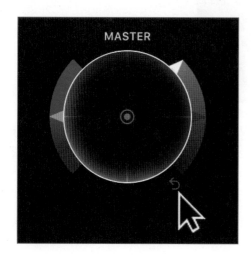

10 Color 인스펙터에서, Highlights 휠의 Brightness 컨트롤을 위쪽으로 드래그한다. Gradient 클립의 루마 범위가 0에서 100으로 확장될 때까지 Shadows 휠의 Brightness 컨트롤을 아래로 드래그한다.

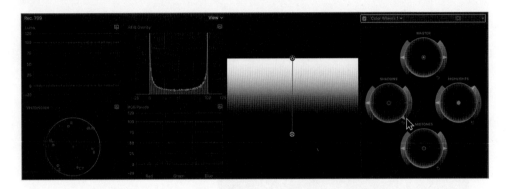

두 컨트롤을 최댓값으로 드래그 했다면 너무 멀리 갔다. 방송에 적합한 루마 값 0과 100을 초과하지 못하도록 하는 다른 색 보정 도구를 사용할 수 있다.

11 Viewer의 View 팝업 메뉴에서 Range Check 아래의 Luma를 선택한다.

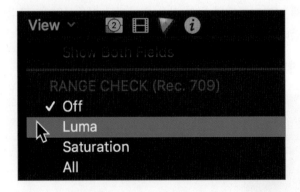

Brightness 컨트롤이 완전히 꺾여있다면, Viewer의 그라디언트 위에 얼룩말 줄무늬가 나타난다. 얼룩말 줄무늬는 Waveform 범위에서 픽셀이 방송에 적합한 값 0과 100을 초과한다는 것을 나타낸다.

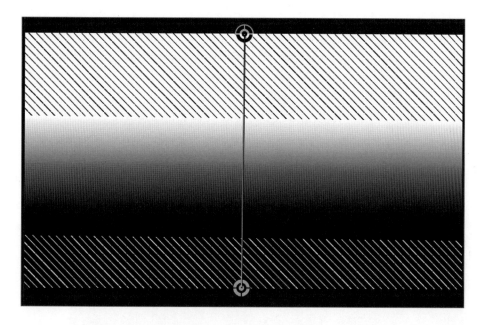

12 얼룩말 줄무늬가 보이지 않을 때까지 Brightness 컨트롤을 조정하면서 가능한 가장 높은 (그리고 가장 낮은) 설정으로 컨트롤을 유지한다.

13 Viewer의 View 팝업 메뉴에서 Range Check 아래 Off를 선택한다.

여러분은 Color Wheels 효과의 루마 컨트롤에 익숙해졌으므로 이제는 커브 기반의 컨트롤을 사용해보자.

7.6.1-F Color Curves 효과로 그레이스케일 조정하기
커브 컨트롤의 단순한 모습에 속지 말자. 이것은 디테일에 상당한 주의를 기울여야하는 정밀 컨트롤이다. 그렇지만 겁먹지는 말자. 이번 연습에서는 커브 컨트롤의 개념을 쉽게 파악할 수 있다.

1 앞서 Browser를 숨겼다면, Inspector 위에 있는 "Show the Browser"를 클릭한다.

2 Browser에서 Color Correct MASTER 프로젝트를 마우스 오른쪽 클릭하고 바로 가기 메뉴에서 Duplicate Project as Snapshot을 선택한다.

3   새 프로젝트 Color Curves의 이름을 변경하고 프로젝트를 타임라인에 연다.

NOTE ▶ Viewer와 비디오 스코프를 수평으로 확장하려면 Browser를 숨겨도 된다.

이제 그라디언트 클립에 Color Curves 효과를 추가한다.

4   Gradient 클립을 Option-클릭하여 선택하고 클립에 재생 헤드를 놓는다.

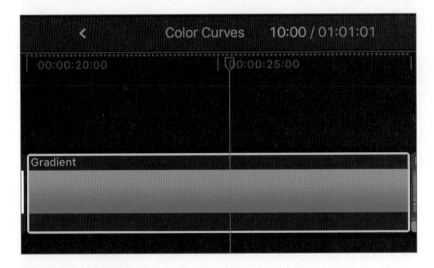

5   Color 인스펙터의 팝업 메뉴에서 Color Curves 효과를 추가한다. Luma라고 표시된 맨 위의 커브를 확인한다.

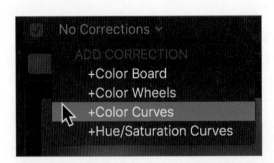

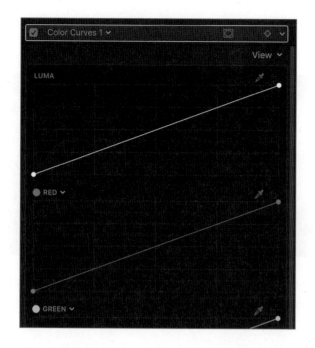

다르다. Color Curves 효과는 Board와 Wheels보다 루마를 더 정확하게 처리한다. Luma 커브 그래프의 수직 또는 Y값은 Color Board의 Exposure 컨트롤의 수직 값과 Color Wheels의 Brightness 컨트롤과 같다. 위쪽으로 드래그하면 값이 증가하고 아래쪽으로 드래그하면 값이 감소한다. 커브에서 수평 또는 X값을 조정할 때 Color Curves 효과의 향상된 개선이 나타난다. 그레이스케일 값은 Shadows, Midtones, Highlights의 고정 범위로 통제되지 않는다. 오히려 아이드로퍼(eyedropper)가 특정 그레이스케일 값을 식별해서 구간을 가운데로 맞출 수 있다.

6   Luma 커브에서 아이드로퍼를 클릭한다.

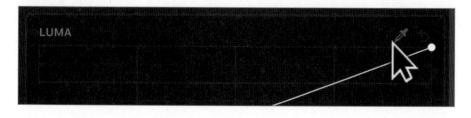

아이드로퍼는 하이라이트되며 Viewer에서 선택한 모든 픽셀의 루마 값을 알 수 있다.

7   Luma 커브 아이드로퍼가 활성화된 상태에서 Viewer 위로 아이드로퍼를 이동하고 상단
의 약 1/3 아래로 그라디언트를 클릭한다.

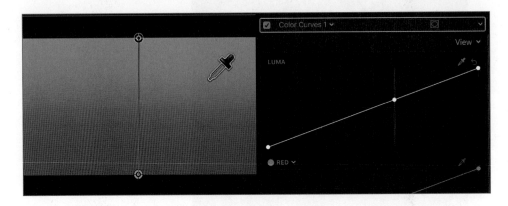

Luma 커브에는 수직선과 대각선 컨트롤 라인의 교차점에 제어점이 있는 선이 나타난
다. 수직선은 그레이스케일 값(커브의 X축)에서 선택한 픽셀이 측정되는 위치를 나타낸
다.

제어점은 오디오 키프레임과 마찬가지로 특정 시점(시간, 좌표, 그레이스케일 값)에서 매
개 변숫값을 조정할 수 있다. Luma 커브에서 제어점을 사용하면 특정 그레이스케일 픽
셀값(X축)의 밝깃값(Y축)을 조정할 수 있다.

8   Luma 커브에서, 아이드로퍼로 생긴 제어점을 수직선을 따라 위로 드래그한다.

전체 그라디언트 범위가 위로 이동한다. 오디오 키프레임과 마찬가지로 제어점 자체가
다음 제어점 또는 커브의 시작/끝까지 확장되는 범위의 중심을 만든다. 클립 내의 한 제
어점을 드래그하면 전체 커브에 영향을 준다.

9 Command-Z를 눌러 Luma 조정을 취소하면 커브가 직선 대각선으로 되돌아간다.

10 Luma 커브에서 대각선 제어선 위의 수직선에서 제어점의 각 면을 클릭하여 두 개의 제어점을 더 추가한다.

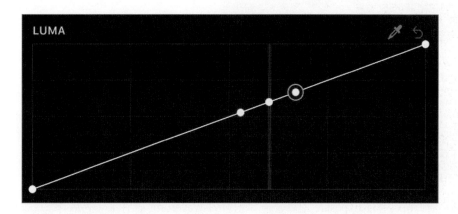

11 세 개의 제어점 중에서 가운데 제어점을 약간 위쪽으로 드래그한다.

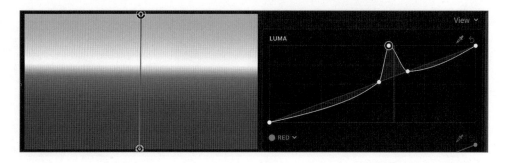

그라디언트에 픽셀의 밝은 라인이 나타난다. 커브 위의 제어점을 사용하면 변경할 그레이스케일 값을 정확하게 0으로 지정하거나 대상으로 지정할 수 있다.

이것을 DN_9287 클립에서 사용하자.

12 Color Curves 프로젝트에서 DN_9287 클립을 Option-클릭한다.

그 격납고 문은 조금 밝다. Color Board를 사용하여 콘트라스트를 설정하고 Color Curves을 약간 수정해서 문을 약간 어둡게 만든다.

13 Color Curves 프로젝트에서 DN_9287 클립을 선택한다. Color Board와 Color Curves 효과를 모두 적용한다.

14 Color 인스펙터의 팝업 메뉴에서 여러분이 적용했던 Color Board 1을 선택한다.

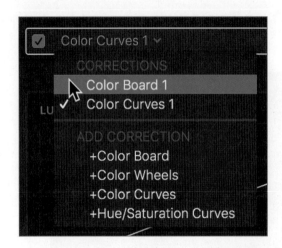

15 Color 인스펙터에서 Exposure 컨트롤을 조정하여 Waveform 범위에서 콘트라스트를 0과
100 사이로 설정한다.

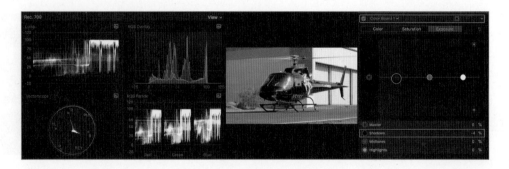

이제 여러분은 격납고 문의 창과 헤더의 앞면을 어둡게 하고 측면 문을 그대로 남겨두기
를 원한다. 이를 위해 Color Curves 효과의 Luma 커브와 아이드로퍼를 구성하여 보정할
것이다.

16 Color 인스펙터의 팝업 메뉴에서 이전에 적용한 Color Curves 1을 선택한다.

문과 헤더의 루마 값을 추측하기보다는 Luma 커브 아이드로퍼를 사용한다.

17 Luma 커브에서 아이드로퍼를 선택한다.

18 Viewer에서 Luma 커브을 보면서 격납고 문과 헤더 위로 아이드로퍼를 드래그한다.

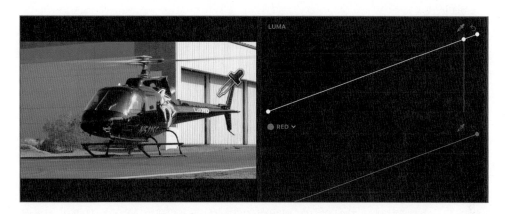

Luma 커브는 드래그할 때 수직선을 업데이트한다. 아이드로퍼가 문 패널(또는 뚜렷한 그림자 구역)의 측면을 터치하는 경우를 제외하고 문과 헤더는 75-100 범위(커브 그래프의 오른쪽 수직 쿼터)에 있다. 여러분은 제어선의 75% 그레이스케일에 제어점을 생성하여 문과 헤더를 조정할 것이다.

19 Luma 커브에서 X축의 75% 표시를 기준으로 제어선을 더블 클릭하고, 제어점을 아래로 드래그하여 100에 둔다. 가장 오른쪽의 두 제어점 사이에 레벨선을 생성한다.

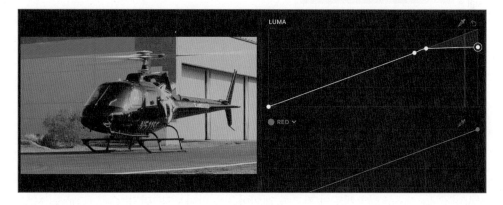

혹시나 그 점을 너무 아래로 드래그할 수도 있다. 어느 효과든 효과를 적용할 때는 미묘한 차이에 주의하자.

20 가장 오른쪽의 제어점을 원래의 시작점과 이전의 레벨점 사이의 대략 절반까지 드래그
한다.

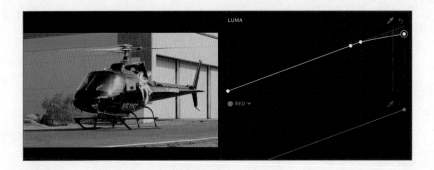

21 Color 인스펙터에서 작업을 검토하려면 Color Curves 1 체크 상자를 선택을 취소하거나
선택한다.

Luma 커브를 사용하면 Color Board와 Color Wheels의 광범위한 컨트롤을 사용하는 것
과 비교해서 이 좁은 범위의 조정을 신속하게 수행할 수 있었다.

Exercise 7.6.2
크로마 색 보정 도구 살펴보기

크로마는 색조(hue)와 채도(saturation)의 두 값으로 정의된다. 색조와 채도는 각각 Color
Board 효과에서 별도의 탭이 있고, Color Wheels에서 별도의 컨트롤이 있다. 채도 조정을 시
작하여 Color Board에서 채도의 컨트롤 레이아웃을 알아보자. 먼저, Color Correct MASTER
프로젝트의 새로운 스냅샷을 생성한다.

1 이전에 Browser를 숨겼다면 Inspector 위에 있는 "Show the Browser"를 클릭한다.

2 Browser에서 Color Correct MASTER 프로젝트를 마우스 오른쪽 클릭하고 바로 가기 메
뉴에서 "Duplicate Project as Snapshot"을 선택한다.

3 새 프로젝트의 이름을 Chroma로 변경하고 프로젝트를 타임라인에 연다.

NOTE ▶ Viewer와 비디오 스코프를 수평으로 확장하려면 Browser를 숨겨도 된다.

이제 첫 번째, 두 번째, 세 번째 클립에 Colorize 효과를 추가한다.

4   첫 번째 Grey Scale 클립을 클릭하고 Gradient 클립을 Shift-클릭한다. Effects 브라우저
에서 Colorize 효과를 더블 클릭하여 선택한 세 개의 클립에 추가한다.

프로젝트 클립을 준비했으면, 이 색 보정을 위해 비디오 스코프 레이아웃을 수정한
다. Vectorscope와 RGB Parade를 사용하여 크로마 중심의 작업을 쉽게 볼 수 있다.

5   Video Scope View 팝업 메뉴에서 2열 레이아웃을 선택한다.

6   각 레이아웃 열의 Scope Selector 팝업 메뉴에서 하나는 Vectorscope를 선택하고 다른 하
나는 Waveform: RGB Parade를 선택한다.

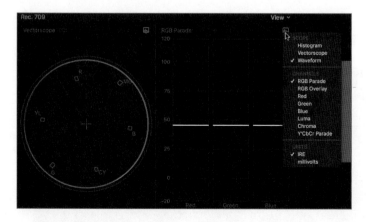

비디오 스코프 준비를 마쳤다.

7.6.2-A Color Board로 컬러 캐스트 채도 낮추기

Colorize 효과는 그레이스케일에 붉은 색조를 입혔다. 색 보정 효과로 Colorize 효과가 만든 컬러 캐스트를 제거해보자. Color Board를 사용하여 시작할 것이다.

1 첫 번째 클립에 재생 헤드를 놓고, 첫 번째 Grey Scale 클립에 Color Board 효과를 적용한다.

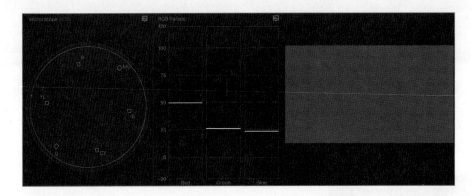

Vectorscope는 이미지의 붉은 색조를 나타내며, 트레이스는 스코프의 중심에서 Red(R) 쪽으로 상쇄한다. RGB Parade에서는 Red 채널이 Green이나 Blue 채널보다 밝은 픽셀을 생성하고 있음을 알 수 있다.

Saturation 탭의 Master 컨트롤을 사용해서 이 이미지를 그레이 스케일로 간단하게 채도를 낮출 수 있다.

2 Color 인스펙터에서 Color Board 1을 연다. Saturation 탭을 선택하고 Master 컨트롤을 가장 낮은 설정으로 드래그한다.

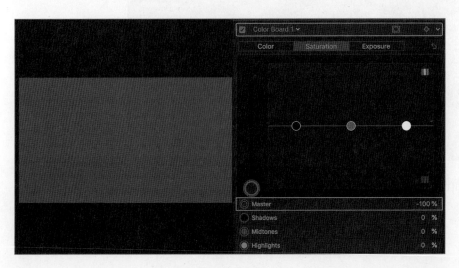

만약 이미지가 회색으로 채도가 낮아질 것이라고 예상했다면 정확하다. 그러나 Video 인스펙터의 한 가지 세부 사항으로 이러한 결과를 막을 수 있다.

3 Video 인스펙터로 돌아가서 효과 순서를 보자.

효과는 위에서 아래로 처리된다. Colorize 효과로 컬러 캐스트가 생성되고, Color Board 1 효과로 클립의 채도는 낮아진다. 만약, 두 효과의 순서가 반전되어 Colorize 효과가 하위에 배치되면 어떻게 될까?

4 Effect 카테고리에서 두 효과를 Color Board 1 다음에 Colorize의 순서로 드래그하여 다시 정렬해보자.

이제 Colorize 효과보다 색 보정이 먼저 처리되므로 마스터 채도 감소(desaturation) 결과를 볼 수 없다. 그레이스케일 채도 감소 컨트롤을 살펴보기 전에 이 채도 감소 효과를 제거해야 한다.

5   Video 인스펙터에서 Color Board 1 매개 변수 팝업 메뉴의 Reset Parameter를 선택한다.
     Colorize 효과 다음에 Color Board 1로 드래그하여 두 효과의 순서를 다시 정렬한다.

텔레비전은 수십 년 동안 컬러였다. 따라서 전체 이미지의 채도를 감소시켜 컬러 캐스트
문제를 해결하는 것은 바람직한 방법이 아니다. 다음 연습에서는 채도를 낮추지 않고 캐
스트를 중화할 것이다. 그러나 이 연습을 완료하려면 Shadows, Midtones, Highlights 그
레이스케일 범위 내의 채도 감소를 살펴봐야 한다.

6   Gradient 클립을 Option-클릭하고 Color Board 보정을 추가한다.

여러분은 Master 채도 감소가 어떻게 될 지 이미 알고 있으므로, 그레이스케일 컨트롤을
실험해보자.

7   Color Board 1 효과의 Saturation 탭에서, 세 개의 그레이스케일 컨트롤 각각을 조정한다.
     Viewer와 비디오 스코프를 모니터링하면서, 컨트롤을 각각 개별적으로 또는 조합하여
     채도 증가 및 감소시킨다.

Highlights의 채도를 낮추는 동안 Shadows와 Midtones의 채도를 높인다.

예상대로 Shadows의 채도 컨트롤은 이미지의 어두운 영역에 영향을 미쳤다. Midtones는 거의 전체 이미지에 영향을 주었으며, Highlights는 이미지의 밝은 부분을 변경했다.

8 Vectorscope를 관찰하면서 Saturation Grayscale 컨트롤을 계속 조정한다.

Vectorscope는 이미지의 채도 또는 색조의 강도를 나타낸다. Shadows의 채도를 높이면 Vectorscope의 트레이스가 Blue와 Cyan 사이에서 바깥쪽으로 확장되어 어두운 영역의 색조가 보일 것이다. 채도를 낮추면 Vectorscope의 중심으로 트레이스가 모여서 개별 색조가 없음을 나타낸다. 즉, 이미지는 검은색, 그레이스케일, 흰색이다. 이제 Color Board 를 사용하여 크로마의 색조 값을 조정해보자.

▶ **Color Wheel 채도 컨트롤**

이전의 채도 감소 연습은 Color Wheel을 사용하여 쉽게 완료할 수 있었다. 다음 그림 은 각 컨트롤을 시각적으로 소개한다.

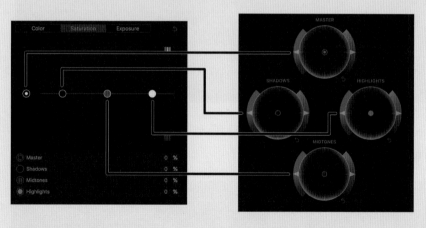

기본 레벨에서 Color Board의 각 Saturation 컨트롤은 비슷한 이름의 Color Wheel의 각 Saturation 컨트롤과 관련되어 있다.

7.6.2-B Color Board로 컬러 캐스트 중화하기

이 작업은 일반적으로 조명 조건에 따라 카메라의 화이트 밸런스가 적절하지 않은 경우에 필요하다. 이 오류는 일반적으로 이미지의 Highlights 또는 Shadows 영역에서 컬러 캐스트(color cast) 또는 색조로 나타난다. 가산 혼합(additive color) 이론에 따르면, 어떤 색에 그 보색을 더하면 원치 않는 컬러 캐스트를 약화한다. 그레이스케일에 컬러 캐스트를 적용한 다음, Color Board를 사용하여 해당 캐스트를 제거해보자. Chroma 프로젝트에서 시작한다.

1   Chroma 프로젝트에서 첫 번째 Grey Scale 클립을 Option-클릭한다.

2   Video 인스펙터에서 효과의 순서를 위에서 아래로 Colorize, Color Board 1로 변경한다.

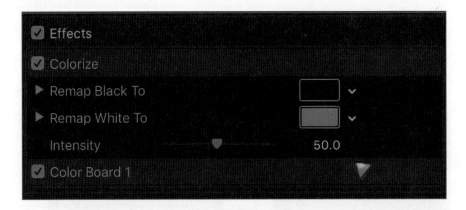

3   Video 인스펙터에서 매개 변수 팝업 메뉴를 클릭하고 Reset Parameter을 선택하여 Color Board를 재설정한다.

4 Color 인스펙터에서 팝업 메뉴가 Color Board 1로 설정되어 있는지 확인하고 Color 탭을
　선택한다.

Color Board의 Color 탭은 다른 탭에서 사용한 것과 동일한 네 가지 컨트롤을 제공한
다. 그러나 네 개의 컨트롤은 보드의 모든 색상으로 상하좌우로 움직인다.

5 Vectorscope의 트레이스가 붉은색으로 오프셋 되어 있음을 유의하자.

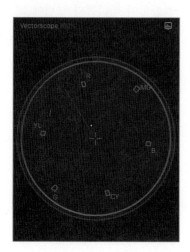

이 컬러 캐스트는 전체 이미지에 영향을 준다. 따라서 Master Color 컨트롤을 드래그하여 캐스트를 중화하고 클립을 원래의 회색으로 되돌릴 것이다. 이를 위해 Color Board로 두 가지 방법 중 하나를 사용하면 된다.

먼저 Vectorscope에서 색조를 확인하고, 다음 중 하나를 수행한다.

▶   컨트롤을 색조의 음수 방향으로 드래그한다.

▶   컨트롤을 보색의 양수 방향으로 드래그한다.

Vectorscope의 트레이스가 붉기 때문에, Master Color 컨트롤을 위쪽의 양수 시안(cyan) 또는 아래쪽의 음수 빨간색으로 드래그한다.

6   Vectorscope의 중심에서 트레이스가 정렬될 때까지 이 두 가지 방법 중 하나를 사용하여 Master Color 컨트롤을 드래그한다.

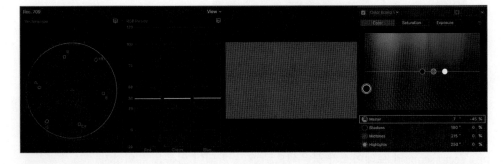

간단한 작업이었다. 이제 Luma와 Chroma 컨트롤을 결합하여 헬리콥터 클립에 적용해 보자.

▶ **Color Wheels Color 컨트롤**

Color Wheels를 사용하여 중화 작업을 쉽게 완성할 수 있다. 다음 그림은 각 컨트롤에 대해 시각적으로 설명한다.

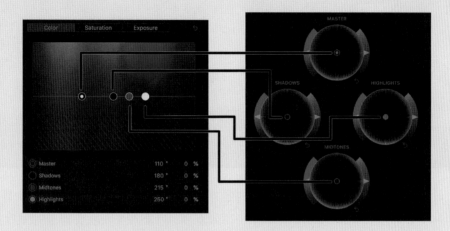

기본 레벨에서 Color Board의 각 Color 컨트롤은 이름이 비슷한 Color Wheel의 각 Color 컨트롤과 서로 연관이 있다. 각 휠 내부의 Color 컨트롤은 색조의 보완 값을 허용하는 Vectorscope를 나타낸다. 이전 연습에서는 Color Board의 Master Color 컨트롤 대신에 Master Color Wheel의 Color 컨트롤을 사용하여, Master Color 컨트롤을 Cyan 쪽으로 드래그해서 붉은 색조를 줄였다.

7.6.2-C 다중 효과로 색 보정하기

이 연습에서는 Luma와 Chroma 도구를 모두 적용한다. 적절한 노출, 보통의 콘트라스트, 화이트 밸런스 된 이미지의 룩을 원하는 대로 표현하는 방법은 여러 가지다. 다음 단계를 시작 단계 또는 첫 시도 접근법으로 여기자. 그런 다음 색 보정 효과를 다시 설정하고 다른 방법을 사용하여 두 번째 보정을 하자.

1   View Scope Layout을 4-up 레이아웃 구성으로 되돌린다.

방송 규격 범위인 0에서 100 사이에서 클립의 콘트라스트를 확장하여 시작해야 한다.

2   DN_9287 클립을 Option-클릭한다. 노출을 조정하여 클립의 낮은 그림자가 Luma 파형
의 0에 닿도록 한다. 이를 위해서 Color Board 또는 Color Wheels를 사용한다.

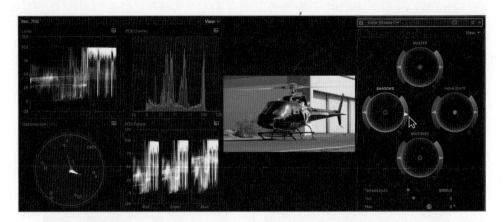

여러분이 색 보정 경험이 없다면, 이미지에 하나 이상의 색조가 있는 Vectorscope를 해
석하기가 어렵다. RGB Parade 스코프는 이 색조 데이터를 해독하는 데 도움이 된다.

3   RGB Parade 스코프에서 세 채널을 비교한다.

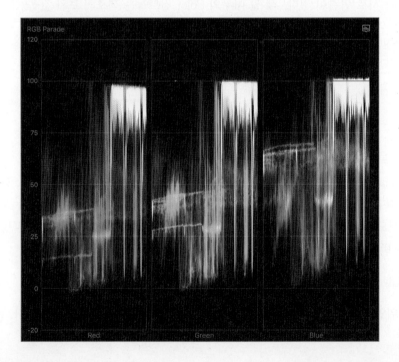

파란색 트레이스는 여전히 0 이상이며, 이미지에서 가장 어두운 영역의 푸른 색조를 나타낸다. Viewer를 보면 헬리콥터 검은색이 푸른 색조로 보인다. 스코프가 말해주는 것과 똑같다. 그림자에서 파란색 캐스트를 제거하려면, Color Wheel의 효과에서 Shadows 컨트롤을 조정한다.

4   먼저 Shadows Color 컨트롤을 노란색으로 드래그하여 헬리콥터의 검은색 부분에서 파란색 캐스트를 제거한다. 노란색을 너무 많이 첨가하지 않도록 조심하자.

5   Midtones과 Highlights 컨트롤을 드래그하여 계속 미세 조정한다. 이 컨트롤이 겹쳐지고 상호작용하는 특성으로 인해 일부 컨트롤의 결과가 다른 색조로 확장될 수도 있다. 경우에 따라, 색조를 없애기보다 추가할 수도 있다. 일반적으로 하나의 컨트롤을 변경하면 적어도 하나 이상의 다른 컨트롤을 변경하게 된다.

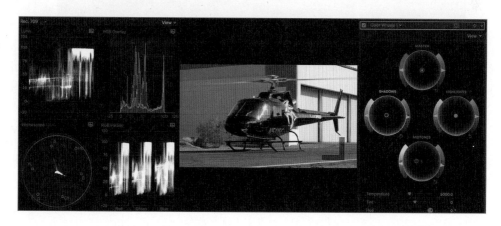

NOTE ▶ 전문적인 수준의 색 보정은 적절한 보정 환경(중성 벽색, 조명), 특별히 구성된 하드웨어(디스플레이, Color Sync 프로파일, 외부 모니터), 작업을 위해 훈련된 눈 등을 필요로 하는 세심한 기술이다. 여러분의 워크플로우에서 이러한 요소가 빠진다면, 여기에 표시된 결과와 다를 수 있다.

▶ **색조/채도 커브**

색조/채도 커브는 Final Cut Pro의 고급 색 보정 효과다.

여러분은 도구가 작동하는 방법을 이미 배웠다(아이드로퍼는 변경하려는 항목을 찾아내고, 대각선 제어선은 제어점을 사용하여 일부 값을 변경한다). 이러한 커브를 조정하는 핵심은 커브의 타이틀을 해독해서 그 기능을 이해하는 것이다. 예를 들어, HUE vs SAT 커브는 "아이드로퍼가 선택한 HUE와 일치하는 픽셀에 대해서 SATuration을 변경한다."라고 이해하면 된다. 아이드로퍼는 커브에서 수직선과 제어점 구간을 식별한다. 가운데 조절점을 수직으로 드래그하면 선택한 HUE와 일치하는 픽셀의 채도가 변경된다.

7.6.2-D 자동 화이트 밸런스 사용하기

Balance Color 기능에는 실제로 자동 및 화이트 밸런스의 두 가지 설정이 있다. 화이트 밸런스를 사용하면 아이드로퍼를 사용하여 흰색(또는 중간 회색)이어야 하는 픽셀을 식별할 수 있다.

1 DN_9287 클립을 Option-클릭하여 클립을 선택하고 재생 헤드를 놓는다.

   Balance Color 효과를 사용하여 원본 이미지를 중화하려면 이전 조정을 비활성화한다.

2 Video 인스펙터에서 DN_9287 클립에 현재 적용된 모든 효과의 선택을 해제한다.

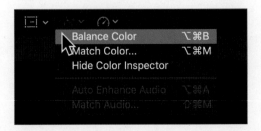

Balance Color 향상 기능이 자동으로 클립을 화이트 밸런스를 조정할 때, 이미지의 차이를 확인해본다.

Balance Color 기능이 사용해야 하는 참조점(reference point)을 수동으로 정의하려면, Video 인스펙터에서 진행할 수 있다.

3   Video 인스펙터의 Balance Color 목록에서 Method 팝업 메뉴를 White Balance로 설정한다.

아이드로퍼가 팝업 메뉴 옆에 나타난다. Viewer에는 흰색이어야 하는 영역을 클릭하거나 드래그하기 위한 지시가 나타난다. 과다 노출된 픽셀은 선택하면 안 된다. 이 경우에는 헬리콥터의 Saber Cat 로고만 있으면 충분하다.

4   Balance Color의 아이드로퍼가 활성화된 상태에서 Viewer에서 Saber Cat 로고를 클릭한다.

5   원하는 화이트 밸런스를 얻을 때까지 로고의 여러 부분을 계속 클릭한다.

6   Balance Color의 아이드로퍼를 클릭하여 선택을 비활성화한다.

선택한 픽셀이 화이트 밸런스 참조점으로 사용된다. 그리고 색 보정 효과를 적용하여 이미지를 더 변경할 수 있다.

색 보정은 예술이다. 시각적 목표를 이룰 방법이 다양할 수 있다. 서로 다른 색의 혼합으로 비슷한 결과를 얻을 수 있다. 자유롭게 색깔을 실험해보자. 언제든지 Reset 버튼을 클릭하고 다시 시작할 수 있다. 컨트롤을 조정하고 재설정한 다음 다른 컨트롤과 커브 설정을 조합해보자. 실험과 재설정의 연속이다.

여러분은 이번 레슨에서 많은 것을 성취했다. 여러분은 로워서드와 3D 타이틀을 추가하고 사용자 정의하는 것으로 시작했다. 오디오 믹스를 만들고 풍부하게 만드는데 필요한 자세한 오디오 디자인을 연습했다. 마지막으로, Final Cut Pro에서 설정한 색 보정 도구에 대한 기초 지식을 얻었다. 다음 레슨에서는 여러분의 작업을 세상과 공유할 것이다.

레슨 돌아보기

1. 프로젝트에서 타이틀을 더블 클릭하면 어떻게 되는가?

2. Viewer에서 텍스트 입력을 종료하기 위해서 무슨 키를 눌러야하는가?

3. 오디오 키프레임을 생성하기 위해서 Select 도구와 함께 사용된 보조키는 무엇인가?

4. 타임라인에서 실수로 싱크 오프셋을 만들지 않고 스플릿 편집을 만드는 명령은 무엇인가?

5. 스키머를 "audio solo" 스키머로 바꾸는 기능은 무엇인가?

6. 어느 위치에서 클립의 오디오 채널을 스테레오에서 듀얼 모노로 전환할 수 있는가?

7. 여러분의 타임라인은 다음 그림과 같으며, 모든 오디오 클립이 들리는 것은 아니다. 모든 클립을 듣고 "보려면" 무엇을 해야 하는가?

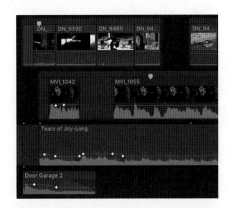

8. 오디오 클립의 한 섹션에서 네 개의 키프레임을 한 번에 수신하도록 준비하는 도구는 무엇인가?

9. 전체 이미지의 그레이스케일을 기반으로 밝기(루마)를 측정하는 비디오 스코프는 Wave-form 또는 Vectorscope 중에 어느 것인가?

10. Viewer에서 클립의 이미지를 보면, 이미지의 가장 밝은 부분에 약간 푸른 색조가 나타난다. 어떻게 색조를 제거하는가?

11. 마스크를 사용하지 않고 좁은 그레이스케일 범위로 루마 조정이 가능한 색 보정 효과는 Color Board, Color Wheels, Color Curves 중에 어느 것인가 ?

정답

1. 타이틀을 선택하면 텍스트 요소가 표시된 프레임에 재생 헤드가 놓이고, 텍스트의 첫 번째 줄이 자동으로 선택되어 텍스트를 입력할 준비가 된다.

2. Esc

3. Option

4. Expand Audio/Video

5. Clip Skimming

6. 선택한 클립의 Audio 인스펙터의 Channel Configuration 섹션

7. Timeline Index에서 선택 해제된(비활성화 된) 롤을 찾는다.

8. Range Selection

9. Waveform

10. Color Board에서 Highlights 컨트롤을 양수 노란색으로 드래그하거나 Highlights 컨트롤을 음수 파란색으로 드래그한다.

11. Color Curves

Lesson 8
프로젝트 공유하기

Final Cut Pro 워크플로우의 임포트와 편집이라는 이전의 두 단계는 결국 공유라는 최종 단계로 이어진다. 여러분이 만든 프로젝트를 한 사람이든 수백 명이든 누군가에게 보여주지 않으면, 모든 편집은 헛수고다. 작품은 누군가가 보기 전까지는 예술이 되지 않는다.

Lesson 4에서는 최근의 OS 및 대부분의 호스팅 플랫폼에서 재생할 수 있는 iOS 호환 파일을 내보내기 했다. 이번 레슨에서는 몇 가지 내보내기 옵션에 대해 살펴볼 것이다. App Store에서 제공되는 Apple 일괄 변환 응용 프로그램인 Compressor의 프리셋을 사용하여 간단하게 작업할 수 있다. 타사 응용 프로그램을 사용하여 공동 작업자와 프로젝트를 교환할 때 사용할 수 있는 강력한 옵션에 대해서도 배워볼 것이다.

학습 목표

▶ 미디어 파일로 내보내기

▶ 온라인 호스트에 미디어 게시하기

▶ 여러 플랫폼을 위한 번들 만들기

▶ XML 워크플로우 이해하기

▶ Compressor 내보내기 옵션 통합하기

Reference 8.1
Viewable 파일 만들기

Final Cut Pro에서 미디어를 공유하는 것을 내보내기라고 하는데, 특히 이 프로세스는 일반적으로 사용되는 형식으로 미디어를 공유할 때 간단하다. 데스티네이션(destination)이라고 하는 프리셋은 데스티네이션 전송 플랫폼에 따라 이름이 정해진다. 예를 들어, YouTube에 프로젝트를 전송해야 한다면 YouTube 데스티네이션을 선택한다. JPEG 또는 PNG 이미지를 공동 작업자나 기록 보관 관리자에게 전달해야 한다면, Image Sequence 데스티네이션을 추가할 수도 있다.

공유 데스티네이션 샘플

어떤 플랫폼을 선택하든 호환성 검사기는 어떤 장치가 공유 파일을 재생할 수 있는지 확인한다.

필요한 데스티네이션이 없다면 통합 Compressor 응용 프로그램에서 사용자 설정 데스티네이션을 만들 수 있다.

이번 레슨에서는 직접 온라인 호스팅 방법을 연습해보고, 고품질의 기록 보관 마스터를 만드는 방법을 배울 것이다.

Exercise 8.1.1
Online Host로 공유하기

Final Cut Pro에는 Facebook, Tudou, Vimeo, Youku, YouTube를 비롯한 여러 온라인 호스팅 서비스에 대한 프리셋 데스티네이션이 포함되어 있다. Final Cut Pro에 로그인하면, 각 데스티네이션은 트랜스코딩과 메타 데이터 추가 후에 원하는 서비스에 파일을 자동으로 업로드할 수 있다. 모든 데스티네이션 프리셋에는 유사한 옵션이 있으므로 Vimeo 플랫폼에서 미디어를 준비하는 과정을 통해 공유 프로세스를 배워보자.

1   Lifted Vignette 프로젝트를 연 상태에서 Command-Shift-A를 눌러 선택한 모든 항목을 선택 해제하고 표시된 모든 구간을 지운다.

 이 키보드 단축키는 한 구간을 선택하면 Final Cut Pro가 전체 타임라인이 아닌 그 선택 구간만 공유한다는 점을 주의한다.

2   툴바에서 Share 버튼을 클릭한다.

 프리셋 데스티네이션 목록이 나타난다.

NOTE ▶ 데스티네이션 목록의 이름은 공유 중인 프로젝트를 나타내는 Share Project 또는 공유 클립이나 구간을 나타내는 Share Clip Selection 중에 하나다.

3   데스티네이션 목록에서 Vimeo를 선택한다.

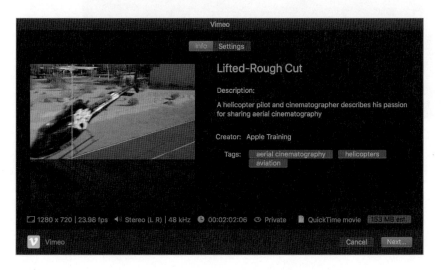

Share 창에는 네 가지 주요 요소가 있다. 내보내기 내용을 확인하기 위해 스키밍할 수 있는 미리 보기 영역, Info와 Setting 창, 공유된 파일의 설정을 요약하는 File 인스펙터가 있다.

Info 창에는 파일에 삽입할 메타 데이터가 표시된다. 이 메타 데이터는 Vimeo 파일의 해당 필드에 연동된다.

4   Lifted Vignette 프로젝트를 공유하려면 다음의 메타 데이터 정보를 설정한다.

▶   타이틀: Lifted Vignette

▶   설명: 헬리콥터 조종사와 촬영 기사가 항공 촬영물을 공유하는 열정을 설명한다.

▶   작성자: [여러분의 이름]

▶   태그: 항공 촬영, 헬리콥터, 항공

NOTE ▶ "tokens" 태그를 입력하려면 태그의 텍스트 뒤에 쉼표를 붙여서 각 태그를 닫는다.

5   메타 데이터를 입력한 후, Settings 탭을 클릭하여 파일 전송 옵션을 수정한다.

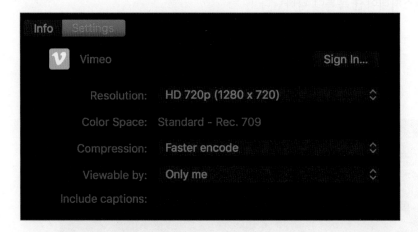

온라인 계정이 아직 없다면 Sign In 버튼을 클릭하여 로그인할 수 있다.

NOTE ▶ 로그인 정보의 보안을 유지하려면 공용 컴퓨터에 로그인 사항을 입력하지 않는다.

6　필요에 따라 로그인한다.

프리셋 옵션은 대부분의 초기 업로드에서 완벽하게 작동하지만 필요에 따라 미리 설정
해야 한다. 또한 요약 스트립을 검토하여 업로드할 내용을 최종 점검해야 한다.

7　여러분은 이 프로젝트를 업로드하지 않으므로 지금은 Cancel을 클릭해야 한다. 만약 프
로젝트를 업로드하려면 Next를 클릭한다.

NOTE ▶　업로드할 때 해당 온라인 플랫폼의 서비스 약관이 표시된다. 계속 업로드하
려면 Publish를 클릭한다.

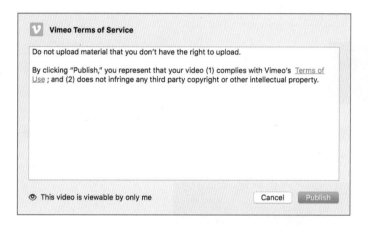

공유 프로세스 중에 진행률 표시가 있는 Background Tasks 버튼이 켜진다. 버튼을 클릭
하면 Background Tasks 창이 열리고 공유 작업에 대한 내용을 자세히 볼 수 있다.

공유가 완료되고 파일이 데스티네이션에 완전히 업로드 되면 알림이 나타난다. 알림의
Visit 버튼을 클릭하여 비디오 온라인으로 바로 이동할 수 있다.

그러나 온라인 호스팅 서비스에 비디오를 공유하는 위치와 시간을 결정할 수 있는 또 다
른 방법이 있다. Browser에서 프로젝트를 선택할 수 있다. 단축키를 사용하면 간단하다.

8   타임라인에서 프로젝트가 활성화된 상태에서 File 〉 Reveal Project in Browser를 선택하
거나 Option-Shift-F를 누른다.

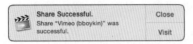

프로젝트가 포함된 이벤트가 해당 프로젝트와 함께 선택된다. 선택한 프로젝트에 대한
정보가 Inspector 창에 나타난다.

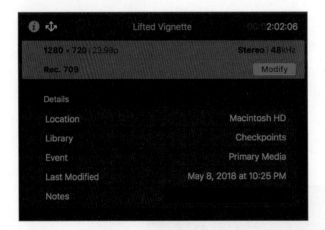

선택한 프로젝트의 Inspector 창에는 Info와 Share라는 두 개의 관리자가 있다. Info 인
스펙터는 프로젝트를 만든 시간, 프로젝트의 위치, 포함된 라이브러리와 이벤트와 같은
메타 데이터를 표시한다. Share 인스펙터를 사용하면 공유 프로세스 중에 나타나는 Info
창의 속성을 편집하고 공유된 예시들의 로그를 포함할 수 있다.

9   Share 탭을 클릭하여 Share 인스펙터를 연다.

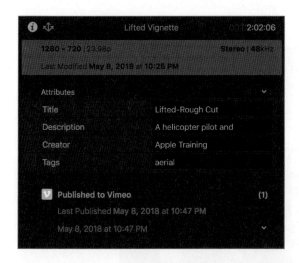

이 Inspector 창에 프로젝트가 게시되면 속성 아래에 항목이 나타난다. 오른쪽에 있는 팝
업 메뉴를 클릭하여 데스티네이션 호스팅 서비스에 대한 옵션을 본다.

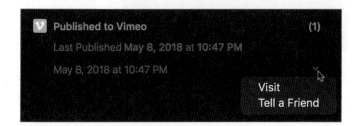

온라인 프로젝트를 게시하기는 쉽다. Final Cut Pro의 프리셋에 없는 호스팅 서비스에 공
유하려면 그 사이트가 H.264(AVCHD) 형식 파일을 허용하는 한, 여러분은 Apple 720p
또는 1080p 프리셋으로 생성된 비디오 파일을 게시할 수 있어야 한다.

Exercise 8.1.2
Bundle로 공유하기

소셜 미디어를 이해하는 요즘 대부분의 기업 고객에게 프로젝트를 보내려면, 완성된 프로젝
트를 둘 이상의 사이트에 게시해야 할 수 있다. 프리셋 데스티네이션으로 사용할 수 있는 번
들링 기능은 이 "대량 배포" 작업을 원 클릭 작업으로 줄여준다.

1   Final Cut Pro 메뉴에서 Preferences를 선택한다.

2   Preferences에서 Destinations 창을 선택한다.

사용자 설정의 데스티네이션을 만드는 것부터 시작해야 한다. 여기에는 선택한 추가의
데스티네이션을 Destinations 목록으로 드래그해서 해당 프리셋의 매개 변수를 조정하는
작업이 포함된다.

목록에서 데스티네이션을 다시 정렬하고 데스티네이션을 원하는 대로 바꿀 수 있다. 번
들 처리할 데스티네이션이 모두 목록에 배치되고 구성되면 번들을 만들 수 있다.

3   Bundle 프리셋을 왼쪽 목록으로 드래그하고 원하는 대로 배치한다.

4 Destinations 목록에서 원하는 프리셋을 Bundle 폴더로 드래그한다.

5 펼침 삼각형을 클릭하여 번들의 내용을 표시한다.

여러 묶음을 만들 수 있으므로 나중에 참조할 수 있도록 설명이 포함된 이름을 지정하자.

6 번들 이름을 클릭하고 Social Sites for Lifted를 입력한다.

7 Preferences 창을 닫는다.

Share 창에서 사용할 수 있는 옵션을 보려면 'Social Sites for Lifted' 번들을 선택한다.

8 타임라인에서 프로젝트가 활성화된 상태에서 Share 팝업 메뉴 버튼의 "Social Sites for Lifted" 번들을 선택한다.

이전과 마찬가지로 Share 창이 열린다. 그러나 한 가지 다른 점이 있다. 왼쪽에는 첫 번째 소셜 미디어 사이트의 이름과 탐색 버튼 한 쌍이 함께 표시된다.

9   전방 탐색 버튼을 클릭하여 각 웹 사이트의 비디오를 검토한다. 모든 사이트의 대략적인 설명 및 태그와 각 데스티네이션 사이트의 개인 정보 및 카테고리 설정을 확인할 수 있는 마지막 기회다.

10 Cancel을 클릭한다.

한 번의 편집으로 많이 배포한다. Share 명령과 사용자 설정된 데스티네이션으로 빠르고 쉽게 처리할 수 있다.

Exercise 8.1.3
마스터 파일 공유하기

배포 파일을 만든 후에, 또는 전이라도 프로젝트의 마스터 파일을 만들어야 한다. 마스터 파일은 백업/아카이브 목적으로 사용되는 최종 편집 프로젝트의 고품질 미디어 파일이다. 이보다 더 높은 품질의 파일은 공유할 수 없다. 마스터는 기록 보관 관리자에게 이상적일 뿐만 아니라, 추후에 퀵-턴(quick-turn) 트랜스 코드를 공유하기에도 유용하다. 현재, 웹 전송에 선호되는 형식은 H.264다. 앞으로 어떤 형식이 요구될지 모르지만, Compressor가 이 형식을 지원한다면 이 마스터 파일을 Compressor로 곧바로 전송하여 Final Cut Pro를 거치지 않고 트랜스 코드를 만들 수 있다.

1   Lifted Vignette 프로젝트를 연 상태에서, Command-Shift-A를 눌러서 프로젝트에서 선택된 클립이나 구간이 없음을 확인한다.

2   툴바에서 Share 버튼을 클릭한다.

3   데스티네이션 목록에서 Master File을 선택한다.

NOTE ▶　Master File 데스티네이션을 이미 번들에 넣었다면, Final Cut Pro 〉 Preferences로 Destinations 환경 설정에 다시 접근한다. 사이드바에서 Control-클릭(또는 마우스 오른쪽 클릭)하고 바로 가기 메뉴에서 Restore Default Destinations를 선택한다.

Share 창이 나타나고 Info and Settings 창과 요약 데이터가 하단 가장자리에 표시된다.

4　다음의 메타 데이터 정보를 설정한다.

   ▶　타이틀: Lifted Vignette

   ▶　설명: 헬리콥터 조종사와 촬영 기사가 항공 촬영물을 공유하는 열정을 설명한다.

   ▶　작성자: [여러분의 이름]

   ▶　태그: 항공 촬영, 헬리콥터, 항공

5　메타 데이터를 입력한 후, Settings 탭을 클릭하여 파일 전송 옵션을 본다.

기본값은 Apple ProRes 422 형식으로 인코딩된 고품질의 QuickTime 동영상 파일을 생성한다. Apple ProRes 422는 기본 렌더링 형식이고 대부분의 HD 코덱보다 높은 품질을 생성하기 때문에 여러분은 "Video codec: Source Apple ProRes 422"를 선호하는 옵션으로 활용해야 한다. 만약, 여러분이 고화질 코덱으로 구입했기 때문에 덜 압축된 비디오 코덱이 필요하다면 Apple ProRes 422(HQ), Apple ProRes 4444, Apple ProRes 4444 XQ와 같은 코덱을 선택할 수 있다. 이 코덱들은 좀 더 큰 마스터 파일을 생성한다.

타사의 오디오 엔지니어 또는 기록 보관 관리자와 같이 작업하면, 사운드 바이트나 B-roll의 자연스러운 사운드와 같은 요소들의 한 그룹의 서브믹스인 스템(stems)을 내보내야 할 때가 있다. 이 서브믹스는 롤을 사용하여 쉽게 활성화/비활성화할 수 있도록 설정할 수 있다.

6   Roles 탭을 클릭한다.

스템을 전송할 때 멀티 트랙 QuickTime 동영상 또는 개별 파일로 출력하도록 선택할 수 있다. 멀티 트랙과 개별 파일 옵션은 실제로 동일한 것을 전송한다. 차이점은 오디오가 QuickTime 파일에 포함되어 있는지 또는 QuickTime 파일과 함께 번들로 제공되는지의 여부다.

7   "Roles as" 팝업 메뉴에서 Multitrack QuickTime Movie를 선택한다.

모든 활성 롤과 서브 롤이 나열된다.

트랙, 롤, 서브 롤을 삽입하거나 제거하여 QuickTime 파일에 포함된 스템의 수를 변경할
수 있다.

8 Channels 팝업 메뉴 중 하나를 클릭한다.

각 오디오 롤은 Mono, Stereo, Surround로 설정할 수 있다.

9 "Roles as" 팝업 메뉴에서 QuickTime 동영상을 선택하여 기본 형식으로 재설정한다.

10 마스터링 설정을 선택한 후 Next를 클릭한다.

11 탐색 대화창이 나타나면 Save As 이름을 Lifted Vignette로 설정한다. Command-D를 눌
러서 바탕화면을 데스티네이션으로 설정하고 Save을 클릭한다.

Share가 완료되면 Share Settings 창의 "Open with" 팝업 메뉴에서 선택한 기본값에 따라
QuickTime 플레이어에서 파일이 열린다.

이제 아카이브 또는 향후 트랜스 코드에 큰 고품질 파일이 있다.

Reference 8.2
교환 가능한 파일 만들기

여러 타사의 응용 프로그램은 Final Cut Pro에서 지원하는 강력한 XML(eXtensible Markup Language) 파일을 활용한다. 다른 응용 프로그램은 Final Cut Pro 데이터를 이벤트, 프로젝트, 라이브러리와 관계없이 XML 파일로 읽고 작성할 수 있다. 이 정보에는 이벤트에 있는 클립, 프로젝트에서 사용한 클립, 라이브러리에 있는 이벤트, 프로젝트, 관련 클립, 세 개의 메타 데이터가 포함될 수 있다. Final Cut Pro XML 데이터를 읽고 쓰는 타사 응용 프로그램 중에는 Black-magic Design의 DaVinci Resolve, Intelligent Assistance의 다양한 응용 프로그램, Marquis Broadcast의 X2Pro가 있다. 추가로 지원되는 타사 소프트웨어와 장치 목록을 보려면 apple.com의 Final Cut Pro 페이지를 방문해보자.

> **NOTE ▶** XML 파일을 제품으로 내보내거나 임포트하기 전에 각 소프트웨어 공급 업체에 문의하여 Final Cut Pro에서 필요한 소프트웨어 요구 사항과 파일을 준비한다.

▶ 이벤트, 프로젝트, 라이브러리 XML 파일을 내보내려면, 이벤트, 프로젝트, 라이브러리를 선택한 상태에서 File 〉 Export XML을 선택한다.

▶ 내보내기할 때 형식 버전과 XML 파일에 포함할 메타 데이터(있는 경우)의 양을 선택할 수 있다.

XML 파일을 임포트하려면 File 〉 Import 〉 XML을 선택한다. 임포트할 때 임포트된 데이터를 받을 라이브러리를 확인해야 한다.

Reference 8.3
Compressor 활용하기

Compressor에서 사용자 정의된 프리셋을 만들었다면, 프로젝트를 코드 변환할 때 그 프리셋에 접근하는 두 가지 방법이 있다.

Exercise 8.3.1
Share Destination에 Compressor 설정 추가하기

Final Cut Pro에서 사용자 정의된 Compressor 설정에 접근할 수 있다. 다른 Share 명령과 마찬가지로 공유 작업을 시작하면, 지금 공유되고 있는 프로젝트를 비롯하여 계속 편집할 수 있는 백그라운드 프로세스가 된다.

1 Final Cut Pro 〉 Preferences에서 Destinations 창에 접근한다.

2 Compressor Setting 프리셋을 Destinations 목록으로 드래그한다.

Compressor의 프리셋과 사용자 설정을 나열하는 Settings 대화창이 나타난다.

3 목록에서 사용자 설정을 선택하고 OK를 클릭한다.

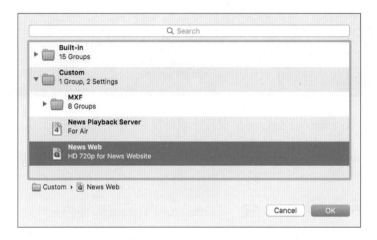

Compressor Setting 프리셋은 설정의 이름을 사용한다. 원하는 이름으로 변경할 수도 있다.

Exercise 8.3.2
Compressor에 보내기

Final Cut Pro에서 "Send to Compressor"를 선택하여 Compressor의 분산 처리 기능을 활용할 수도 있다.

1 프로젝트를 열고 공유 준비가 되면 File 〉 Send to Compressor를 선택한다.

Compressor가 열리면 프로젝트는 중앙 일괄 처리 작업이 된다.

2   "Show Setting and Locations" 버튼을 클릭하여 Settings 옵션을 표시한다.

3   원하는 설정 또는 설정을 여러분의 프로젝트의 "Setting"에 드래그한다.

작업의 출력 파일의 Location과 Filename을 사용자 정의할 수 있다.

4   데스티네이션에서 Location를 Control-클릭하고 바로 가기 메뉴에서 새 위치를 선택한다.

5   파일 이름을 더블 클릭하고 파일의 이름을 Archive-Lifted Vignette로 바꾼다.

6   내보내기를 시작하려면 Start Batch를 클릭한다.

Compressor 인터페이스는 Active 창으로 전환된다. 여기에서 내보내기 진행 상황을 지켜볼 수 있다.

NOTE ▶ 남은 시간 열을 표시하려면 Elapsed Time 열 헤더를 클릭한다.

7   내보내기가 완료되면 Compressor를 닫는다.

Share Destination 프리셋을 사용할 때 Compressor는 필수 항목이 아니다. 그러나 사용자 정의 데스티네이션을 만들거나 내장된 Final Cut Pro 통합 기능을 사용하여 분산 처리를 활용하려면, App Store에서 Compressor를 클릭하기만 하면 된다.

축하한다. 여러분은 Final Cut Pro를 사용하여 원본 비디오를 배포 완료된 프로젝트로 만들었다. 지금껏 배웠듯이, Final Cut Pro는 비디오 후반 제작 워크플로우에 유연한 접근 방식을 제공한다. 마그네틱 타임라인은 실험을 장려하고 기술 장벽과 편집상의 우려를 제거하여 다양한 스토리를 자유롭게 준비한다. 여러분은 편집 작업의 수준을 유지할 수도 있지만, Final Cut Pro를 사용하면 더 신속하게 더 깊이 작업에 파고들 수 있다.

적어도 한 달에 한 번씩 촬영하고 편집할 수 있는 작은 이야기를 찾아보자. 강아지를 아이폰으로 촬영해도 좋다. Final Cut Pro를 사용하는 시간이 길어질수록 여러분의 이야기를 더 효과적으로 전달할 수 있다.

레슨 돌아보기

1. 현재 내보내기 설정에 호환되는 플랫폼을 보려면 어떤 Share 창 버튼을 클릭해야 하는가?

2. 온라인 호스트에 공유할 때, 어떤 인터페이스 항목이 업로드 진행 상황의 세부 정보를 표시하는가?

3. 프로젝트의 공유 기록은 어디에서 찾을 수 있는가?

4. 하나의 공유 세션에서 여러 플랫폼에 배포할 수 있는 데스티네이션 프리셋은 무엇인가?

5. QuickTime 동영상 내부에서 오디오 스템을 내보낼 수 있는 Master File Settings 매개 변수는 무엇인가?

6. 여러 타사 응용 프로그램에서 읽을 수 있는 파일 형식으로 프로젝트를 출력하는 내보내기 명령은 무엇인가?

7. Compressor 사용자 설정을 사용하는 두 가지 내보내기 방법은 무엇인가?

8. 7번의 두 가지 내보내기 방법 중에 Compressor의 분산 처리 기능을 사용하는 내보내기 방법은 무엇인가?

정답

1. Share 창의 호환성 검사기

2. 대시 보드에서 Background Tasks 버튼을 클릭하여 업로드 진행 상황을 확인한다.

3. Browser에서 프로젝트를 선택한 상태에서 Share 인스펙터를 본다.

4. Bundle 데스티네이션 프리셋

5. Roles as: Multitrack QuickTime Movie

6. File 〉 Export XML

7. Share 팝업 메뉴의 Compressor Settings 데스티네이션 프리셋과 File 〉 Send to Compressor 명령

8. File 〉 Send to Compressor

Lesson 9
라이브러리 관리하기

라이브러리는 하나 이상의 이벤트와 프로젝트를 관리, 저장, 공유, 보관하는 편리한 방법을 제공한다. 여러분은 지금까지 새 라이브러리를 만들었고, 참조된 외부 미디어 또는 라이브러리의 이벤트에 복사된 내부 미디어로 파일을 임포트했다. 이 과정은 Final Cut Pro에서 편집 작업을 시작할 때마다 라이브러리에서 발생한다. 이번 레슨에서는 라이브러리를 관리하는 미디어를 추가로 실험해볼 것이다.

Reference 9.1
임포트한 미디어 저장하기

우리는 수십 년 동안 클립에 대한 정보를 이름에 **빽빽**하게 집어넣었고, 클립의 소스 미디어를 저장하기 위해 정확하고 기술적인 폴더 구조를 만들어야했다. 여기에 대안이 있다면, 편집 응용 프로그램의 이 엄격한 파일 구조에 그저 굴복하는 것이었다. Final Cut Pro의 외부 미디어 관리 기능을 사용하면 다른 편집 시스템에서는 현재 제공되지 않는 유리한 방법으로 조직 구조를 적용할 수 있다.

어떤 편집자들은 미디어를 다소 혼란스럽게 관리한다. 이를테면, 그들은 소스 미디어 파일의 이름을 작업 후에 지정하거나, 소스 미디어 파일을 바탕화면에 저장하는 것을 당연한 절차라고 생각한다. Final Cut Pro의 내부 미디어 솔루션은 이러한 편집자들의 습관을 긍정적이면서도 고통스럽지 않게 바꿀 수 있다. Final Cut Pro가 각 접근 방식을 다루는 방법을 살펴본다.

학습 목표

▶ 외부와 내부 미디어 구별하기

▶ 참조 및 관리되는 미디어 임포트하기

▶ 라이브러리에서 클립 이동하고 복사하기

▶ 미디어 파일을 한 위치에 통합하기

복사된 내부 미디어(왼쪽 열)와 참조된 외부 미디어(오른쪽 열)를 모두 포함하는 라이브러리

Final Cut Pro의 라이브러리 관리의 핵심은 미디어가 담겨 있는 소스 클립을 관리하는 것이다. 라이브러리 안의 클립에는 외부 미디어와 내부 미디어가 모두 포함될 수 있다. 여러분은 미디어가 가득 찬(media full) 또는 미디어가 비어있는(media empty) 라이브러리 또는 둘 다를 조합하여 소스 미디어 파일을 관리할 수 있다.

내부 소스 미디어 파일

미디어가 가득 찬 라이브러리에는 라이브러리의 모든 이벤트와 프로젝트에 대한 모든 소스 미디어 파일이 있다. 그러나 모든 소스 미디어 파일이 라이브러리 내에 저장되면 이 라이브러리 파일에 많은 저장 공간이 필요할 수 있다.

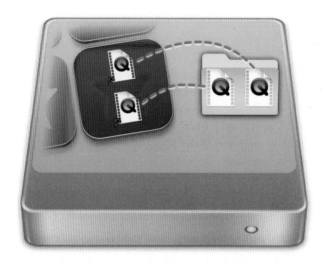

외부 소스 미디어 파일

미디어가 비어있는 라이브러리의 경우, 포함된 클립의 미디어 파일은 외부 미디어 파일에 대한 심링크(symlink)다. 미디어가 비어있는 라이브러리는 미디어가 가득 찬 라이브러리에 비해 파일 크기가 작다.

Final Cut Pro에서는 외부 미디어를 활용하는 것이 미디어 저장을 위한 최선의 방법이다. 라이브러리 미디어를 비워두면 라이브러리 파일 크기가 최소화되므로 작업 실행 중에 공동 작업자에게 라이브러리를 쉽게 전달할 수 있다. 소스 미디어 파일은 중앙 집중식으로 접근할 수 있는 위치에 저장되어 여러 사용자가 사용할 수 있다. 외부 미디어만을 참조하는 미디어가 비어있는 라이브러리 파일을 공유하면, 서버에서 한 세트의 소스 미디어 파일을 사용하여 효율적이고 비용 효율적인 공동 작업을 수행할 수 있다. 또한 Motion이나 Logic Pro X와 같은 다른 응용 프로그램에서 외부 파일 세트에 접근할 수 있으므로 컴포지터와 오디오 엔지니어는 편집팀과 원활하게 협업할 수 있다.

임포트 옵션을 "Leave files in place"로 설정하면 외부 미디어 파일이 생성된다.

미디어가 가득 찬 내부 솔루션은 단독 작업이나 Final Cut Pro에서 미디어를 관리하는 편집자에게 적합하다. 가져온 모든 소스 미디어 파일이 라이브러리 파일에 복사된다. 이로 인해 볼륨에 중복된 미디어 파일이 생길 수 있지만, 사용 가능한 저장 공간이 충분하다면 이것이 꼭 나쁘다고 볼 수는 없다.

임포트 옵션을 "Copy to library"로 설정하면 내부 미디어 파일이 생성된다.

NOTE ▶ 기술적으로 라이브러리 파일은 번들이라는 파일 모음이다. 따라서 Final
Cut Pro에서만 라이브러리의 내용을 수정해야 하며, Finder에서 직접 변경하면 안 된
다.

지금까지 우리는 라이브러리와 관련하여 소스 미디어 파일이 저장되는 내부 미디어 vs 외
부 미디어에 대해 논의했다. 저장소 위치에는 또 다른 측면이 있다. 즉, 파일이 어떻게 그
위치로 가는가 하는것이다. 여러분은 앞서 이전 학습에서 이미 관리된(managed) 및 참조된
(referenced)라는 용어를 들어봤다. 여러분은 Final Cut Pro X의 미디어 관리 경험이 있으므
로 이 관리 방식을 내부 관리(managed internal) 또는 외부 참조(referenced external)라고 다시
정리하여 말할 수 있다. 내부 관리는 GoPro 클립과 함께 사용되는 미디어 관리 방법이다. 이
는 소스 미디어 파일을 Lifted 라이브러리에 복사한다. 다른 임포트된 미디어 파일은 그대로
두고 라이브러리 외부의 기존 미디어 파일을 참조한다.

Library Properties 인스펙터는 임포트 옵션의 파일 처리 설정과 함께 임포트한 미디어의 물
리적 데스티네이션을 설정한다.

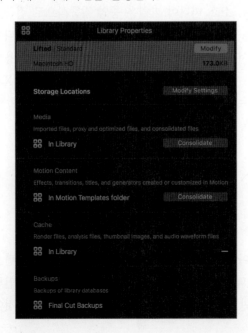

Library Properties 인스펙터의 Modify Settings 버튼은 Storage Location 설정을 제어한다. 이러한 설정을 통해 내부 관리 파일에 대한 라이브러리를 지정하거나 외부 참조 미디어 파일에 대한 폴더를 선택할 수 있다.

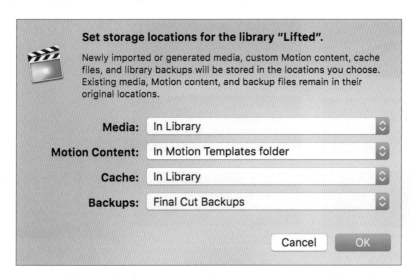

가져온 미디어와 생성된 미디어(렌더, 섬네일, 파형)에 대해 내부 관리 또는 외부 참조 위치를 지정할 수 있다.

Storage Location 설정을 사용하면 복사한 파일의 외부 위치를 설정할 수 있다. Media 팝업 메뉴를 In Library 이외의 위치로 변경하면 Final Cut Pro에서 곧 임포트하는 미디어 파일을 지정된 위치로 복사할 수 있다. 외부 참조 미디어를 만드는 이 변경 사항은 임포트 옵션의 복사본 선택에서 확인할 수 있다.

다음 표에는 미디어 저장소 위치 설정, 미디어 저장소 위치 설정을 기반으로 사용 가능한 임포트 옵션, 임포트한 클립의 최종 미디어 상태가 요약되어 있다.

라이브러리 관리

Library Properties 인스펙터	+ 임포트 옵션	= 미디어 상태
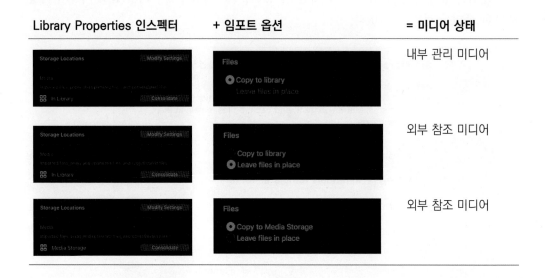		내부 관리 미디어
		외부 참조 미디어
		외부 참조 미디어

Library Properties 인스펙터를 기본 설정으로 두고 미디어 파일의 내부 관리 또는 외부 참조 상태를 임포트 옵션으로 결정할 수 있다. 이 속성에서 Media 저장 위치를 변경하면 복사된 미디어가 외부 참조될 수 있다. 세 가지 관리 방법을 실제로 활용해보자.

Exercise 9.1.1
현재 파일을 외부 참조 파일로 임포트하기

강박증이 있는 편집자를 위한 궁극적인 외부 미디어 임포트 옵션은 "Leave files in place"("Copy to"의 반대 임포트 옵션)이다. "Leave files in place"는 가져온 소스 미디어 파일을 이동하거나 복사하지 않고 기존의 외부 파일을 참조한다. Symlink는 수신 라이브러리 내에 생성되어 외부 파일을 가리킨다.

"Leave files in place"는 협업 환경(예: 고 대역폭, 대기 시간이 짧은 네트워크)에서 기존 소스 미디어 파일을 공유해야 할 때 이상적이다. 그러한 네트워크를 사용할 수 없더라도, 이 옵션을 사용하여 클립 임포트를 연습해볼 수 있다.

NOTE ▶ "Leave files in place"를 선택하면 소스 미디어 파일의 이동, 이름 바꾸기, 삭제로 인해 참조된 클립이 오프라인으로 전환될 수 있다. 따라서 심링크를 라이브러리로 임포트하기 전에 소스 미디어 파일을 구성해야 한다. 외부 미디어를 참조하려면, 여러분은 애플리케이션 외부에서 수행하는 모든 미디어 관리에 대해 Final Cut Pro를 유지해야 할 책임이 있다. 이번 레슨의 "오프라인 클립을 소스 미디어에 다시 연결하기" 부분을 참조하자.

1 File 〉 New 〉 Library를 선택한다.

2 대화창이 나타나면 라이브러리의 이름을 External vs Managed로 정한다. 이 연습의 목적에 따라 바탕화면으로 위치를 설정한다.

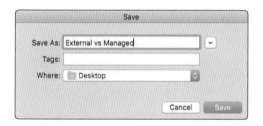

NOTE ▶ 위치를 사용 가능한 볼륨으로 설정할 수 있다. 여기에는 읽기와 쓰기 접근 권한이 있는 HFS+ 및 SMB3 볼륨이 포함된다. 라이브러리는 클라우드 기반, 파일 동기화 응용 프로그램 등 컨트롤 아래에 있는 위치에 저장되지 않는다. 이는 바탕화면과 Documents 폴더에 iCloud Drive를 사용하는 것으로 확장된다.

3 Libraries 사이드바에서 "External vs Managed" 기본 이벤트의 이름을 Event 1로 바꾼다.

이 이벤트를 위해서 "Leave files in place"를 선택한 항공 클립 중 두 개를 임포트한다.

4 Command-I를 눌러서 Media Import 창을 연다.

5 Media Import 창에서 FCPX Media/LV2/LV Aerials 폴더로 이동하여 Aerials_11_03a와
   Aerials_11_04a를 선택한다.

6 임포트 옵션에서 "Add to existing event"가 선택되어 있고 팝업 메뉴에서 Event 1이 선택
   되어 있는지 확인하자.

여기에서 이벤트를 선택하는 것은 소스 미디어 파일의 외부 또는 관리 상태를 결정하지
않는다. 편집을 위해서는 모든 클립이 이벤트에 있어야 한다. 그러나 실제 미디어 파일
은 해당 이벤트 라이브러리에 저장되지 않아도 된다. 심링크는 라이브러리 내에서 클립
의 소스 미디어 파일을 나타낼 수 있다. 팝업 메뉴에서 선택한 이벤트는 Libraries 사이
드바에서 클립이 나타나는 위치만을 정의한다. 물리적 위치는 Import Options의 Files 섹
션과 Library Properties 인스펙터에 있는 설정의 조합으로 제어된다.

"Leave files in place" 옵션은 말 그대로다. 복사물을 만들지 않으며, 미디어를 옮기지 않
는다. 기존 소스 미디어 파일에 대한 참조를 만들어서 선택한 이벤트에 추가할 뿐이다.

7 "Leave files in place"를 선택한 상태에서 다른 트랜스 코드, 키워드, 분석 옵션의 선택을
   해제하고 Import Selected를 클릭한다.

두 개의 항공 클립은 Event 1의 Browser에 나타나며, 일반 클립처럼 보인다. 필름 스트
립 보기에서 보면, 이 클립들이 외부 참조됨을 알 수 없다. 내부 관리 클립을 계속 임포
트하고 저장 위치를 비교해보자.

▶ 오프라인 클립을 소스 미디어에 다시 연결하기

라이브러리를 연다. 그런데 이때 비디오 섬네일 대신에 "Missing File" 텍스트의 빨간색 섬네일이 뜨면 여러분은 순간 숨이 턱 막힐 것이다. Final Cut Pro가 클립의 소스 미디어 파일을 찾지 못하면 파일이 누락되고 클립이 "오프라인"으로 바뀐다. 최악의 상황에서는 소스 미디어 파일이 삭제되고, 그 삭제된 파일을 다시 임포트해야 한다. 소스 미디어 파일의 이름이 변경되었거나 이동된 경우에는 오프라인 클립을 소스 미디어 파일의 위치로 지정할 수 있다.

1   오프라인 클립이 포함된 이벤트 또는 라이브러리를 선택한다.

2   File 〉 Relink Files를 선택한다.

3   누락된 클립만이나 모든 클립을 다시 연결하도록 선택한다.

4   Locate All을 클릭한다.

5   클립의 소스 미디어 파일이 들어있는 폴더로 이동한다. 폴더를 선택하고 Choose을 클릭한다.

6   Relink Files 창에서 Relink Files을 클릭한다.

Exercise 9.1.2
Importing as Internally Managed Clips

미디어 관리에 어려움을 겪고 있는 편집자라면 미디어 관리 업무를 Final Cut Pro로 넘겨서 몇 시간(또는 며칠)의 좌절을 줄일 수 있다. Import Options에서 간단한 선택을 하면 라이브러리 내에 관리 미디어가 생성된다. Final Cut Pro에 명령을 내리면 미디어 관리의 어려움을 즉시 줄일 수 있다.

1   Command-I를 눌러서 Media Import 창을 다시 연다.

2   LV Aerials 폴더에서 Aerials_13_01b와 Aerials_13_02a를 선택한다.

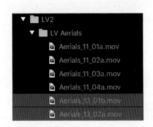

이 연습에서는 이 두 클립을 내부 관리로 구성하기 위해 임포트 옵션에서 새 이벤트를 만든다.

3   "Create new event in"을 선택하고 열려있는 모든 라이브러리의 팝업 메뉴에서 "External vs Managed" 라이브러리를 선택한다.

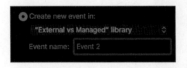

4   이벤트 이름에 Event 2를 입력한다.

5   Files 섹션에서 "Copy to library"를 선택한다. Import Selected를 클릭한다.

이 옵션을 선택하면 들어오는 클립을 내부 관리 미디어로 식별할 수 있다. 이 설정은 Library Properties 인스펙터의 Media Storage Locations 설정에 따라 다르다.

관리 미디어와 외부 미디어가 모두 포함된 이벤트 라이브러리가 생겼다. 이제 Info 인스 펙터에서 각 미디어의 차이점을 파악하는 방법을 살펴보자.

6 "External vs Managed" 라이브러리를 선택하여 Browser에 모든 클립을 표시한다.

7 rowser에서 Aerials_11_03a를 선택한다.

8 클립을 선택하고 Info 인스펙터의 하단을 보고 파일 정보 섹션을 찾는다.

이 섹션에는 선택한 클립의 이벤트가 나열된다. 이 예에서는 Aerials_11_03a가 Event 1 에 저장된다. 그다음 정보 항목을 보면, 그 위치가 Lesson 1에서 FCP X Media 폴더를 두 었던 볼륨임을 알 수 있다. 예를 들어, FCP X Media 폴더가 바탕화면에 저장되어 있다 면, 이 클립은 "Leave files in place"로 임포트한 것이므로 Location에 그 볼륨의 이름이 표시될 것이다.

9 Browser에서 Aerials_13_01b를 선택한다.

Info 인스펙터는 이 파일의 위치를 "External vs Managed" 라이브러리로 표시한다. 이는 내부 관리 미디어 파일이므로 라이브러리에 저장된다.

임포트 과정에서 몇 가지 간단한 선택을 하면 임포트한 클립에 몇 가지 중요한 속성을 설정하게 된다. 이러한 선택은 되돌릴 수 없지만 첫 번째와 후속 임포트 과정에서 현명 하게 선택하면 워크플로우가 더 원활해진다.

▶ **Finder에서 드래그하여 임포트하기**

소스 미디어 파일을 Finder 또는 지원되는 응용 프로그램에서 드래그하여 Libraries 사이드바에서 이벤트로 직접 임포트할 수 있다. 드래그하는 동안 포인터는 파일을 "leave in place" 또는 복사된 미디어로 가져올 것인지 나타낸다.

▶ 구부러진 화살표는 파일이 참조된 "leave in place" 미디어 파일로 임포트되었음을 나타낸다.

▶ 원에 플러스 기호가 있는 화살표는 파일이 관리되는 미디어로 라이브러리에 복사되거나, Library Properties에서 지정된 외부 저장 위치에 참조된 미디어로 복사됨을 나타낸다.

원하는 포인터가 보이지 않으면 드래그하면서 Option 키, Command 키, Command-Option을 눌러서 시도해보자.

▶ **No Duplicates**

라이브러리의 데이터베이스는 여러 가지 방법으로 미디어를 효율적으로 관리한다. 동일한 소스 미디어 파일을 다시 임포트할 때도 마찬가지다. 소스 미디어 파일 SMF1이 Library X의 Event A에 존재하고(외부 또는 관리), SMF1을 Event A 또는 B로 다시 임포트하면, 중복 소스 미디어 파일이 작성되지 않는다. SMF1은 단일 소스 미디어 파일을 참조하는 두 개의 클립인 이벤트 A와 이벤트 B의 클립에 대한 소스 미디어 파일로 사용된다.

Exercise 9.1.3
외부 참조로 복사하기

미디어 관리의 이러한 하이브리드 접근법은 앞서 설명한 두 가지 미디어 저장 방법을 결합한 것이다. 임포트할 소스 미디어 파일은 라이브러리 외부로 복사된다(외부 참조). 이 관리 방법을 사용하면 공동 작업 네트워크 환경에서 소스 미디어 파일을 쉽게 공유할 수 있다. 임포트 단계만으로 카메라 카드나 다른 볼륨에서 공유 위치로 미디어 파일을 복사할 수 있는 것이다. 이를 위해, Library Properties 인스펙터에서 Media Storage Locations 설정을 변경한다.

1   Libraries 사이드바에서 "External vs Managed" 라이브러리를 선택한다.

2   Library Properties 인스펙터에서 Modify Settings 버튼을 클릭한다.

저장 영역 위치 옵션 대화창이 열린다.

라이브러리 내부 또는 외부에서 임포트 되고 변환된 미디어 파일의 저장 위치를 지정할 수 있다. 만약, 여러분이 Motion 템플릿을 사용자 정의한다면, 수정된 템플릿을 기본 위치 또는 라이브러리 내에 저장해도 된다. 또한 렌더링, 분석, 섬네일, 파형과 같은 캐시 파일을 라이브러리 번들 외부의 위치로 다시 보낼 수 있으므로 라이브러리 백업 파일의 위치를 다른 곳에 설정해도 된다. 이것들은 소스 미디어 파일이 아닌 오픈 라이브러리의 메타 데이터의 백업이라는 것을 명심하자.

3 Media 팝업 메뉴에서 Choose을 클릭한다.

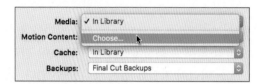

4 Finder 창에서 바탕화면을 탐색하고 Externally Copied라는 새 폴더를 작성한다. Choose
을 클릭하기 전에 새 폴더를 선택한다.

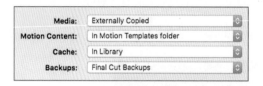

5 OK를 클릭하여 대화창을 닫는다.

Library Properties 인스펙터는 미디어 저장 데스티네이션으로서 Externally Copied 위치
를 나열한다. 이제 두 개의 추가 클립을 이 외부 위치로 임포트할 것이다.

6 Command-I를 눌러서 Media Import 창을 다시 연다.

7 LV Aerials 폴더에서 Aerials_11_01a와 Aerials_11_02a를 선택한다.

8 "Create new event in"을 선택하고 열려있는 모든 라이브러리의 팝업 메뉴에서 "External
vs Managed" 라이브러리를 선택한다.

9 이벤트 이름에 Event 3을 입력한다.

10 Files 섹션에서 "Copy to Externally Copied"를 선택한다.

이번 설정이 이전에 Library Properties 인스펙터에서 변경한 사항을 반영한다는 점에서 "Copy to library" 보다 좀 더 최종적이다.

11 Import Selected를 클릭한다.

임포트가 완료되면 외부로 복사된 미디어 파일을 살펴본다.

12 Dock에서 Finder 아이콘을 클릭한다.

13 열리는 Finder 창의 사이드바에서 바탕화면을 선택한다.

14 폴더 구조를 탐색하여 Externally Copied 폴더 안의 항공 클립 두 개를 나타낸다.

이 하이브리드 파일 관리 방법은 지정된 미디어 저장소 위치에 외부 미디어 파일을 복사하는 방식으로 외부 미디어 파일을 생성했다. 해당 위치가 속도가 빠르고 공유된 네트워크 위치라면 다른 사용자의 워크플로우를 방해하지 않고 여러 사용자가 동시에 미디어 파일에 접근할 수 있다.

15 Dock에서 Final Cut Pro 아이콘을 클릭하여 응용 프로그램으로 돌아간다.

Exercise 9.1.4
라이브러리 내 클립 이동 및 복사하기

동일한 클립을 여러 이벤트에 표시하는 상황을 상상해보자. 또는 소스 미디어 파일을 클립으로 임포트했지만 잘못된 미디어에 두었을 수도 있다. 이러한 상황을 해결하기 위해 Libraries 사이드바에서는 클립을 동일한 라이브러리의 한 이벤트에서 다른 이벤트로 드래그할 수 있다. 그러나, 앞 문장에서 요점은 "클립"이다. 여러분이 Libraries 사이드바와 Browser 창에서 클립을 관리하는 동안, Final Cut Pro는 라이브러리의 소스 미디어 파일(내부와 외부 모두)을 관리한다.

> **NOTE ▶** 라이브러리 내의 미디어 관리는 Finder가 아닌 Final Cut Pro에서 가장 잘(그리고 가장 안전하게) 수행된다.

1   Final Cut Pro가 미디어 파일을 복제하고 있는지(또는 아닌지) 확인하려면 "External vs Managed" 라이브러리를 선택하고 Library Properties를 사용된 저장소 섹션으로 스크롤한다.

볼륨의 Original 미디어 파일은 총 389.9MB이며, 이 라이브러리에 지금까지 가져온 모든 파일을 나타낸다. 클립을 이동하고 복사하여 어떤 일이 발생하는지 본다.

2   Event 2에서 Aerials_13_01b 클립을 찾고, 관리되는 미디어 상태를 Info 인스펙터의 파일 정보에서 확인한다.

이 파일은 내부 관리 소스 미디어 파일이다. Location 필드는 임포트되었던 라이브러리를 나타낸다.

3 Event 2에서 Event 1로 Aerials_13_01b를 드래그한다.

포인터는 화살표로 유지되며, 플러스 기호로 바뀌지 않는다. 이 포인터 아이콘은 라이브
러리의 이벤트 사이에서 클립을 드래그 이동하는 모습을 나타낸다.

4 Event 1에서 추가된 Aerials_13_01b 클립을 선택한다.

Info 인스펙터는 파일이 저장된 라이브러리를 표시한다. 이는 내부 소스 미디어 파일로
남아 있음을 나타낸다. 이것이 외부 파일이라면, Location 필드는 참조된 매체가 들어있
는 볼륨을 표시한다.

5 Libraries 사이드바에서 "External vs Managed" 라이브러리를 선택하고, Library Properties
의 사용된 저장소를 확인한다.

예상했던 대로 이동은 미디어 파일을 복제하지 않았다. 두 이벤트 모두에 동일한 클립을
표시하려면 어떻게 해야 하는가? 그렇다. 복사본을 만들어야 한다.

6 Event1에서 Event2로 Aerials_13_01b를 Option-드래그한다. 데스티네이션 이벤트 위에
플러스 기호가 나타나면 마우스 버튼을 놓는다.

Option 키는 클립을 두 번째 이벤트로 복사한다. 미디어 파일의 총 크기를 확인해보자.

7 "External vs Managed" 라이브러리를 선택한다. Browser에 Aerials_13_01b가 두 번 나타난다. 이제 사용된 저장소 데이터를 확인해보자.

미디어 파일이 차지하는 총 저장소 용량은 변경되지 않았다. Final Cut Pro는 원본 클립의 소스 미디어 파일을 참조하는 복사된 클립의 하드링크(hardlink)를 만들었다. 라이브러리 안에 미디어를 복제하는 공간 낭비가 없었다. 그러나 소스 미디어 파일이 라이브러리 외부에 있다면 어떻게 되는가?

8 Event 1에서 클립 Aerials_11_04a를 선택하고 Location을 라이브러리가 아닌 볼륨으로 표시하여 라이브러리 외부로 확인한다.

9 Aerials_11_04a를 Event 2로 Option-드래그한다.

다시 Option을 누르고 있으면 복사본이 생겨서 클립이 두 이벤트에 모두 나타난다. 그다음에는 어떻게 될까?

10 라이브러리가 사용하는 저장소 공간을 확인하자.

변화가 없다. Final Cut Pro는 공간 절약형 파일 복사본을 만들었으므로 중복되는 미디어 파일을 피할 수 있다.

라이브러리의 클립을 복사할 때, 라이브러리 데이터베이스는 소스 미디어 파일의 복사본을 하나만 유지한다. 같은 라이브러리 내 모든 이벤트의 클립은 원본 소스 미디어 파일을 참조한다. Final Cut Pro는 중복되는 소스 미디어 파일을 저장하지 않으려고 한다.

▶ **라이브러리 간 클립 사용하기**

여러분은 클립을 동일한 라이브러리의 이벤트 사이에서 드래그할 수 있을 뿐만 아니라 다른 라이브러리의 이벤트 사이에서도 드래그할 수 있다. 이 기능은 스톡 푸티지 (stock footage)가 있는 라이브러리를 만들 때 편리하다. 스톡 푸티지 라이브러리 간에 클립을 추가하거나 복사할 수 있기 때문이다. 여러분은 라이브러리 간에 클립을 복사하거나 이동할 때마다 Final Cut Pro 미디어 관리 규칙을 기억해야 한다.

▶ 내부 관리 소스 미디어 파일은 데스티네이션 라이브러리의 미디어 저장 위치로 복사 또는 이동된다. 이 위치는 데스티네이션 라이브러리 내부 또는 외부 참조 위치에 있을 수 있다.

▶ 외부 참조 소스 미디어 파일이 그대로 유지된다.

대화창은 아래와 같은 관리 규칙을 상기시킨다.

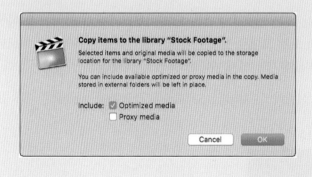

Exercise 9.1.5
휴대용 라이브러리 만들기

MacBook Pro와 Thunderbolt 또는 USB 3 하드 디스크를 사용하는 편집자는 경량의 HD 지원 편집 시스템을 고른다. 이번 연습에서는 여러분의 편집 사무실에 Mac Pro가 있다고 가정해 보자. 그러나 여러분은 지금 현장에서 프로젝트 편집을 완료해야 하는 상황이다. 이 경우에 Final Cut Pro는 어디서든 라이브러리를 복사할 수 있는 내장된 2단계 프로세스를 제공한다.

NOTE ▶   이번 연습에서는 이벤트를 새 라이브러리에 복사한다. 또는 프로젝트와 프로젝트의 모든 미디어를 새 라이브러리나 기존 라이브러리에 복사하거나, Finder의 라이브러리를 새 위치로 복제할 수 있다. 이 연습의 뒷부분에 설명된 통합 작업을 수행해보자.

1   Libraries 사이드바에서 "External vs Managed" 라이브러리를 선택한다.

이것은 여러분이 주 편집실과 멀리 떨어진 곳에서 현장 편집을 할 때 사용할 라이브러리다. 여러분은 Mac Pro 시스템에 있는 모든 것을 그대로 두고, 라이브러리 내용의 하위 집합을 휴대용 볼륨으로 복사하기 원할 것이다. 새 라이브러리를 만들고 라이브러리 자체를 미디어 저장소 Location으로 지정하여 시작한다.

2   File 〉 New 〉 Library를 선택한다. Save 대화창에서 On the Go를 입력한다. 저장 위치로 바탕화면을 선택하고 Save를 클릭한다.

Libraries 사이드바에 비어 있는 기본 이벤트가 있는 새 라이브러리가 나타난다. 곧 이벤트의 기본 이름을 삭제할 것이므로 그대로 남겨둔다. 라이브러리를 만들었으면 이벤트를 복사할 준비가 거의 다 됐다. 하지만 먼저 미디어 저장소 Location을 설정해야 한다.

3   "On the Go" 라이브러리를 선택하고, Modify Settings를 클릭하여 Media 위치를 In Library로 설정한다.

4   Libraries 사이드바에서 Event 1과 Event 2를 선택하고, File 〉 Copy Events to Library 〉 On the Go를 선택한다.

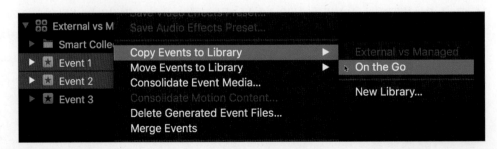

대화창은 외부 미디어가 참조되고 관리 미디어는 복사됨을 나타낸다. 여러분은 현장에서 자체 프로젝트 버전을 사용해야하므로 모든 소스 미디어 파일을 "On the Go" 라이브러리에 복사할 필요가 있다.

NOTE ▶ 전체 라이브러리가 아니라 이벤트 두 개만 선택했는지 확인한다.

5   "Optimized media"와 "Proxy media" 체크 상자를 선택 해제하고 OK를 클릭한다.

백그라운드 작업 버튼은 백그라운드 작업이 활성화되었음을 잠깐 나타냈지만, 모든 소스 미디어 파일을 복사할 만큼 길게 활성화되진 않았다. 모든 것이 복사되지 않았다는 것을 확인해보자.

6   Libraries 사이드바에서 "On the Go" 라이브러리를 찾고 Event 2를 선택한다. Aerials_11_04a를 선택한다.

7   Info 인스펙터에서 File Information 섹션에 볼륨(예: Macintosh HD)이 있는지 확인한다.

8   파일을 몇 개 더 선택하고, 개별 파일 정보의 세부 사항을 확인한다.

여러 파일이 서로 다른 저장 위치에 나열된다. 여러분은 현장 편집을 위해 모든 것을 패키지화하고 싶기 때문에, 필요한 모든 소스 미디어 파일을 저장 위치에 복사할 필요가 있다.

9   "On the Go" 라이브러리를 선택한 상태에서 File 〉 Consolidate Library Media를 선택한다.

최적화된 미디어 및 프락시 미디어를 포함할지 묻는 대화창이 나타난다. 그러나 이 대화창은 이전 대화창과 다른 점이 있다. 마지막 문장을 주목하자. 바로 외부 미디어가 복사된다는 점이다.

10 OK를 클릭한다.

11 백그라운드 작업 표시기가 100%로 돌아오면 "On the Go" 라이브러리의 각 이벤트에서
    클립을 하나 이상 선택하고 Info 인스펙터에서 클립의 파일 정보를 참조한다.

    모든 클립은 이제 "On the Go" 라이브러리에 있으며 여러분 사무실의 Mac Pro와 별도로
    편집할 준비가 되었다. Libraries 사이드바에서 그것을 제거하기 위해 라이브러리를 닫을
    준비가 되었다.

12 "On the Go" 라이브러리를 Control-클릭(또는 오른쪽 클릭)하고 바로 가기 메뉴에서
    Close Library "Go the Go"를 선택한다.

    미디어를 통합하면 소스 파일들이 저장소 위치 한곳에 모인다. 라이브러리 자체 또는 몇
    몇 외부 폴더가 해당 저장소 위치로 사용된다. Final Cut Pro의 이러한 기능은 누락된 미
    디어 파일을 찾아내느라 걸리는 오랜 시간의 좌절감을 없앤다.

    NOTE ▶ 기존 라이브러리를 열려면 File 〉 Open Library를 선택하고 최근에 열었던
    라이브러리 목록에서 선택하거나 Other를 선택하여 목록에 없는 라이브러리를 선택한
    다.

▶ 라이브러리 아카이빙

라이브러리 아카이빙은 기본적으로 방금 수행한 "휴대용 라이브러리" 작업 과정을 따른다. 아카이빙할 때는 "to-go" 프로젝트를 준비할 때처럼 복사본을 만든 후에 미디어를 통합한다. 그렇게 하지 않으면 아카이브 라이브러리에 해당 라이브러리 프로젝트를 재생하는데 필요한 중요한 소스 미디어 파일이 누락될 수 있다. 또한 볼륨 공간을 절약하기 위해 렌더링 파일, 프락시, 최적화된 미디어와 같이 아카이브가 필요하지 않은 항목을 삭제해야 한다. 다음은 아카이빙에서 준수해야 할 몇 가지 단계와 팁이다.

1 아카이빙할 라이브러리를 선택하고 File 〉 Delete Generated Library Files를 선택한다.

2 세 가지 Delete 옵션과 All for Render Files를 선택한다.

3 원본 소스 미디어 파일이나 카메라 아카이브 소스를 모두 보유한 경우에는 최적화된 미디어나 프락시 미디어를 보관하지 않는다.

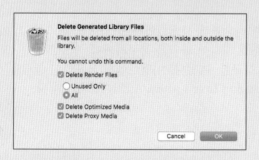

▶ 이전 연습에서와 마찬가지로 아카이브 라이브러리를 관리 미디어 라이브러리로 설정하여 최종 아카이브 항목을 단일 라이브러리 파일로 통합할 수 있다.

▶ Libraries 사이드바에서 불필요한 이벤트를 삭제한다. 응용 프로그램을 종료한 후 Finder를 사용해서 아카이브를 만든 라이브러리를 삭제할 수 있다. 원한다면 아카이브 라이브러리(그리고 외부 미디어 폴더)를 다른 위치로 이동할 수도 있다.

▶ 응용 프로그램을 종료하고 다시 실행하여 Final Cut Pro 내부 휴지통을 비운다.

▶ Finder에서 따로 카메라 아카이브를 찾고, 아카이브 라이브러리 파일과 동일한 위치에 저장한다.

▶ Finder에서 Movies 〉 Motion Templates 폴더를 복사하여 사용자 정의된 효과, 트랜지션, 테마, 제너레이터를 수동으로 관리할 수 있다.

▶ **기타 라이브러리 기능**

Final Cut Pro의 강력한 라이브러리 구조를 사용하면 단 몇 번의 클릭만으로 강력한 미디어 관리 기능을 수행할 수 있다. 다음은 라이브러리와 이벤트에 대한 몇 가지 추가적인 참고 사항이다.

▶ Final Cut Pro는 라이브러리 파일이 업데이트되면 15분마다 자동으로 라이브러리의 메타 데이터를 백업한다. 이전 버전의 라이브러리로 되돌리려면 Libraries 사이드바에서 라이브러리를 선택한 다음 File 〉 Open Library 〉 From Backup을 선택한다. 사용 가능한 백업의 날짜/시간이 찍힌 목록이 대화창에 나타난다.

▶ 마우스 포인터로 이동이나 복사 기능을 확인하지 말고, File 메뉴에 있는 명령인 "Copy Events to Library"와 "Move Events to Library"를 사용하여 정확하게 라이브러리 간에 이벤트를 이동하거나 복사한다.

▶ File 〉 Merge Events 명령을 사용하여 이벤트를 결합하여 라이브러리를 재구성할 수 있다.

▶ 원본 소스 미디어 파일이 어떤 이유로든 삭제되었다면, 카메라 미디어(SD 카드, 잡지 등)에 있는 카메라 소스 미디어 파일을 복구하거나, 임포트 동안 만든 카메라 아카이브를 활용해서 복구할 수 있다. 이벤트에서 오프라인 클립을 선택한 다음 File 〉 Import 〉 Reimport from Camera/Archive를 선택한다.

레슨 돌아보기

1. 관리 미디어와 외부 미디어를 정의하고 비교해보자.

2. 라이브러리에서 외부 미디어는 어떻게 참조되는가?

3. 외부 미디어로 정의하기 위해 어떤 미디어 저장소를 선택해야 하는가?

4. 다음 그림과 같은 파일 정보 섹션은 어떻게 찾을 수 있는가?

5. 전송할 라이브러리를 아카이빙하거나 준비할 때 해야 할 작업은 무엇인가?

정답

1. 관리 미디어 파일은 여러분이 지정하는 라이브러리에 소스 미디어 파일을 저장하는 책임을 Final Cut Pro이 진다. 반면에 외부에 미디어를 저장하면 소스 미디어 파일을 감시하는 책임을 여러분이 진다. 두 경우 모두 여러분이 미디어 파일이 실제로 저장되는 위치를 결정한다는 점에서 같다. 하지만 차이점은 누가 그 미디어를 추적할 책임을 갖는가 하는 것이다.

2. 외부 미디어는 심링크를 사용하여 라이브러리에서 참조된다.

3. "leave files in place"이다. 그러나 "Copy to"은 라이브러리 밖에 외부 폴더를 지정할 수 있으며 이로 인해 외부 미디어가 생성된다.

4. Libraries 사이드바에서 클립을 선택하면 Info 인스펙터에서 파일 정보를 찾을 수 있다.

5. 라이브러리를 관리 라이브러리로 통합하고 render, optimized, proxy 미디어 파일을 삭제한다.

Lesson 10
워크플로우 향상하기

어떤 프로젝트든 모든 편집자는 임포트, 편집, 공유 같은 일반적인 워크플로우를 따른다. 소스 미디어 파일을 Final Cut Pro로 처리해서 편집하고 최종 비디오를 내보낸다. 각 단계의 개별 워크플로우 작업이나 서브 워크플로우는 프로젝트와 클라이언트에 따라 다를 수 있다. 또한 위의 기본 워크플로우의 세 단계는 대규모 공동 작업팀에 할당하거나 작업자가 혼자 단독으로 전부 완료할 수 있다.

이번 레슨에서 설명하는 서브 워크플로우는 추가 정보를 제공하고 여태까지 수행한 워크플로우를 향상하는데 적용할 수 있는 단계를 제안한다. 여기에 설명된 특정 워크플로우 기술은 실제로는 전혀 필요하지 않을 수 있다. 그러나 이 연습은 확실히 기본기를 향상할 것이다.

Sub-workflow 10.1
새 프로젝트를 만들기 위한 매뉴얼 설정하기

모든 프로젝트는 프레임 크기(해상도)와 프레임 속도로 정의된다. 이 두 항목은 새 프로젝트를 시작할 때 다음 두 가지 방법 중 하나로 설정된다.

▶ 첫 번째 편집 내용을 준수하여 자동으로 기본 설정

▶ 수동으로 Project Settings 창에서 "Use Custom Settings" 선택

학습 목표

▶ 새 프로젝트의 수동 옵션 파악하기

▶ 듀얼 시스템 레코딩 동기화하기

▶ 크로마 키 만들기

▶ 멀티캠 작업 과정 이해하기

▶ 360° 세계 발견하기

▶ 자막 생성하기

Automatic 설정은 대부분 프로젝트와 편집자에게 권장된다. 다음 중 하나에 해당한다면, 해상도와 속도를 수동으로 설정해야 한다.

▶   전송 해상도와 전송률이 소스 미디어 파일과 다르다.

▶   첫 번째 편집에서 기본이 아닌(non-native) 해상도의 비디오 클립이 사용된다.

▶   첫 번째 편집에서 비디오가 아닌(non-video) 클립(오디오 전용 또는 스틸 이미지)이 사용된다.

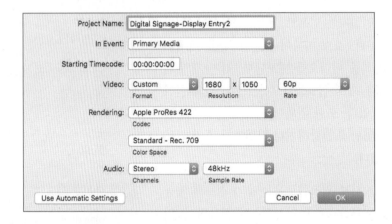

"Non-native 해상도"는 비디오 형식에 공통적이지 않은 프레임 크기를 나타낸다. 이 해상도 요구 사항은 비전통적 장소에서 비디오의 사용이 증가함에 따라 더욱 보편화하였다. 비즈니스와 광고주가 기존의 정적인 광고판, 비즈니스 광고 배너, 메뉴 보드와 비교하여 눈길을 끌기 위해 경쟁하면서부터는 디지털 간판 비디오가 증가하는 추세다. 이러한 디스플레이는 커스텀 디스플레이의 "배너" 레이아웃 또는 수직 "초상화" 방향이 많기 때문에 기본이 아닌 해상도가 요구된다. 이제는 박물관과 무역 전시회 같은 다른 산업에서도 창조적인 비디오 디스플레이 설치를 연구하고 있다.

NOTE ▶   프로젝트의 해상도는 언제든지 변경될 수 있지만, 프레임 속도는 첫 번째 편집 이후로 고정된다.

이번 연습에서는 프로젝트를 수동으로 설정할 것이다. 이 연습을 위해 나중에 버려도 되는 새 프로젝트를 만든다.

1   Libraries 사이드바에서 Lifted 라이브러리를 Control-클릭(또는 마우스 오른쪽 클릭)하고 바로 가기 메뉴에서 New Project를 선택한다.

프로젝트 이름을 입력한다. 사용자 설정을 할 수 있는 New Project 창이 나타난다.

2   Project Name에 Custom Project를 입력한다. In Event 팝업 메뉴를 Primary Media로 설정하고 Use Custom Settings 버튼을 클릭한다.

사용자 설정 컨트롤은 창이 확장되면서 나타난다. 이 창에 수동으로 프로젝트를 구성할 수 있는 옵션이 있다.

Video 설정에서 프레임 크기(해상도)와 프레임 속도를 설정할 수 있다. Format 팝업 메뉴는 Resolution과 Rate 팝업 메뉴가 지원되는 기본 설정으로 필터링한다. 그러나 때로는 프로젝트에 일반적이지 않은 프레임 크기를 설정해야 할 수도 있다.

3   해상도를 수동으로 입력하려면 Format 팝업 메뉴에서 Custom을 선택한다.

Resolution 팝업 메뉴에는 프레임 크기를 입력할 수 있는 두 개의 숫자 필드가 있다. Rate 팝업 메뉴도 변경되어 지원되는 프레임 속도의 확장된 목록을 나타낸다.

4   다음의 값을 설정한다.

▶   Format: Custom

▶   Resolution: 1080 x 1920

▶   Frame Rate: 29.97

비디오 매개 변수가 설정된 상태에서 "Audio and Render Properties" 옵션을 살펴본다.

5   Audio Channels 팝업 메뉴를 클릭하여 두 가지 옵션인 Stereo와 Surround를 확인한다.

이 컨트롤은 프로젝트에서 사용할 오디오 채널 수를 2채널 스테레오 또는 6채널 서라운드로 설정한다.

6   Audio Channels 팝업 메뉴를 Surround로 설정한다.

7   Audio Sample Rate 팝업 메뉴를 클릭하여 선택 항목을 본다.

Final Cut Pro가 지원하는 광범위한 초당 오디오 샘플 속도는 오디오 신호를 측정하고 기록하는 횟수를 결정한다. 비디오 제작의 일반적인 샘플 속도는 48kHz다. 즉, 오디오는 초당 48,000회 녹음된다는 것이다. 샘플 속도가 높을수록 샘플이 원본 소스를 더 정확하게 나타낸다.

8   샘플 속도를 48kHz로 설정하고 Rendering Codec 팝업 메뉴를 클릭한다.

이전 레슨에서 트랜지션, 효과, 타이틀을 추가했을 때, 타임라인에 렌더링 막대가 일시적으로 나타났다.

렌더링 막대는 응용 프로그램이 해당 타임라인 섹션의 성능을 높이기 위해 미디어 파일을 생성할 것임을 나타낸다. 여러분은 렌더링 막대를 인식하지 못했을 수 있다. 프로젝트가 렌더링되지 않고 재생되었기 때문이다. 응용 프로그램에서 요소를 렌더링하면, Rendering Codec 팝업 메뉴는 렌더링 된 미디어 파일을 생성하는데 사용되는 코덱(codec)을 결정한다. 여러분의 프로젝트에 HD 비디오, 스틸, 그래픽을 렌더링할 때, 기본 Apple ProRes 422를 선택하면 무손실 품질에 가까운 작은 미디어 파일을 만들어낼 수 있다.

NOTE ▶ Apple ProRes 422는 대부분의 HD 코덱보다 우수한 화질을 제공하기 때문에 기본 옵션으로 사용해야 한다. 여러분이 고품질 코덱을 갖고 있어서 덜 압축된 비디오 코덱이 필요하다면, Apple ProRes 422 HQ, Apple ProRes 4444, Apple ProRes 4444 XQ와 같은 코덱을 선택할 수 있다. 이 코덱을 사용하면 크기가 큰 렌더링 파일을 생성할 수 있다.

9 Rendering Codec을 Apple ProRes 422로 설정하고 OK를 클릭한다.

프로젝트가 생성되어 타임라인에 열린다. Browser에서 프로젝트를 선택하면 Inspector에 프로젝트 속성이 나타난다. 여기서 프로젝트의 설정이 1080×1920, 29.97fps, Surround인지 확인할 수 있다.

이 프로젝트는 HDTV 세트를 수직 또는 초상화 방향으로 사용하고 서라운드 사운드를 사용하는 디지털 사이니지 설치용 비디오와 그래픽을 편집하도록 설정되었다.

Sub-workflow 10.2
듀얼 시스템 레코딩 동기화하기

필름을 촬영할 때는 일반적으로 별도의 장치(카메라 및 오디오 레코더)로 이미지와 사운드를 기록한다. 상대적으로 저렴한 소형 DSLR 비디오카메라가 확산됨에 따라 이 듀얼 시스템 레코딩(dual system recording) 워크플로우는 비디오 업계에서 자리를 잡았다. 비디오와 오디오를 따로 녹음하면 편집자가 하나의 클립으로 재구성하여 편집할 수 있다. 이번 연습에서는 Final Cut Pro가 이 작업을 단순화한다는 것을 알게 될 것이다. 먼저 미디어를 임포트해서 사용해보자.

1 FCP X Media 폴더에서 LV3 폴더로 이동한 후, Extras 폴더를 Keyword Collection으로 새로운 Lifted 이벤트 Lesson 10에 임포트한다.

임포트할 Extras 폴더를 선택한다.

From folders를 선택한다.

Extras 폴더에는 이번에 사용할 자료가 포함되어 있다. 여기에서 사용할 미디어는 Mitch 인터뷰의 비디오 클립과 오디오 클립이 있는 Sync 컬렉션에 있다. 또한 비디오 클립에는 별도의 오디오 클립과 동기화해야 하는 그렇게 깨끗하지 않은 내장 오디오가 포함되어 있다.

2   두 개의 클립으로 동기화된 한 개의 클립을 만들려면 Sync 키워드 컬렉션에서 두 개의 클립을 선택한다.

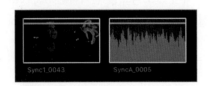

3   선택한 클립 중 하나를 Control-클릭하고 바로 가기 메뉴에서 Synchronize Clips를 선택한다.

프로젝트 설정과 유사한 옵션을 보여주는 동기화 대화창이 나타난다. 여러분은 자동 형식 설정 또는 사용자 설정을 사용할지 선택할 수 있다.

다른 두 옵션에는 동기화를 위해 두 클립의 오디오를 사용하는 것이 포함된다. 선택한 클립에서 타임 코드를 정렬하여 동기화 프로세스를 시작한다. 사용할 수 있는 타임 코드가 없으면 Final Cut Pro는 선택한 클립의 "시간별(time-of-day)" 콘텐츠를 제작한다. 데이터가 사용가능한지, 일치하는지와 상관없이 오디오 옵션이 선택되면 오디오는 동기화되는데 사용된다. 데이터가 사용 가능하고 일치한다면 동기화는 더 빨리 수행된다. 두 번째 옵션은 동기화된 클립에 카메라 오디오를 사용하지 않도록 설정하고, 독자적인 오디오 파일을 원하는 클립 오디오로 사용하는 것이다.

4   두 옵션을 모두 선택하고 기본 이름을 입력한 다음 OK를 클릭한다.

Final Cut Pro는 사용자가 입력한 새 이름의 새 클립을 생성하고, Lesson 10 이벤트로 돌아가서 새 클립을 선택한다.

Sub-workflow 10.3
크로마 키 사용하기

최근 디스플레이가 TV에 LCD/LED 통합되기 전까지만 해도 일기예보관은 "chroma wall"이라고 불리는 녹색이나 파란색 막 앞에서 날씨를 설명했다. 오늘날에는 편집자가 chroma wall의 색을 비디오 클립이나 애니메이션으로 교체하여 전경의 사람이나 물체를 다른 배경 위치로 전송할 수 있다. 기상예보나 영화 시각 효과 외에도 요즘에는 배우나 인물을 가상 세트나 환경 속에 있는 것으로 연출할 수 있다. 이제 휴대용 크로마 스크린을 사용할 수 있게 되어 예전에는 스튜디오에서만 사용할 수 있었던 크로마 벽을 현장에서도 사용할 수 있게 되었다. 이번 연습에서는 크로마 키 클립으로 시작하여 배경 그래픽 위에 배우를 겹쳐볼 것이다. 또한 마스크를 사용하여 이미지에서 원하지 않는 세트 항목을 제거할 것이다.

1   Libraries 사이드바에서 Lesson 10 이벤트의 Chroma Key Keyword Collection을 찾는다.

클립 MVI_0013은 크로마 스크린 앞에서 녹화된 인터뷰 준비 내용이다. 이것은 여러분의 전경 클립이다. 크로마 키의 워크플로우는 간단하다. 먼저 프로젝트를 만들고 전경 클립을 프라이머리 스토리라인에 배치한다.

2 Lesson 10 이벤트에서 Green Screen이라는 새 프로젝트를 만들고 클립을 자동 설정한다.

3 Browser에서 MVI_0013을 선택한 다음 E를 눌러서 클립을 프라이머리 스토리라인에 이어 붙인다.

프로젝트의 전경 클립에 Keyer 효과를 적용한다.

4 Effects 브라우저에서 Keying 카테고리를 선택하고 Keyer 효과를 스키밍한다.

5 타임라인에서 전경 클립을 선택하고 Keyer 효과를 스키밍해서 미리 보기한다.

Keyer 섬네일과 Viewer는 이전 레슨에서 미리 보기했던 효과처럼 선택된 클립에 적용된 Viewer 효과를 미리 보여준다. 녹색 배경이 사라진다.

6　Keyer 효과를 더블 클릭하여 선택한 전경 클립에 적용한다.

녹색 배경은 현재 검은색으로 표시되는 알파 채널로 교체된다. 배경을 나타내는 전경 클립 아래에 비디오 클립이 없기 때문이다. 나중에 이 문제를 해결할 것이다.

7　Generators Browser에서 Grunge 배경을 선택한다.

여러분은 배경 클립이 연결될 위치에 대해 약간 고민할 수 있다. Q를 눌러서 연결 편집을 하면, 배경 클립이 상위 레인으로 쌓여 전경 클립이 숨겨진다. 전경 클립을 프라이머리 스토리라인에서 들어 올리고 그 결과 갭 클립을 배경 클립으로 교체할 수 있지만, 다른 방법은 배경 클립을 전경 클립 아래의 레인에 연결하는 것이다.

8　프라이머리 스토리라인 아래로 Grunge 클립을 드래그하여 전경 클립의 시작 부분에 맞추고 마우스 버튼을 놓는다.

배경 클립은 인터뷰 뒤의 빈 배경을 대체한다. 조명이 잘 설정된 Keyer 효과는 자동으로 크로마 스크린에서를 빼는 훌륭한 작업이다. 이제 여러분은 관련이 없는 세트 항목을 보기에서 제거할 것이다.

> **눈에 보이는 그 이상의 것**
>
> Final Cut Pro 내의 제너레이터는 매개 변수에 대한 접근을 제어하는데, 이는 흡사 효과와 비슷하다. 프로젝트에 제너레이터를 적용한 후에만 제너레이터 매개 변수에 접근할 수 있기 때문이다. Grunge는 해당 제너레이터에서 사용할 수 있는 유일한 매개 변수가 아니다. Grunge를 프로젝트에 추가한 후 클립을 선택하고 제너레이터 속성에서 사용 가능한 매개 변수를 변경하면 다른 텍스처나 색조를 적용할 수 있다.

10.3-A 대상에 마스크 적용하기

프레임 구성, 조명 요구 사항, 위치 제한으로 인해 일부 크로마 키 클립에는 편집 시 제거해야 하는 관계없는 것들이 포함되어 있다. Crop 도구나 마스크(mask) 효과를 사용하면 이러한 것을 보기에서 간단히 자를 수 있다. 여러분은 이미 Crop 도구를 사용해보았고 효과 안에서 사용할 수 있는 내장된 모양 마스크도 살펴보았다. 세 번째 옵션은 Draw Mask 효과를 사용하여 녹색 스크린 클립에 마스크 모양을 그리는 것이다.

1 타임라인에서 전경 클립을 선택한 상태에서 두 클립 위에 재생 헤드를 놓으면 효과의 결과를 볼 수 있다.

2 Effects Browser에서 Masks 카테고리를 선택하고 Draw Mask 효과를 더블 클릭한다.

3 마우스를 Viewer에 다시 놓으면 나타나는 지시 사항을 준수한다.

Add Control Point 도구가 활성화되어 마스크 모양을 정의할 준비가 되었다. 마스크 안의 모든 것은 보이지만 마스크 밖의 모든 것은 숨겨져 있다.

4 Viewer를 클릭하여 인터뷰를 유지하되 관계없는 장비를 제거하고 이미지에서 항목을 설정하는 모양을 만든다.

5 마스크의 모양을 완성하려면 첫 번째 제어점을 클릭한다.

마스크 외에도 Transform와 Crop 도구를 사용하여 이미지의 "keeper" 부분 또는 배경의 내용에 대한 전경의 공간적 관계를 자세히 정의할 수 있다.

10.3-B 컬러 키 샘플 수동 선택하기

때로는 위치, 시간, 장비(또는 이 세 가지가 모두 결합한 경우)가 밝은 크로마 스크린을 허용하지 않을 수 있다. 이 시나리오에서는 크로마 키 색상을 정의하는 수동 키어를 사용해야 할 수도 있다. 이 연습에서는 현재 컴포지트를 수동 컨트롤로 전환하여 키어를 설정한다.

1 타임라인에서 선택된 전경 클립과 클립 위에 놓인 재생 헤드를 사용하여 클립의 Video 인스펙터에서 Keyer 효과를 찾는다.

2 Keyer 효과의 매개 변수에서 Strength 슬라이더를 0%로 설정한다.

이제 Keyer가 수동으로 작동하며 녹색 배경이 다시 나타난다. 전경 클립에서 대체할 색상을 정한다.

3 Video 인스펙터에서 Refine Key의 Sample Color 버튼을 찾는다. 이 버튼은 움직이는 텍스트 스타일 상자를 활성화하여 바꿀 색상 주위에 선택 사각형을 그린다.

4 Sample Color 버튼을 클릭한 다음 마우스 포인터를 Viewer 위로 이동한다.

포인터는 움직이는 텍스트 스타일 상자가 있는 십자형 커서가 된다. 이 도구로 이미지 내의 녹색 색상을 식별할 것이다.

5 배우를 포함하지 않도록 주의한다. 이미지의 녹색 크로마 화면 영역에서 움직이는 텍스트 스타일 상자를 드래그해서 빼낸다.

선택 항목을 드래그하면 녹색이 사라지기 시작한다.

NOTE ▶ 같은 도구를 사용하여 둘 이상의 색상 샘플을 선택할 수 있다.

6   마우스 포인터를 놓고 Video 인스펙터에서 Sample Color 버튼을 다시 클릭한다. Viewer 에서 마우스 포인터를 드래그해서 크로마 스크린의 나머지 녹색 영역을 선택한다.

나머지 선택 사각형은 내보내기에서는 나타나지 않는 오버레이다. 몇 번의 클릭만으로 배우를 새로운 위치로 옮길 수 있다.

NOTE ▶   다양한 추가 매개 변수를 사용하여 크로마 키 합성을 미세하게 조정할 수 있다. 추가 정보는 Final Cut Pro X 사용자 가이드를 참조하자.

Sub-workflow 10.4
멀티캠 작업하기

둘 이상의 카메라가 동시에 장면을 촬영하는 경우에 멀티캠을 사용하면 장면의 모든 순간에 최상의 카메라 앵글을 선택할 수 있다. 여러분은 멀티캠 덕분에 라이브 TV 감독의 의자에 앉아서 최대 16개의 앵글을 모니터링하고 최대 64개의 앵글을 동기화 편집할 수 있다. 사실, 대부분의 단일 디스크 볼륨은 동시 최대 4개 이하의 비디오 앵글 스트림에서 가장 잘 작동한다. 그러나 Thunderbolt 2가 연결된 고대역폭 볼륨을 사용하면 Final Cut Pro는 HD이나 4K+ 비디오의 여러 스트림을 동시에 쉽게 처리한다.

10.4-A 멀티캠 클립 설정하기

다른 Final Cut Pro 워크플로우와 마찬가지로 멀티캠 워크플로우는 여러 카메라 설정에서 미디어 파일을 임포트하고 구성함으로써 시작한다. 이번 연습에서는 두 개의 동시 카메라 앵글에서 촬영한 인터뷰 영상으로 작업할 것이다. 이미 앞부분에서 필요한 파일을 가져 왔으므로 워크플로우의 구성 부분으로 넘어가보자.

1   Lesson 10의 이벤트에서 Multicam Keyword Collection을 선택한다.

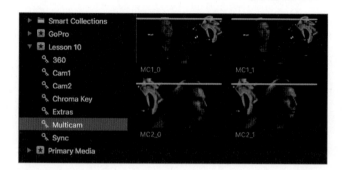

4개의 인터뷰 클립이 Browser에 나타나고 Final Cut Pro는 이미 그 클립에 일부 메타 데이터를 적용했다. 멀티캠 클립을 만드는 데 도움이 되는 메타 데이터를 추가해보자.

2   Browser에서 클립 MC1_0과 MC1_1을 선택한다.

3   Info 인스펙터의 Metadata View 팝업 메뉴에서 General을 선택한다.

General에는 이 클립에 대한 추가 메타 데이터가 표시된다. 이 경우에 여러분은 이 미디어를 카메라 카드에서 직접 임포트하지 않았기 때문에 카메라 이름과 같은 메타 데이터는 누락된다. Final Cut Pro는 이 메타 데이터를 사용하여 동일한 멀티캠 앵글에 클립을 자동으로 지정하기 때문에, 여러분은 멀티캠 클립을 만들 때 이 클립에 첨부된 추가 메타 데이터가 필요할 것이다. 또한 Final Cut Pro에 여러 카메라의 표시 순서(Angle 1과 Angle 2)를 알려주는 Camera Angle 지정을 추가해야 할 것이다.

4   카메라 1의 Browser 클립 두 개 중에 MC1 클립에 다음의 메타 데이터를 입력한다.

▶   카메라 앵글: 1

▶   카메라 이름: MC1

다음으로 MC2 클립에 앵글과 이름의 메타 데이터를 지정한다.

5   Browser에서 클립 MC2_0과 MC2_1을 선택하고 다음의 메타 데이터를 입력한다.

▶   카메라 앵글: 2

▶   카메라 이름: MC2

필요한 메타 데이터가 갖춰진 네 개의 클립을 사용하여 멀티캠 클립을 만들어보자..

6   Browser에서 Multicam Keyword Collection에 있는 네 개의 클립을 모두 선택한다. 선택한 클립 중 하나를 Control-클릭하고 바로 가기 메뉴에서 New Multicam Clip을 선택한다.

새 프로젝트를 만들 때 보았던 창과 비슷한 멀티캠 창이 나타난다.

7   창의 Name 필드에 MC Interview를 입력하고 "Use audio for synchronization" 체크 상자가 선택되어 있는지 확인한다.

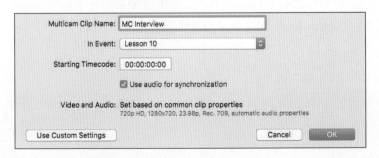

이 멀티캠 연습에서는 자동 설정을 사용할 것이다. 그러나 클립 메타 데이터가 충분하지 않다면, 사용자 설정으로 멀티캠 클립을 만들 수 있다. 클립이 앵글에 할당되는 방법, 각 앵글에 대한 클립의 순서, 앵글끼리 동기화하는 방법을 설정하는 것이다. 자동 설정과 기존 클립 메타 데이터를 사용하여 멀티캠 클립을 만들어 보자.

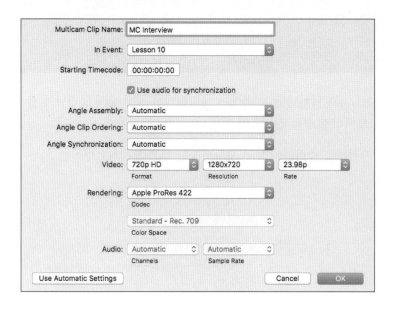

8 동기화를 위해 자동 설정과 오디오를 사용하도록 창을 설정하고 OK를 클릭한다.

멀티캠 클립은 "네 개의 사각형" 아이콘으로 표시되는 이벤트에 나타난다. Final Cut Pro가 수행한 동기화를 검토하고 평가하기 위해서 멀티캠 클립을 Angle Editor에 열 수 있다.

9 Browser에서 멀티캠 클립을 더블 클릭하여 Angle Editor로 연다.

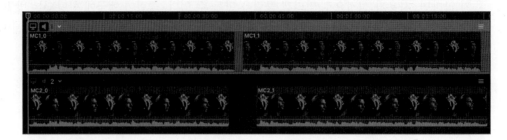

타임라인에 Angle Editor가 나타난다. 왼쪽에는 에디터에서 재생 중에 보거나 들을 앵글을 지정할 수 있는 모니터링 앵글 컨트롤이 있다.

10 두 앵글의 스피커 아이콘을 클릭하여 모두 모니터하고 재생을 시작한다.

선택한 비디오 앵글을 보면서 두 앵글을 모두 들을 수 있다.

11 각 앵글의 Video Monitor 아이콘을 클릭해서 앵글을 전환한다.

두 번째 앵글에는 약간의 에코가 있음을 알 수 있다. 에코가 너무 많으면 두 앵글은 싱크가 맞지 않는 프레임이 될 수 있다. 여러분은 앵글 안에 클립을 밀어서 앵글 사이의 동기화를 확인하도록 한다.

12 Angle 2에서 첫 번째 클립을 선택한 다음 두 앵글의 오디오를 모니터링하면서 재생을 시작한다.

13 .(마침표)를 한 번 눌러서 한 프레임 씩 오른쪽으로 클립을 민다.

에코가 감소했는가? 오디오에 지연이 생겼는가? 여러분은 에코를 만들기 위해 하나의 목소리를 듣고 있다. 클립의 싱크가 맞지 않으면 비슷한 두 가지 목소리가 들릴 것이다.

14 . (마침표)를 한 번 더 누르면 클립이 한 프레임 더 오른쪽으로 이동한다.

이제 오디오가 싱크가 맞지 않는 것처럼 들릴 것이다.

15 클립을 계속 밀면서 이번에는 ,(쉼표)를 눌러서 지연된 두 번째 목소리(방의 에코는 제외)가 사라질 때까지 클립을 왼쪽으로 민다. 두 번째 클립은 조정할 필요가 없다.

언급한 바와 같이, 이 멀티캠 클립은 서로 다른 두 카메라에서 동시에 촬영한 장면을 담을 수 있다. 이 소스 클립은 시작/중지 질문 응답 세션에서 작동하는 카메라를 시뮬레이션하기 위해 만들어진 것이다. 녹화가 일시 중지되면 클립 간 일시 중지가 발생했다. 여러분은 이 멀티캠 클립을 새 프로젝트에 추가하고 앵글 사이에서 편집할 것이다.

> **▶ 카메라의 날짜와 시간 설정하기**
>
> 고급 멀티캠 동기화는 카메라 기사가 여러 시간에 녹화를 중지하고 시작한 경우에도 여러 앵글을 동기화한다. 오디오 신호가 저하된 클립을 사용하는 경우, Final Cut Pro는 타임 코드 정보 또는 시간/날짜 스탬프(생성된 내용)에 접근하여 기본 오디오 동기화 프로세스를 보완한다. 멀티캠 동기화는 콘텐츠 작성 날짜/시간 스탬프에 따라 스틸 이미지를 멀티캠의 비디오 앵글에 맞춘다.

10.4-B 멀티캠 클립 편집하기

멀티캠 클립으로 편집할 때 재생 중 실시간으로 편집을 결정할 수 있는 기능이 있다. 이를 위해 Angle Viewer를 사용해보자.

1 Libraries 사이드바에서 Multicam Keyword Collection을 Control-클릭하고 바로 가기 메뉴에서 New Project를 선택한다.

2 프로젝트 이름을 Multicam Edit로 지정하고 기본 설정을 사용하고 OK를 클릭한다.

3 MC Interview를 프로젝트에 추가한 다음, 재생 헤드를 타임라인의 시작 부분에 다시 놓는다.

Angle Viewer에서 멀티캠 클립을 실제로 편집하려면 먼저 준비가 필요하다. Angle Viewer를 열어야 멀티캠 클립의 여러 앵글을 한 번에 볼 수 있다. Settings 팝업 메뉴에서는 한 번에 최대 16개의 앵글을 표시하도록 뷰어를 구성할 수 있다(여러분의 미디어 저장소 볼륨이 이 많은 스트림을 동시에 재생할 수 있다고 가정한다면).

4 Viewer의 View 팝업 메뉴에서 Angles를 선택하여 Angle Viewer를 연다.

5 Angle Viewer에 화면 공간을 더 많이 열기 위해서는 인스펙터 위에 있는 버튼을 사용하여 세로 막대와 Browser를 숨긴다.

기본적으로 Angle Viewer는 Angle Viewer에서 클릭한 앵글로 자르고 전환한다. 클릭 시점에 재생 헤드가 놓인 위치에서 컷이 잘린다. 또한 잘라내기와 전환으로 멀티캠 클립의 비디오와 오디오가 모두 변경된다. 이 기술은 빠르고 편리하지만, 여러분이 기술에 익숙해지기 전까지는 오류가 발생할 수 있다. Angle Viewer를 사용할 때 어떤 일이 발생할 수 있는지 확인해보자.

6 타임라인 재생 헤드를 멀티캠 클립의 1/3 위에 놓는다.

Angle Viewer에서는 두 개의 앵글 중 하나가 노란색 테두리로 윤곽이 그려지면서 Viewer 에서 현재 보이고 들리는 앵글을 가리킨다.

7 Angle Viewer에서 마우스 포인터를 다른 앵글로 이동한다. 포인터가 Blade 도구로 바뀌는 것을 확인한다.

여기서 Blade 도구는 타임라인의 멀티캠 클립을 새 세그먼트로 자르고, 새 세그먼트의 활성 비디오와 오디오를 새로 선택한 앵글로 전환한다.

8 Angle Viewer와 타임라인을 모두 지켜보면서 Blade 도구로 Angle Viewer를 클릭한다.

클립을 두 개의 세그먼트로 자르고 다른 앵글로 전환했다. 이 앵글은 이제 Angle Viewer 의 노란색 윤곽선에 표시된 활성 앵글이다. 이제 이 두 번째 앵글의 비디오와 오디오가 Viewer에서 활성화된다. 이것은 두 가지 사실을 반영한다.

▶ 보조키를 누르지 않고 Angle Viewer를 클릭하면 재생 헤드의 다른 앵글로 잘리고 전환된다.

▶ 노란색 윤곽선은 전환이 새로운 앵글의 오디오와 비디오를 모두 포함한다는 것을 나타낸다.

9   이 편집은 Angle Viewer의 편집 명령 하나만 보여주기 위한 것이었으므로 Command-Z
    를 눌러서 이전 편집을 취소하고 재생 헤드를 타임라인의 시작 부분에 둔다.

    카메라 1은 좋은 상태의 오디오를 녹음했으며 카메라 2는 그저 그런 상태의 오디오를 녹
    음했다. 이 멀티캠 클립을 사용하는 가장 좋은 전략은 전체적으로 카메라 1의 오디오 콘
    텐츠를 재생하면서 두 비디오 간의 앵글을 자르는 것이다. 이렇게 하려면 Angle Viewer
    에서 설정할 수 있는 Video Only 편집이 필요하다.

10 Angle Viewer에서 "카메라 1" 앵글을 클릭한다.

    앵글 주위에 활성화되어 있음을 표시하는 노란색 테두리가 나타난다.

11 Angle Viewer에서 Video Only Switching 버튼을 클릭한 다음 "카메라 2" 앵글을 클릭한다.

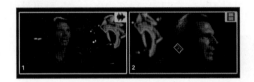

    "카메라 1" 앵글의 테두리는 오디오 내용이 활성 오디오 앵글임을 나타내는 녹색으로 바
    뀐다. "카메라 2" 앵글의 테두리는 비디오 내용이 활성 비디오 앵글임을 확인하는 파란
    색으로 바뀐다.

    카메라 1의 오디오는 편집 중에 활성 상태로 유지된다.

12 Command-Z를 눌러서 편집을 취소한다.

    여러분은 마침내 멀티캠 클립을 편집할 준비가 되었다. 타임라인을 재생해서 언제든지
    자르려는 카메라 앵글을 클릭하면 된다. Angle Viewer, Viewer, 멀티캠 클립은 여러분의
    모든 편집 내용을 반영할 것이다. 재생을 중지하면 타임라인 클립의 섬네일 이미지가 업
    데이트된다.

13 타임라인의 시작 부분에 재생 헤드를 놓고 재생을 시작한다. Angle Viewer에서 자르고
    싶은 앵글마다 클릭한다.

14 실수를 했다면 재생을 멈추고 Command-Z를 눌러서 가장 최근의 컷을 취소한다. 재생
헤드를 다시 놓고 재생과 자르기를 재개한다.

멀티캠 기능을 사용하면 여러 대의 카메라 간에 편집할 때 라이브 TV를 보는듯한 느낌
을 줄 수 있다. 여러 스트림을 동시에 보면 교체 앵글을 볼 수 있으므로 더 나은 편집상
의 결정을 내릴 수 있다. Undo 기능으로 잘못된 앵글을 쉽게 고칠 수 있다.

10.4-C 멀티캠 클립 내에서 미세 조정하기

멀티캠 클립의 "라이브" 재생과 앵글 사이의 컷은 매우 신속한 편집에 유용하다. 그러나 잘
못된 앵글로 자르거나(사용 가능한 앵글이 두 개 이상 있을 때), 또는 의도한 것보다 조금 더
늦게 또는 일찍 자를 수 있다. 이런 오류는 쉽게 수정할 수 있다.

1 멀티캠 클립에서 클립의 이전 또는 이후로 옮기고 싶은 특정 컷 포인트(클립을 여러 세
그먼트로 나누는 절취선)를 찾는다.

2 컷 포인트 위에 마우스 포인터를 놓으면 Roll 편집 도구가 나타난다. Final Cut Pro에서
는 클립을 동기화 상태로 유지하려고 하므로 여기에서 동기화 문제를 일으키지 않고 사
용할 수 있는 Trim 도구만 사용할 수 있다.

NOTE ▶ 다양한 트림 기능을 원한다면, Tools 팝업 메뉴에서 Trim 도구를 선택할 수
있다.

3 컷 포인트를 약 10프레임 왼쪽으로 드래그한다.

동일 앵글이나 다른 앵글로 자를 의도가 없었는데 실수로 자른 경우, 그 컷을 제거할 수
있다.

4   Select 도구를 사용하여 컷 포인트를 클릭하고 선택하고 Delete를 누른다.

Delete 누르기 전

Delete 누른 후

그 컷은 제거되고 컷 왼쪽의 앵글이 다음 컷 포인트까지 확장된다. 이 편집을 join through edit이라고 한다.

NOTE ▶   전통적으로 join through edit은 컷 포인트의 양쪽에서 콘텐츠가 같을 때 발생한다. 엄밀히 말하면, 그 콘텐츠가 컷 포인트의 양쪽에 있는 멀티캠 클립 컨테이너이기 때문이다.

▶ 앵글 바꾸기

멀티캠 클립에 앵글이 두 개 이상 있으면, 여러분은 잘못된 앵글을 자르고 앵글을 교체하고 싶을 것이다. 그리고 나서 수정된 전환, 즉 잘라내기와 잘라내기 없는 전환을 해야 한다. Final Cut Pro의 대부분 기능과 마찬가지로 약간(또는 근본적으로) 다른 작업을 수행해야 한다면 표준 단축키와 Option을 결합해본다.

타임라인에서 멀티캠 클립 세그먼트 위에 재생 헤드를 두고, Angle Viewer에서 다른 앵글을 Option-클릭한다. 마우스 포인터가 Angle Viewer의 Blade 도구에서 Hand 도구로 바뀐다. 클릭된 앵글은 타임라인에서 세그먼트 앵글을 교체 편집한다.

Sub-workflow 10.5
360-비디오 작업하기

Final Cut Pro에서 360° 비디오 클립으로 작업하면 새로운 차원의 스토리텔링이 된다. 멀티캠 프로덕션과 마찬가지로 360° 소스 미디어 파일로 편집하면 여러 가지 관점 또는 시야에서 스토리를 말할 수 있다. 그러나 편집자가 관객의 시야를 결정하는 멀티캠 편집과 달리, 이 작업에서는 대화형 비디오 플레이어와 VR 헤드셋을 사용하여 시청자를 편집자의 의자에 앉혀야 한다. 편집자는 시청자를 특정 방향으로 보도록 오디오나 비주얼 프롬프트를 사용할 수 있지만, 360-비디오 제작에서 주의를 집중시키는 위치를 최종 결정하는 것은 오로지 시청자다.

10.5-A 360-비디오 클립 임포트하기

임포트하기 전에 미디어 파일을 Final Cut Pro 호환 파일에 스티치하려면 360° 소스 미디어 파일을 카메라 또는 카메라별 소프트웨어로 처리해야 한다. Final Cut Pro는 360 구형을 2D 직사각형으로 나타내는 equirectangular 형식의 360° 비디오 클립과 호환된다. 360-비디오 파일을 스티치하고 포맷했다면, 이제 여러분은 미디어 파일을 가져올 때와 마찬가지로 미디어를 임포트할 준비가 되었다. 임포트 후에는 메타 데이터 일부를 확인해야 한다.

1 Lesson 10 이벤트에서 360 Keyword Collection을 찾고 컬렉션에 지정된 클립을 선택한다.

2 선택한 클립의 Info 인스펙터에서 360° Projection Mode가 Equirectangular로 설정되고 Stereoscopic Mode가 Monoscopic로 설정되어 있는지 확인한다.

Projection Mode를 다른 레이아웃에 지정할 수도 있지만, 360-클립은 Final Cut Pro에서 편집할 수 있도록 equirectangular 레이아웃에 지정되어야 한다. 클립은 유사하게 구성된 프로젝트 내에서 편집용 monoscopic이나 stereoscopic일 수 있다. 지금 바로 그 프로젝트를 만들어 보자.

3 Libraries 사이드바에서 360 Keyword Collection을 선택한다. 그 Browser에서 360-클립을 마우스 오른쪽 클릭하고 바로 가기 메뉴에서 New Project를 선택한다.

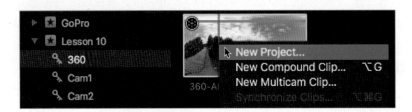

프로젝트 설정 대화창이 사용자 설정으로 구성되어 나타난다. 평소와 같이 새 사용자 설정 프로젝트에서 몇 가지 옵션을 확인해야 한다.

4 다음 그림과 같이 Project 속성을 설정하고 OK를 클릭한다.

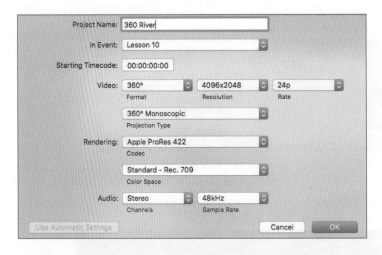

프로젝트는 이미 프라이머리 스토리라인에 배치된 360-비디오 클립으로 생성된다.

10.5-B 360-비디오 클립 미리 보기 및 방향 조정하기

카메라 설정과 스티칭 소프트웨어에 따라 클립이 시작될 때 시청자에게 보여주기 위한 특정 시야를 설정할 수 있다. 새로운 기본 시야를 설정하려면 클립의 방향을 재조정해야 한다. 그러나 클립을 미리 보지 않고 어떻게 시야를 결정하겠는가? 전문화된 360° 뷰어를 사용하면 편집을 시작하기 전에 360-비디오를 미리 볼 수 있다.

1 Viewer의 View 팝업 메뉴에서 360° 뷰어를 선택한다.

360° 뷰어가 Viewer 왼쪽에 나타난다. 360° 뷰어는 시야를 조정할 수 있는 라이브 대화식 (live interactive) 뷰어다.

2 이미지를 360° 뷰어로 드래그하여 360-비디오를 경험한다. 왼쪽과 오른쪽으로 드래그하여 시야를 패닝할 수 있다. 시야를 기울이려면 위아래로 드래그한다.

NOTE ▶ 카메라를 기울인 것처럼 굴릴 수도 있다. 가장 쉬운 방법은 키보드 단축키, Control-Option-Command-[(왼쪽 대괄호), Control-Option-Command-](오른쪽 대괄호)를 사용하는 것이다. 360° 뷰어를 좌우로 이동하려면 브래킷을 화살표 키로 대신한다.

클립을 재생하기 전에 360° 뷰어를 재설정해보자.

3 360° 뷰어의 Settings 팝업 메뉴에서 Reset Angle을 선택한다.

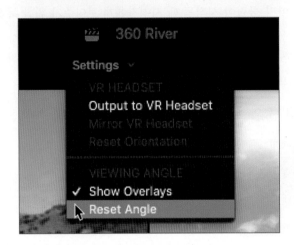

4 보기를 재설정하고 스페이스 바를 눌러 재생을 시작한다. 360° 뷰어로 드래그하여 클립
   의 360° 내용을 보고 경험한다.

   360° 뷰어를 사용하면 클립을 미리 볼 수 있지만, 이는 출력을 변경하지는 않는다. 반
   대 방향의 뷰로 시작하도록 클립의 방향을 다시 바꾸려면 Inspector에서 또는 Viewer의
   Reorient 도구를 사용한다. Viewer를 재설정하자.

5 360° 뷰어의 Settings 팝업 메뉴에서 Reset Angle을 선택한다. Viewer의 View 팝업 메뉴에
   서 360° 뷰어의 선택을 해제하고 닫는다.

6 프로젝트에서 360 비디오 클립을 선택하고 Viewer의 왼쪽 팝업 메뉴에서 Reorient 도구
   를 활성화한다.

7 Reorient 도구를 선택한다. Viewer로 이미지를 드래그한다.

   세로로 드래그하면 360° 뷰어에서처럼 카메라를 기울이지 않는다는 것을 알 수 있다. 대
   신에 세로로 드래그하면 카메라를 굴린다. 편리한 수평 가이드는 정직한 360-세계를 유
   지하는 데 도움이 된다.

8   Viewer의 View 팝업 메뉴에서 Show Horizon을 선택한다.

9   Reorient 도구를 사용하여 Viewer로 다시 드래그하여 기본 방향을 설정하고 수평도에 따른 롤의 정도를 조정한다.

10 Viewer의 View 팝업 메뉴에서 Horizon 오버레이의 선택을 취소하여 숨긴다. Viewer에서 Done을 클릭하여 Reorient 도구를 비활성화한다.

여러분이 메타 데이터를 설정한 360-프로젝트에 360-비디오 클립이 생겼다. 또한 여러분은 시청자의 시작 시야를 다시 정의하기 위해 기본 또는 마스터 클립 방향을 설정했다. 이제 360° 클립에 독특한 효과로 작업해보자.

10.5-C 360-비디오 클립 패치

360-비디오 제작의 주요 과제는 카메라가 장착된 삼각대 또는 막대기와 같은 장비(그리고 촬영자)를 시청자에게 보이지 않게 숨기는 것이다. 360-비디오의 특수 효과 중 하나는 Patch 도구다. 360° Patch 효과를 사용하면 이미지의 "좋은" 영역을 샘플링하고 붙여넣어서 삼각대 와 같은 바람직하지 않은 부분을 숨길 수 있다. 이 효과를 사용하여 이 클립에서 카메라 삼 각대를 숨겨보자.

1 프로젝트에서 360-비디오 클립을 선택하고 Effects 브라우저에서 360° Patch 효과를 찾 는다. 효과를 더블 클릭하여 360-비디오 클립에 적용하자.

360° Patch 효과에는 Inspector에서 활성화할 수 있는 화면 컨트롤이 있다.

2 Setup Mode를 선택하여 화면 컨트롤을 활성화한다.

Viewer에 두 개의 영역이 나타난다. 빨간색 대상 영역은 삼각대가 있는 이미지 하단을 덮는다. 녹색 소스 영역은 삼각대를 숨길 붙여넣기 대상 영역으로 사용된다. 여러분은 화면과 Inspector 컨트롤을 조합하여 다리 아래의 삼각대를 숨길 것이다.

3 화면과 Inspector 컨트롤을 사용하여 대상 영역을 소스 영역의 다리 영역으로 채운다. 가 능한 한 삼각대를 가려서 패치를 원본과 혼합한다. 다음 그림을 참조하자. 그러나 여러 분의 설정은 이와 다를 수 있다.

NOTE ▶ 360° 패치는 효과이므로 하나의 클립에 두 번 이상 적용할 수 있다. 그러나 한 번에 하나의 효과에 대해서만 Setup Mode를 활성화해야 한다.

▶ 360° 프로젝트 공유하기

Final Cut Pro는 프로젝트의 360° 특성을 공유 프로젝트에 자동으로 포함한다. 360° 메타 데이터는 온라인 공유 대상에 업로드할 때 파일을 360-video로 표시한다.

Sub-workflow 10.6
캡션 만들기

산업, 정부, 특정 플랫폼을 대상으로 하는 프로젝트는 그 전송 규격의 하나로 자막방송(closed captioning)이 요구될 수 있다. Final Cut Pro를 사용하면 CEA-608(EIA-608) 또는 iTunes Timed Text 표준을 준수하는 캡션을 생성할 수 있다. 프로젝트에서 캡션을 직접 만들거나, 프로젝트에 소스 파일로 가져오거나, CEA-608 포함 미디어 파일에서 캡션을 추출할 수 있다. 캡션의 편집, 타이밍, 정렬은 타임라인과 Captions 인스펙터(선택한 표준의 형식 문제를 알리는 유효성 검사 표시기)에서 이뤄진다. 캡션을 별도의 파일로 내보내거나 캡션을 프로젝트 미디어 파일에 포함할 수 있으므로 여러분은 하나의 마스터 프로젝트 내에서 여러 사양을 고수할 수 있다.

10.6-A 캡션 클립 만들기

이번 연습에서는 Lifted Vignette 프로젝트의 버전을 FCPXML 형식으로 가져온다. XML 파일에는 이미 대부분 캡션이 포함되어 있다. 그러나 추가 캡션이 필요하며 프로젝트를 성공적으로 내보내려면 유효성 검사 문제를 해결해야 한다.

1   Libraries 사이드바에서 Primary Media 이벤트를 선택한다.

2   File 〉 Import 〉 XML을 선택한다.

3   나타나는 Finder 창에서 FCP X Media 폴더로 이동하여 LV3 〉 Captions 폴더와 그 내용을 찾는다.

4   Captions.fcpxml 파일을 선택하고 Import를 클릭한다.

   FCPXML 파일이 임포트되면 Primary Media 이벤트에서 새 프로젝트 "Captions"을 만든다.

5   Captions 프로젝트를 더블 클릭하여 타임라인에서 연다.

여러분이 편집 중인 Lifted Vignette 프로젝트가 나타난다. 더 높은 레인에 추가 클립이 있는 것을 볼 수 있다.

캡션은 오디오 콘텐츠를 시각적으로 보강하기 위해 동기화된 연결된 텍스트 클립이다. 캡션은 Lesson 7에서 만든 타이틀과 다를 수 있다. 타이틀은 시각적 이미지의 일부이며 프로젝트가 재생될 때마다 표시되지만, 캡션은 최종 사용자가 표시하거나 숨길 수 있기 때문이다. 프로젝트에 캡션이 나타나면 Caption 롤의 언어 서브 롤에 해당 캡션을 할당한다. Final Cut Pro는 두 가지 표준인 CEA-608과 iTT를 나타내는 두 가지 Caption 롤을 제공한다.

> ### ▶ 어떤 Caption 롤을 사용해야 하는가?
>
> CEA-608(EIA-608)과 iTunes Timed Text는 캡션 전송을 위한 업계 표준이다. 각 표준은 약간 다른 형식, 문자, 레이아웃 옵션을 제공한다. 이러한 Caption 롤 중 어느 것을 사용해야 하는지는 대상 플랫폼과 대상 계층의 제공 사양에 따라 다르다. iTunes Store 외부에서 일반적인 웹을 제공하려면 CEA-608 롤을 사용하도록 하자.

이 프로젝트에 캡션은 대부분 이미 완료되었다. 그러나 Mitch의 마지막 사운드 바이트의 끝부분에 대한 캡션을 만들어야 한다. 또한 빨간색 캡션 클립으로 표시된 두 가지 캡션 오류를 수정해야 한다.

6 Captions 프로젝트에서 재생 헤드를 DN_9424의 시작 부분에 놓는다. 다음 캡션이 00:01:48:10에서 시작해야 한다.

Mitch가 마지막 문장을 전달하기 시작한 지점에 재생 헤드를 놓았다. 여기에 캡션 클립을 만들고 클립 MVI_1046과 연결해보자.

7 새 캡션 클립을 추가하려면 타임라인 클립 MVI_1046을 선택한 다음 Edit 〉 Captions 〉 Add Caption을 선택하거나 Option-C를 누른다.

빈 캡션 클립이 만들어진다. Inspector가 나타나면 Caption 인스펙터가 자동으로 열리고 텍스트 입력을 위해 Caption 편집기가 열린다.

8 Caption 편집기에서 "LOOK WHAT I SAW TODAY AND LOOK WHAT ADVENTURE I WENT ON(내가 오늘 본 것과 내가 겪은 모험을 보라)"라고 입력하자. 아직 Return 또는 Esc를 누르지 않는다.

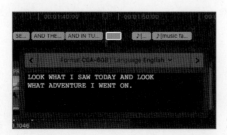

NOTE ▶ 만약 Caption 편집기를 닫으면, 자막 클립을 더블 클릭하여 다시 열 수 있다.

Caption 편집기를 사용하는 동안, 여러분은 작성된 캡션 텍스트와 관련 오디오 내용을 비교해야 할 수 있다. 안타깝지만 여러분이 신뢰하는 J, K, L, 스페이스 바 키보드 단축키는 평소와 같이 사용할 수 없다. 여기에서 재생 키보드 단축키를 사용하려면 Control 보조키와 조합해야 한다.

9   타임라인에서 Control-L을 눌러서 재생을 시작한 다음 Control-K를 눌러서 재생을 일시 중지한다.

이렇게 조합 단축키를 사용하면 재생 헤드를 조정하면서 Caption 편집기에서 캡션을 수정할 수 있다.

NOTE ▶ Caption 편집기를 연 상태에서 Command-왼쪽 화살표 또는 Command- 오른쪽 화살표를 눌러서 Caption 편집기에서 이전 또는 다음 자막을 각각 연다.

10   Esc를 누르거나 Caption 편집기 외부를 클릭하여 Caption 편집기를 닫는다.

10.6-B 캡션 클립 수정하기

필요한 캡션을 완성했으므로 이제 다른 클립에서와 마찬가지로 시간과 길이를 변경할 수 있다. 그러나 먼저 캡션 클립 수정과 관련된 몇 가지 기능적 단점을 살펴보자. 캡션 트리밍으로 시작해보자.

1   Captions 프로젝트에서 Mitch의 마지막 사운드 바이트가 끝나는 00:01:51:10에 재생 헤드를 놓는다.

Mitch의 마지막 캡션은 캡션의 길이를 오디오 콘텐츠와 동기화하기 위해 여기서 끝나야 한다.

2   최종 캡션의 끝점을 선택한다.

NOTE ▶ Command-=(등호)를 눌러서 타임라인 보기를 캡션으로 약간 줌한다.

3   끝점을 선택한다. 끝점이 놓여야 하는 지점에 재생 헤드를 놓고 Shift-X를 누른다.

extend edit 명령은 캡션 길이를 늘여서 재생 헤드에서 끝낸다.

여러분이 이전에 이 캡션을 만들었을 때, 캡션 클립을 추가하기 전에 MVI_1046 클립을
선택했다. 이 간단한 선택으로 캡션이 사운드 바이트 클립에 연결되었지만, 프라이머리
스토리라인에 있는 음악에는 연결되지 않았다. 이 속성은 다른 연결된 클립과 달라서,
캡션이 필요한 클립에만 캡션을 연결할 수 있다. 따라서 프로젝트 편집이 나중에 사운
드 바이트의 타이밍을 변경하면, 연결된 캡션은 해당 사운드 바이트와 함께 움직일 것이
다. 이것을 한 번 확인해보고 이미 배운 키보드 단축키를 사용하여 캡션의 연결점을 변
경해보자.

4   Captions 프로젝트에서 MVI_1046 클립을 선택하고 .(마침표)를 누르면, 클립을 타임라
인에서 한 프레임 나중에 시작하도록 살짝 밀 수 있다.

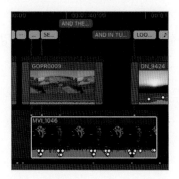

빨간색 캡션으로 표시된 것처럼 잘못된 캡션 오류가 발생한다.

5   Inspector를 열고 프로젝트 끝에 있는 두 번째 빨간 캡션을 선택한다.

Inspector의 Validation 섹션은 이 오류를 오버래핑(overlapping) 캡션으로 식별한다. 두 번째 빨간 캡션이 다른 캡션과 마찬가지로 사운드 바이트가 아닌 프라이머리 스토리라인에 연결되었기 때문에 오버래핑이 발생했다. 이 문제를 해결하려면 클립을 한 프레임 밀어낸 것을 실행 취소한다. 그리고 연결점을 변경한 다음 클립을 다시 살짝 밀어보자.

6   Command-Z를 한 번 눌러서 사운드 바이트와 캡션을 원래 위치로 되돌리면 오버래핑 오류가 제거된다.

7   "And in turn"으로 시작하는 캡션을 선택하고 MVI_1046의 위쪽을 Command-Option-클릭한다.

연결점이 음악에서 사운드 바이트로 이동한다. 딸린 캡션을 오버래핑하지 않고 사운드 바이트를 몇 프레임 정도 밀면 가능하다.

프로젝트 초기에 발생하는 또 다른 오버래핑 문제에 대해서도 수정이 필요하다. 이번에는 Final Cut Pro가 오류를 수정하도록 해볼 것이다.

8 Captions 프로젝트에서 Shift-Z를 눌러 프로젝트를 타임라인에 맞춘다.

프로젝트가 시작될 때 빨간색 캡션 클립의 첫 번째 쌍은 서로 쌓여 있기 때문에 분명히 겹쳐진다.

9 이 두 개의 오버래핑 캡션을 선택하고 캡션을 마우스 오른쪽 클릭한 다음 바로 가기 메뉴에서 Resolve Overlaps를 선택한다.

캡션이 더 이상 겹쳐지지 않는다.

NOTE ▶ "It takes" 캡션이 빨간색으로 남아있다면, 이 캡션을 이전 캡션에 너무 가깝게 둔 것이다. 빨간색 캡션을 선택한 상태에서 .(마침표)를 사용하여 빨간색 캡션을 오른쪽으로 민다.

10 타임라인을 스크롤하여 마지막 빨간 캡션을 찾는다. 그리고 빨간색 캡션을 Option-클릭하여 선택하고 재생 헤드의 위치를 변경한다.

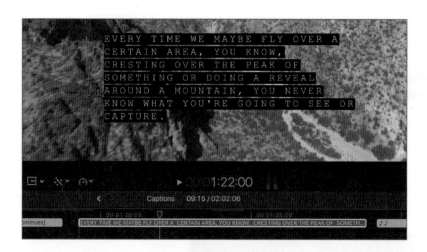

이런! 캡션이 너무 많다. CEA-608 표준은 캡션을 4줄 32문자(보이지 않는 컨트롤 문자 포함)로 제한한다. 텍스트를 다시 입력하지 않고도 이 상황을 신속하게 해결할 수 있는 방법이 한 가지 있다.

11 빨간색 캡션을 마우스 오른쪽 클릭하고 바로 가기 메뉴에서 Split Captions를 선택한다.

캡션은 7개의 단일 줄 캡션으로 나뉜다. 그러나 이것은 이미지에 수직으로 들어오고, 타이밍이 맞지 않는다. 몇 가지 단계를 통해 이러한 문제를 해결할 수 있다. 맨 마지막 캡션과 마지막 캡션부터 시작하는 쌍으로 줄을 다시 결합하는 것이다.

12 "know"와 "capture" 캡션을 선택하고 마우스 오른쪽 클릭한 다음 바로 가기 메뉴에서 Join Captions를 선택한다.

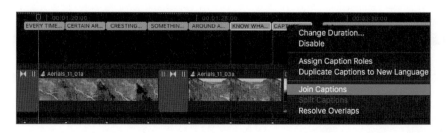

13 다음 쌍을 선택하고 결합하여 이 작업을 반복한다. 마지막으로 다음 쌍을 결합하여 "Every" 캡션을 한 줄로 남겨 둔다.

결합된 캡션은 자동으로 이미지의 맨 아래로 이동한다. "Every" 캡션을 수동으로 구성하여 위치를 세로로 다시 변경해야 한다.

14 "Every" 캡션을 선택한 상태에서 Caption 인스펙터의 Placement 카테고리에서 "Move the caption to the bottom"을 클릭한다.

여전히 수정이 필요한 타이밍 문제가 있다. 첫 번째 캡션에서 두 번째 캡션으로의 전환은 작동하지만, 두 번째에서 세 번째 캡션으로는 조정이 필요하다. 캡션은 연결된 클립으로, 인접해있을 때 Trim 도구를 사용하여 편집점을 굴릴 수 있다.

15 T를 눌러서 Trim 도구로 전환하고 "certain"과 "something" 캡션 사이의 편집을 클릭한다.

16 프로젝트를 재생한 다음 Mitch가 "something"이라고 말하기 전에 재생 헤드를 놓고 세 번째 캡션을 시작해야 한다.

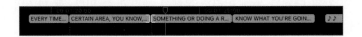

17 두 번째와 세 번째 캡션 사이의 편집을 선택한 상태에서 Shift-X를 눌러 재생 헤드로 편집을 롤한다.

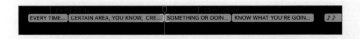

이제 마지막 두 캡션 사이의 전환을 조정해야 한다.

18 아래쪽 화살표를 눌러 재생 헤드를 마지막 두 캡션 사이의 편집으로 이동한다.

19 \(백 슬래쉬)를 눌러서 롤 선택을 재생 헤드 아래의 편집으로 이동한다.

20 키보드 탐색 단축키(J, K, L)를 사용하여 Mitch가 "never"와 "know"라고 말하는 사이의 오른쪽에 재생 헤드를 놓고 Shift-X를 누른다.

NOTE ▶ 마우스로 재생 헤드를 놓으면, 편집을 선택 해제하여 이전 단계를 망칠 수 도 있다.

유효성 검사 오류가 감지되지 않았다면 이제 캡션은 거의 내보낼 준비가 되었다. 철자 검사도 마쳤다면, 잠시만 시간을 내어 캡션을 정확하게 배치하자.

▶ **특수 문자 포함하기**

CEA-608 표준은 제한된 수의 특수 문자를 지원하는 반면 iTT는 광범위한 비로마 문자를 지원한다. 지원되는 특수 문자는 Caption 인스펙터의 매개 변수 팝업 메뉴 에 있다.

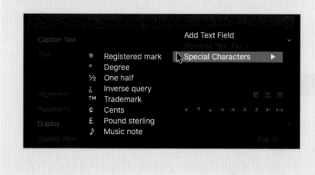

10.6-C Embedded 및 External 캡션 공유하기

내보내기를 할 때 캡션은 별도의 파일로 공유되거나 공유 미디어 파일에 포함된다. 이번 연습에서는 옵션을 사용할 것이다. 프로젝트 요구사항은 해당 프로젝트의 전송 사양에 따라 결정된다.

1   프로젝트에 구간을 설정하지 않고 Select 도구를 활성화한다. Share 팝업 메뉴에서 Apple Devices 720p 대상을 선택한다.

2   나타나는 Share 창에서 Roles 탭을 클릭한다.

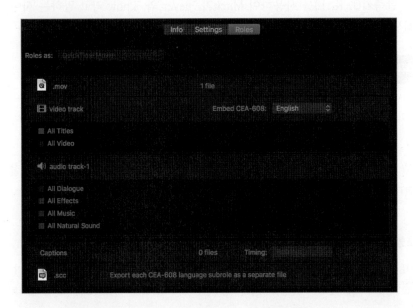

비디오 트랙 목록 오른쪽에는 Embed CEA-608 팝업 메뉴가 있다. 이 메뉴는 프로젝트가 공유될 때 활성화된 언어로 설정된다. 때에 따라서 다른 서브 롤을 선택하여 내보낼 수도 있고 캡션을 포함하지 않을 수도 있다.

또한 Captions 섹션의 체크 상자를 선택하여 각 캡션 서브 롤을 별도 사이드카 파일로 내보낼 수 있다. 타이밍 데이터는 상대(relative) 값 또는 절대(absolute) 값으로 구성된다. 상대 값은 프로젝트의 시작 타임 코드와 관계없이 00:00:00:00의 시작 타임 코드를 참조한다. 절대 값은 프로젝트의 시작 타임 코드에 따라 캡션의 시작 시각을 설정한다.

3   Captions 섹션에서 별도의 파일 옵션을 선택하고 타이밍 팝업 메뉴에서 Relative를 선택
한다.

자막 방송 내보내기에 대한 설정을 준비했다. 이제 Settings 탭으로 돌아가서 대상 파일
의 처리 방법을 변경한다.

4   Settings 탭을 클릭한다.

5   Settings 탭의 "Add to playlist" 팝업 메뉴에서 "Do nothing"을 선택한다.

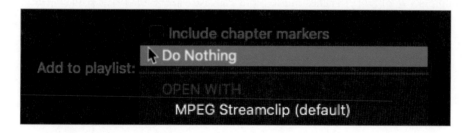

6   Next를 클릭한다.

7   원하는 대로 파일 이름을 변경하고 파일의 저장 위치(예: 바탕화면)를 선택한다. Save를
클릭한다.

8   Share Successful 알림이 나타나면 Show 버튼을 클릭한다.

Finder 창은 두 개의 공유된 파일을 표시한다. 그것은 바로 iOS용 .m4v 파일과 .scc Sce-
narist 캡션 파일이다.

NOTE ▶   알림이 나타나지 않으면 Dock에서 Finder 아이콘을 클릭하여 Finder 창을
연다. 7단계에서 지정한 저장 위치로 이동한다.

9   Finder 창에서 공유한 .m4v 파일을 더블 클릭한다.

10 QuickTime Player에서 파일이 열리면 재생을 시작하고 SubTitles 버튼을 클릭한다. 편집 동안에 캡션에 지정된 언어를 선택한다.

CEA-608 캡션을 사용하면서 Compressor를 이용하여 다양한 플랫폼용 추가 미디어 파일에 캡션을 포함할 수 있다. 또한 Final Cut Pro에서 만들 수 있는 별도의 iTT 파일인 Compressor를 사용하여 iTunes Music Store Package 배포용 미디어를 준비할 수도 있다.

레슨 돌아보기

1. Non-native 비디오 해상도로 편집하려면 어떤 프로젝트 Video Properties 매개 변수를 선택해야 하는가?

2. Final Cut Pro의 기본 렌더링 형식은 무엇인가?

3. 서로 다른 장치에 녹화된 비디오 클립과 오디오 클립을 동기화하려면 어떤 컴파운드 클립을 사용해야 하는가?

4. 컴포지팅을 위해 클립을 어떤 수직 순서로 배치해야 하는가?

5. Keyer 효과에서 자동 keyer를 비활성화하고 설정을 수동으로 제어하려면 어떤 매개 변수를 설정해야 하는가?

6. 다음의 빈칸을 채우시오.
   멀티캠 클립을 더블 클릭하면 _____이/가 열린다.

7. 모니터링용 멀티캠 클립의 앵글을 나타내고 재생 중에 활성 앵글을 선택하려면 어떤 View 팝업 메뉴 옵션을 클릭해야 하는가?

8. 세 가지 활성 앵글 색상이 나타내는 것은 무엇인가?

9. Final Cut Pro가 360° 비디오를 위해 지원하는 360° Projection 모드는 무엇인가?

10. iTunes Music Store Package를 제출할 때 필요한 캡션 형식은 무엇인가?

정답

1. Format 매개 변수를 Custom으로 설정해야 한다.

2. Apple ProRes 422

3. Synchronize Clips

4. 전경 클립은 배경 클립 상위 레인에 있어야 한다.

5. Strength 슬라이더를 0으로 설정한다.

6. Angle Editor

7. Show Angles를 클릭하면 Angle Viewer가 나타난다.

8. 노란색은 활성 비디오와 오디오 앵글을, 파란색은 활성 비디오 앵글을, 녹색은 활성 오디오 앵글을 나타낸다.

9. Equirectangular

10. iTT

Appendix A
키보드 단축키

Final Cut Pro에는 300개가 넘는 명령이 있지만, 이 부록의 표는 가장 일반적으로 사용되는 키보드 단축키에 초점을 맞추었다. 여러분은 Final Cut Pro의 단축키를 원하는 대로 생성하거나 다시 지정할 수 있다.

키보드 단축키 지정하기

Final Cut Pro를 사용하면 Command Editor에서 키보드 단축키를 만들고 수정할 수 있다.

1   Final Cut Pro 〉 Commands 〉 Customize to open the Command Editor를 선택한다.

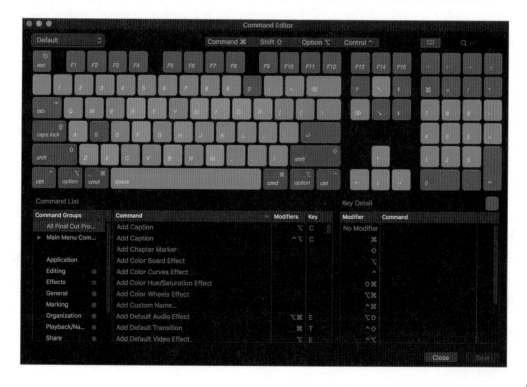

Command Editor에는 키보드, 검색 필드, 사용 가능한 모든 명령 목록이 포함되어 있다. 이 세 가지 요소는 명령과 키보드 단축키를 다양하게 조정한다.

NOTE ▶ 새로운 단축키를 지정할 때에는 먼저 현재의 명령 세트를 복제해야 한다. 중복된 키보드 명령을 설정하는 것을 잊어버렸다면 Final Cut Pro가 알려줄 것이다.

2 Command Set 팝업 메뉴에서 Duplicate를 선택한다.

3 명령 세트의 이름을 입력한 다음 OK를 클릭한다.

A-1 키보드 사용하기

Command Editor의 키보드에서 키를 클릭한다. 해당 키의 지정 목록이 Command Editor의 오른쪽 아래에 나타난다. 이 목록을 다른 두 인터페이스 요소와 함께 사용하여 선택한 키에 명령을 지정할 수 있다.

A-2 검색 필드 사용하기

검색 필드에서는 이름과 설명별로 명령을 검색할 수 있다. 예를 들어, 검색 필드에 잘라내기를 입력하면 Cut 명령뿐만 아니라 Blade 명령도 검색된다. Blade는 Cut의 의미와 관련이 있기 때문이다.

검색 필드

검색 결과가 명령 목록에 나타난다.

A-3 명령 리스트 사용하기

Final Cut Pro 완벽주의자는 Final Cut Pro에 지정되었거나 지정할 수 있는 수백 가지의 명령 목록을 스크롤 하는 것을 즐길 것이다. 이는 새로운 명령을 발견하는 좋은 방법이다.

명령 목록 항목을 선택하면 오른쪽에 설명이 나타난다.

기본 명령어 설정 살펴보기

다음 표는 기본 키보드 단축키의 간단한 목록이다.

일반(General)

명령	단축키	설명
Select All	Command-A	모든 항목 선택하기
Deselect All	Command-Shift-A	모든 항목 선택 해제하기
Undo	Command-Z	가장 최근 편집 삭제하기
Redo	Command-Shift-Z	가장 마지막 명령 다시 하기

복사/붙여넣기/제거하기(Copy/Paste/Remove)

명령	단축키	설명
Copy	Command-C	선택 항목을 macOS 클립 보드에 복사하기
Paste	Command-V	macOS 클립 보드 내용을 붙여넣기
Paste Attributes	Command-Shift-V	복사된 클립의 특정 속성을 다른 클립에 붙여넣기
Remove Attributes	Command-Shift-X	특정 속성을 클립에서 제거하기

도구 팔레트(Tool Palette)

명령	단축키	설명
Select	A	클립 선택하기
Trim	T	ripple, roll, slip, slide 트림하기
Position	P	다른 것에 영향을 주지 않고 클립의 위치를 조정하거나 타임라인에서 편집하기
Range Selection	R	클립 또는 클립의 세그먼트 정의하기
Blade	B	클립을 두 개의 세그먼트로 나누기

인터페이스(Interface)

명령	단축키	설명
Zoom to Fit	Shift-Z	Browser: 각 클립 당 하나의 섬네일 표시하기Viewer: Viewer에 전체 이미지 표시하기 Timeline: 타임라인 내에 전체 프로젝트 표시하기

명령	단축키	설명
Zoom In	Command- = (등호)	Browser: 필름스트립에 더 많은 섬네일 표시하기
		Timeline: 타임라인의 시간 늘리기
Zoom Out	Command- - (마이너스)	Browser: 필름스트립에 더 적은 섬네일 표시하기
		Timeline: 타임라인의 시간 축소하기
Browser	Command-1	Browser 활성화하기
Timeline	Command-2	Timeline 활성화하기
Inspector	Command-4	하나 이상의 선택 항목의 세부 정보 표시하기/ 숨기기
Media Import	Command-I	Media Import 창 열기
Timeline Index	Command-Shift-2	Timeline Index 표시하기/숨기기
Show Audio Meters	Command-Shift-8	Audio meters 표시하기/숨기기
Increase Waveform	Control-Option-위쪽 화살표	타임라인 클립의 파형 표시 사이즈 키우기
Decrease Waveform	Control-Option-아래쪽 화살표	타임라인 클립의 파형 표시 사이즈 줄이기
Workspaces: Default	Command-0	인터페이스를 표준 구성으로 배열하기
Workspaces: Color and Effects	Control-Shift-2	색 보정 및 효과 편집을 위해 인터페이스를 정렬하기
Hide	Command-H	응용 프로그램 숨기기

네비게이션(Navigation)

명령	단축키	설명
Play	Spacebar	앞으로 재생. 또 한 번 누르면 재생 정지
Forward	L	앞으로 재생. 여러 번 누르면 빨리 감기 재생
Pause	K	재생 일시 중지
Reverse	J	반대로 재생. 최대 4번 눌러서 빠른 역재생
Play Selection	/	구간 시작점에서 재생 시작. 구간 끝점에서 재생 중지
Play Around	Shift-?	재생 헤드를 현재 위치보다 2초 앞에 놓고 4초 동안 재생. 재생 헤드를 원래 위치로 되돌림.
Go to Start	Shift-I	선택 구간의 시작 부분에 재생 헤드 놓기
Go to End	Shift-O	선택 구간의 끝부분에 재생 헤드 놓기
Previous Frame	왼쪽 화살표	이전 프레임에 재생 헤드 놓기
Next Frame	오른쪽 화살표	다음 프레임에 재생 헤드 놓기
Up	위쪽 화살표	Browser: 이전 클립에 재생 헤드 놓기 Timeline: 이전 편집점에 재생 헤드 놓기
Down	아래쪽 화살표	Browser: 다음 클립에 재생 헤드 놓기 Timeline: 다음 편집점에 재생 헤드 놓기
Go to Beginning	Home (왼쪽 화살표)	프로젝트 시작 부분에 재생 헤드 놓기
Skimming	S	스키머를 활성화 / 비활성화
Audio Skimming	Shift-S	오디오 스키밍을 활성화 / 비활성화(스키밍이 활성화되어야 함)
Position Playhead	Control-P	Timecode Display에 타임 코드 값 또는 상대시간 값을 입력하여 재생 헤드 놓기

클립 메타데이터(Clip Metadata)

명령	단축키	설명
Set Range Start	I	스키머 또는 재생 헤드 위치에서 구간 시작하기
Set Range End	O	스키머 또는 재생 헤드 위치에서 구간 종료하기
Set Additional Start	Command-Shift-I	클립 내의 추가 구간의 시작점 표시하기
Set Additional End	Command-Shift-O	클립 내의 추가 구간에 끝점 표시하기
Select Clip Range	X	구간 선택을 클립 길이로 설정하기
Clear Selected Ranges	Option-X	하나 이상의 선택 구간(시작 및 끝점으로 표시) 지우기
Skimmer Info	Control-Y	스키머 위치에서 브라우저 클립의 이름, 키워드, 타임 코드 표시/숨기기
Favorite	F	선택 항목에 Favorite 등급 지정하기
Unrate	U	선택 항목에 Unrated 등급 지정하기
Reject	Delete	선택 항목에 Rejected 등급 지정하기
Delete	Command-Delete	선택한 클립 또는 이벤트를 휴지통으로 이동하기
		Collection: 컬렉션의 모든 클립에서 키워드 제거하여 컬렉션 삭제하기

오디오(Audio)

명령	단축키	설명
Expand Audio Components	Control-Option-S	클립의 활성화된 개별 오디오 채널 나타내기
Create Audio Keyframe	Option-click	Select 도구로 클립의 Volume 컨트롤에 오디오 키프레임 생성하기
Gain +1 dB	Control- = (등호)	타임라인 선택 구간의 볼륨 1dB 높이기
Gain −1 dB	Control- − (마이너스)	타임라인 선택 구간의 볼륨 1dB 낮추기
Adjust Volume Relative	Control-L	선택한 타임라인 클립의 볼륨을 특정 값만큼 높이거나 낮추기
Adjust Volume Absolute	Control-Option-L	선택한 타임라인 클립의 볼륨을 특정 값으로 높이거나 낮추기
Solo	Option-S	선택되지 않은 모든 오디오 항목을 재생에서 음소거하기

트리밍(Trimming)

명령	단축키	설명
Trim Start	Option-[	스키머 또는 재생 헤드 위치로 클립의 시작점 자르기
Trim End	Option-]	스키머 또는 재생 헤드 위치로 클립의 끝점 자르기
Trim to Selection	Option-\	클립 내의 마크된 구간까지 클립의 시작과 끝지점을 트림하기
Duration	Control-D	타임 코드 표시에서 선택한 클립의 길이를 변경하고 표시하기
Blade	Command-B	프라이머리 스토리라인 클립 또는 하나 이상의 선택한 클립 자르기
Extend Edit	Shift-X	선택한 가장자리를 스키머 또는 재생 헤드 위치로 이동하기
Nudge Left	Comma	Clip edge selected: 선택한 클립 가장자리를 한 프레임 왼쪽으로 트림하기 Clip selected: 선택한 클립을 한 프레임 왼쪽으로 이동하기
Nudge Right	Period	Clip edge selected: 선택한 클립 가장자리를 한 프레임 오른쪽으로 트림하기 Clip selected: 선택한 클립을 한 프레임 오른쪽으로 이동하기

편집하기(Editing)

명령	단축키	설명
Append	E	선택한 클립을 프라이머리 또는 선택한 스토리라인의 끝부분에 추가하기
Insert	W	선택한 클립을 마크된 구간 내의 프라이머리 스토리라인이나 스키머 또는 재생 헤드 위치에 삽입하기
Connect	Q	선택한 클립을 구간 내의 프라이머리 스토리라인이나 스키머 또는 재생 헤드 위치에 연결하기
Overwrite	D	선택한 클립을 타임라인 구간이나 스키머 또는 재생 헤드 위치에서 선택한 클립 내의 모든 클립 위에 도장 찍듯 덮기
Backtimed Connect	Shift-Q	타임라인과 브라우저의 끝점을 사용하여 3 포인트 연결 편집하기. 콘텐츠가 끝점에서부터 타임라인 표시 구간의 길이로 다시 채워짐
Snapping	N	타임라인에서 스냅핑 켜기/끄기
Select Below	Command-아래쪽 화살표	기존 선택 항목이 없으면 스키머 또는 재생 헤드 아래의 가장 높은 레인에서 클립 선택하기
Lift from Storyline	Command-Option-위쪽 화살표	리프트 편집. 스토리라인에서 선택된 클립을 밀어 올리고 그 자리에 갭 남기기
Create Storyline	Command-G	선택한 연결 클립을 스토리라인에 배치하기
New Compound Clip	Option-G	Browser: 사전 편집/세그먼트/합성을 위한 빈 타임라인 컨테이너 만들기 Timeline: 선택 영역을 컴파운드 클립에 중첩하기

명령	단축키	설명
Expand Audio/Video	Control-S	오디오 또는 비디오의 시작점과 끝점을 독립적으로 조정할 수 있도록 클립의 포함된 오디오를 별도의 구성 요소로 표시하기
Reveal in Browser	Shift-F	현재 타임라인의 선택에 대한 Browser의 선택을 나타내기; 프레임 매치하기
Reveal Project in Browser	Option-Shift-F	타임라인의 현재 프로젝트를 Browser에 나타내기
Duplicate Project as Snapshot	Command-Shift-D	선택한 프로젝트 또는 활성 프로젝트를 스냅 샷으로 복제하기
Set Marker	M	한 번 눌러서 마커 설정하기. 마커가 설정되면 한 번 더 눌러서 마커 설정 편집하기
Clip Disable/Enable	V	클립의 가시성 또는 가청도 비활성화/활성화

리타이밍(Retiming)

명령	단축키	설명
Retime	Command-R	타임라인 선택을 위한 Retime Editor 표시하기
Hold	Shift-H	재생 헤드에 0% 속도 세그먼트 생성하기
Blade Speed	Shift-B	재생 헤드에 속도 세그먼트 생성하기

갭(Gaps)

명령	단축키	설명
Replace with Gap	Shift-Delete	선택한 클립을 갭 클립으로 교체하기. 일명 리프트 편집
Insert Gap	Option-W	재생 헤드 또는 스키머에 3초 갭 클립을 삽입하기

연결(Connections)

명령	단축키	설명
Override Connections	` (grave accent)	연결된 프라이머리 스토리라인 클립이 조정되는 동안 연결된 클립의 위치 고정하기
Move Connection	Command-Option-click	연결된 클립을 클릭하여 클립의 연결점을 프라이머리 스토리라인에 재배치하기

트랜지션 및 효과(Transitions and Effects)

명령	단축키	설명
Add Default Transition	Command-T	선택한 편집 또는 클립(오디오 크로스페이드(crossfade) 포함)에 기본 트랜지션 적용하기
Add Default Video Effect	Option-E	선택한 클립에 기본 비디오 효과 적용하기
Add Default Audio Effect	Command-Option-E	선택한 클립에 기본 오디오 효과 적용하기

Appendix B
기본 형식 편집하기

이 표에는 Final Cut Pro의 기본 편집 형식이 나열되어 있다. 기본 형식 편집은 다른 형식으로 코드를 변환하지 않아도 된다. Final Cut Pro, macOS, Mac 하드웨어는 오늘날의 형식을 푸는데 충분한 힘을 가지고 있다. MacBook Pro를 사용하든 iMac Pro를 사용하든, Pro 하드웨어, macOS, 전문 응용 프로그램의 결합으로 UltraHD, 6K 및 향후의 모든 형식을 모두 다룰 수 있다.

기본 비디오 형식

이 표에는 SD, HD, 1K+ 형식의 대부분이 나와 있다. 일부 지원되는 래퍼(wrapper)에는 나열된 형식의 기본 래퍼 외에도 .mov, .mts, .m2ts, .mxf, .mp4가 포함된다.

DV, DVCAM, DVCPRO/50/HD, HDV

H.264, MTS(AVCHD), AVCHD, AVCCAM, NXCAM

AVC-Ultra/Intra/LongG, XAVC S/L, XDCAM EX/HD/HD422, XF MPEG-2, XF-AVC

iFrame, Apple Intermediate

H.265, HEVC

Apple ProRes 4444 XQ, 4444, RAW HQ, 422 HQ, 422, LT, Proxy, Log C, RAW

REDCODE RAW (R3D)

Uncompressed 10-bit and 8-bit 4:2:2

기본 스틸 이미지 형식

이 표는 사진 및 그래픽에 사용되는 기본 스틸 이미지 형식을 나타낸다.

BMP
GIF
JPEG
PNG
PSD (static and layered)
RAW
TGA
TIFF
HEIF

기본 오디오 형식

이 표는 Final Cut Pro에서 기본적으로 지원되는 대부분의 오디오 파일 형식을 나타낸다.

AAC
AIFF
BWF
CAF
MP4
WAV

Appendix C
체크포인트

편집은 창조적인 예술이다. Final Cut Pro로 계속 편집하고 이 책의 예제를 연습하면 여러분만의 독창성을 탐구하고 응용 프로그램의 도구와 기능에 대해 더 자세히 배울 수 있다. 이 과정에서 여러분의 편집은 필자의 것과 다를 수 있다. Checkpoint를 통해 필자의 편집과 여러분의 편집이 일치하는지 확인해볼 수 있다.

라이브러리를 다운로드하고 재연결하기

Peachpit 웹 사이트에서 Lifted Vignette 미디어 파일을 다운로드한 위치와 동일한 위치에 Checkpoints 라이브러리를 다운로드할 수 있다.

> **NOTE ▶** Lesson 1에서 Checkpoint 라이브러리를 다운로드했다면, 5단계로 건너 뛴다.

1 www.peachpit.com에 접속한다.

2 Peachpit.com 계정에 로그인한다.

3 "Lesson and Update Files" 탭 아래의 Account 페이지에서 다운로드 파일을 찾는다.

4 Checkpoints.zip 링크를 클릭하여 다운로드 폴더에 파일을 다운로드한다.

웹 사이트에서 다운로드한 zip 파일의 압축을 풀고 Downloads 폴더에 Checkpoints 라이브러리를 배치한다.

5 체크포인트 라이브러리를 Lesson 1에서 생성한 FCP X Media 폴더로 드래그한다. 파일을 더블 클릭하여 Final Cut Pro에서 이 라이브러리를 연다.

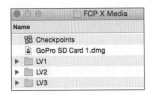

Checkpoints 라이브러리는 관리되고 참조되는 미디어의 하이브리드 라이브러리다. GoPro 클립과 격납고 문의 사운드 효과는 이 라이브러리에서 내부적으로 관리되는 한편, 나머지 라이브러리 클립은 FCP X Media 폴더에 있는 소스 파일을 참조한다. 이 라이브러리는 해당 폴더에 연결되어 있지 않기 때문에 외부 참조 클립은 Final Cut Pro의 Checkpoints 라이브러리에서 오프라인으로 나타나거나 누락될 것이다. 이 클립을 FCP X Media 폴더에 다시 링크하여 온라인 상태로 되돌릴 수 있다.

NOTE ▶ Checkpoints 라이브러리 클립이 없거나 오프라인이 아닌 경우 "Using the Checkpoints Library"로 건너뛸 수 있다.

6 Final Cut Pro의 Libraries 사이드바에서 Checkpoints 라이브러리를 선택한다. File 〉 Relink Files를 선택한다.

7 누락된 클립만 다시 연결하도록 선택한다.

8 Locate All을 클릭한다.

9 클립의 소스 미디어 파일이 들어있는 FCP X Media 폴더로 이동한다. FCP X Media 폴더를 선택하고 Choose를 클릭한다.

10 Relink Files 창에서 Relink Files를 클릭한다.

이제 Checkpoints 라이브러리의 모든 클립이 온라인 상태로 표시되고 사용할 준비가 되었다.

체크포인트 라이브러리 사용하기

체크포인트 라이브러리에는 다양한 단계의 Lifted Vignette 프로젝트의 편집 내용이 있다. 이 내용은 다음과 같이 책에서 확인할 수 있다.

> **Checkpoint 4.2.2**
>
> Checkpoint 검토에 대한 자세한 내용은 Appendix C를 참조하자.

Checkpoint의 타이틀은 Checkpoint 라이브러리에서 해당 프로젝트의 이름을 공유한다.

이 프로젝트는 이 책의 단계마다 Lifted Vignette 프로젝트의 편집 진행 상황을 나타낸다. 필자의 Checkpoint 버전의 프로젝트를 여러분의 Lifted Vignette 편집과 비교해볼 수 있다. 비교 후 여러분의 프로젝트로 돌아가서 책의 연습 문제를 계속 진행한다. 필요하다면 Checkpoints 프로젝트를 Checkpoints 라이브러리에서 Lifted Primary Media 이벤트로 드래그하여 연습을 계속할 수 있다.

찾아보기

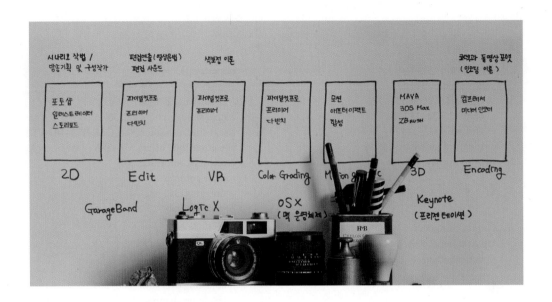

> Final Cut Pro X / Motion 교육은
> [라이브] 교육 / 강의실 교육이 준비되어 있습니다.

첨단영상교육센터

EIZER™

오랜 기술력으로 다져진 에이저 주식회사는
최고의 전문가가 최적의 가격으로
최고의 퍼포먼스와 효율적인 시스템을 제안합니다!

에이저 렌탈

- Mac & 방송편집장비 렌탈
- 저렴한 렌탈 비용
- 최대규모 / 다양한 제품보유
- 무료 배송 및 설치 (수도권 일부)
- 상암동 30분이내 출고
- 신속한 사후 서비스
- 고객 맞춤 서비스

에이저 판매

- Mac & 방송편집장비 전제품
- B2B / B2C 판매
- 할인 판매
- 무료 배송 및 설치 (수도권 일부)
- 소프트웨어 기본 셋팅
- 해당제품 렌탈 후 구매가능
- 고객 맞춤 서비스

에이저 편집실

- HD~4K까지
- 부족한 사무실 해결
- 최고의 전문가 지원
- 방송전문 테크니션이 서포트
- 고객 맞춤 서비스

▌지상파 방송사, 케이블 채널, 영화사 및 수많은 프로덕션에서 에이저의 서비스를 이용하고 있습니다!
▌취급브랜드 _ Apple, DELL, HP, Blackmagicdesign, areca, PROMISE, Synology, G-Technology 등

렌탈/판매 문의 ㅣ www.eizer.co.kr ㅣ 1661-9034

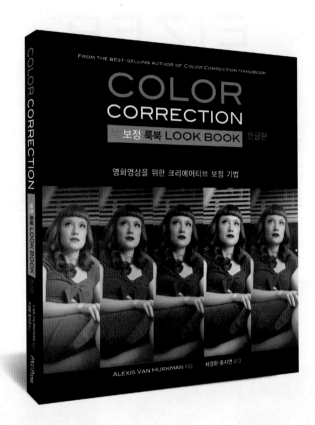

FROM THE BEST-SELLING AUTHOR OF *COLOR CORRECTION HANDBOOK*

COLOR
CORRECTION

색 **보정 룩북 LOOK BOOK** 한글판

영화영상을 위한 크리에이티브 보정 기법

부산대학교 첨단영상교육센터
Advanced Imaging Training Center. PNU | 부산대학교 출판부 PNU PRESS